社科文萃

2018年桂林市社科学术年会论文集

SHEKE WENCUI
2018NIAN GUILINSHI SHEKE XUESHU NIANHUI
LUNWENJI

桂林市社会科学界联合会　编

隆斌　主编

·太原·

图书在版编目（CIP）数据

社科文萃.2018年桂林市社科学术年会论文集/桂林市社会科学界联合会编；隆斌主编.—太原：北岳文艺出版社，2018.12
ISBN 978-7-5378-5845-8

Ⅰ.①社… Ⅱ.①桂… ②隆… Ⅲ.①社会科学—文集 Ⅳ.① C53

中国版本图书馆 CIP 数据核字（2018）第 300703 号

书　　名：社科文萃：2018年桂林市社科学术年会论文集
编　　者：桂林市社会科学界联合会
主　　编：隆　斌
责任编辑：孙　茜
书籍设计：程　捷
印装监制：巩　璠

出版发行：山西出版传媒集团·北岳文艺出版社
地址：山西省太原市并州南路 57 号　　邮编：030012
电话：0351-5628696（发行部）　0351-5628688（总编室）
传真：0351-5628680
网址：http://www.bywy.com　　E-mail:bywycbs@163.com
经销商：新华书店
印刷装订：三河市华东印刷有限公司
开本：710mm×1000mm　1/16
字数：472千字　印张:34
版次：2019年4月　第1版
印次：2019年4月河北　第1次印刷
书号：ISBN 978-7-5378-5845-8
定价：98.00 元

本书版权为本社独家所有，未经本社同意不得转载、摘编或复制

目录 contents

1 政治·哲学·党建

我国社会主要矛盾的转化：具有划时代意义的科学判断
——学习党的十九大精神　阳国亮 / 3

构建桂林市健康新型政商关系的调查与思考
——中共桂林市委统战部调研组　王建毅等 / 13

加强党支部规范化建设问题研究　雷学凡 / 22

落实党内监督条例推动党风廉洁建设常态化问题研究
——以兴安县为例　课题组 / 35

深入推进全面从严治党向基层延伸问题研究
——以桂林市全州县为例　蔡泽军　周娜　徐兴志　胡常胜　莫秋生　胡茜 / 48

用党内法规支撑乡村振兴　冯玉超　陈苋岑 / 61

机关党建"灯下黑"问题及治理对策　彭杰 / 67

75 经济·旅游

对桂林民宿经济发展的调查和思考
　　马武君　秦益清　赵艳姣　兰佳佳　梁松涛　张　叶 / 77
关于体育产业与桂林旅游融合发展的讨论　孟祥凤　白法璋 / 94
荔浦砂糖橘发展探究　胡光耀 / 105
乡村振兴战略视野下的新农村建设路径探索
　　——以平乐县渡河村建设为例　雷金玉 / 111
新常态视域下生态立县的平乐实践与思考　唐夜红 / 120
金融支持文化旅游产业发展现状、问题及建议　申文明 / 129
试论地方志与旅游资源的开发利用
　　——以桂林市为例　孙春俊　潘忠海 / 137
现代生态休闲旅游发展模式对策研究
　　——以广西桂林市永福县为例　胡忠义 / 145

153 管理·金融

城市商业银行联合网络贷款业务发展现状及风险分析
　　——以桂林银行为视角　赵艳姣　秦益清 / 159
对区域精准脱贫信贷需求状况的现实思考
　　——对桂林市12县（区）贫困户脱贫后融资需求状况的调查
　　马武君　梁松涛 / 168
关于乡村振兴战略背景下农发行桂林分行支持农村农业发展的思考
　　傅滢滢 / 178
基于审计视角的文物保护专项资金管理的思考　黄艳霞 / 188
桂林市金融支持养老服务业发展情况调查　秦益清　钟碧兰 / 195
美联储2018年首次加息对桂林涉外经济主体影响的调查　张　伟 / 203
强化综合金融服务能力，全力支持乡村振兴战略

——完善农发行综合金融服务能力的几点建议　秦睿珉 / 209
我国商业银行不良贷款的成因及治理措施　李　原 / 218
精准扶贫过程中审计监督路径的思考　张志文　张弘弛 / 230

231　历史·文化

浅析优良家风传承工作在乡村振兴战略中的作用及意义
　　——以阳朔几座古村落保护发展状况为例　朱　锋　梁玉萍 / 239
广西诸葛后裔家风建设与传承浅议　诸葛保满 / 247
灵渠渠系工程的生态美学效应　武有能　唐基苏 / 254
从几张修业文凭看清末民初桂林教育　蒋　将 / 262
学术期刊在中华传统文化传播中的角色定位　阳玉平 / 269
桂林唐代佛教瘗龛溯源　刘　勇 / 275
桂林沙桥村龙舟文化及其龙船歌初探　白榕　李禄锟 / 284
"永福阴笛乐"调查与研究　唐丽娟 / 330
湘桂古道与古严关初探　杨迪忠 / 312
浅谈湘江战役
　　——学习习近平总书记讲话，结合湘江战役浅谈长征精神　陈兴华 / 324
全州"无量寿佛"
　　——佛教中国化的一个案例　廖汉星 / 333
全州忠雅堂及其乡贤文化　蒋咸喜 / 339
恭城周姓族谱辨析　徐　平 / 349
恭城长寿文化及其产业发展研究　莫模林　刘先春　李振杰 / 359
八路军桂林办事处对新四军发展的作用　唐军富 / 372
内迁文化精英中的共产党员群体在桂林抗战文化运动中的作用
　　刘春燕 / 379
中国共产党自始至终对桂林抗战文化运动的领导和引导　盘福东 / 387

论抗战时期八路军桂林办事处的情报工作　万玉琴 / 393
重视文化发掘是创新城市建设新理念　文丰义 / 402
广西临时军用铜元券实物及其价值初探　阳小军 / 411
对文化软实力竞争与提升我国文化软实力的思考　唐　鑫 / 423
灵渠生态效应探讨　李伟萁 / 434

443　文学·艺术·教育

桂林市社区教育需求变化新趋势
　　——基于2017年桂林市居民社区教育需求调查的研究分析　胡祖光　黄必泉 / 447
优化设计体育活动以培养幼儿体育兴趣的策略研究　蒋百艳　赵海利　刘　劼 / 455
幼儿良好交往能力的培养　王婷　刘元莉　刘娜娜 / 463
语文教学中的中华优秀传统文化传承应如春雨润物　张文燕 / 469
浅谈小学高年级学生积极参与手工课堂的策略　何　霜 / 474

481　法制建设

转型时期社会矛盾防范与化解之路径选择
　　——以临桂县检察院相关实践为样本　李　胤　唐晓萍 / 483
新时代推进依法行政存在问题及对策　林翠松 / 494
农村法制建设实践与思考
　　——以平乐县为例　彭文梅 / 503
零容忍语境下村干部职务犯罪与廉政建设透视　冯玉超 / 512
城镇化视域下农村留守群体生存现状的调查与思考
　　——以灌阳县农村留守群体为例　陆明忠 / 521

前 言

2018年的社科学术年会论文征集工作，得到了县区社科联和各学会的积极响应和大力支持，今年共收到29个单位120余篇论文稿件。通过遴选、评审，我们择优选取58篇论文结集出版。

本年度的学术论文整体质量有所提高。特别是一些一直热心于参与年会论文投稿的作者，他们在文本逻辑，文献选用的技术处理以及研究方法上的进步是显而易见的。一些县区选送的学术论文，作者的写作水准都有不同程度的进步，从文本上来看是下了力气，做了深入的调研的，他们对本土的经济社会发展状况的了解和掌握是准确的。也挖掘出了许多具有实证价值的历史资料和非物质文化遗存。他们所付出的辛勤劳动和踏实的治学作风让我们感动。尽管部分论文在成形和学术化处理上还稍显稚嫩，但是我们欢迎和鼓励这种躬身考究、深入实际调研的论文作品。让广大作者在每年的学术年会论文征集中有不同程度的进步和收获，正是我们创办社科学术年会的初衷。希望广大社科工作者，特别是热衷于理论研究的同志一如既往地关注我们的工作，不断地深入学习，刻苦钻研，共同进步。

由于编撰水平和精力所限，我们在文本的编辑、整合中难免存在纰漏。一些修剪和改动难免会与作者的设想和初衷存在出入或偏差。希望广大作者和读者提出宝贵意见，让我们的工作做得更好。

编辑委员会
2018年10月

政治・哲学・党建

我国社会主要矛盾的转化：
具有划时代意义的科学判断
——学习党的十九大精神

阳国亮

【摘要】我国经济社会的发展取得重大突破，成效显著，是我国社会主要矛盾已经转化的客观依据，同时，经济社会发展不平衡不充分的状况与我国发展新阶段产生的新消费需要、新服务需要还很不适应，影响到经济社会发展的方方面面，是新矛盾产生的主要根源。习近平总书记以马克思主义社会主要矛盾理论做出了"我国社会主要矛盾已经转化"科学论断，并以此科学论断指导新时代中国特色社会主义的新实践。

【关键词】社会主要矛盾；十九大；中国特色社会主义新时代

习近平总书记在党的十九大报告中指出："中国特色社会主义进入新时代，我国社会主要矛盾已经转化为人民日益增长的美好生活需要和不平衡不充分的发展之间的矛盾。"这是一个具有划时代意义的、崭新的科学判断。这一判断将对我们党的理论、路线、方针、政策带来根本性的影响。对此，我们要认真学习、深刻领会。

一、准确把握社会主要矛盾是指导经济社会发展方向的基本要求

牢牢抓住社会主要矛盾，有效的推进各种社会矛盾的解决是推动经济社会健康发展的关键。我们党历来重视对社会主要矛盾的分析判断，从党的八大开始，我们党都立足于我国国情和经济社会发展的客观实际，提出对我国社会主要矛盾的判断并作为制定经济社会发展战略，指导和把握经济社会发展方向的基本依据。党的八大针对新中国成立初期我国经济社会发展实际指出："我们国内的主要矛盾，已经是人民对于建立起先进的工业国的要求同落后的农业国的现实之间的矛盾，已经是人民对于经济文化迅速发展的需要同当前经济文化不能满足人民需要的状况之间的矛盾"[1]，这一判断无疑是正确的。遗憾的是，党的八大以后，却没有按照这一判断确定工作重点。党的十一届三中全会纠正了这一错误，做出了将党的工作重点转移到经济建设上来的英明决策。十一届三中全会以后召开的中央理论务虚会指出："我们的生产力发展水平很低，远远不能满足人民和国家的需要，这就是我们目前时期的主要矛盾。"党的十三大报告再次确定我国社会的主要矛盾，指出："我国正处在社会主义初级阶段"，"我们现阶段所面临的主要矛盾，是人民日益增长的物质文化需要同落后的社会生产力之间的矛盾"。[2] 此后，党的历次代表大会都坚持了这一科学判断，并以此作为党的理论和实践的指南，指导我国改革开放和社会主义现代化建设取得巨大成就。

新的历史时期，如何把握和抓住社会主要矛盾是关系我国今后经济社会发展战略全局的根本性的问题。习近平总书记清醒地观察了我国经济社会发展形势，面对经济社会发展中的新情况、新发展、新问题，从马克思主义社会基本矛盾原理出发，深刻分析了我国经济社会发展中的新情况、新发展、新问题，以我国经济社会的发展取得重大突破，成效显著的客观基础为依据，做出了"中国特色社会主义进入新时代，我

国社会主要矛盾已经转化为人民日益增长的美好生活需要和不平衡不充分的发展之间的矛盾"的科学论断。

二、新时代我国社会主要矛盾转化的客观依据

"中国特色社会主义进入新时代"是习近平总书记对我国经济社会发展历史方位的新判断。我们党团结带领全国各族人民不懈奋斗,经过新中国成立以来、改革开放以来、特别是党的十八大以来的长期努力,推动中国特色社会主义伟大事业发生了历史性的变革。"我国经济实力、科技实力、国防实力、综合国力进入世界前列,推动我国国际地位实现前所未有的提升,党的面貌、国家的面貌、人民的面貌、军队的面貌、中华民族的面貌发生了前所未有的变化,中华民族正以崭新姿态屹立于世界的东方。"这些历史性变革,为党和国家事业发展带来了全方位的、开创性的,深层次的、根本性的重大而深远的影响,给我国生产力与生产关系、经济基础与上层建筑带来了时代性的质的变化。这是我国社会主要矛盾已经转化的客观依据。

首先,"我国社会生产力水平总体上显著提高,社会生产能力在很多方面进入世界前列。"与新中国成立初期相比,我国国民经济迅猛发展,物质和文化极大丰富,综合国力全面提升。2016年,我国国民生产总值达到11.1991万亿美元,位居世界第二位,约为1956年的700倍,1979年的200倍。人均国民生产总值从1956年的83美元、1979年的266美元到2016年的8123美元。三次产业构成从43.1∶27.2∶29.7优化为8.8∶40.9∶50.2;工业增加值从280.4亿元上升到282 040.3亿元,增长了1 005.8倍;服务业增加值从306.4亿元上升到346 149.7亿元,增长了1 129.7倍;进出口总额从1 560百万美元上升到1 679 564.5百万美元,增长了1075.6倍;财政收入从280.19亿元上升

到 152 269.23 亿元，增长了 542.4 倍；科学技术及各类产业均实现了突飞猛进的发展。经济社会发展使我国社会实现了质的飞跃：从"稳定解决了十几亿人的温饱问题"到"总体上实现小康"，"不久将全面建成小康社会"。在我国经济总量、生产力达到相对较高水平的历史条件下，我国社会主要矛盾，已经不再是人民对于建立先进的工业国的要求同落后的农业国的现实之间的矛盾，也不再是人民日益增长的物质文化需要同落后的社会生产之间的矛盾了，社会主要矛盾必然要发生转化。

其次，"人民美好生活需要日益广泛"。我国经济社会的发展全面提高了人民的生活水平，尤其是物质生活水平。在新的历史阶段，人民"不仅对物质文化生活提出了更高要求，而且在民主、法治、公平、正义、安全、环境等方面的要求日益增长。"随着社会生产力和综合国力的提高，人民的消费能力和消费水平都有了极大提高。从 1956 年到 2016 年，我国居民消费水平从 104 元上升至 19 397 元，增长了 185.5 倍；社会消费品零售总额从 461 亿元上升到 300 930.8 亿元，增长了 651.8 倍；物质消费需求得到较大的满足，人民生活显著改善。据统计，2017 年第三季度，消费对经济增长贡献率达 64%，与此同时，人民对美好生活的向往更加强烈，人民群众的需要呈现多样化、多层次、多方面的特点，期盼有更好的教育、更稳定的工作、更满意的收入、更可靠的社会保障、更舒适的居住条件、更优美的环境、更丰富的精神文化生活。

再次，发展的不平衡不充分已经成为满足人民日益增长的美好生活需要的更加突出的问题和主要制约因素。面对人民美好生活需要日益广泛的新情况，我国经济社会发展出现了新的不适应的矛盾。这种不适应突出表现在经济社会发展的不平衡不充分两个方面。

我国经济社会发展的不平衡问题有诸多表现：一是人民收入水平的不平衡。经过几十年的发展，我国人民收入水平有了很大提高，但人民收入之间的差距越来越大。具体体现为居民收入总量不均衡，从反映财富在社会成员之间分配程度的基尼系数看，2016 年全国居民收入的基尼系数为 0.465，超过了国际公认的 0.4 警戒线，意味着我国居民收入差距较大；城乡居民收入不平衡，据统计，2016年城镇居民人均可支配收入33 616元，农村居民人均可支配收入12 363元，城乡收入差距212 53元；还有行业之间的收入不平衡，例如，2012年农、林、牧、渔业在岗职工平均工资为22 687元，是19个行业门类中平均工资最低的行业，2012年收入最高的行业为金融业，年平均工资为89 743元，两者相差67 056元，近五年已有很大改善，但差距还是很明显的。二是区域间发展的不平衡，具体体现为东中西部地区经济发展不平衡，以2016年人均GDP为例。选取北京、上海、浙江、广东、湖南、江西、西藏、贵州等八个省份所形成的梯度关系来比较，从北京到贵州，人均GDP按阶梯式地下降，人均GDP最高的北京是最低的贵州的近3.45倍；三是教育发展不平衡，教育发展决定人力资源数量、质量，在东中西部地区间教育发展不平衡问题突出，东部教育发达，西部教育落后，差距十分明显，以高等教育为例，东部地区11个省市拥有二本以上大学311所，西部地区12个省、区、市仅有160所，其中东部地区拥有A类一流大学23所，西部地区仅有6所；还有产业结构不平衡，东南沿海地区着重发展金融及高新技术产业等，产业结构高端化，中西部地区依靠资源发展，产业以重化工业为主，产业结构单一化[3]。

我国经济社会发展不充分的问题也很突出。经过努力发展我国经济总量上去了，但与我国作为一个人口大国的地位仍不相称，我国人口数占世界总人口数的1/5，经济总量仅占世界12%多，人均GDP排在世界80多位。我国社会生产力发展水平有较大提高但仍处于爬坡阶段，无论是与生产力发展要求还是与发达国家相比，现阶段，我国社会生产中劳动资料的创造与运用水平仍然处于落后状况，科学技术水平、民族文化素质还不够高。我国资本形成率呈快速上升势头，由1978年的38.2%上升到2013年的49.3%，提高了11.1个百分点，几乎是世界平均水平的两倍。资本贡献率从2005年的一单位GDP2.4元，提高到了2014年的一单位4.3元，近十年间翻了一番，两相比较，我国资本收益率偏低的状况是非常明显的[4]。同时，我国生产力布局还不够优化，突出表现为传统产业占比仍较大，新型现代制造业体系构建尚未完成，战略性新兴产业、现代服务业比重不高，区域产业同构程度仍然居高、部分地区人口和经济活动聚集程度超越了当地资源环境承载能力、城市规模和空间结构需要进一步优化等问题。

经济社会发展不平衡不充分的状况既影响到经济发展的整体水平、供给水平，又涉及公平效率问题，与我国发展新阶段产生的新消费需要、新服务需要还很不适应，影响到经济社会发展的方方面面，是新矛盾产生的主要根源。

习近平总书记正是全面的分析和把握了我国经济社会发展的这些新情况，从我国社会主义现代化建设的战略目标出发，做出了"我国社会主要矛盾已经转化"科学论断，提出了"继续推动发展的基础上，着力解决好发展不平衡不充分问题，大力提升发展质量和效益，更好地满足人民在经济、政治、文化、社会、生态等方面日益增长的需要，更好推动人的全面发展、社会全面进步"的要求，指明了新时代中国特色社会主义建设的方向。

三、"我国社会主要矛盾转化"是马克思主义的新发展

习近平总书记"我国社会主要矛盾已经转化"科学论断是对马克思主义的新发展，具有十分重要的理论意义。面对新形势、新变化，习总书记运用马克思主义历史唯物主义科学理论分析了中国特色社会主义新时代的主要特征，做出了"我国社会主要矛盾已经转化"科学论断，习总书记对马克思主义的运用和发展主要体现在如下三方面：

首先，善于抓住主要矛盾，掌握经济社会发展主导权。抓住主要矛盾以把握主动权是科学的领导方法。主要矛盾是诸多矛盾中占主导和支配地位的矛盾，是决定事物的发展方向、解决其他矛盾和问题的关键，只要"捉住了这个主要矛盾，一切问题就迎刃而解了"。习近平总书记站在战略全局的高度始终抓住我国经济社会发展的主要矛

盾，也就抓住了经济社会发展的"牛鼻子"，从而掌握领导我国经济社会发展的主导权。

其次，及时把握矛盾的发展变化才能把握事物发展方向。矛盾是事物发展的源泉和动力。事物矛盾都是在不断发展变化的，抓住主要矛盾必须要注意事物矛盾的变化并且要根据矛盾变化作出及时的判断和调整，才能始终把握住事物的发展方向。中国特色社会主义进入新时代就意味着旧的主要矛盾已经得到解决，新的矛盾又会出现，必然要重新面临新的矛盾，习近平总书记密切关注我国经济社会发展的变化，及时做出我国社会主要矛盾已经转化的判断，抓住了新的战略机遇和战略方向。

再次，准确把握阶段性特征，把握矛盾双方的变化。人类社会发展是一个阶段性演进过程，每一阶段又是多层面的，也会呈现出阶段性特征。每个社会发展阶段都有其主要矛盾，社会主要矛盾对立的双方也会发生阶段性变化。因此，在推进社会发展中，不但要把握阶段性特征，而且要把握矛盾双方的变化。习近平总书记在推动党和国家事业发生的历史性变革中，准确把握了中国特色社会主义新时代的阶段性特征，分析了社会主要矛盾双方的变化，在社会需求方面，"人民日益增长的物质文化需求"已被"人民日益增长的美好生活需要"所替代；社会生产方面，"落后的社会生产"变成"不平衡不充分的发展"，准确地表达了中国特色社会主义新时代"我国社会主要矛盾的转化"，从而从时代的高度把握了中国特色社会主义新阶段的最本质的特征。

习近平总书记"我国社会主要矛盾已经转化"科学论断还具有划时代的实践意义。习近平总书记以马克思主义社会主要矛盾理论做出了"我国社会主要矛盾已经转化"科学论断，并以此科学论断指导新时代中国特色社会主义的新实践。习总书记马克思主义社会基本矛盾理论指导新实践主要体现在如下三方面：

首先，以马克思主义社会基本矛盾理论为指导，谋划我国 21 世纪中叶社会主义现代化建设战略步骤和战略目标。

马克思主义社会基本矛盾理论认为，社会主要矛盾的转变是关系全局的历史性变化，必然对现阶段发展任务提出战略调整的要求[5]，习总书记以社会主要矛盾转变的实际为基础，综合分析国际国内形势和我国发展条件，提出未来30年全面建成小康社会到基本实现现代化，再到全面建成社会主义现代化强国的战略目标和战略步骤。这一战略目标和战略步骤是与邓小平同志制定的我国经济发展"三步走"的战略、党的十六大制定的"小三步走"战略是一脉相承的，可以称为"新两步走"。"新两步走"是在我国社会主要矛盾转化条件下推进中华民族伟大复兴中国梦的新谋划；"新两步走"确定从2020年到2035五年，在全面建成小康社会的基础上，再奋斗15年，基本实现社会主义现代化，将预定的建成社会主义现代化的时间提前了15年，体现了中国特色社会主义新时代的新速度；"新两步走"还确定了从2035年到21世纪中叶，在基本实现现代化的基础上，再奋斗15年，把我国建成富强民主文明和谐美丽的社会主义现代化强国，体现了中国特色社会主义新时代的新高度。"新两步走"的新谋划、新速度、新高度是面对社会主要矛盾的转变提出的战略调整要求的科学回答。

其次，以马克思主义社会基本矛盾理论为指导，明确中国特色社会主义新时代的新任务。

马克思主义社会基本矛盾理论认为，社会主要矛盾转变了，由于社会主要矛盾对立的两个方面都发生了阶段性的变化，这就必须找出主要矛盾的主要方面，然后紧紧抓住主要矛盾的主要方面，积极发展主要矛盾的主要方面，促使事物向有利于主要矛盾的主要方面发展，在矛盾主要方面的带动下，最终全面解决主要矛盾。习总书记在做出了"我国社会主要矛盾已经转化"论断后指出："我国社会主要矛盾的变化是关系全局的历史性变化，对党和国家工作提出了许多新要求。我们要在继续推动发展的基础上，着力解决好发展不平衡不充分问题，大力提升发展质量和效益，更好满足人民在经济、政治、文化、社会、生态等方面日益增长的需要，更好推动人的全面发展、社会全面进步。"这就是根据我国社会主要矛盾的主要方面确定的中国特色社会主义新时代的新任务。

再次，以马克思主义社会基本矛盾理论为指导，确立中国共产党的中心任务。

马克思主义社会基本矛盾理论认为，社会主要矛盾贯穿社会发展和社会生活的全过程，把握好和解决好主要矛盾就能有效促进各种社会矛盾的解决从而把握好社会发展全局。因此，执政党必须把握好主要矛盾，根据主要矛盾确定党的中心工作和中心任务。习总书记深刻地把握社会主要矛盾与党的中心任务的关系，确定"我国社会主要矛盾已经转化"科学论断后，他立即指出："实现'两个一百年'奋斗目标、实现中华民族伟大复兴的中国梦，不断提高人民生活水平，必须坚定不移把发展作为党执政兴国的第一要务，坚持解放和发展社会生产力，坚持社会主义市场经济改革方向，推动经济持续健康发展。""必须坚持以人民为中心的发展思想，不断促进人的全面发展、全体人民共同富裕"，这是中国共产党人的中心任务，这就抓住了社会主要矛盾的主要方面的核心，从而带动社会主义现代化建设的更快发展。

综上所述，习近平总书记在党的十九大报告中所做出的"我国社会主要矛盾已经转化为人民日益增长的美好生活需要和不平衡不充分的发展之间的矛盾"的科学论断是对马克思主义历史唯物主义理论的运用和发展，具有划时代的意义，将对我国社会主义现代化建设产生长远而深刻的影响。

参考文献

[1] 任晓伟，肖娴. 再论八大前后毛泽东对我国社会主要矛盾的思考——从王光美对一则有关八大史实的回忆谈起 [J]. 党史研究与教学 2003（05）：p20—25.

[2] 何敬文. 我国社会主要矛盾的变与不变——新中国成立后中国共产党与理论界

的三次思想互动 [J]. 中共中央党校学报 2010（02）：p22—27.

[3] 石磊, 高帆. 地区经济差距：一个基于经济结构转变的实证研究 [J]. 管理世界, 2006（5）：p35—44.

[4] 邵挺, 李井奎. 资本市场扭曲、资本收益率与所有制差异 [J]. 经济科学 2010（5）：p35-45.

[5] 中共中央马克思恩格斯列宁斯大林著作编译局《马克思恩格斯选集》. 第二卷 [M]. 人民出版社 1995 年版.

作者简介

阳国亮，广西桂林人，广西党建研究会副会长，广西大学商学院教授，研究方向：思想政治教育、国民经济学。

构建桂林市健康新型政商关系的调查与思考
——中共桂林市委统战部调研组

王建毅等

【摘要】 习近平总书记关于新型政商关系思想的形成过程有着深刻的时代背景。"亲""清"二字的精准提炼和概括,是这一思想理论成熟的标志。当前,构建这一新型政商关系具有重要性和紧迫性。习近平总书记关于"亲""清"政商关系的表述,关键在于怎么践行。要充分发挥统一战线的优势,以统战思维和方式积极构建新型政商关系。

【关键词】 健康新型;政商关系;亲与清

2016年3月4日下午,习近平总书记在全国政协十二届四次会议民建、工商联界联组会上发表重要讲话。首次用"亲""清"两个字定位新型政商关系,不仅让政商双方有规可依、有度可量,更给党员干部和企业家之间怎样打交道,指明了方向,划出了底线。为进一步落实习总书记的指示精神,更好地促进桂林市非公有制经济健康发展和非公有制经济人士健康成长,市委统战部组织专门的调研组,对构建桂林市健康新型政商关系进行了认真的调研。

一、桂林市现有非公企业情况及当前政商关系现状

近几年来,我市非公有制企业发展比较迅速,呈现出企业数量不断增加,从业人员不断增多,经营领域不断拓宽,经营规模不断扩大,科技含量不断提高,在国民经济中所占比重越来越大的发展趋势。截至2017年底,全市私营企业共计53 256户(含分支机构),从业人员共计259 193人,注册资本(金)总额共计20 821 354.64万元。桂林市有100亿元以上规模企业5家,50—100亿元企业9家,10—50亿元企业26家。个体工商户共计157 374户,从业人员共计288 452人,资金数额共计975 968.11万元。农民专业合作社共计4929户,成员总数共计56 337人,出资总额共计486 816.17万元。其中从业人数在50—99人且营业收入500万元以上的企业有116家;从业人数在100人以上的有215家,港、澳、台商投资企业17家,外商投资企业6家,港、澳、台商控股企业29家,外商控股企业9家,港、澳、台商独资企业11家,外商独资企业4家。全市规模以上非公有制工业企业完成工业总产值1 958.34亿元,占全市工业总产值77.7%;完成增加值569.3亿元,占全市工业增加值78.6%,对全市工业贡献率74.4%。全市非公有制企业固定资产投资总额1 301.82元,占全市固定资产投资总额61.1%,对全市投资增长贡献率达75.7%。全市非公有制经济实现社会消费品零售总额约645.74亿元,约占全市实现社会消费品零售总额77.2%。全市非公有制企业外贸进出口总额5 024 835千元人民币,占全市进出口总额的85.14%;其中,出口总额4 420 175千元人民币,占全市出口总额的85.13%;进口总额604 659千元人民币,占全市进口总额85.2%。在经济发展新形势、新常态下,我市非公经济能在稳增长、促改革、调结构、惠民生、防风险等方面发挥出重要作用,这得益于政府及相关职能部门认真落实了服

务企业的各项举措，切实维护了企业的合法权益，也侧面反映出我市政商关系的良好局面。

二、桂林市政商关系存在的主要问题

调研反映，当前我市政商关系总体较好，但由于历史原因和体制因素，加上新的形势和要求，一些问题与矛盾长期存在。特别是当前桂林市查处了一批领导干部违纪违法事件，大多是与非公企业有关。如原兴安县委书记阳明、原龙胜县县长王少荣，以及市园林局几名班子成员的贪污腐败问题，虽然目前桂林市采取很多有效的治理措施，但由于一些主客观原因，桂林市政商关系还是存在很多问题，主要表现在：

一是不想交、不愿交、不敢交的现象比较明显。我们一些党政干部，包括做非公人士工作的单位和部门，如统战部、工商联、非公党建办等部门，在中央八项规定出台后，与非公人士交往中，因担心把握不了尺寸，"饭该不该吃、酒该不该喝"，心中无底，也找不出与非公人士交往的"度"的依据，造成该联系的时候也不联系，应该交往的时候也不交往。有的党政领导干部包括县（市、区）都普遍存在这种情况，一年也没有与联系的对象面都没见过一次，企业在什么位置，从事什么生产等也不知道，更不要说给非公企业解决什么困难。

二是"亲"而不"清"或"清"而不"亲"的现象依然存在。当前，政商关系存在一个比较明显的问题，即"清"而不"亲"，有的干部对企业"敬而远之"。尤其是在桂林市兴安县、临桂区等单位出现"塌方式"腐败的情况下，一些领导干部因怕犯错误而不敢与企业家交往，主要表现是：一些领导干部谈商色变，只怕不"清"，不怕不"亲"。见了企业家"躲着走"，怕"常在河边走，哪能不湿鞋"，甚至"不接电话、不批文件、不办事情。"一些领导干部以消极态度对待民营企业家。

三是不敢为、不愿为、不会为的现象仍较普遍。有干部坦言,"吃不准"导致"不敢为"。对政商关系"度"的把握上,由于当前"不能""不得"的禁止性规范出台多,"可以""应该"的指引性规范出台少,一些干部搞不清与企业交往的分寸,干脆舍"亲"而保"清",至少求个稳妥。特别是高压的反腐败之下,有些官员为了不出事,宁愿不干事,给企业该办的手续不办,该批的项目不批,导致了相当程度的懒政和怠政问题,阻碍了经济增长。

四是玻璃门、弹簧门、旋转门问题仍然存在。调研走访中,企业普遍反映,对政府"多个婆婆管一个媳妇"的交叉管理模式感觉疲惫,一些政务审批服务中心"一站式"受理做到了,但权力没有放,大厅窗口人员多为"收发员",不少审批事项只是换了个"马甲",审批中的各种"要件"、程序和环节还是关卡林立,一件小事要企业跑好多遍,报个项目,还是要盖多个章,耗费企业大量财力和精力,延误了市场机遇,有的企业家戏谑"上面很好,下面好狠"。政策执行不一,本土企业与招商引资企业有时难以执行同样政策,无法享受同等待遇。民营企业在市场准入方面有时仍遭遇不少体制性和政策性障碍,部分实施细则不具体、操作性不强或门槛设置过高,实践中很难落实。政府及涉企部门一些办事人员,觉得与企业打交道就涉嫌"不清",有的甚至借口是讲规范规矩,不与企业当事人接触,事前服务不够准确有效,导致一些企业陷入"问题始终在解决,但始终也解决不了"的旋转门。

五是隐形收费、间接成本、服务缺失的现象仍未消除。一些企业反映,在承受各种收费和支出的压力面前,有苦无处诉,觉得与政府难以亲近,政商关系越来越远。某些涉企部门尽管在收费项目上有了减少,但转嫁为第三方收费,好像与政府及涉企部门无关,实际上企业负担并没有减轻,企业生产成本加大。还有一些涉及质量检测、消防生产、产品审验、环评、安评等方面收费极高,都是垄断性的,没有价格上的回旋,让企业难以承受。对企业困难,政府及有关部门存在选择性服务现象,貌似在管,其实都不在管，缺乏有效的评估和问责机制，持续保障和维护企业合法利益，出台的有些政策连贯性不够，缺乏有力的支持、帮扶手段，政府的承诺、有些政策有时兑现不了。

三、认真落实习总书记"亲"和"清"的要求，建立新型政商关系

政商关系，是政府和市场、权力和资本相互关系的综合反映。政商关系既是一个古老话题，也是一个为政者必须做出回答的时代命题。构建既"亲"且"清"的政商关系新生态，需要从法治、制度、机制层面采取扎实有效的措施。

（一）要正确认识新型政商关系的丰富内涵，确保健康发展

政商关系是一种客观存在，关键看怎么把握。习近平总书记明确要求，不能搞成封建官僚和"红顶商人"之间的那种关系，也不能搞成西方国家大财团和政界之间的那种关系，更不能搞成吃吃喝喝、酒肉朋友的那种关系。过去大家反映较多的是官商勾结，一些人靠不健康的政商关系获取不法资源和不义之财。党的十八大以来，在不少领域、不少行业确实还存在官商勾结、权钱交易、利益输送等现象。不健康政商关系的影响是十分恶劣的，破坏了市场环境，使公平竞争、优胜劣汰的市场规则变成"权力规则、金钱游戏"，产生了"劣币驱逐良币"的不良后果，也破坏了政治生态环境，败坏了社会风气，更是严重地腐蚀了党政干部队伍。习近平总书记对全面从严治党新形势下的政商关系作了深入剖析，对反腐败阻碍经济发展的错误认识进行了有力驳斥。我们要引导非公有制经济人士正确把握政商关系，看到反腐败斗争既有利于净化政治生态，也有利于净化经济生态，理顺市场秩序，还市场以本来面目，把被扭曲了的东

西扭回来。引导他们认清"信权信人信钱不信法"的观念不能再有,打"擦边球""靠关系"的老路行不通,"勾肩搭背""官商勾结""权钱交易"更不允许。

(二)要进一步加快市场化改革步伐,畅通交往的途径

从我们调研的情况看,一些企业反映,当前,桂林市和其他地方一样,政府在主导资源配置方面或多或少还是存在一些问题,这不仅有损健康的政商关系,也可能导致一些企业丧失机遇,贻误地方发展。为此,要将政府的行政之手从微观经济领域撤出来,不要过多干涉企业经营,要减少不必要的审批权,缩减烦琐的行政流程,由事前监管转为事后监管,由管理型政府转变为服务型政府。要畅通官商正常交往的途径。通过多种途径,使正当的官商交往步入正常轨道,既让官员能够及时了解企业所需,为企业提供及时有效的服务,又能避免企业千方百计抱官员"大腿"满足自我发展之需。真正让官和商回归本位和常态,做到"在商言商、在政言政"。要依法守规,使法治始终在场,则权力不敢任性,企业不敢乱来,市场交易也将获得有序运转。阻断权力与金钱勾结的脐带,不能坐等市场规律发生作用,要更主动发挥法治的力量。用制度消除"没有原则的政治"与"没有道德的商业"。构建政府与企业良性互动的政商机制和环境。官员要坦荡真诚地与企业家交往,积极主动倾听他们的心声和期盼,主动吸引企业家与政府沟通交流,形成"讲真话、说实情、建诤言"的互动局面。各级工商联、商会组织也要积极发挥桥梁和纽带作用,使政商关系在"清"的前提下"亲"起来。

(三)要严格遵守各项法律法规,坚守政治底线

无论是企业家还是党政干部都要把做人做事的底线划出来,坚守法律底线、纪律

底线、政策底线、道德底线。只有守住这四条底线，拧紧政商交往的"安全阀"，说话做事才会有硬气，干事创业才会有胆气，为官从政才会更有底气。要坚守政商交往的法律底线。政府和涉企部门工作人员任何时候都要遵纪守法，严以用权，在法律之下行使权力，做到"法无授权不可为，法定责任必须为"。企业家任何时候都要守法经营，依规行事，偷税漏税、走私贩私、制假贩假等违法事情坚决不做，偷工减料、缺斤短两、质次价高的亏心事坚决不做。要坚守政商交往的纪律底线。党员干部要心存敬畏和戒惧，始终把纪律和规矩牢牢挺在前面，始终做到权为民所用、情为民所系、利为民所谋。很多企业家也是党员，也要严守党规党纪，在商界树立表率，决不能"温水煮青蛙"拉拢腐蚀干部，更不能想尽办法追击围猎干部。以身试纪、搞权钱交易，不仅是对党规党纪、理想宗旨的违背，害人害己，也是对自己和他人的不尊重。要坚守政商交往的政策底线。党的政策是党的生命，国家的政策是行业导向。要结合桂林实际，消除体制性障碍，放宽市场准入，打破行政（部门）垄断。党员干部不能以局部或个人利益来决定取舍，有利的就执行或变通执行，不利的就不执行。企业家应该认真研究政策、执行政策，按政策规定办事，在政策范围内开展经营活动。任何上有政策、下有对策，打政策"擦边球"、钻政策"漏洞"的行为，都不利于企业的成长、市场的健康。要坚守政商交往的道德底线。官有官德，商有商道。我们应该崇德尚道，坚守最基本、最朴素的做人做事的道德底线。党员干部要讲操守、重品行；企业家要讲修养、重诚信。无论从政还是经商，都应该讲道德、讲诚信、讲廉耻，任何操守不严、品行不端、道德败坏的行为最终都会酿成恶果。

（四）要进一步完善各项机制，确保界线清楚

在高压反腐之下，以往的政商关系容易走向另一个极端，一些干部和企业家无所适从，企业家遇到困难不敢去找政府，政府官员对待企业家也退避三舍，这样既损害

了党和政府形象，又可能使市场关系陷入无序。要界定清楚政商交往活动范围。主动适应政商交往新形态，设置负面清单限定政府的活动边界，明晰企业的活动范围，防止垄断和不正当竞争。要建立健全党政领导与企业经常性沟通联络机制、各有关部门与企业间交流机制，组织有关部门领导与各行业、各领域企业家开展定期座谈交流，解读政策、反映困难、共商对策。要建立容错纠错机制。对于各级领导干部在服务企业发展、推进改革创新中，由于经验缺乏、先行先试出现的一些非主观故意的失误和错误行为，要同明知故犯、谋取私利的违纪违法行为区分开来，把握好执纪执法的政策界限。要强化涉企政策服务宣传。各级相关政府部门要积极开展形式多样、主题鲜明的涉企政策宣传活动，在做好电视、广播、报纸等传统媒体宣传工作的基础上，要积极开辟微信公众号、官方微博等新媒体平台，扩大政策宣传的范围和影响，切实做到广而告之、应知尽知。要落实民营企业平等待遇。手心手背都是肉，各类企业一视同仁，政府做好服务，企业成长盈利，持续规范政商交往行为。

（五）要进一步严明规矩，提升办事效率

"亲清"新型政商关系既要公私分明，更要公开透明。政商交往要有度，要讲规矩，决不能搞成封建官僚和"红顶商人"之间的依附关系，也不能搞成吃吃喝喝、拉拉扯扯的酒肉朋友关系。政府要简政放权。终结不正常政商关系，根本在于改变政府和民间权力资源不对等的现状。政府大幅度减少审批权，大幅度缩减所掌握自然资源、公共资源，杜绝权力运用的随意性，形成科学合理的权力结构与互动机制，政府和企业公开透明地打交道，用制度规范约束权力，处理好权力与市场、权力与企业的关系，回归权力和商业的本真。干部要干净办事。在"亲"商中斩断私利杂念，牢记"莫伸手，伸手必被捉"。对非公有制经济人士多关注、多谈心、多引导，帮助企业解决实际困难。民营企业家要守法经营。要斩断投机的杂念，不寻租、不行贿、不破坏市场规则，以

良心品质和诚信经营铸造企业品牌，以守法清白的企业家形象赢得市场的认可、客户的认同。同时，要深入开展机关效能建设和政府提速工程，在涉企部门中推行首问责任制、工作限期办结制、并实行中层干部轮岗制，真正使"能者上，庸者下"落在实处，尤其是在民营企业遇到困难和问题时更要积极作为、靠前服务，营造亲商、安商、富商的良好氛围。

亲清关系涉及政治与市场、政府与企业、政治家与企业家三大关系。从统一战线角度看，就是政治家与企业家关系，但是离不开政治与市场、政府与企业关系的结构性约束。习近平总书记用"亲""清"二字定位新型政商关系，有利于矫正一度畸形的政商关系，促使这一重要的社会关系尽快走上正轨。要抓经济不可能不与企业打交道，不可能不和企业家们交往。但是，有交集不能有交换，有交往不能有交易。只要坚持"亲"字当头，真心实意支持企业发展壮大，坚守"清"字托底，时时刻刻保持关系清白，就一定能够逐步构建"亲""清"的新型政商关系，促进桂林市非公有制经济持续健康发展。

调研组组长： 桂林市委常委、统战部部长王建毅
调研组成员： 张广惠、刘彬芳、李祥昆、夏建设

加强党支部规范化建设问题研究

雷学凡

【摘要】 党支部工作规范化建设，是保证党内活动卓有成效的关键，也是加强党员队伍建设的重要举措。本文论述了课题研究的内容和具体做法、加强党支部规范化建设存在的问题及原因分析、以及课题研究实践应用的成效与思考。

【关键词】 党支部工作；规范化建设；具体做法

党支部是党的全部工作和战斗力的基础，是联系党和群众最直接的桥梁和纽带。党的十八大报告强调要"以改革创新精神全面推进党的建设新的伟大工程，全面提高党的建设科学化水平"，只有党支部的工作充满生机和活力，我们党才能朝气蓬勃，不断增强创造力、凝聚力和战斗力，更好地发挥执政党的作用。按照市委组织部重点课题调研安排，平乐县对加强党支部规范化建设问题作了专题调研，发出调查问卷并总结实践经验，努力探索加强党支部规范化建设的新举措。

一、平乐县近年来党支部规范化建设的实践

近年来，平乐县出台了"打造精品党建，建设美丽乡村""基层党建提升年"等一

系列基层党建工作政策措施，积极推进了党支部规范化建设工作，在实践过程中有效提高了党员干部对此项工作的理解、认识、支持和参与。根据360名干部群众参与的"您认为党支部规范化建设主要包括哪几项"调查问卷数据显示，认为有面积达标的场所占89%，有创新丰富的活动占75%，有规范运行的制度占69%，有特色明显的载体的占47%，有完整齐全的档案的占44%。由此可见，场所、活动、制度规范化建设已经成为乡镇干部、村干部、驻村干部、党员群众的普遍共识。13个基层党（工）委对党支部规范化建设较为重视，认识上有了新提高，2017年以来投入建设资金2000多万元，人力财力投入力度都有所加强。

（一）精细规划、精品示范，党支部规范化建设措施有力

平乐县在大力推进党支部规范化建设方面，以抓基层、打基础、立规范、树品牌为目标导向，想方设法促进党支部在规范化方面整体提升、全面过硬。一是出台规范化建设标准。制订了《平乐县推进基层党组织规范化建设实施方案》，明确"组织体系、班子队伍、党员管理、组织生活、工作载体、场所建设、运行机制、基本保障"等8个创建标准，列出"基层党组织建设基本标准41条"，让基层党支部做有标尺、干有方向。二是树立规范化建设典型。制定《平乐县"一江三路"党建示范长廊三年规划》，构建了"一乡一品牌、一村一特色、一路一江一景观"基层党建新格局，重点打造漓江、桂江沿岸和国道线平乐至源头、省道线平乐至沙子、县道线平乐经长滩至榕津段三条精品线路，将全县32个规范化党支部建设示范点进行重点升级打造。三是推出规范化建设载体。出台了《关于平乐县推行农村基层党组织"星级化"管理的方案》，全面打造"领导班子好、党员队伍好、工作机制好、工作业绩好、群众反映好"的"五个好"党支部，全县所有村（社区）党支部均开展了星级化目标管理评比，2016年全县145个村（社区）被自治区党委组织部评为五星级的9个，占6%；被评为四

星级的 12 个，占 8%；被评为三星级的 22 个，占 15%，在全市各县区综合排名第二。通过开展星级评比创建活动，农村（社区）党支部规范化建设不断得到晋位升级（如图 1）。

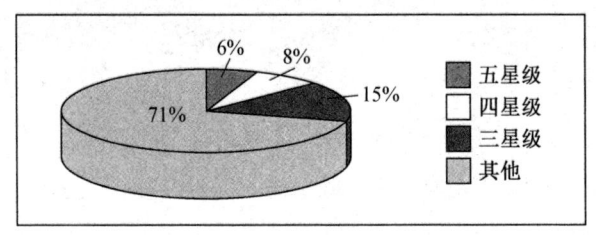

图 1 2016 年基层党组织星级化管理评比结果

从上图 1 所示，2016 年底，全县三、四、五星级规范化党支部只占总数的三成左右，还有超过七成的党支部没有评上星级，各党组织规范化建设还有很大的提升空间。

（二）专注标准、专注提升，党支部规范化建设推进有序

党支部规范化建设是推进基层党建工作制度化的一种非常有效的工作方法，随着经济社会发展，加强村级组织活动场所规范化建设已经成为当前基层党建工作迫切需要解决的一个问题。一是规范场所面积。按照市委组织部的要求，每个村级组织活动场所面积不低于 200 平方米（其中村"两委"及其他组织办公场所和综合服务大厅的面积要达到 90 平方米以上），近年来经过不断建设完善，全县 200 平方米以上 95 个，150 平方米以上 31 个，120 平方米以上 14 个，90 平方米以上 5 个，总体上来说，目前基本能够满足党员活动需要，但随着党员人数的增加，惠农政策需村级办事的项目增多，几年以后，这种状况就满足不了基层党组织规范化建设的目标要求。

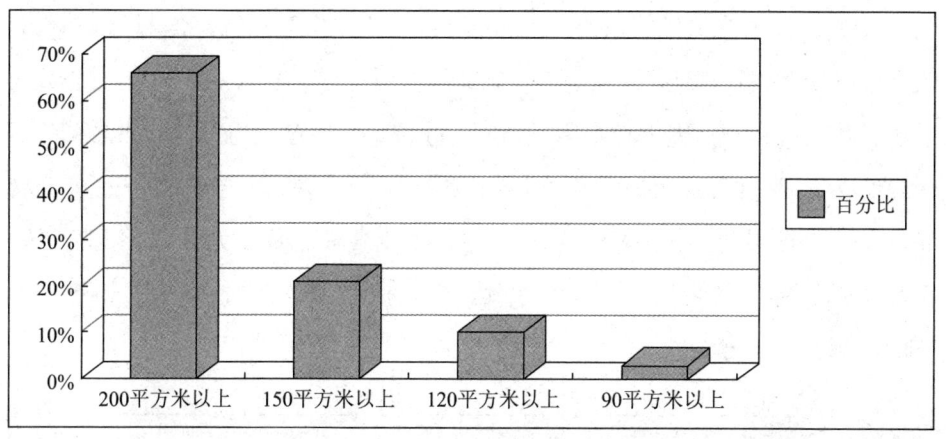

图2 2017年村级活动场所面积情况

上图2所示,党支部活动场所200平方米的占64%,150平方米的占21%,120平方米的占10%,90平方米的占5%,全县党支部活动场所面积逐步达标、势头向好,但离市委组织部的要求还有不小差距。二是规范制度宣传。根据村干部和党员群众的反映,平时上级各项工作检查比较多,造成宣传栏设置比较凌乱,针对这一情况,平乐县提出了党支部阵地"三美四栏六有"标准,明确设置党务公开栏、村务公开栏、科技宣传栏、党建宣传栏,同时对墙上制度进行了统一规范,全部采用可换取的广告上墙版式,解决了杂乱制度上墙状况。三是规范悬挂牌子。针对活动场所牌子多、悬挂乱等问题,统一开展集中整顿行动,要求各村(社区)活动场所大门只悬挂党支部、村(居)委、村(居)务监督委员会、政务服务中心等4块牌子,党支部活动场所各项设施不断达到了规范化要求。

(三)突出重点、突出细节,党支部规范化建设督促有效

为了持续推进党支部规范化建设,巩固建设成果,平乐县加强了该项工作的检查和监督工作。一是突出日常督查。对党务村务公开情况、党支部会议记录情况、办公

设备管理使用、党支部制度建设情况、"四议两公开"工作法执行情况、村干部值班情况和第一书记驻村情况列入日常督查。二是突出重点检查。把党支部规范化建设列入各基层党（工）委书记抓基层党建工作述职评议的重点内容，先后对全县党支部的场所建设情况、环境卫生情况、文件档案材料以及"三会一课""两学一做"等活动开展情况进行了重点检查。三是突出跟踪问效。每季度对各基层党（工）委存在不规范问题，跟踪及时通报，并落实专人分类别抓整改。通过有效的监督检查，有效增强了基层干部的责任感和紧迫感。

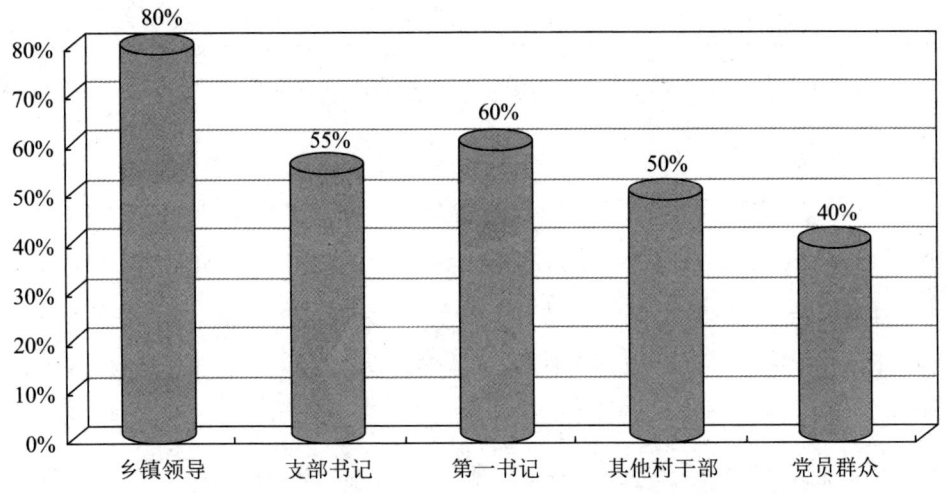

图3 新形势下加强党支部规范化建设的必要性认识

上图3所示，从"新形势下加强党支部规范化建设的必要性认识"调查问卷中（乡镇领导60名，支部书记80名，第一书记20名，其他村干部80名，党员群众120名参与调查，下同），可以看出乡镇领导认为很有必要的占80%，支部书记认为很有必要的占55%，驻村第一书记认为很有必要的占60%，其他村干部认为很有必要的占50%，党员群众认为很有必要的占40%。可见，基层干部群众对党支部规范化建设重要性认识得到了明显提高，工作力度也不断加强。

二、加强党支部规范化建设存在的问题及原因分析

平乐县在党支部规范化建设工作中取得了一些成效,但还存在一些问题,主要表现在:

(一)场所三个中心建设不够完善

对照《桂林市2017年村级组织活动场所建设评级实施方案》中关于"政治会议中心、党群提升中心和服务群众中心"(以下简称"三个中心")的建设目标和要求,党支部场所建设目前还存在发展不平衡的情况,对政治会议中心建设比较倾斜,对党群提升中心和服务群众中心相关功能建设没那么重视,各中心的使用率也不平衡。近年来,国家政策投向基层一线比重加大,各单位、各部门都在村一级建设了各项设施,如文化方面的"五个一工程"、卫生方面的医疗室、体育方面的篮球场等,但整个基层组织场所缺乏一个总体规划,导致各种资源没有完全整合使用,造成一定程度上的资源浪费。各乡镇对党组织场所建设、使用、规划等情况进行了统计上报(如表1)。

表1 党组织活动场所建设使用情况表

项 目	政治会议中心	党群提升中心	服务群众中心
数 量	136个	66个	81个
使用率	100%	76%	80%
有整体规划数	32个仅占总数22%		

原因分析：从上表1可以看出，全县145个村（社区）有136个建有政治会议中心且全部投入使用；只有66个村建有文化体育设施完善的党群提升中心，还未达到总数的一半，正常使用只有76%；服务群众中心完成81个，其中20%不能正常使用。这主要在于乡镇和村在科学统一规划方面没有超前意识，县级相关部门也是缺乏沟通、各自为战，导致部分村三个中心发展不平衡，在提高使用率方面仍然面临着诸多需要解决的实际问题。

（二）支部工作运行机制不够规范

从党的组织生活"三会一课"制度、村级事务民主决策"四议两公开"工作法以及村务党务公开情况等三个方面进行统计调查和开展问卷分析。

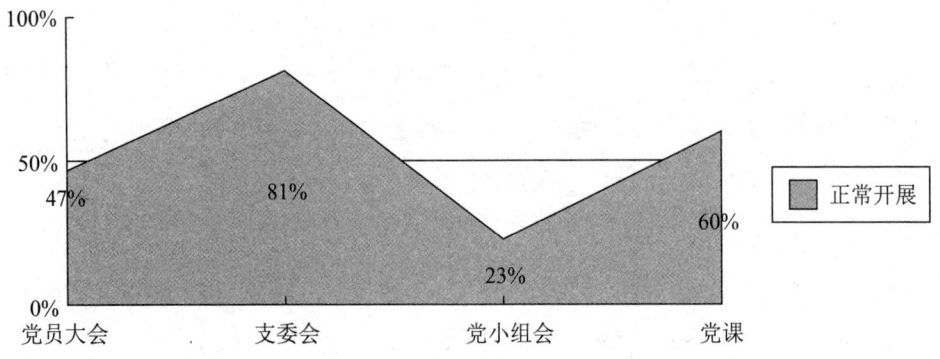

图4 党的组织生活会召开情况

从上图4所示，每季度正常召开1次党员大会的支部只有47%，说明对组织生活会制度执行不严。每月召开1次支委会的支部占81%，相对来看稍微正常。每季度召开党小组会的只有23%，说明党小组这一级组织生活不正常。半年一次的党课组织开展正常的占60%，还需进一步加强。

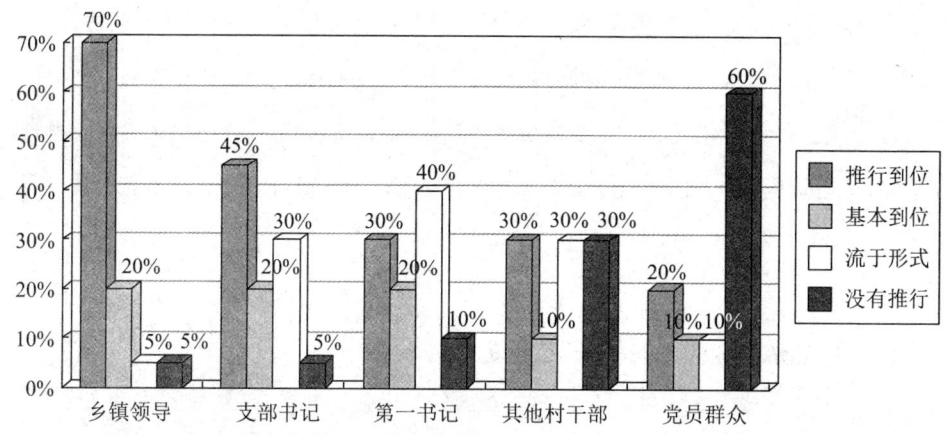

图5 "四议两公开"工作法推行情况

从上图5所示,通过调查问卷"您认为目前村级组织四议两公开工作法推行是否到位"得出的汇总数据表明:乡镇领导对推行"四议两公开"工作法抓的力度比较大;还有30%参与调查的支部书记认为该项工作法流于形式,认识有待提高;第一书记在驻村工作中发现有一半支部存在流于形式和没有推行;其他村干部认为基本推行到位以上的只占40%,说明参与度不高;党员群众认为没有推行的超过一半,说明此项工作没有宣传执行到位。

表2 党务村务公开栏达到规范化情况统计

项目	全部规范	公开不及时	内容不全	不符标准
数量(个)	48	66	31	72

从表2统计数据可以看出,党务村务公开栏全部符合规范的只有48个,占全县总数一半不到,公开不及时、内容不全、不符标准的支部占了很大一部分,这基本上能反映村级党组织对党务村务公开重视不够,个别支部还存在应付了事或没有公开现象。

原因分析：党支部的高效运转，必须依托规范的办公条件以及标准的运行方式。从以上三方面分析来看，部分镇村干部和党员对"三会一课"制度还不是很了解，还需要不断的加强学习和规范；"四议两公开"工作法这个村级事务民主决策机制没有真正落实到群众事务中去，党员群众参与度亟待提升；部分镇村干部满足于老思想、旧模式，对党务村务公开的规范缺乏深刻认识。

（三）支部功能作用发挥不够到位

有的党支部党建和业务工作存在"两张皮"的现象，在围绕"一推两战三年"活动、服务中心、推动中心上没有起到应有的"化学反应"；有的落实党委布置的工作不结合实际，如"三严三实""两学一做"照搬照抄，虚于应付；有的工作创新不足，特别是主题党日、七一活动形式不够灵活，满足于政治说教、发展党员、催交党费等；有的对党员严格教育管理没有真正做到切中关节、深入骨髓，党内生活的原则性、战斗性不强；有的在带领群众基础建设、发展致富、抗洪抢险等方面主动性不强；有的近三年都没有发展一名党员。这些都导致我们的基层组织吸引力不强、战斗堡垒作用不明显。

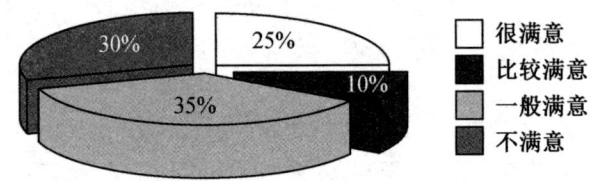

图6　基层党组织功能作用发挥调查情况

从上图6所示，根据"您对目前基层党组织功能作用发挥是否满意"问卷调查来看，360名受访者只有25%认为很满意，这些人员主要集中在乡镇领导和支部书记；认为不满意的占30%，党员群众占了很大比例。这些数据说明党支部功能仍然存在虚化、弱化、边缘化的情况，需要我们更加清醒的提高认识，采取措施有针对性地加以解决。

上述问题，归根结底是规范化建设应该干什么、怎么干、怎样干得好的问题，是每个党务工作者必须掌握的问题，是党支部最起码应该做到的事。这些问题的存在，影响了党支部职能作用的发挥，也影响了基层党建工作的整体效果。

三、加强党支部规范化建设的几点思考

基层党组织规范化建设，是一项长期的、复杂的、系统的、不断变化发展的工程。我们必须根据中央、自治区关于基层服务型党组织建设的要求，把握基层党建的特点及其规律，从基础入手，确保党支部各项工作更加顺畅、更加规范、更加标准。

（一）部门联动、突出规划，规范组织活动场所全面达标

要按照提升一批、完善一批、建设一批的总体思路，抓好村级组织活动场所规范化建设，要纠正各相关部门之前各自为政、条块分割、重复建设的现象，采取"整合资源、捆绑投入、综合利用"的手段把有限的资金用在刀刃上。一是突出调查摸底。集中力量和精力，组织基层党组织对照建设标准开展精准自查评估，自评已达标的基层党组织要向上一级党组织申请达标验收，自评"三个中心"建设未达标的基层党组织要有针对性制定加强和改进措施，做到"一支部一对策"。上一级党委要准确掌握已达标和未达标基层党组织的数量和比例，主动指导未达标的基层党组织列出倒排工期，建立基层党组织规范化建设工作台账。二是突出整合资金。以组织部门牵头，整合卫生部门医疗建设资金、文体部门篮球场建设资金、文化部门农家书屋建设资金等，

捆绑式投入建设综合性场所大楼,既节省了建设用地、节省了资金,又美观、方便群众办事和开展文化活动。发改部门要负责村级组织活动场所建设项目的项目审批、上报资金申请报告、投资计划分解下达,以及项目建设的监督管理工作;财政部门要负责建设资金的筹措和管理,以及配套设施的政府采购;土地部门要负责统筹新农村建设、移民搬迁等工作,落实建设用地。三是突出规划设计。采取"先易后难、因地制宜、以点扩面、整体推进"的思路推进基层党组织规范化建设的同时,组织场所建设要有统一规范的设计图纸,要融入当地特色文化内涵,村级组织活动场所、文化活动室、医疗卫生室、计划生育室、农家书屋和场所外的篮球场、戏台等设施要尽可能满足党员教育、村民思想文化教育、群众性文体娱乐活动、群众卫生和计生保健等服务需求,这样才能提高党员群众的使用率。四是突出全面达标。对"三个中心"的建设要做到齐头并进,采取"领导挂点、干部包保、挂牌督战"等方式,确保基层党组织规范化建设一个都不掉队,要分别确定一定数量的基层党组织先行一步,抓好示范推进,努力建设一批"可复制""可推广"的规范化建设示范点。

(二)抓住关键、严格监督,规范基层组织运行步入正轨

结合村"两委"换届,从议事决策机制、执行管理机制、监督考核机制等方面,明确和规范村党支部、村委会、村务监督委员会以及其他村级配套组织之间的功能定位、权责关系、运行规程和工作制度,构建以村党支部为核心、村民自治和村务监督组织为基础、集体经济和农民合作组织为纽带、各种经济社会服务组织为补充的农村基层治理体系。一是完善"两学一做"。在"两学一做"学习教育中把组织生活会、民主评议党员等基本制度落实好,引导党员对照党章党规、对照系列讲话、对照"四讲四有"和"四个合格",查找解决自身存在的突出问题,突出政治学习和教育,突出党性锻炼,组织党员经常参加、长期坚持,不断增强政治意识、大局意识、核心意识、看齐意识。

二是完善运行机制。认真落实"三会一课"、党务村务公开、"四议两公开"工作法、村干值班、农事村办、村规民约等制度，出台《关于建立健全村"两委"工作协调运行机制的意见》，指导形成村"两委"各司其职、分工合作、协调运行、相互监督、高效服务的工作格局，推进基层党组织运行的规范化精准化。三是完善日常检查。规范制度上墙和"六簿一册"相关记录，采取"每周村级自查、每月乡镇督查、每季度组织部门抽查"的形式，及时反馈督查结果进行限时整改，同时鼓励和支持党小组理事、党群商事、农户议事、党员办事、群众评事，提高屯级一线组织生活会质量和乡村治理法治化水平。

（三）立足实际、丰富载体，规范支部功能作用更上台阶

突出实践特色，创新工作载体，是持续推进基层党组织工作规范化建设的有效途径。一是优化班子建设。党支部班子健全，结构优化，分工明确，责任落实，团结协作，才能形成发展强大合力。以2017年村（社区）"两委"换届为契机，注重从农村致富能手、复转军人、外出务工经商返乡人员、回乡大中专毕业生、大学生村官、农民专业合作组织负责人中择优选拔，打造"双强双能"型村（社区）党组织书记，选优配强村（社区）"两委"干部队伍。二是优化党日活动。党支部要结合"党员活动日"活动选取每月固定一天开展主题党日，每次确定不同主题，组织党员集中学习、听党课、民主议事和开展志愿服务等活动，把思想和工作摆进去，增强感染力、吸引力和针对性、实效性，让党员每次都有感悟、有收获。主题党日活动要有"党味"，强化政治性、体现庄重感，让党员从中得到锻炼、受到熏陶。通过定期开展活动，让党员养成经常参加组织生活的习惯和自觉，增强对党组织的归属感。三是优化服务载体。在农村，深化"抓党建促脱贫"工程，开展"结对共建，先锋同行"活动；在社区，着力抓好机关党组织和党员到社区"双报到"，开展"微心愿""心连心"等活动；在机关企事业单位，

开展党员亮身份、亮职责、亮承诺、亮服务、亮业绩等"五亮"活动；在"两新"组织，实施"成长·活力"工程、"两新"创特工程。四是优化指数管理。创新基层党组织"堡垒指数"和党员"先锋指数"管理，通过科学设置考评依据，按季度进行量化积分并公示，激发支部和党员的内生动力，扎实推动基层党组织整改提高、晋星升级，筑牢战斗堡垒。

新形势下，党支部规范化建设要站在推进党建科学化水平的高度出发，以建设一个好班子、培养一支好队伍、构建一套好机制、养成一种好作风、创造一份好业绩党支部为目标，从组织机构建设、阵地建设、制度建设、经常性工作等方面入手，立足当前，谋划长远，在继承中探索，在指导中推进，在创新中发展，在规范中提升，力争打造一批优质过硬的组织。

作者简介

雷学凡　中共平乐县委组织部

落实党内监督条例推动党风廉洁建设常态化问题研究
——以兴安县为例

课题组

【摘要】党的十八大以来，以习近平同志为核心的党中央，统筹推进党的思想建设、组织建设、作风建设、反腐倡廉建设和制度建设，着力建立了改进作风和治理腐败的有效机制、长效机制，在党的建设上取得显著成效，有效净化了政治生态，极大提振和凝聚了党心民心。本文结合党的十八大以来，特别是2016年兴安县新一届县委领导班子履职以来，在履行管党治党责任上所采取的新思路、新举措、新成效进行梳理和总结，并针对推进全面从严治党必须解决的紧迫问题，进行分析和思考。

【关键词】从严治党；成效经验

近年来，兴安县涉及县委原书记阳某、原县长高某、原县委统战部部长蒋某等一批处级干部、科级干部被查处，涉及面之广、人员之多，实属罕见，被桂林市委定性为"区域性腐败"。这些违纪违法案件，给兴安扎实干事创业的党员干部抹了黑，给兴安砥砺奋斗所取得的骄人成就蒙上了灰尘，给兴安今后推动经济社会发展各项工作造成了困惑，严重损害了党和政府在人民群众中的良好形象。新一届县委、县政府如何履行好管党治党主体责任、推动全面从严治党落地生根、净化优化政治生态等问题，成为当前最重要的课题。2016年以来，兴安县坚持把惩前毖后、治病救人方针贯穿始终。共对788名党员干部进行了提醒谈话，运用"四种形态"处置问题线索224件，谈话函询党员领导干部47人，给予党政纪轻处分或组织处理141人，给予党政纪重处分或重大职务调整35人，涉嫌违纪违法移送司法机关4人。同时，按照"宽严相济，区别对待"的原则，鼓励违纪人员主动如实交代问题。全县94名党员干部主动向纪检监察机关交代问题，主动退出违纪款156.59万元，实现了惩处极少数、教育大多数的政治和社会效果，保证了全县干部队伍的稳定。

一、层层持续加压，压紧夯实全面从严治党责任

2016年换届后，新一届县委、县政府痛定思痛，下大力气狠抓纪律作风建设，坚定不移惩治腐败，积极打造风清气正、崇廉尚实、干事创业、遵纪守法的良好政治生态，着力提振干部职工干事创业的积极性。

从化危机为契机变坏事为好事的角度出发，厘清责任清单，建立责任落实机制，着力抓好"两个责任"的落实。全县共有乡镇、县直党（工）委17个，建制村党委15个，党总支部131个，党支部1146个，其中农村党支部750个。全县共有党员17558名，其中农村党员9488名，女党员4590名，少数民族党员550名。面对全县党员干部以及非党员干部等，新一届县委强化以上率下、率先垂范，自觉担起全面从严治党主体责任，将党风廉政建设纳入全县工作大局中谋划部署。

（一）认真履行"一岗双责"，当好"排头兵"和"风向标"

通过全县重要会议、重要场合反复强调严格落实主体责任，做到逢会必讲、逢时必谈；多次召开领导干部大会，对全县领导干部进行约谈。县委书记通过亲临一线接

访,面对面倾听群众的呼声,取得了一系列效果。2016年,新一届县委领导为突破重点、难点问题,结合"两学一做"学习教育和从严治党精神,调动党员干部积极性,挑选不同岗位中政治过硬、敢于担当、精通业务、甘于奉献的党员成立"党员突击队",充分发挥党员先锋模范作用,效果明显。如《广西日报》曾报道《三年修不通四公里路》的县火车站进站公路建设项目,重新启动后不到3个月便建成通车,结束了车站使用两年多来乘客进出站困难的问题;县城城区三大广场提升改造工程7月启动,国庆节便投入了使用;志玲路、双拥路、兴桂路旧貌换新颜,改造后不仅整洁漂亮,还在一定程度上减轻了县城交通拥堵的状况。2017年,全县新开工重点建设项目10个,续建项目23个,竣工项目7个,整个城乡面貌有了质的飞跃,各级党委、政府以实际行动赢得了党心民心。

(二)强化责任督查

组织开展乡镇、县直单位党委书记履行党风廉政建设主体责任述职述责评议会。县纪委组成10个督查组先后4轮对全县各乡镇、县直各单位落实"两个责任"情况进行督查;同时,针对党的领导弱化、党的建设缺失、全面从严治党不力等问题,在全市率先开展县委巡察试点工作,完成对湘漓镇、县交通运输局第一轮巡察,发现5个方面32个问题,并对发现的问题进行全面整改。

(三)强化责任追究

对落实"两个责任"不力的两个单位主要领导进行诫勉谈话,对7个县直单位主要领导和6个乡镇党委书记进行约谈,查处落实"两个责任"不力问题25件,党政纪处分25人,以严格问责倒逼责任落实。

（四）通过"两学一做"学习教育，提振干事创业的积极性

通过严肃党内政治生活，规范"三会一课"，创新"党员积分制""党员活动日"，邀请专家为全县党员干部上党性教育专题党课。开展警示教育，举办了80多名领导干部家属参加的"廉内助学校"专题培训班。以案明纪，加大典型案例通报曝光力量，点名道姓通报典型案例13批49人。

（五）创新载体激发活力

组织开展争创百佳、2017年"十佳共产党员"评选活动。通过弘扬先进，树立典型，进一步激励广大党员按照"四讲四有"标准，擦亮党性底色，敢为时代先锋，凝聚起兴安建设发展的精气神；组织开展新"三同"活动，全县科级以上领导干部带头深入群众访贫问苦，住农家屋、吃农家饭、干农家活，与群众"一同过、一同苦、一同干"。89个单位993名副科以上干部，进村入户大力宣传党和国家政策，广泛征求群众意见或建议，发现一批疑点、难点问题，办理一批实事好事。全县共召开各类座谈会1100余次，征集意见或建议5669条，为群众落实和办理实事1628件，进一步密切了党群干群关系；组织开展"夜学、夜访"活动，狠刹乡镇党员干部"走读风"。规定乡镇政府干部每周开展集中夜学1次，时间不少于2小时，干部年度夜学不得少于60学时。每周至少入户夜访1次，主要领导年度夜访不低于50户，班子成员不低于40户，其他干部职工不低于30户，进一步提高了服务群众能力。

二、狠抓作风建设，推动中央八项规定落地生根

坚持巩固深化中央八项规定精神，密切注意"四风"新形式、新动向，采取针对性的措施进行整治。

（一）杜绝作风问题反弹

开展窗口行业纪律作风专项整治活动，着力解决群众办证难问题，集中全县办证窗口单位，实行中午连班制，方便上班族办理各种业务。如：土地、房产、司法等业务；推行电视问政，主动回应群众呼声；开通政风行风热线，畅通群众举报渠道。加强明察暗访，实行"一月一督查""一月一通报""一月一整改"工作制度，对40个"问题"单位进行了通报批评，对问题严重的13个单位责任人进行了问责，推动全县党风政风持续好转。

（二）倡导移风易俗净化社会风气

改变过去逢年过节、生日寿宴、"红白喜事"等场合暗含送礼行贿等行为。制定了《党员干部廉洁自律、移风易俗承诺书》，规定操办婚丧喜庆事宜；同时，规定不以借接风洗尘、提拔调任、迎来送往名义等10个方面入手，对党员干部进行行为约束。全县广大党员干部及村委干部纷纷签订了承诺书，并以实际行动抵制不良习俗，引领文明新风。县纪委切实履行监督职责，对不履行承诺，违规大操大办婚丧喜庆事宜行为进行立案查处。2017年，县纪委立案审查因违规操办酒席的县扶贫办副主任周某、漠川乡林业

站副站长袁某等，警示教育效果明显。

三、强化执纪审查，初步形成"不敢腐"的震慑氛围

继续保持惩治腐败高压态势，通过持续震慑推进形成不敢腐的氛围，不断释放越往后执纪越严的强烈信号。

（一）对群众身边的"四风"和腐败问题"零容忍"

将信访关口前移，开展大接访和开设"接访门诊台"，广泛接受群众来信来访；聚焦民生领域 18 个部门，组建县、乡、村三级联合工作队 125 个共 750 人，进村入户对 12 项民生政策资金开展查访核验，查访核验 22.7 万人次，梳理出问题线索 273 条；成立 18 个办案组主动出击，对排查、收集的问题线索逐一核实。2016 年，全县纪检监察机关共立案 203 件，同比增长 233%；处分 175 人，同比增长 203%；查处科级干部 26 人，占全县立案数的 13%，其中正科级 11 人，副科级 15 人。先后查处了崔家粮油购销有限公司伙同村干部套取国家粮食直补款系统案，非法经营疫苗系列案等一批典型案件，形成强大震慑。

（二）积极服务脱贫攻坚战，切实强化扶贫领域监督执纪问责

加强扶贫领域项目、资金的监督，严肃查处扶贫领域违纪、违规行为，为打赢脱贫攻坚战提供坚强的纪律保障。全县立案查处扶贫领域腐败问题 93 件，占立案总数的

46%；给予党政纪处分 89 人，其中乡科级干部 11 人，涉及扶贫资金 371.18 万元。

四、完善制度建设，坚决做到阳光行权规范用权

兴安县不断强化党内监督，制定了科学管用的各项制度，坚持用制度管权管事管人，为全面从严治党提供有力的制度保障。

（一）健全完善干部监管机制

出台了《关于严肃党内政治生活着力营造良好政治生态的若干措施》，从严明党的政治纪律、严明党的组织纪律、严格党的组织生活、严格执行民主集中制、匡正选人用人风气、弘扬务实重行作风、构建清爽同志关系、严格执行廉洁纪律、遵循法治敬畏法律、立党为公勇于担当等十个方面制定了二十条措施，为严肃党内政治生活，营造风清气正政治生态提供制度支撑。

（二）健全干部正向激励机制

实施了联系基层联系群众七项制度，倡导在一线推动工作，实行县委月度主要工作计划制度，强化督查问效追责，工作效率显著提高。县委还倡导一线用干部，以实绩论英雄，不走歪门邪道。出台了重大项目优秀积分制，一个季度评选一次，对在项目建设中取得重大突破或阶段性成果、解决重大瓶颈问题、做出突出贡献的干部进行嘉奖表彰或记功，并作为干部考核任用的一个重要依据。

(三)强化制度的执行落实

全县开展了乡镇党员干部"走读风"整治行动、干部违规办企业清查行动、整治不按要求参加组织活动行动、干部职工工作时间违规饮酒整治行动、慵政懒政怠政整治行动、领导干部违规插手工程建设整治行动、查处违规操办宴席整治行动、领导干部个人事项申报不规范整治行动、党员干部参与赌博等违法行为整治行动、"漠视群众、态度生硬"等作风问题整治行动等10个方面的专项整治行动,确保《措施》贯彻执行到位。

五、构建良好的政治生态存在长期性、复杂性、艰巨性

在这一年多的治理过程中,还没有完全自觉形成"不敢腐、不能腐、不想腐"政治局面,构建良好政治生态还存在一定困难。

(一)推进全面从严治党的任务仍然艰巨

全面构建良好政治生态需要长期、坚持不懈的努力。当前,有的党组织领导核心作用弱化,执行党章党规党纪不力,落实党的路线方针政策不坚决、不到位;有的党员领导干部纪律意识淡薄、责任意识不强、担当精神缺乏;有的"四风"问题禁而不绝,作风不实,懒政怠政等现象依然存在;一些纪检监察机关"三转"落实还不到位,监督责任缺失等。要解决这些问题,需要始终绷紧从严从紧这根弦,落

实好管党治党责任。

（二）党内政治生活庸俗化、随意化、平淡化倾向依然存在

一些乡镇和单位党内政治生活不严肃、不认真、不经常，在一定范围内存在形式化、简单化甚至庸俗化、娱乐化问题；有的党组织在党内政治生活中，没有认真贯彻民主集中制，既有发扬民主不够、搞"一言堂"问题，也存在正确集中不够、班子里各自为政问题；有的党组织对党员干部教育管理失之于宽、失之于软，使党的纪律和规矩的"高压线"不带电，党内政治生活的"大熔炉"没了火；农村党员年龄结构老化，中青年党员外出务工多，党员队伍科学文化水平低、创新精神及活力不足，导致先锋模范作用发挥不明显，"三会一课"、组织生活会和民主评议党员等制度坚持得不够好。

（三）实践运用监督执纪"四种形态"遇有难点和阻力

把握运用监督执纪"四种形态"，最难的是第一种形态，关键也在用好第一种形态。在落实第一种形态时，有些负责同志存在好人主义倾向，怕得罪人，对干部存在的问题，揣着明白装糊涂。实践中还存在为了适应"大多数""少数"和"极少数"的比例变化，人为地设置框框和幅度，调整比例的现象，而不是按照案件证据情况认定违纪违法事实。一些领导干部对"四种形态"认识不到位，自认为现在运用"四种形态"，所在乡镇或部门也办了几个大案要案，处理了一些人，以后应该不会再办了，于是对一些存在的苗头性问题、倾向性问题没有进行及时的提醒和处理。

六、对策建议

(一) 严格执行党的制度，以问责压实全面从严治党责任

要深入学习贯彻党的十九大会议精神，坚定正确的政治方向，严肃党内政治生活，强化党内监督，切实抓好《关于新形势下党内政治生活的若干准则》《中国共产党党内监督条例》《中国共产党问责条例》的贯彻落实，督促各级党组织解决党内政治生活中存在的突出问题，促使党员干部唤醒责任意识，激发担当精神，永葆党的凝聚力和战斗力。

一是建立健全责任落实体系。持续深化责任清单管理，实化细化党委的主体责任、纪委的监督责任和党组织书记的第一责任人责任、领导班子成员的"一岗双责"，强化归口管理部门、行业主管部门和分管领导的责任。要把检查主体责任落实情况作为巡察和监督执纪的重点，督促各级党组织解决好本部门党内政治生活中存在的突出问题，推动各级党组织和党的领导干部切实担当责任。建立问责情况定期报告和备案制度，完善常态化督查机制，将《问责条例》执行情况纳入督查重点，适时开展专项检查，对该问责不问责的，也要严肃问责，用督查传递压力。

二是以问责倒逼责任落实。严格执行自治区贯彻落实问责条例实施办法，加强组织与纪检机关、审计及行业监管单位的协作配合，对党的领导弱化、党的建设缺失、从严治党责任落实不到位的，对维护党的政治纪律和政治规矩失责、贯彻中央八项规定精神不力、选人用人问题突出、腐败问题严重、不作为乱作为的，紧盯不放，严肃问责。对失职失责性质恶劣、后果严重的，实行终身问责。

(二）持续深化作风建设，严防"四风"问题反弹回潮

作风建设永远在路上，要坚持在常和长、严和实、深和细上下工夫，让人民群众不断看到实实在在的成效和变化。

一是锲而不舍纠正"四风"。严格执行市委《关于进一步贯彻落实中央八项规定精神的实施办法》，强化中央八项规定精神落实情况监督检查，把纠正"四风"往严里查、细里管。密切关注"四风"新动向、新表现，紧盯隐形变异问题以及奢靡享乐之风，严肃查处违规发放津补贴、虚套财政资金、公款旅游、私车公养、私客公待、转嫁消费，违规收送电子红包、电子礼品预付卡，借婚丧嫁娶等事宜大操大办敛财问题，做到执纪必严、违纪必究，坚决防止"四风"问题反弹回潮。

二是严厉整治不作为问题。针对当前一些党组织和党的领导干部不担当、不负责，一些党员干部不作为、乱作为等突出问题，全县各级党组织要坚持问题导向，强化责任担当意识，采取有效措施，解决"为官不为"问题。县委组织部要把不作为问题作为基层党建责任清单的一个重点督查内容，对不作为、怠政懒政的，不敢担当、拈轻怕重的给予组织处理。

三是努力营造良好社会风气。大力弘扬党的优良传统和中华民族优秀传统文化，大力践行社会主义核心价值观，充分挖掘极具兴安特色的"红色党建元素"，培育良好地域文化生态，打造一批红色文化、廉洁文化精品和教育基地，发挥德治礼序、乡规民约教化作用，推动党员干部家风建设，倡导党员干部移风易俗，推动社会风气逐步好转。

（三）持续保持惩治腐败高压态势，坚决减少腐败存量，遏制腐败增量

当前兴安县反腐败斗争形势依然严峻复杂，必须坚持惩治腐败力度决不减弱、零

容忍态度决不改变,坚决减少腐败存量,重点遏制腐败增量,把正风反腐不断引向深入。

一是持续释放重拳反腐的信号。要坚持无禁区、全覆盖、零容忍,对腐败问题发现一起、查处一起,持续保持对违纪违法行为的震慑力。重点查办不收敛、不收手,问题线索反映集中、群众反映强烈,现在重要岗位且可能还要提拔任用的领导干部。紧盯干部任用、民生、工程建设、医药、扶贫等重要领域,重拳出击,持续释放越往后执纪越严的强烈信号。

二是综合运用监督执纪"四种形态"。准确把握"树木"和"森林"的关系,把"四种形态"运用到线索处置、执纪审查、执纪审理等环节。把握运用好第一种形态,把功夫下在第一道关口上,经常开展批评和自我批评、约谈函询,让"红红脸,出出汗"成为常态。用好第二、第三种形态,对反映问题线索具体的进行核查,实事求是,依纪依规,区分不同情况做出处理。对严重违纪涉嫌违法的,坚决严肃查处。

三是强化扶贫领域监督执纪问责。紧盯扶贫政策执行、项目安排、资金落实等环节,对反映集中、性质恶劣的,重点挂牌督办,动态监管,限期办结,定期曝光。要增强问题意识,关口前移,多方发力,既加强对资金和项目申报、分配、管理和使用等环节的监管,又建立健全扶贫公告公示制度,强化群众监督与社会监督,对抓扶贫领域监督执纪问责不力,"两个责任"落实不到位导致扶贫领域腐败问题频发,或者对突出问题整治不力的、查处问题不认真、责任处理不到位的,实行"一案双查"。

(四)发挥巡察利剑作用,推动全面从严治党向基层延伸

坚决落实自治区党委建立市县党委巡察制度的意见,研究制定县委巡察工作五年规划,建立健全县委巡察工作机制,实现巡察工作规范化、制度化。

一是完善巡察工作机制。抓紧建立和完善县委巡察工作机构,抓紧落实县委巡察办人员编制,及时构建起"巡察组长库"和"巡察人才库",把优秀干部选配到巡察队

伍中，建立优秀后备干部参与巡察工作机制。建立县委巡察机构与纪检机关、组织部门的协调协作机制，实现成果共享；建立与公检法等单位的协调机制，加强信息查询、商请督办等方面的协调配合，形成巡察工作合力。

二是突出政治巡察。要围绕被巡察党组织坚持党的领导开展全面"政治体验"，聚焦党的领导弱化、党的建设缺失、全面从严治党不力，紧盯重点人、重点事、重点问题，强化对被巡察党组织和党的领导干部坚定理想信念宗旨、落实党的路线方针政策、坚持党管干部原则、选人用人情况的监督检查，坚决维护党的领导核心和党中央权威。要全力抓好巡察成果运用，坚决防止重巡察、轻整改的问题，对敷衍整改、整改不力、拒不整改的，通报曝光，严肃问责，切实发挥巡察震慑、遏制、治本作用。

课题组成员：
承担单位： 兴安县、市公安局、中石油六公司党建研究分会
牵头单位： 兴安县党建研究分会
指导老师： 市党建研究会特邀研究员李祥昆

深入推进全面从严治党向基层延伸问题研究
——以桂林市全州县为例

蔡泽军　周娜　徐兴志　胡常胜　莫秋生　胡茜

【摘要】桂林市对推进全面从严治党向基层延伸进行了深入的探索和研究，切实把严的标准、严的措施、严的纪律落到实处、体现成效。以全州县为例，针对基层组织在全面从严治党实践中面临的问题，提出了对策建议。

【关键词】从严治党；基层；问题研究

基础不牢，地动山摇。基层党组织是党的执政根基，是连接党心民心的纽带，是服务群众的最前沿。基层党员干部的工作方法、工作作风关乎党的形象。习近平总书记强调推动全面从严治党向基层延伸，对强化党的建设有着深刻的战略意义，是为维护党的形象威信，夯实党的群众基础，巩固党的执政地位，维护人民根本利益所作出的战略决策。研究和探索推进全面从严治党向基层延伸的理论内涵和实践外延，分析存在的问题，提出切实可行的对策建议，对于加快推进全面从严治党向基层延伸具有非常重要的意义。为此，桂林市委组织部组织一科、全州县委组织部成立了联合课题组，采取文献研究、实地调研、问卷调查、座谈访谈等多种形式，深入乡镇、农村和部分县直部门单位，对该县推进全面从严治党向基层延伸的实践进行专题调研，并形成了调研报告。

一、推进全面从严治党向基层延伸的基本内涵

推进全面从严治党向基层延伸，首先要正确理解全面从严治党向基层延伸的内涵。"全面"，就是要求做到管党治党责任无死角、主体全参与、对象无例外。"从严"就是要推进管党治党从"宽松软"走向"严紧硬"。"向基层延伸"，就是要从严治党拓展深化到基层，坚持全方位、全领域、全覆盖。推进全面从严治党向基层延伸，从中央到地方，要上下同步，综合施治，整体推进，方能真正实现干部清正、政府清廉、政治清明的目标。具体而言，就是要深化党内思想政治教育，教育引导党员、干部补足精神之"钙"，筑牢思想之"魂"。要推进各领域基层党组织建设，使每个基层党组织都成为坚强战斗堡垒。突出明责、履责、述责、考责、问责，一级一级传导动力，一级一级压实责任。抓常抓细抓平时，从严做好基层干部日常管理监督，加强对权力运行的制约和监督，把权力关进制度的笼子里，形成不敢腐的惩戒机制、不能腐的防范机制、不易腐的保障机制，让人民监督权力，让权力在阳光下运行。

二、全州县推进全面从严治党向基层延伸的工作实践

近年来，全州县坚持思想建党与制度治党相结合、坚持依靠群众与群众评判相结合、坚持问题导向和严抓严管相结合、坚持党的建设与经济社会发展共同推进相结合的基本原则，突出思想教育从严、干部选用从严、管理监督从严、组织建设从严、制度执

行从严、执纪问责从严，扎实推进全面从严治党向基层延伸。

（一）坚持思想教育从严，坚定理想信念

围绕加强党的执政能力建设和先进性建设，2014年以来先后深入开展了党的群众路线教育实践活动、"三严三实"专题教育、"两学一做"学习教育等党内教育，扎实推进"两学一做"学习教育常态化制度化建设，通过集中学习、举办讲座、专题研讨、开展主题党日活动、红色教育等丰富多彩的形式，教育引导全县各级党组织深入学习中国特色社会主义理论体系，学习习近平总书记系列重要讲话精神和治国理政新理念、新思想、新战略，牢固树立社会主义核心价值观，拧紧思想"总开关"，补足精神之"钙"，着力整治"四风"，全县各级领导班子和干部队伍思想更加统一，政治更加坚定，组织更加有力，工作更加务实，作风更加深入。

（二）坚持干部选用从严，建强干部队伍

严格执行《干部选拔任用工作条例》，公道正派选人用人，选公道正派人。一是严格选人用人标准。把政治标准放在首位，坚持好干部标准，考察干部时注重政治品质、道德品行、工作实绩、群众公认、党建履职、勤政廉政等情况的考察。二是树立正确选人导向。注重用实绩突出的干部，对那些热衷于打招呼、搞小圈子，一律打入"黑名单"，坚决不用；注重用群众公认的干部，对群众基础差、推荐票低、群众反映差的干部，一律不列入考察范围；注重用在基层一线、急难险重任务和重大项目工作中脚踏实地干事、工作成绩突出、作风过硬的优秀干部。如2016年乡镇换届后，18个乡镇的36名党政正职全部具有乡镇工作经历；新提拔的107名科级干部中，从乡镇提拔有73名（见图1）。新提拔的16名正科级领导干部，13名是担任过乡镇副职。三是扩

大选人用人民主。县乡换届时全面推行全额定向民主推荐,推行差额推荐、差额考察、差额票决、差额选举的全程差额选拔。党政正职人选进行县委全委会扩大会议民主推荐。党政正职提名人选,全部提交县委全委会无记名票决;其他领导班子成员提名人选,全部由县委常委会讨论通过。四是严格选人用人监督。实行干部选任全程纪实,坚持谁推荐谁负责、谁考察谁负责,坚持凡提必审、任前考廉、任前公示、财产公示、个人有关事项申报和查核、进行廉政鉴定。

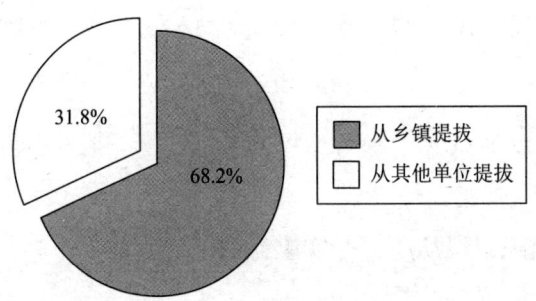

图 1　2016 年全州县乡换届新提拔科级干部 107 名

(三)坚持管理监督从严,优化政治生态

不断拓宽干部监督渠道,加大干部监督管理力度。一是建立监督信息互通机制。2012 年,建立信息互通机制,县纪委(监察局)、县委组织部、公、检、法、审计、计生等部门,定期、不定期召开联席会议,相互通报本单位工作中发现的党员干部的违纪违法信息,整合了干部监督资源。二是推行任前"考廉"。2013 年开始实行任前"考廉"制度,所有拟提拔担任乡科级领导职务的干部,公示期间都要进行廉政知识法规测试。测试成绩作为干部任用依据,成绩合格的,按规定程序任用,不合格的,暂缓任用。目前,353 名拟提拔的乡科级领导都参加了测试。三是推行财产公示办法。要求新提拔科级领导干部进行财产申报,并与任职前公示同时公示。目前,全县有 4443 人次填报了领导

干部个人有关事项报告。2013年以来，对提拔重用的科级干部353人次进行了财产公示，干部考察组对88名拟提拔考察对象的个人有关事项报告进行了认真核查。五是强化重点岗位监督管理。2013年，出台了《全州县加强县直单位部分岗位干部监督管理办法（试行）》，将县住建局房管所所长、县民政局低保办主任等公益性强、公众关注度高、业务涉及面广的21个县直单位部分重点岗位进行监督管理。六是规范科级领导干部因私出国（境）审批。开展登记备案单位87个，登记备案人员1493名。2016年以来，共办理科级领导干部出国（境）审批手续52人次。七是加强提醒、函询和诫勉工作，2016年以来，共对711名领导干部进行了提醒谈话，4人进行了函询，充分发挥了提醒函询诫勉规范言行、防微杜渐、纠偏纠错的警示作用。

（四）坚持组织建设从严，夯实工作责任

严格落实《桂林市乡（镇）党委书记抓基层党建工作考评办法》，制定了《关于建立健全县委、乡（镇）党委和县直单位党组（党委）抓基层党建工作任制的实施意见》《全州县党（工）委书记抓基层党建工作述职评议考核办法》《全州县乡（镇）党书记抓基层党建工作考评细则》等制度，坚持"半年述职、年终述职、平时督查"相结合，采取25个基层党（工）委书记、284个村（社区）党组织书记分别向上一级和下一级党组织、党员述职，接受评议和履职考核的方法，对基层党建工作进行考核，砸实各级基层党组织、班子成员抓党建工作的具体责任。根据考评细则，半年述职占30%、年终述职占50%、平时检查占20%，（见图2）严格奖惩，坚持每年对党建工作成绩突出的单位和个人给予表彰，对思想不重视、措施不得力、工作存在问题的单位和相关人员给予通报批评、限期整改。合理运用考评结果，把落实党建工作责任制情况纳入干部实绩评定的重要内容，加大党建工作在领导班子和干部综合考核中的权重，作为对领导干部选拔任用、奖励罚戒的重要依据。

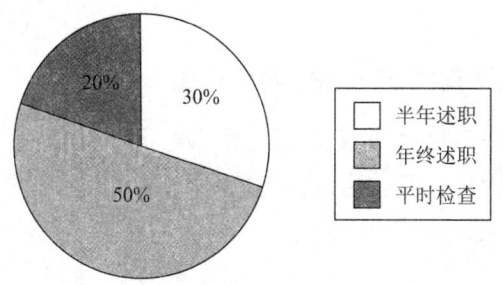

图2　全州县基层党（工）书记考评分值比例

（五）坚持制度执行从严，建立长效机制

以开展党的群众路线教育实践活动、"三严三实"专题教育、"两学一做"学习教育为契机，对全县的制度进行了认真梳理，不完全符合县情的进行修改完善，不符合县情的进行废止，没有建立的加快建立健全，从议事决策机制、基本工作机制、班子自身建设机制、绩效考核机制、信访维稳机制、专项整治机制等6个方面，建立健全制度33项，并严格执行（见图3）。编印《全州县委内部管理制度汇编》，提供给县四家班子领导学习。全县各乡镇单位根据本单位工作实际，认真梳理本单位的内部制度，切实做好本单位的建章立制工作，建立健全了一批转变作风、服务群众的长效机制。

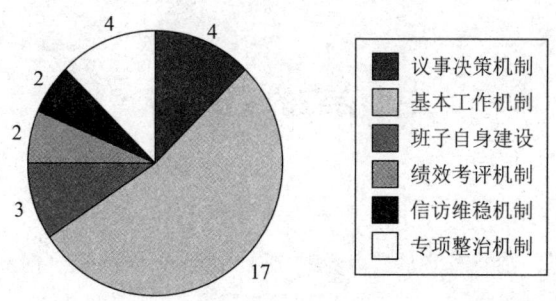

图3　全州县委33项内部管理制度类型

(六）坚持执纪问责从严，落实两个责任

一是认真落实主体责任。县委每季度召开会议专题研究部署党风廉政建设工作，多次召开落实主体责任约谈会。每年年初，与18个乡（镇）、76个县直部门党委（党组）签订落实党风廉政建设主体责任责任状，县纪委与18个乡（镇）、46个县直部门纪委（纪检组）签订党风廉政建设监督责任状，将"两个责任"的压力层层传导。二是严格实行"一案三查"，在查处党员干部违纪问题的同时，又严格依规追究党委（党组）及其班子成员失管、失教、失察责任和纪委（纪检组）监督不力的责任。2016年以来，全县对74名领导干部和相关人员进行问责追究，其中2017年以来问责追究10人。三是深入开展专项整治。开展"机关干部作风整顿"和"八整治八强化"活动，强化对全县各级党员干部的日常监督管理，杜绝"慵懒散"等不良风气。2016年以来，共立案查处违反党政纪案件339件，涉及科级领导28人，给予党政纪处分283人，移送司法机关4人。四是大力开展巡察监督。自2016年12月启动巡察工作以来，已巡察12个单位，在两轮的巡察中共发现问题197个，移交问题线索48件，目前已立案23人，给予党政纪处分5人，清退违规金额110.76万元，收缴违纪款28.27万元，向被巡察单位反馈问题156个。

三、存在的突出问题

治国必须治党，治党务必从严。党的十八大以来，中央把全面从严治党提升到了一个新的高度，自上而下、率先垂范，大力推进从严治党责任向基层延伸。党的十九大对推进全面从严治党提出了新的要求。在调研中我们发现，在推进全面从严治党向

基层延伸工作中，存在以下几个方面的突出问题。

（一）管理监督责任不到位

有的基层党组织在"两个责任"落实上，认识不到位，研究和安排不足，履行管理监督责任不到位，存在"老好人"思想，只栽花不栽刺。有的基层党组织书记对全面从严治党认识不到位，认为抓经济发展看得见、摸得着，短时间内容易出成绩，抓党建工作不显山、不露水，一时难以看出效果，存在"重经济、轻党建""重业务、轻党建"的思想，把抓党建工作主业当成副业。有的单位行政领导，特别是机关单位，忘记了自己的党内职务和职责，只看重行政职务，一说就是"我是搞业务的"，履行党建工作职责"一岗双责"没有落到实处。有的基层党组织习惯于"上传下达"，满足于"照抄照搬"，上级布置什么就完成什么，开展党建工作创新的主动性和原创力不够，过于依赖上级部门的布置和推动，出现了"上头热、下头冷"的现象。

（二）工作制度不健全

一些基层单位制定的制度没有从单位实际和工作实际出发，而是照抄照搬、东拼西凑，与现实情况不相适应。有的单位及领导干部，在制度执行上不敢动真碰硬，怕得罪人、怕丢选票，回避矛盾、掩盖问题，搞"上有政策，下有对策"。在一些需要长期坚持的制度执行上先紧后松、时紧时松，搞"一阵风"，缺乏一贯性。

（三）监督体系不完备

从近年纪检部门查处通报的案件来看，几乎无一例外地存在监督缺位或流于形式的问题，原因在于监督体系不完备。一些单位好人主义盛行，出了问题该批评教育的不批评教育，该查处的不查处。在制度上，监督主体比较分散，监督责任不够明晰，监督制度操作性和实效性不强等问题突出。一些领导干部不愿接受监督，上级组织重使用轻管理疏于监督，同级领导班子成员之间碍于情面不愿监督，下级怕打击报复不敢监督，群众知情少或不知情无法监督。如果有比较完备的监督机制，在党员干部犯错误之初就能及时发现、提醒、制止，他们就不会在错误的路上越走越远，乃至不归。

（四）保障机制不充分

受经济条件的限制，有的基层党组织用于党建工作的经费有限，无钱办事、缺钱办事的问题仍然存在。越往基层，党组织的办公和管理的基础设施越差。在农村，由于部分村级集体经济薄弱，空壳村现象依然存在，影响了基层党组织活动的正常开展。有的村级党组织活动场所建设标准低、功能不全，有的年久失修、管理不善。如全州县284个村（社区），70.1%是空壳村（见表1），有182个村的办公场所面积不足200平方米。

表1 全州县284个村（社区）集体经济收入情况表

集体经济收入	10万元以上	5~10万元	2~5万元	0~2万元	0万元	合计
村(社区)数(个)	8	15	23	39	199	284
比例(%)	2.8	5.3	8.1	13.7	70.1	100

（五）干部素质参差不齐

随着市场经济中一些不健康思想的侵蚀，利益驱动规则、求利观念渗透到党内生活中，导致少数干部思想观念物质化、理想信念动摇、价值取向异化、社会行为失范。

少数干部放松了政治理论学习和自我要求，辨别是非能力和抵御腐蚀能力退化，对社会上一些负面现象不能正确认识，尤其是当个人利益受到冲击时，便心理失衡，抱怨组织和领导。有的党员对身份荣誉感、自豪感、责任感有所下降，履行党员权利义务、发挥先锋模范作用的意识非常欠缺，认为党员奉献多、好处少、工作带头多、回报少、缴纳党费多、享受权利少。

（六）考核考评体系有待完善

区、市、县、乡四级都将党建工作列入了绩效考评，自治区党委将党建工作列入了县（区）党政主要领导政绩考评，市委组织部推行党建工作直评联考，还专门出台了《桂林市乡（镇）党委书记抓基层党建工作考评办法》，但由于全面从严治党工作不同于业务工作，目标难以量化，其考核指标制定时，往往是关注形式大于关注实效，难以客观公正的反映管党治党成效。如在基层党（工）委书记述职考核评议中，参与民主评议的同志掌握的信息不够充分，存在做得好不如"述"得好、凭感情打分的现象。现行的考核考评制度，县（区）乡（镇）党委书记的考责较重，机关党委（党组）书记考责偏轻，对其他班子成员"一岗双责"的考评基本没有。考核与考核结果的运用形成"两张皮"现象，为考核而考核，没有真挂钩、真兑现，考核结果运用仅体现在精神和物质层面，而对党员干部最关心的政治待遇、升降去留相关性不强，对党员干部起不到普遍激励的作用。

四、进一步推进全面从严治党向基层延伸的对策建议

全面从严治党永远在路上。党的十九大根据党情、国情、世情的变化，对党的建

设提出了新的更高要求，必须坚持党要管党、全面从严治党，才能保持党的先进性、纯洁性，才能增强党的凝聚力和战斗力。深入贯彻落实党的十九大精神，推动全面从严治党向基层延伸是当前党建工作的重中之重。以上存在的问题，必须采取切实有效的措施，进一步推进相关责任机制的建设和落实，进一步提升管党治党能力。

（一）加强责任意识教育，深化对全面从严治党的认识

落实好主体责任，增强责任意识是前提和基础。当前，在落实主体责任上存在这样那样的问题，一个重要原因就是一些领导干部的责任意识不强、观念滞后。要把主体责任意识教育作为各级干部教育培训、党员培训和基层党组织书记轮训的重要内容，作为党员领导干部特别是党委（党组）书记的必修课，作为党委（党组）中心组学习的重要内容。要收集、整理党的十八大以来中央关于全面从严治党的重要讲话、文件、规定、制度，特别是习近平总书记关于推进全面从严治党的重要论述，编印成学习资料，提供给基层党组织学习，不断深化各级领导干部对深化全面从严治党重要意义的认识，切实增强各级党组织和领导干部主体责任意识，自觉担当起抓好党建、管党治党这个首要责任。

（二）建立健全工作机制，推进管党治党制度化建设

做好制度的废改立，用改革精神和法治思维推进制度建设，承接好上级出台的制度，同时充分考虑时代发展的新特点、作风建设的客观规律和本地区、本部门、本单位的具体实际，认真挖掘问题背后的深层次原因，结合实际健全完善相关制度，着力提升制度的科学性、系统性和可操作性。对需要配套的，结合实际，制定和完善配套制度。对需要细化的，制定实施细则，明确具体规定，实现全面从严治党的常态化、长效化、制度化。

严格制度执行，不打折扣，不搞变通，不做选择做到令行禁止的，防止一阵风、走过场。

（三）切实强化党内监督，建立健全完备的监督体系

党内监督是党的建设的重要内容，是全面从严治党的重要保障。坚持全面从严治党，必须强化党内监督。只有切实加强党内监督，才能及时准确地发现和解决存在的突出矛盾和问题，防范新的矛盾和问题滋生蔓延，同时发挥警示和震慑作用，确保我们党始终保持先进性和纯洁性，确保全面从严治党取得新的巨大成效。要严格按照《中国共产党党内监督条例》，切实落实党内监督责任，确保党内监督取得应有成效。要以党内监督带动其他监督、完善监督体系，为全面从严治党向基层延伸提供有力的制度保障。

（四）加大工作经费投入，强化基层组织建设物质保障

建立稳定的经费保障制度，加大对基层党建工作投入，强化基层党组织开展工作的物质保障。统筹配置党建资源，把对农村基层党建工作的经费，纳入县、乡财政预算。探索建立财政投入为主、管理费列支、党费补充等多渠道保证基层党建工作正常运转的经常性投入机制，并随着地方经济发展以及网络化、信息化、科技化的发展，建立与之适应的基层党建工作经费补充机制，使基层党建工作手段和设施与现代化水平同步。对于财政相对困难的县（区），上级组织部门要在工作经费上给予支持，在党费留存、党费下拨上给予倾斜。

（五）强化干部教育培训，提升党员干部队伍综合素质

推进"两学一做"学习教育常态化、制度化。注重结合工作实际，采取多种形式，

开展丰富多彩的思想政治教育活动，组织引导党员干部自觉学习中国特色社会主义理论体系、习近平总书记系列重要讲话精神和治国理政新思想、新理念、新战略，学习党的十九大精神，夯实党员干部思想基础。组织开展理想信念、宗旨和廉洁从政、党的作风和纪律教育，引导领导干部讲党性、重品行、做表率，进一步提高立党为公、执政为民的自觉性，筑牢全体党员干部的拒腐防变的思想道德防线。

（六）健全考评考核体系，完善抓党建激励约束机制

适当提高党建考核指标在综合考评体系中的权重，形成科学化的党建考核体系。要细化量化考核指标，明确各项指标的数量、时间、标准、要求，化抽象为具体、化无形为有形。要改进考核方式，尊重平时检查考核，尊重群众对党建工作的评价。要将抓党建工作情况与干部的提拔任用和考核等硬指标挂钩，切实做到述职述党建、评议评党建、考核考党建、任用干部看党建，将考核结果与评先评优、选拔任用真挂钩、真运用。

作者简介

蔡泽军　中共桂林市委组织部副部长、市非公党工委书记

周　娜　全州县委常委、组织部部长

徐兴志　桂林市委组织部组织一科科长

胡常胜　全州县委组织部副部长

莫秋生　全州县委组织部调研股股长

胡　茜　全州县委组织部调研股干部

用党内法规支撑乡村振兴

冯玉超　陈芃岑

【摘要】 新时代在五大理念基础上,提出乡村振兴战略,是解决"三农"问题的总抓手。只有以党内法规提供强大引擎,通过精准施策切实把控三大着力点,才能实现乡村兴国家兴的伟大愿景。

【关键词】 党内法规;"三农"问题;乡村振兴

伟大时代必然拥有伟大思维。党的十九大首提乡村振兴战略,乡村兴国家兴,百姓富国家富。实现"产业兴旺、生态宜居、乡风文明、治理有效、生活富裕"的振兴蓝图,必须站在新时代的高度,以党内法规来提供强大引擎,切实把控乡村振兴的着力点。

一、把握新时代"三农"问题客观规律

走进新时代,我国社会主要矛盾转化为"人民日益增长的美好生活需要和不平衡不充分的发展之间的矛盾"。这一重大判断,说明经济社会发展已经从"更快"转变为"更好"发展。基于党的十八大以来取得的巨大成就,在追求经济中速增长的同时,必

须着力解决发展不平衡不充分、提升发展质量问题。而发展的不平衡，表现为城乡之间不平衡；发展的不充分，体现为乡村发展的不充分；发展质量问题，突出在尖锐的社会问题、生态问题和公平问题等方面。因此，在五大理念基础上提出"乡村振兴战略"，是党中央的科学研判，是解决"三农"问题的总抓手。

乡村振兴是党和国家顶层设计的大战略，是一项长期的历史性任务。为实现伟大复兴中国梦，决胜全面建成小康社会、分两个阶段实现第二个百年奋斗目标，按照"远粗近细"的原则，振兴战略的预期部署是：到2020年乡村振兴取得重要进展，制度框架和政策体系基本形成；到2035年乡村振兴取得决定性进展，农业农村现代化基本实现；到2050年乡村全面振兴，农业强、农村美、农民富全面实现。

作为一项系统性、综合性工程，乡村振兴战略在理论上要改变重城市轻农村的发展思维，坚持农业农村优先，实现城乡融合发展；总体要求是绘就"20字"美丽画卷；农业方面是推进农业农村现代化，使小农户与现代农业有机衔接，把饭碗牢牢端在自己手中；农村方面要突出生态宜居、乡风文明、治理有效，逐步形成自治、法治和德治相结合的治理体系；农民方面要实现生活富裕，农村第一、二、三产业融合发展，就业创业选择多，增收渠道广，财产权益得到切实保障；农地方面要完善"三权分置"制度，保持土地承包关系长久不变；人员方面要通过乡愁感情回归、产业要素吸引，培养一支懂农业、爱农村、爱农民的"三农"工作队伍。

二、用党内法规作强力支撑

党在农村工作中必须始终总揽全局、协调各方、提供政治保障。研究制定中国共产党农村工作条例，把党领导农村工作的传统、要求、政策等，以党内法规形式确定下来，只有从加强领导的指导思想、原则要求、工作范围和对象、主要任务、机构职责、队伍建设等构建制度框架，完善领导体制和工作机制，才能确保乡村振兴战略有效实施。推进农业农村工作，必须有党内法规作支撑。

党中央围绕巩固和完善农村基本经营制度、深化农村土地制度改革、深入推进农村集体产权制度改革、完善农业支持保护制度、全面建立职业农民制度、建立市场化多元化生态补偿机制、健全自治法治德治相结合的乡村治理体系、创新乡村人才培育引进使用机制、鼓励引导工商资本参与乡村振兴等方面，部署"四梁八柱"一系列政策体系，必将有力推动乡村振兴战略见成效。

法规是行动的指南。乡村振兴战略事关伟大复兴中国梦的实现，需要从法律、制度建设上加以规范，做好关键要素文章，填补薄弱环节，保证实施可持续性。比如可以出台《乡村振兴法》，从法律层面上规范这一战略实施；制定"强化乡村振兴制度性供给"制度，弥补在实施过程中可能出现的制度供给缺失，保障把战略实施的规矩立在前头；把省、市、县、乡、村"五级书记抓"真正落到实处，优先满足配置要素，优先保障公共财政投入，优先安排公共服务，真刀真枪实干，真金白银投入，乡村振兴战略就会按照时间表如期实现。

三、精准施策撬动乡村振兴三大着力点

（一）抓好一把手，实施乡村振兴战略，关键在"总指挥"

一是完善领导体制机制。要制定党对"三农"工作领导管理制度，明确谁来领导、谁来负责、谁来落实等问题，以文件形式下发。健全党委统一领导、政府负责、党委

农村工作部门统筹协调推动。实施领导责任制，党政一把手是第一责任人，五级书记共管齐抓。只有一把手把责任扛在肩上、抓在手上，才能避免"说起来重要、干起来次要、忙起来不要"的现象。

二是建立考核责任清单。政策再好，关键看落实。要实行中央统筹、省负总责、市县抓落实的工作机制，层层传导压力、夯实责任；要按照各自职责加强指导，强化资源要素支持和制度供给，做好协同配合，形成乡村振兴合力；以责任清单的形式，要求五级书记每年必须逐级向上级报告工作推进情况；建立市县党政领导班子、领导干部推进乡村振兴战略的实绩考核制度，将考核结果作为选拔任用的重要指标和公务员年终绩效发放依据。

三是发挥"总指挥"作用。振兴乡村，县一级是主战场，县委书记是"施工队长"。"总指挥"打响了发令枪，无论从速度、质量还是效果上来讲，都将推动乡村发生巨变。通过抓好"一把手"，打造万个坚强的基层党组织，培养百万名优秀的农村党组织书记。深化村民自治实践，发展农民合作经济组织，建立健全党委领导的现代乡村社会治理体制。开设道德讲堂、法制讲堂，让社会主义核心价值观扎根农村。设立综治哨所，既调处矛盾又铁腕扫黑除恶，确保乡村安定有序，到2020年人民共享全面小康成果。

（二）抓好村干部；实施乡村振兴战略，要培养"合格"村干部

一是培养"带头人"。要谋划"系统性"的教育，配合"不忘初心，牢记使命"主题教育，开展党性警示活动，培养"政治合格"的村干部。借助党校"廉政教育基地"平台，把廉政纳入"主体班"课堂，提高拒腐"免疫力"；设立预算内专项经费，集中轮训专攻带富、治理和服务素质短板。每年分批次送到市委党校、马克思主义教育基地培训7—15天，把法律知识作为"必修课"；建立"乡镇约谈"制度，由乡镇党政主官及时进行诫勉谈话；县级电视台开辟"违纪教育"栏目，定期播放职务犯罪案例；

每年 1—2 次到监狱参观，组织观看反面典型《忏悔录》，系好扣子扎牢"紧箍咒"。

二是培养"领头雁"。在换届选举年，必须设定几条"硬指标"才能参选；对新上任的村干部，要有 3 年内的产业发展和致富增幅指标约束。对照指标杠杠，村干部就会去带头想办法、找路子，积极探索发展产业；有任期内要达到的增收指标任务，村干部才会带动致富，去想方设法帮群众增收。例如可以拿脱贫攻坚工作来督查，从中检验他们是否真正掌握村情、是否经常入户走访、是否与群众打成一片、是否按规则办事、是否把项目资金用在真脱贫思产业奔小康上。

三是培养"主心骨"。村干部是党在农村的形象，要建立村级巡察制度，继续推行下派"第一书记"机制，有效监管政策落实、权力运行；把分权做实，建立"国家政策知晓网"，专门的电台讲解每个惠农项目的操作程序；借鉴一枚公章分八瓣分头保管原生态监管，探索"一柜多箱"即各种印章分别放进小铁箱、集中存放大铁柜里管用实用模式，钥匙由村务监督委员会保管，盖章时共同开启；出台《村级廉政建设"一票否决"办法》和《受纪律处分与绩效补贴挂钩办法》，把"廉"与考核、绩效、荣誉环环牵制，提高"不敢腐"的正向效应，全面构筑农村风清气正的廉政生态。

（三）抓好人地钱；实施乡村振兴战略，必须谋划关键要素

聚人气。农村经济社会发展的推手，关键是人的作用。针对"386199 部队"留守的空壳农村，要出台专门性文件，通过职能部门培训，推进村民提高技能就近转移城镇，降低乡村人口占比；对具有宜居生态条件、已有特色产业基础的，则通过培育新型职业农民队伍来振兴乡村；要顶层设计出台政策，引导部分农民工返乡、大学生回乡、科技人员下乡创业，再掀"上山下乡"热潮；利用本地生态资源优势，高起点发展现代农业、乡村休闲旅游养老等产业。

经营地。通过落实"土地三权"分置、承包地再延长 30 年，实现土地与农村科技

产业高效匹配，切实提高土地经营效率和效益；建立"政府主导、国土搭台、部门联动、统筹规划、聚合资金、整体推进"的工作机制，努力完善村镇规划，统筹衔接居民点归并、基础设施配套、农田综合整治和产业布局优化调整，把土地整理出来；以土地流转"股份合作"，让土地产"金"农民增收；成立"农村土地流转银行"，实行"招、拍、挂"模式，使城乡土地资源、资产、资本有序流动，让农民居住向中心村镇集中，耕地向适度规模经营集中；盘活宅基地、旧住房，建档立卡，发展民宿经济和休闲旅游。

多筹钱。坚持农业农村优先发展，使公共资源配置向"三农"倾斜，加大财政支持农业、发展农村和补助农民的力度，切实提高农村公共服务供给水平和效率；创造条件激励社会资本，把适合农村发展的产业、项目、技术分流到农村，鼓励万企与万村无缝对接，以提高农村技术水平、产业兴旺程度和现代化程度；创造更多的产业与岗位，为农民提供更多的就业机会，增加其经常性工资性收入，吸引农民工返乡，提高城乡融合发展程度；把发展普惠金融的重点放到农村，加强对乡村振兴的金融支持，引导社会资本共同参与乡村的振兴。

作者简介

冯玉超　平乐县委党校，高级讲师
陈芃岑　平乐县社科联秘书长

机关党建"灯下黑"问题及治理对策

彭 杰

【摘要】习近平总书记指出,中央和国家机关"灯下黑"现象突出。本文在归纳"灯下黑"现象的种种表现基础上,进一步分析其原因,提出了相应的治理对策。

【关键词】机关党建;问题;治理;对策

习近平总书记指出,中央和国家机关"灯下黑"现象突出。"灯下黑"现象是指中央和国家机关党建工作最有条件也最该做好,而实际上有些工作却没有做好,与机关所处的重要地位形成较大反差。比如,有的机关党员,官位意识重,却忘了党员的政治身份;有的口口声声"认真学习中国特色社会主义理论体系",实际上对党章党规和中央精神知之甚少;有的机关党组织长期不换届,常年不开展党的活动;有的党的活动流于形式,表面上看会也开了、文件也发了,却没有多少效果,等等。这些问题需要引起高度重视,有针对性地加以解决。党的十八届六中全会提出,党要管党要从党内政治生活管起,从严治党要从党内政治生活严起。为推进全面从严治党向基层延伸指明了方向,也为解决"灯下黑"问题提供了抓手。中央和国家机关权力责任集中、执政骨干集中、党的组织体系严密、党员文化素质较高,严肃党内政治生活既是责任所系,也有便利条件。要以贯彻落实党的十八届六中全会精神为契机,把严肃党内政治生活作为突破口,从源头上铲除滋生"灯下黑"的土壤。

严肃机关党内政治生活,要把严格党的组织生活制度作为重要载体。严格党的组织生活制度，一要坚持，二要规范，三要加强。坚持，就是要抓在日常、严在经常，通过持续、稳定、有节奏、周期性的同频共振，引起党员的共鸣。规范，就是对"三会一课"、民主生活会和组织生活会、谈心谈话、民主评议党员等制度，要从内容、程序、方式等方面做出具体规定，做到有遵循、好操作、能落实。加强，就是要赋予组织生活实质内容和思想内涵，突出政治学习和教育，突出党性锻炼，发挥组织生活对党员的教育引导功能，坚决防止"政治学习无政治，党的学习没党味"等现象。

一、当前机关党建工作"灯下黑"问题的主要表现

党的建设是我们党的一大法宝，但一些机关党员干部要么是拿着海龙王的法宝不会用，要么是叶公好龙，致使机关党建效能未能充分发挥出来，反而存在"灯下黑"现象。机关党建工作"灯下黑"现象是对当前机关党建应然效能与实然效果之间存在较大落差的一种必然反映和形象表达。

（一）认识上的"灯下黑"，即在党建意识上存在不思进取的问题

如何认识机关党建、以什么样的精神状态对待机关党建工作，是开展机关党建工作面临的首要问题，直接决定着以什么样的高度和力度来推进机关党建工作，直接决定着机关党建工作的建设程度。习近平总书记在党的十九大报告中明确指出："中国特色社会主义进入了新时代，这是我国发展新的历史方位。"新时代各级机关肩负着越来越重要的职责，承担着越来越繁重的任务，这就对机关党建提出了新的更高要求，即如何更好地服务中心工作，并锻造一支适应新阶段、新发展、新需要的党员干部队伍。

由于存在思想上的"灯下黑",不思进取,因而就被动地而不是主动地、敷衍地而不是认真地、表面地而不是深入地抓机关党的建设,从而导致了机关中不同程度地存在党的领导薄弱、党的意识淡薄、党的建设缺失等党建问题。

(二)方法上的"灯下黑",即在党建方式上存在不接地气的问题

机关党建工作方式是机关党组织为了更好地实现服务中心、建设队伍的核心任务,促进本单位本部门各项任务的完成,在贯彻机关党建工作要求、把握机关党建工作特点、遵循机关党建工作规律、结合机关党建工作实际的基础上,所采取的一系列合理程序、技术手段和有效载体的总称。换言之,机关党建工作方式具有较强的科学性、权变性和专业性。以此统观,则可发现当前不少机关党建存在方式、方法的"灯下黑"。一些机关党务工作者虽然有搞好、搞活、搞强机关党建的真诚愿望和充足干劲,但缺乏专业的党建知识和能力,不善于通过科学调研及时把握机关党建情况,不懂机关党建的内在门道、基本规律和实际需求,对新时代机关党建工作不适应、不会为、不善为,于是只能凭借思维定式和过时经验一味蛮干盲干,没有贴合实际接地气,眉毛胡子一把抓,造成了少知而迷、不知而盲、无知而乱的负面效果。

(三)落实上的"灯下黑",即在党建制度执行上存在不抓落实的问题

制度的生命力在于执行。然而,当前机关党建中较为普遍地存在着执行上的"灯下黑",这使原本应该"一分部署,九分落实"的制度执行,异化为"九分部署,一分落实"的制度空转,导致机关党建制度效能大打折扣,未能有效完成机关党建工作目标。这种执行上的"灯下黑"主要有三种表现形式:一是表层性执行,即对中央的大政方针和话语体系跟得很快,能够及时、迅速地把新精神、新理念、新提法写入现有的各项规章制度中，但在实际工作中并没有落实到位，对机关党建工作并没有起到应有的提升和促进作用；二是选择性执行，即偏好于执行那些阻力较小、易于执行的制度，热衷于选择执行于己有利而不是于事有利的制度。特别是对具有较大自由裁量空间的制度，执行的随意性问题更为突出；三是激活性执行，即不注重制度的经常性执行。相当多的制度被束之高阁，成为"休眠制度"，只有遇到上级检查、领导过问、问题出现等特定触发点才得以激活，方才付诸执行，而等风声过后又一切照旧，最终陷入了制度执行"休眠—激活—休眠"的循环怪圈。

（四）责任上的"灯下黑"，即在实践承担上存在不敢担当的问题

当前机关党建中存在责任上的"灯下黑"问题，即一些党员领导干部对机关党建责任认识不清、担当不够，主要表现为三种典型的论调：一是"无关论"，认为搞好机关党建工作是分管党建工作领导的事情，与其他领导无关；是机关党委的事情，与其他部门无关；是专职党务干部的事情，与其他人无关。二是"麻烦论"，认为机关都有相应的业务工作和中心工作，搞党建出不了大成绩、不搞也出不了大问题，相反，党建工作则会分散精力，甚至冲淡机关中心工作主题，因而搞党建工作就是自找麻烦。三是"装饰论"，认为机关党建工作是重要但不紧急的事情，是一项表面贴金工程。

二、当前机关党建工作"灯下黑"问题的原因分析

旗帜鲜明讲政治是我们党作为马克思主义政党的根本要求，注重抓党的政治建设是党的十八大以来全面从严治党的成功经验，抓住了党的政治建设就抓住了党的建设

的根和魂。应该说，造成机关党建工作"灯下黑"问题的原因是综合性的。当前一般比较注重从"术"的层面即具体的技术层面如机关党建体制、党建能力、党建资源等方面来进行泛泛探讨，却忽略了从"道"的层面即抽象的政治层面如政治意识、政治责任感等方面进行深度剖析，而后者恰恰是造成机关党建工作"灯下黑"问题的根源所在。从讲政治的角度来看，机关党建工作"灯下黑"问题的根源则在于部分党员领导干部的政治意识和政治责任感不强，未能正确地处理好机关党建中的三大基本关系。

第一，政治与业务的关系。机关党建工作"灯下黑"问题，思想根源之一是一些党员领导干部没有准确地理解和把握政治与业务之间的关系。一些党员领导干部认为我们党是以经济建设为中心，经济考核是指挥棒，经济上去了，其他事业就自然而然地跟上去了，所以讲政治不那么重要了。反映到机关党建中，就出现了思想上的"灯下黑"现象。机关中普遍存在的"重业务轻党建"现象，实质上就是人为地把政治与业务截然分开，认为业务是实的、重要的、不可或缺的，政治是虚的、唱高调的、可有可无的。应该说，这是一种理论上的误解和政治上的糊涂。实际上，对于我们党的各级机关来说，政治与业务从来都是有机结合在一起的，"没有离开业务的政治，更没有离开政治的业务"。从这个角度上看，各级领导机关首先是政治机关，而不是单纯的业务机关，所做的每一项业务中都包含有政治，所有业务都是党的路线方针政策的具体化，本身就是政治。

第二，思想建党与制度治党的关系。机关党建工作"灯下黑"问题，也表现为方法和执行上的"灯下黑"，主要原因在于未能正确处理好思想建党和制度治党的关系。思想建党与制度治党是我们党加强自身建设的宝贵经验和有效方法。改革开放以来，我们党在吸取党的建设历史经验教训的基础上，认识到制度具有根本性、全局性、长期性、稳定性的重要作用，因而更加注重制度治党，有效推进了党的建设的制度化，提高了党的建设科学化水平。但与此同时，逐渐出现了"制度万能论"这种泛制度化的倾向，即认为所有的党建问题都是制度缺失或者不足所导致的，不是人的问题，而是制度的问题，因而要解决党建问题就要制定相应的制度，一个制度解决不了那就再制定一个，不断地让制度背书，最终陷入了制度失灵的"钱穆制度陷阱"。当前在机关党建中，同样存在着"思想不足，制度泛滥"的问题，即不注重思想建党，热衷于搞叠床架屋的机关党建制度，"以为定了制度、有了规章就万事大吉了"。这就使得一些机关党建在实际工作中避重就轻、避难就易、避实就虚，重制度不重思想，重数量不重质量，重制定不重执行，客观上造成了机关党建方式不接思想问题需求的地气、机关党建制度不抓具体落实的"灯下黑"现象。

第三，身份与职责的关系。机关党建工作责任上的"灯下黑"问题，还在于一些党员领导干部没有正确地认清楚自己的身份与职责之间的关系。各级机关既是服务机关，又是权力机关，因此在机关中工作的党员领导干部既具有党员的政治身份，又具有国家干部的职业身份，肩负着为党和国家工作的天然职责。但一段时间以来，由于党内政治生活不健全、不严肃、不认真，一些人在身份与职责这个基本问题上产生了模糊的认识。有的把自己看成是单纯的业务干部，党员的身份意识不强，对机关党建工作不关心、不上心；有的把党内职务看成是一种政治荣誉而不是政治责任，只要党内职务的政治光环效应，却不想承担管党治党的政治责任，只想出彩不想出力，这是一种典型的功利算计主义；有的则把机关工作仅仅当作谋生甚至是谋利的手段和平台，认为自己是为自己工作，只做那些有利于自己发展进步的事情，奉行"只栽花，不挑刺"的为官处世信条。实际上，从讲政治的要求上看，在各级机关工作的党员领导干部无论职务高低，都是党派到各部门、各单位工作的，都要通过具体的政治工作和业务工作来把党的领导和路线方针政策落到实处，因此，必须始终牢记第一身份是党员、第一职责是为党工作、第一政绩是抓好党建，要以高度的政治责任感和强烈的政治忠诚度来抓好机关党建工作，领导干部不担当，就是对党的不忠诚。

三、当前机关党建工作"灯下黑"问题的治理对策

治理机关党建"灯下黑"问题刻不容缓。如何解决机关党建工作"灯下黑"问题？就是要以旗帜鲜明讲政治为法宝，采取全方位的治理策略。具体的治理逻辑是：

首先，要使机关广大党员干部在思想政治意识上紧绷讲政治这根弦，上紧思想发条，为加强机关党建积蓄强大的思想动力；其次，要以思想动力来推动机关党建机制的有效运转，充分发挥机关党建各项制度的探照灯作用，消除"灯下黑"问题；最后，要以高度的政治责任感、科学的责任考核体系和强烈的责任担当精神来对机关党建运行机制进行政治看护、制度保养、功能维护。

（一）前提：提高政治站位，把握机关党建工作的时代使命

机关党建工作"灯下黑"，归根结底是一个政治问题。政治问题就要从政治上来解决，不能模糊，否则机关党建"灯下黑"问题是不能得到解决的。从这个意义上看，如何看待机关党建实质上是一个政治站位问题，而政治站位的高度决定了机关党建的程度。提高政治站位，才能在思想上形成加强机关党建的政治自觉、在行为上养成推进机关党建的政治定力、在方法上提高推进机关党建的政治水准。

（二）关键：注重制度执行，构建机关党建工作的运行机制

治理机关党建工作"灯下黑"问题，解决方法上和执行上的"灯下黑"问题，关键就在于提高各项党建制度的执行力，切实使机关党建工作机制有效运转。制度是行

为的指示灯，提高制度的执行力就是确保明灯长明，而作为各项制度有机耦合互嵌形成的运行机制，则能实现制度集束灯对相应党建域的全覆盖、全投射、全巡回，从而有效消除"灯下黑"问题。一般而言，机关党建工作运行机制包括三大要素，即人、制度与方法，其运行公式是"人—方法—制度—人"，其内在机理就在于人通过一定的方法执行各项制度，不断地释放和彰显制度内蕴的调节关系、规约行为、提供预期、陶冶品格的功能，并以此反作用于人，从而完成相应的党建任务目标。

（三）保障：强化责任担当，明确机关党建工作的责任体系

治理机关党建工作"灯下黑"问题，解决责任上的"灯下黑"问题，重点在于明确机关党建工作的责任体系。万山磅礴必有主峰，龙衮九章但挚一领。习近平总书记明确指出："干部就要有担当，有多大担当才能干多大事业，尽多大责任才会有多大成就。"只要牢牢抓住机关党建责任这个"牛鼻子"，就能使机关党建真正发力。明确机关党建工作责任体系，就是要层层参与党建、层层传导压力、层层压实责任，定好责任人、分好责任田、站好责任岗，使机关广大党员干部守土有责、守土尽责、守土负责。

作者简介

彭　杰　《社会科学家》杂志社党支部书记

经济·旅游

对桂林民宿经济发展的调查和思考

马武君　秦益清　赵艳姣　兰佳佳　梁松涛　张　叶

【摘要】民宿产业是近年来崛起的旅游行业,并逐步成为乡村经济的重要组成,同时也是乡村振兴战略的重要抓手和新经济增长点。山水甲天下的桂林以其丰富的自然景观、深厚的文化底蕴,也迎来了民宿产业的蓬勃发展。本文以30家民宿经营户为样本,调查了解桂林市民宿经济发展现状、民营经营户情况、民宿资金需求等情况,并针对民宿产业发展中的难点及关注问题提出对策建议。

【关键词】民宿；产业；经济；调查

随着旅游业的不断发展以及生活方式和消费方式的升级,单调、粗放的农家乐经营模式已经不能满足市场需求,经营者不断创新,形成了火热的一种新的乡村旅游模式——民宿经济。桂林自然景观丰富,文化底蕴深厚,交通便利,且乡村旅游起步较早,民宿产业呈现出积极向上的发展势头。民宿经济对改变农村面貌,增加农民收入,推动农村经济发展有着重要作用,是落实党的十九大报告提出的农村发展新理念的重要抓手,也是贯彻落实桂林国际旅游胜地建设纲要,推进全域旅游建设的重要突破口。2018年,桂林市委、市政府提出大力发展民宿经济,将民宿作为生态旅游新支点和富民产业进行规范引导和培育提升,如何引导和推动民宿的健康发展成为当前的紧要问题。为了解桂林民宿经济的发展情况,本文以30家民宿经营户为样本,对民宿经济发展现状、民营经营户情况、民宿资金需求情况等进行了解分析,并针对民宿产业发中的关注问题提出了对策建议。

一、样本民宿调查情况

（一）样本民宿经营情况

1. 本地民宿多为租赁住房改建为民宿客栈。问卷调查显示：民宿业主中有33.33%的为都市异地人创业，16.67%返乡创业，46.67%当地人自主创业，3.33%为其他从业人员。房屋来源中有13.33%为自有住宅，86.67%租赁住宅。

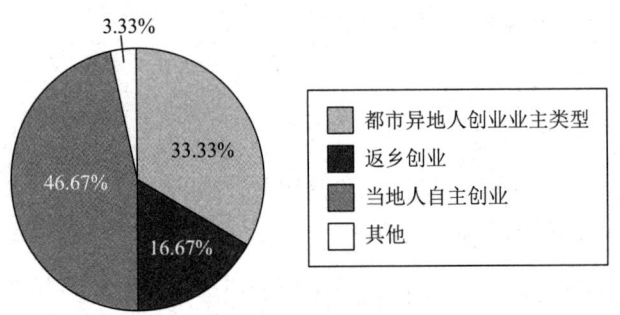

图1 样本民宿业主类型

2. 民宿发展多处在创业期，经营时间多为3年以下。问卷调查显示：民宿发展所处阶段自评中有36.67%认为处在创业期，33.33%认为处在成长期，20%认为处在稳定期，10%认为处在上升期。经营时间上有36.67%为3年以下，30%为3~5年，16.67%为5~10年。

3. 客房数量普遍不多，价格中等偏下。问卷调查显示：客房数量中有13.33%为5~10间，23.33%为11~14间，53.33%为15~28间，10%为28间以上，客房数量普遍不多。

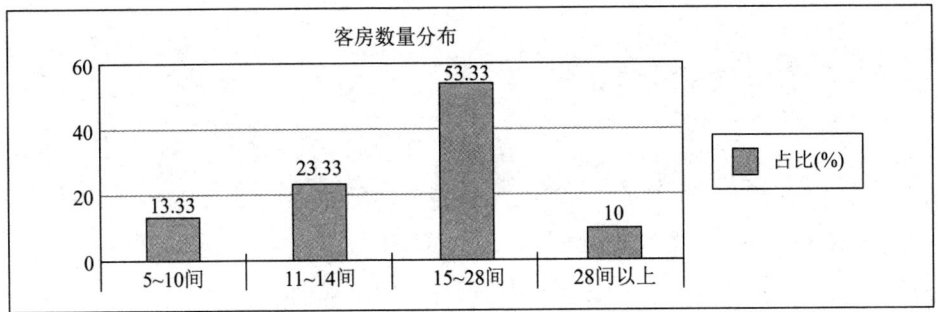

图 2　样本民宿客房数量统计分布

客房价格区间中有 1 家为 100 元以下，占比 3.33%；14 家为 100（含）~300 元，占比 46.67%；5 家为 300（含）~500 元，占比 16.67%；6 家为 500（含）~1000 元，占比 20%；4 家为 1000 元及以上，占比 13.33%。

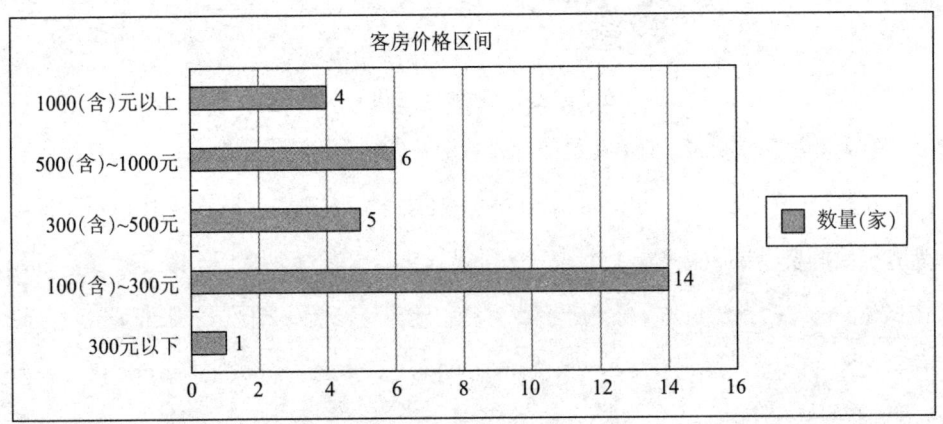

图 3　样本民宿客房价格区间分布

4.营业收入总体不够可观，高收入层次较少。问卷调查显示：民宿年营业收入 20 万元以下的有 6 家，占比 20%；20~50 万元之间的有 10 家，占比 33.33%；50~200 万元之间的有 6 家，占比 20%；200 万元以上的有 8 家，占比 26.67%。

（二）样本民宿投资情况

1.高端精品民宿占比较小。问卷调查显示：已投资规模中 200 万元以下的有 14 家，占比 46.67%；200~500 万元的有 5 家，占比 16.67%；500~1000 万元的有 5 家，占比 16.67%；1000 万元以上的有 6 家，仅占比 20%，高端民宿占比较小。

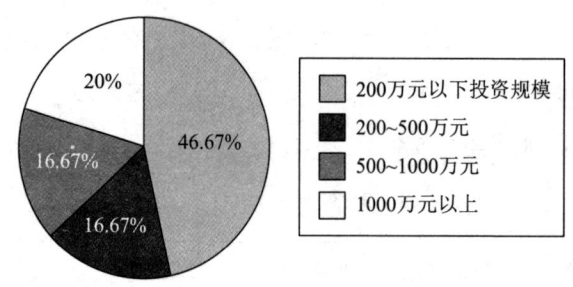

图 4　样本民宿投资规模情况统计

2.大多数民宿在未来都有融资意愿，且融资后都想进行改建装修、民宿升级或扩大自身发展。问卷调查显示，96.67% 的民宿在未来都有融资意愿，其中有 26.67% 认为有很大的资金缺口急需融资。未来资金投入目的中有 66.67% 用于改建装修，另有 16.67%、6.67%、3.33%、6.67% 用于营销宣传、购房、租金及其他。未来资金缺口方面有 46.67% 的为 100 万元以下，30% 为 100~300 万元，10% 为 300~500 万元，13.33% 为 500 万元以上。

（三）样本民宿融资情况

1.民宿行业融资渠道多以自有资金和银行贷款为主，融资目的主要为改建装修。问卷调查显示：当前民宿负债总额中有 60% 为 50 万元以下，23.33% 为 50~200 万元，

10%为200~500万元，6.67%为500万元以上。主要融资方式中（多选）有86.67%为自有资金，56.67%为银行贷款，40%为亲友借款，10%为民间借贷，3.33%为众筹借款。

融资的主要用途（多选）为改建装修，占比90%；另有20%、13.33%、6.67%的融资用途为营销宣传、租金使用及其他。

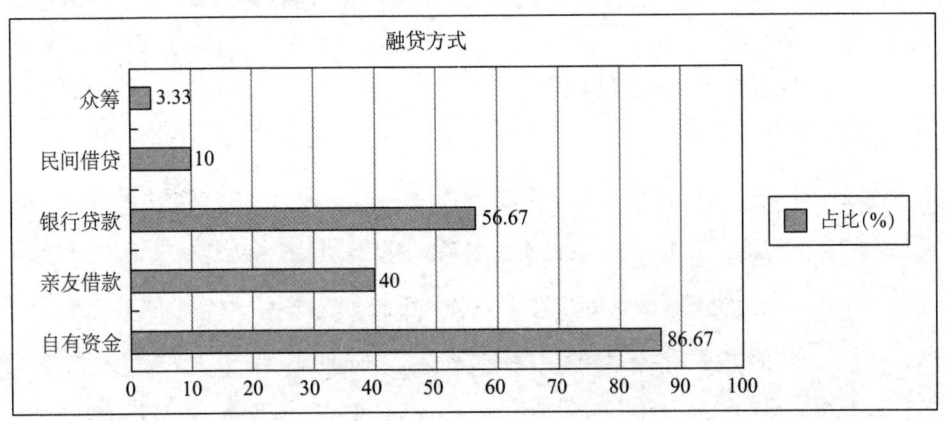

图5 样本民宿主要融资方式

2. 银行贷款满足度低，综合评价不高。问卷调查显示，超过半数民宿业主们对于银行贷款方面持不能满足态度，占比53.33%，另有26.67%为部分满足，仅有20%为能够满足。业主对于获得的银行贷款的综合评价为不满意居多，占比63.33%。业主认为银行贷款主要制约因素中（多选）有66.67%认为是银行贷款额度不足，40%认为是抵押担保不足，30%认为是贷款利率和其他费用较高，13.33%认为是营业证照不齐全。

3. 银行贷款以信用方式为主，期限多为1~5年。问卷调查显示，在已获得的银行贷款方式中（多选）56.67%为信用贷款，36.67%为担保保证贷款，仅有40%为抵押贷款。获得的贷款期限中有16.67%为0.5~1年，70%为1~5年，13.33%为5年以上。

二、桂林民宿产业发展特点

（一）民宿建设"依山傍水"

得益于极佳的生态环境以及独特的资源优势和山水风光，桂林民宿沿着漓江、阳朔遇龙河十里画廊、阳朔兴坪、龙胜梯田温泉、兴安猫儿山等特色旅游景区地开始萌芽发展，据不完全统计，截至2017年末各类大小民宿超过上千家，形成了流水、淡雾、花香、秀山的慢生活乡村体验旅游带。桂林民宿选址通常贴近山水特色，位置清静，实现了与自然的无缝对接，同时叠加泳池、瑜伽、健身、篝火晚会等现代生活方式，以求找到乡村与城市生活的平衡。如阳朔莫兰山舍做到了房间"映山而卧"，并将唐宋人文精神融入自然景观，让游客获得恍如仙境之感。龙胜"云智慧—木泉"则将养生理念注入龙胜幽静的自然环境之中，达到释放压力，回顾生活的居住目的。

（二）设计趋向"小而特，优而美"

一方面，民宿建设突出"小而特"。桂林民宿规模大小不一，但主流是房间在10~30间之内，主要目的是能为游客提供美丽、私密、宁静的度假体验。另一方面，民宿设计特点突出，具备强烈的个人特色主题建筑风格以及室内布局，追求每个民宿都有地方特有印记，每一个房间都给旅游留下独特记忆。如阳朔高田镇的"雾云上院"主打壮族元素和桂北文化，桂林"住在书店里"以自在阅读为体验，创造出可以住的"主题书房"文化。

（三）配套服务较为丰富

民宿除了单纯的住宿体验之外，通常还提供多种配套服务，如提供餐饮、提供代客订购当地产品、提供附近游憩资源的图文资料、提供专人实地解说环境资源特色、提供当地产业的活动体验（如摘果、网鱼）、安排当地休闲游憩活动等。其次，还可以组织多种形式的人文体验活动，如手作体验、茶文化、艺术欣赏、亲子体验等，通过有趣的内核，吸引城市人在快节奏前提下追求休闲生活，回归本源。

（四）运营方式多样

桂林民宿主要分为三类：一是自主改良生活类民宿，多是本地人投资，往往停留在楼下吃饭楼上住宿的原始阶段。但因为一般都在优美的田园风光景区附近，以其便利、高性价比吸引旅游者。例如遇龙河畔的民宿数量多、分布广，但提供的服务有限，一般仅限于吃住，绝大部分不提供进一步的沟通与旅游产品。二是合作开发型民宿。经营者是公司法人而不是居民，通过租用农户楼房重新进行装修升级以及周边环境改造，公司的介入极大地促进了桂林民宿产业的繁荣，形成了以高端民宿为代表的乡村消费升级产业。三是资本驱动型民宿，经营者可来自五湖四海，通过私募、众筹等方式实现资金进入，以股东或者收益权的形式参与运营。

（五）传统经营与现代营销"有机融合"

目前，桂林金级和银级民宿基本都在热门旅游平台注册登记，从网络端口打开市场，提高了当地民宿业的影响力和知名度。其次，民宿市场推广采取微信、QQ等常用聊天软件进行会员采集、组群，线上推出会员积分卡并与省外热门旅游地点的民宿交换会员、积分共享等标准化网络营销管理。

三、民宿经济发展中值得关注的问题

（一）桂林民宿行业整体发展处于初级阶段

一是民宿市场参差不齐。调查中发现，各类组织对民宿的定义和划分标准尚未形成统一概念，政府职能部门也无相关规定和说明，现实中将专业酒店、家庭旅馆、农家乐等与民宿混淆，导致民宿产业未能从普通旅馆酒店中独立出来，各种民宿类型目前处于自我发展当中，民宿市场竞争的无序和混乱易引发管理上的困难，影响行业良性发展。二是行业组织化程度低。从桂林情况看，仅阳朔县在2017年率先成立了民宿协会，但目前市级层面民宿协会还未成立，不利于行业自我管理、自我发展以及与外部的沟通交流。阳朔行业协会虽已协助开展由旅游局主导，工商局配合的阳朔县民宿行业标准制定工作，但因民宿范畴存在争议迟迟未能落地。三是经营管理服务水平偏低。桂林市民宿经营团体以2~3人为主，整体运营水平较低，管理水平和服务能力都有待提升，存在单纯复制移植他人模式、建设布局随意、产品核心特色不够等问题，制约了民宿经济的纵深发展。

（二）民宿发展配套设施较为滞后

一是经营存在隐患。因地方民宿发展和管理标准迟迟未出台，公安、消防职能部门对旅游民宿准入门槛不一致，客观上造成民宿经营证照不全。如消防现按照《广西壮族自治区实施〈中华人民共和国消防法〉》《建设工程消防监督管理规定》《国家工程建设消防技术标准》等文件要求仍参照旅馆业标准审批，大多数民宿因无双向逃生通道、无简易消防喷淋装置等无法通过检测，所以不能取得消防许可证，而公安根据《旅馆业治安管理办法》《广西壮族自治区特种行业治安管理条例》等相关文件要求，申请材料里必须要求提供消防许可证，前面因消防证无法取得，牵连特行证也不能获取。二是基础配套设施有待改善。民宿作为乡村旅游的升级版，一般依托于景点，散落在村落里、道路旁，现有的基础设施对民宿的发展提出了挑战。如分散性区域的民宿周边仍然存在垃圾乱倒、水质污染等现象，乡村民宿道路进入狭窄，周边建筑凌乱，缺少生活配套设施等。三是土地使用合法问题有待解决。目前仅部分县农村土地进行了确权备案，但有效法律证件迟迟未颁，民宿又大多是租赁当地农民的房子，天生少了土地使用证，让民宿业主忧心忡忡。

（三）投融资渠道单一

经走访了解，上规模有档次的民宿造价超过千万，对于以个体投资为主的民宿来说建设成本也远高于普通农家乐。民宿筹备建设期在三年左右，正常运营的情况下成本回收需要在3~4年。部分经营户从农家乐转型而来，在没有很完整的市场调查，也没有明确定位前就扎堆跟风投资，讲规模、无特色，缺少独特吸引力和必要营销技巧，导致后期经营风险较大。鉴于民宿行业的自身特点，外部资金较难对风险作出合理评估，当前仍以股东投入为主，缺乏专业资金的参与，资金获取渠道较为狭窄。部分民宿业主反映物料采购、人工费用、市场推广等高额运行成本以及民宿快速升级的需要都为资金运营带来了较大压力。

（四）民宿行业间接融资能力不足

民宿作为旅游新兴产业能获得银行信贷支持的不多，桂林目前尚未开发出针对民宿的贷款品种，民宿行业信贷融资能力不足。一是缺乏符合民宿经营特征的评级技术。由于民宿内涵较广，涉及产业链较多，餐饮、导游、文化创意、收藏均有涉猎，加上民宿属于慢行业，初创时期收益存在不确定性，商业银行反馈开发出符合民宿特征的评级方法存在较大困难。二是缺乏明晰的可抵押资产。当前银行仍多采取以固定资产等变现容易的资产作为抵押物，而农村土地目前尚未确权办证的占大多数，农户无法拥有在法律意义上的纸质证书。三是民宿经营权处理难。因大部分民宿还是以租赁为主的改建房，业主和房东之间只签了一纸合同，只具备民事法律效力，但目前未能有政府部门或者第三方各机构为民宿经营权提供登记、转让服务，这也使银行不敢做不愿做经营权贷款。四是担保难以落实。桂林部分民宿老板为外地人，其担保人也多数为外地老板，本地银行难以真实有效地确认担保的实际价值，通过担保方式发放贷款也比较谨慎。五是经营数据信息收集存在困难。多数民宿营销依靠互联网，资金进出均通过第三方支付机构结算，甚至部分民宿工资、水电、购买食材等成本依靠三方支付，导致银行信贷员无法全面跟踪了解民宿的真实经营状况。

（五）新兴众筹融资存在瓶颈

由于民宿的非标准化特性、非独立产权、融资金额较大等特征，通过网络众筹融资模式，既能有效解决无抵押融资难问题，又可以让品牌得以快速扩张，提高市场认知度以及消费群体的参与度，具有非常有效的品牌宣传作用。但目前通过众筹融资的项目并不多，在被调查对象中，桂林仅芒果帮民宿于2018年3月16日在开始吧众筹平台进行融资，该项目用于打造芒果忆墅项目，共融资604.63万元。一是融资成本较高。以我国比较著名的空间众筹平台多彩投为例，其民宿平均年化综合融资成本为15.12%（包括平均年化收益分红率10.12%和平均年化消费权益5%），此外还需一次性支付平台服务费为众筹金额的7%左右。而如果以60%的入住率计算收入，除去人员、成本等方面，净利润在15%~16%左右，融资成本难以覆盖。二是缺乏专业的互联网金融人才，导致营销较为困难。从众筹平台公开的桂林芒果帮民宿资料来看，该民宿股东均仅为旅游管理人员，并无账务和金融人才，造成对投资者和众筹平台议价能力弱。三是我国众筹融资法律制度有待完善。目前我国民宿网络众筹融资基本属于互联网非公开股权融资，而我国并未针对互联网非公开股权融资行业出台法律、行政法规、规章，仅参考中国互联网金融协会、中国证券业协会以"意见""试行办法"等形式出台相关指导性文件，这在一定程度上影响了众筹平台、融资人、投资人三方权利和义务的执行，使民宿众筹实际操作标准难以确定。以我国互联网非公开股权融资平台参考《私募股权众筹监督管理办法征求意见稿（试行）》中将"投资者单个融资项目的最低金额不低于100万元"为例，此数额标准更倾向于传统私募股权融资，并未针对互联网非公开股权融资降低标准，导致部分众筹平台并未按要求落实意见稿。

四、国内外民宿发展发达地区经验

（一）日本

日本是亚洲最早兴起乡村民宿旅游的国家，在国际上都是非常耀眼的存在。在日本被称作"体验民宿"，其主要的特色是日本当地特别是乡村的农业体验，经营来自各行各业，但最终形成的民宿都促进了当地农业的发展。日本民宿的发展满足了日本劳动生产率提高后都是民众自然生活取向的需求，同时提高了农家生活来源，成为城乡交流的新模式。日本民宿发展鼎盛期，曾多达两万多家，近年来已趋向"专业化"经营。日本民宿发展中有以下几个特点：

1. 形成了家族式民宿产业。由于日本最早民宿本是由于当地人利用自身房屋进行改造扩建，经营理念也不是纯粹的商业化，所以经营者基本来自一个家族，随着日本旅游业的快速发展，民宿产业也越来越好，随着资本金的不断增加，逐渐形成了家族式的民宿产业格局。

2. 政府及民间组织重视民宿。在日本，政府规定凡是从事民宿行业的，都得向相关部门进行申请。建筑结构、卫生条件等符合经营许可的才能在当地备案开业。另外，日本民宿的快速发展也离不开民宿协会全力支持。日本早期就有一帮民宿领头羊自主成立的民宿协会，专门扶持当地的民宿行业，一方面是为了扩大宣传力，另一方面以点带面发展起来对当地整个民宿未来发展也是非常有利的。2018年，日本观光厅公布了两项细则《住宅宿泊事业法实施细则》《国土交通省住宿泊事业法实施细则》，其重要思想内容为日本将在2018年6月全面放开民宿，不再限定特定区域，创新了登记型民宿。登记型民宿可以不用符合原法律规定，不再受到房间面积大小限制，只要建筑细节上符合新法规定就能不用获得资质便可登记后经营，但登记型民宿只能经营180天以内／年，而且必须每两个月要定期向行政当局提供情报。

3. 拥有人文内涵和自然景观核心资源。如日本奈良市依托深厚文化内涵周围伴有大量大大小小历史悠久的神社佛寺，吸引了许许多多国内外游客。又如岛根县石见银山的民宿最大特色是周围独特而秀丽的自然景观，依山而建，傍水而居，满足了客人们来此纯享景色之美。

4. 拥有温馨、热闹的家庭式氛围。日本民宿业主大都热情好客，接待外来宾客时常常喜欢拿出自己的拿手菜、珍藏酒，像朋友亲人一样，吃吃喝喝聊着过往，让旅客感觉不像住在传统意义上的酒店、客栈,而是像住在自己家里一样舒服。日本民宿除了能给游客这样的体验之外还会表演当地特色的歌舞、乐器弹奏,邀请客人们参与当地特色节日、特色活动等。

(二)台湾

台湾地区的民宿最早于 1980 年,由农耕、农场为代表的农业发展开拓为农业观光旅游,最著名的就是台湾阿里山,一方面满足当地农业发展,另一方面满足当地旅游业住宿需要,于是首批民宿在台湾落地生根,随后蓬勃发展。截至 2016 年 5 月,据当地有关主管部门 2016 年《民宿家数、房间数统计》,总民宿达 5500 家,其房间数为 30 000 间。2016 年《民宿营运报表》台湾民宿住宿人数 368 万人,收入 388 781 万元新台币。顺应时代发展,民宿行业在台湾发展可谓顺风顺水,其落地遍及 19 个县市,并在新时代的今天优化了经济结构,创造了非常好的经济效益,现在已经发展成为完整的产业链。台湾民宿特点如下:

1. 宣传力度大、手段多、范围广。台湾之所以民宿发展如此迅速跟台湾政府大力宣传有很大关系,政府还要求观光局开发出专门的旅游预订系统,便于国外游客抢购门票。民宿业主也通过新网络媒体,如脸书、微信、QQ、国内外知名旅游平台等进行当地特色旅游热点宣传推广。

2. 组建民宿集群,战略联盟。台湾民宿为了更好应对旅游市场的波动,更好地提升整体价格竞争力,以点带面,以强带弱,组建民宿联盟、民宿协会等社会团体。以会员制形式吸纳各个新投产的民宿业主,设置达标线,每年达标合格的会员享有协会旅客资源共享,合伙入股项目参与权等一系列福利,因此民宿联盟整合资源,整体开拓市场为自己保持了国际旅游的竞争优势,使台湾整体民宿行业的发展能够更好更快。

3. 民宿相关法律比较完善。台湾针对民宿产业出台了《民宿管理办法》和《发观光条例》，其中对民宿的设立，经营都有很详细的规定。其中《发展观光条例》中规定，如果民宿无照经营，对于单次最高可处以 15 万元的罚款，并勒令其停业，如果屡教不改，每次仍可处以 3 万至 15 万元的罚款，直到整改好为止。

五、促进民宿经济发展的政策建议

（一）科学规划、厘清理念，打造符合本地特色的民宿产业群

一是借鉴日本、中国台湾民宿发展经验，加强顶层设计，按照全域旅游的需求，建立桂林民宿核心发展理念，将民宿发展纳入桂林旅游发展整体规划之中，出台地方民宿经济发展指导意见，有计划、有步骤的有效实施，解决民宿发展无序、产业集聚效应不强、产品特色不够明显的问题，培育出具有成本优势、区位优势、资源优势的民宿集群。二是通过"政企"合作、"村企"合作等方式，引入民间资本开发民宿群落，引进具有先进经验和理念的专业化团队，发挥其示范和引领作用，打造一批相对层次较高的民宿品牌产品。三是民宿经营者要注重打造核心竞争力，加强内功修炼，避免一哄而上盲目发展，注重与区域人文历史、自然景观、生态环境等有机结合，提高附加值。

（二）发挥政府管理服务职责，引导民宿行业发展壮大

一是要积极推动民宿标准化建设。目前谈到民宿，共识都统一在农家乐的升级版，对于到底如何定义民宿，民宿与普通农家乐的区别在哪，民宿的具体评定标准是什么

等关键问题上都是空白，对于民宿的概念都停留在了主观感受上。为长远发展，政府迫切需要科学界定民宿内涵，明确民宿具体的评定标准和规范化经营制度，完善监管机制。二是完善旅游交通、便民服务、生活设施等基础设施，进一步改善民宿发展的外部环境。民宿与乡村的现代化发展息息相关，如果缺乏配套环境支持，体验感将大打折扣，竞争力将受到削弱，应结合美丽乡村建设发展民宿，打造富有本土特色的乡村文化。三是适时出台民宿发展扶持政策，在环境治理、土地使用、公共卫生、财税金融等方面给予优惠，推动精品民宿评级制度，规范和提升民宿发展的水平。四是加大宣传力度，搭建营销平台，加大对桂林民宿的整体宣传和营销力度。做好民宿推广的整体包装宣传，政府主导、个体参与，逐步扩大桂林民宿对外影响力。

（三）推动协会设立交流，促进民宿管理社会化

一是明确主管部门，积极支持各级民宿行业协会的成立。结合民宿发展情况，尽快建立县市级的民宿行业协会组织，推动民宿行业协会发展引导行业规范、抱团发展的作用。二是加强自我管理。协会应该在民宿行业标准认定、日常对外交流、业务评定培训等方面出台管理办法，加强对民宿经营主的约束，帮助解决经营中的实际困难。三是加强与政府部门之间的日常沟通，反映民宿诉求，为行业健康发展提供指导意见。

（四）提高民宿业信贷融资能力

一是积极创新信贷服务模式。地方金融机构应积极改变传统抵押贷款理念，探索制定符合乡村旅游升级的信贷方式，设置区别于其他行业的评级模块。根据民宿在桂林地区集聚性明显，与其他行业结合程度高，产业链较长的特点，开发信用类、联保类、投贷联动类贷款产品。二是加强部门间信息共享。针对民宿信息难以收集的情况，建

议整合工商、税务、电力、公安部门掌握的信息情况，鼓励金融机构利用大数据创新民宿信贷产品和服务。三是积极发挥协会作用，创新担保模式。可采取"协会+会员"的担保方式，由协会成员共同出资成立担保基金，撬动信贷杠杆，增强信贷资金获取能力。四是鼓励银行业机构设立文化旅游支行专营机构。专营机构通过实施单独的考核和奖励政策、提高风险容忍度、建立授信尽职免责制度、优化贷款审批流程、提高审批效率和放款速度等，提供多层次、多领域、全方位的金融服务。五是积极推动土地确权工作，为金融机构开展土地承包经营权贷款奠定基础。

（五）综合评估，谨慎采用众筹融资方式

一是增强财务分析和预测能力，提高众筹融资风险意识。民宿通过互联网平台融资前应就项目建设成本、运行成本、预期收益等做出全面综合地预测，并参考相关平台相似项目综合融资成本，如预期收益能覆盖平台众筹融资成本再决定是否采用众筹备融资方案。二是注重互联网金融人才的引进与培训。从民宿实用性来看，针对普通员工以互联网金融基本知识灌输为主，提高实际操作能力；针对中高层而言，以业务交流和学习其他具有众筹经验的民宿业主相关战略布局等。三是明确众筹融资监管机构，完善相关法律法规。针对众筹融资业务特征，确定监管机构、监管手续等，对现有相关法律进行明确解释。同时监管和协会等应正式出台互联网非公开股权融资监督管理办法，规定互联网非公开股权融资平台设立准入条件，划清平台、投资者、融资者等多方权利和义务。

参考文献

[1] 吴晓隽,于兰兰.民宿的概念厘清、内涵演变与业态发展.旅游研究 2018(02).

[2] 张延,代慧茹.民宿分类研究.江苏商论 2016(10).

[3] 蒋佳倩,李艳.国内外旅游"民宿"研究综述.旅游研究 2014(04).

[4] 周琼,曾玉荣.台湾民宿发展分析及其启示.中国乡镇企业 2013(09).

[5] 陈沫,齐岩波,刘海霞.台湾民宿产业发展及大陆民宿的经验借鉴.旅游纵览 2014(10).

作者简介

马武君　中国人民银行桂林市中心支行　经济师,副科长

秦益清　中国人民银行桂林市中心支行　经济师,副科长

赵艳姣　中国人民银行桂林市中心支行　经济师

兰佳佳　中国人民银行桂林市中心支行　经济师

梁松涛　中国人民银行桂林市中心支行　经济师

张　叶　中国人民银行阳朔县支行　经济师

关于体育产业与桂林旅游融合发展的讨论

孟祥凤　白法璋

【摘要】 体育产业与旅游的融合发展，形成了体育旅游的新业态，成为拉动市场消费的新经济增长点。桂林优质旅游资源和国内外旅游市场的潜力，是吸引国内外体育赛事和体育活动的重要平台。要通过体育产业与旅游的融合，培育更多的新业态和新市场，形成新的旅游产品，真正促进旅游业转型升级。要加强因地制宜，积极培育新业态，塑造新品牌，构建新平台，建立新机制，推动体育旅游融合发展。

【关键词】 体育产业；旅游；融合发展

体育与旅游都是国家"十三五"时期大力发展的"幸福"产业，也是国际上公认的朝阳产业。2009年国务院出台的《关于加快发展旅游业的意见》提出要大力推进旅游业与相关产业的融合发展，培育新的旅游消费热点。随着人们消费水平的提高，健康的生活观念成为普遍追求，大众对体育健身、体育运动休闲的需求逐渐增加，助推体育产业与旅游的融合发展，形成了"体育+旅游"的新业态，成为拉动市场消费的新经济增长点。"十二五"以来，桂林加快经济结构调整，培养发展战略性新兴产业，提升产业规模和经济效益，民生和公共服务水平有较大提高。以"桂林山水甲天下"享誉中外的桂林旅游已成为地方国民经济重要的产业之一。2012年，国家发改委正式批复了桂林国际旅游胜地的规划纲要。正在建设当中的桂林国际旅游胜地建设为体育产业与桂林旅游的融合发展奠定了基础。体育产业与旅游的融合发展，对正在建设中的桂林国际旅游胜地具有很强的现实意义和深远的历史意义。

一、桂林发展体育旅游优势与劣势

（一）发展优势

桂林有着较好的体育事业和体育产业发展基础，多年来，桂林体育学校为国家和广西体育事业培育了诸多运动员和教练员。先后为国家和自治区输送600多名优秀运动员，包括多名奥运跳水、举重和体操等国家和世界冠军。从桂林走出去的体操运动员王维俭、跳水运动员莫慧兰、举重运动员唐灵生等为国争光，赢得了荣誉。

赛事举办经验丰富。改革开放以来，桂林承办的国内外重要体育赛事不断，具备丰富的办赛经验。承办的体育项目包括围棋、桥牌、篮球、太极拳、体操、羽毛球、乒乓球、手球、象棋、柔道、摔跤、航空模型等14个项目20次全国单项运动会等项目的国际和全国单项运动会，参加比赛的有来自美国、日本、韩国、越南、苏联、马来西亚、新加坡等国家的运动员，形成了较大的旅游效应。承接的国内外体育赛事日趋具有影响力，如桂林银行杯国际马拉松赛、环广西公路自行车世界巡回赛、中国东盟武术节；县乡举办的具有地方特色的如阳朔攀岩节、资江漂流等也逐步形成有国内外影响力的体育品牌。

特色体育运动品牌崭露头角。历经十年打造的"阳朔攀岩节"荣获2017中国体育旅游十佳精品赛事。2017资源漂流世界杯赛、阳朔燕莎航空运动营地、灌阳山地户外运动挑战赛等体育旅游精品景区亮点纷呈。充分展示了桂林依托丰富的旅游资源，广阔的市场开发前景等优势。2017年，中国体育文化·体育旅游博览会桂林举办的赛事和体育旅游精品崭露头角，桂林两大赛事占广西获奖总数的三分之一强。

户外运动蔚然成风。桂林拥有得天独厚的户外优势，休闲体育产业方兴未艾，带动了周边餐饮、住宿等其他产业的发展。目前，漓江东岸百里休闲健身步道顺利建成，新增桂林神龙水世界度假区、罗山湖·玛雅水上乐园等两家4A级景区。在"旅游+乡村休闲"方面，阳朔入选"中国十佳城市慢游地"，以"2016年环广西自行车赛扬名的最美赛道"享誉世界。桂林休闲体育产业的路子已经越走越宽。遍布县区的骑行绿道，为骑行者提供了更多的选择。户外运动为桂林发展休闲养生旅游提供了很好的切入点，为休闲旅游开辟了新的旅游产品。

全民健身活动不断普及。形成了以"政府为主导，企业、学校、社区、协会协同，群众广泛参与"的"大群众"格局。据不完全统计，"十二五"期间，桂林每年举办的各级群众性体育活动500余次，每年参加人数达100多万人次。运动项目多、参与人群广泛，呈现出大众化、系列化、精品化特点：以"桂林解放杯"为代表的长跑活动、以及徒步、攀岩、漂流等全民健身活动项目长期开展，已经形成良好风尚。

（二）发展劣势

首先，国内体育产业还处于萌芽阶段，体育产业资源分布与利用存在不平衡发展的问题。桂林虽然有吸引国内外体育赛事和体育活动的旅游资源，但是重大体育赛事的选择和落地都受到行政和行业以及技术方面等要素资源的限制，也存在体育基础设施建设滞后等方面的问题。

其次，体制机制僵化。体育产业与旅游的联动管理受制于体制机制的约束，相互协调关系没有理顺。体育产业内部发展不平衡，体育培训业、体育会展业和体育信息业等发展较为滞后。体育服务供给与大众体育及运动休闲服务间的矛盾仍然较为突出。

第三，体育经济活力不足。尽管国内体育产业方兴未艾，与其他地方相比，桂林本土的体育经济活力还未充分释放出来，如体育赛事、体育信息、运动休闲、健康养生等与旅游服务业密切相关的活动。体育彩票是体育事业和体育产业的重要支撑，近几年，广西体育彩票发展较为迅速。2017年，广西体育彩票销售达55.15亿元，南宁、柳州、钦州、河池四个市即开型彩票销售总量超亿元，而桂林体育彩票完成销量始终在亿元以下徘徊，不敌区内其他城市，体育经济有待加快发展。

二、体育产业与桂林旅游融合发展讨论

（一）要因地制宜推动融合发展

首先，产业融合要符合本地实际。时下国家非常重视发展体育产业，体育产业在不同的国家和地区发展的状况也不完全一样，国内也是如此。国内外成功的体育产业与旅游融合的时间也都证明，拥有群众基础的体育运动才拥有市场，这也是体育产业与旅游融合的先决条件。旅游目的地是吸引体育活动的平台，之所以成为促进体育活动以及产业发展的契合点，最重要的是迎合了人们对运动休闲健康市场的需要，也就是说，推动体育产业与旅游的融合，要充分考虑各地现有的体育基础和经济条件，已有的产业结构和特点，按照有所为有所不为的原则，选择在本地区最有基础、最具备优势条件，最能够率先突破发展的体育产业门类进行培育和发展，避免一哄而上，浪费资源的现象发生。结合地方经济社会条件，选择群众基础好，市场前景广阔的体育赛事和体育项目才有可能推动产业发展，与旅游的融合才会相得益彰。

其次，要有推进融合的相关措施。融合发展实际是个新兴产业培育的问题。体育产业和旅游业都属于服务业范畴，这就决定了二者融合发展，必须满足消费者需要的

基本前提。体育产业与旅游的融合不是随心所欲的策划，也不是简单的"体育+旅游"，需要发现融合背景下出现的新业态，如体育旅游及其衍生出来的相关服务产品。明确产业融合的定位、产业融合的目标、融合的项目以及相关配套。因此，推动体育产业与旅游的融合发展，需要确定新业态和新市场的培育，要有产业融合的总体思路和中长期规划，有实施重大专项带动的扶持措施等。

（二）破解制约产业发展的难题

一是体制机制的约束。体制制约和需求制约是体育产业与旅游融合的两大难题。体育产业与旅游虽然关系密切，但毕竟分属于不同的行业和部门，有各自的事业归依和产业发展导向，由于市场的推动，二者在实践中有一定的合作，但从产业的视角观察，目前上游产业和下游产业属于两股道上跑的车，各自为战，远未达到融合发展程度。需要有针对性的采取措施给予解决。比如，体育主管部门对体育项目的推动和主办拥有掌管权力，旅游资源的分配和利用分属于旅游部门。二者融合需要树立产业观念，打破临时撮合的运营思维，对体育项目落地、体育旅游消费，纳入服务经济范畴，实施统筹协调、统一管理。

二是产业链的衔接。体育与旅游的融合需要打造体育旅游全产业链。通过体育产业与旅游相关领域的拓展，延伸到相关产业链，创造更多的旅游产品，增加游客的运动休闲消费。

三是投融资的进入。要创新产业融合投融资机制，拓宽资金渠道。按照企业主导、政府支持、社会参与、市场运作的原则，进一步完善体育产业融合投融资体制。综合运用奖励、补助、税收优惠等政策，鼓励体育企业与旅游等相关服务业建立紧密合作关系。

（三）重视群众体育活动的作用

体育产业的服务业属性决定了与旅游融合带来的社会影响和经济效益。随着国家对全民健身运动的大力倡导，大型的群众体育活动已经成为旅游消费热点之一。如我国每年举办的 8 月 8 日全民健身运动纪念活动，参与人数众多，是最直接的体育消费和旅游宣传活动。近年来，国内很多非职业性的体育竞赛表演活动，如不少地方举办的滑雪、游泳、太极文化节，体育庙会、龙舟赛、徒步大会等非职业体育赛事活动，都成为拉动休闲运动旅游消费的重要推手。重视培育体育人口并成为体育与旅游的融合受益人群，要大力发展全民健身运动，引导全民健身活动与旅游活动融合发展，才能够促使运动与健康、养生与旅游融为一体。

（四）加强产业融合的市场导向

新常态下，两大产业融合必须强调市场导向。明确根据市场需求和围绕市场需求搞开发利用。不能够搞以资源为导向的融合与开发，以资源定产品的发展思路，是因循多于应变的开发模式，是落后于市场需求的开发行为，这是需要坚决摒弃的。另一方面，突出融合发展的利益凝聚点。这是两大产业融合发展的基础所在。只有立足于这个利益平衡点，找到利益纽带，才能够把两大产业融合发展，很多地方的体育旅游活动实践证明，政府部门的推动仅仅是一个方面，对体育产业和旅游产业的市场主体而言，最大的利益凝聚点还是经济效益，这既是两大产业融合的基础也是相互之间借势发展的交汇点。政府的作用是对产业融合市场的培育和引导，激活市场主体的积极性。

（五）大力发展赛事服务经济

大型赛事的举办对当地的基础设施投资，相关配套设施建设等产生很大的影响，也会拉动餐饮、住宿、交通、娱乐、旅游等方面的消费需求。桂林旅游具备了相对完善的服务基础设施和旅游服务经验。多年来，桂林承办的体育赛事一直为国内外体育界人士所关注和好评，大力发展与赛事相关的服务经济大有可为。如体育信息传媒、便利交通服务、体育培训服务、体育医疗服务以及体育彩票等，都有很大的发展空间。目前，我国体育产业与旅游融合刚刚起步，体育+比较有影响力的领域主要集中在大项目、大活动、大事件范围，受到各地的重视，有的已成为城市品牌战略的重要推手，如厦门和上海的马拉松赛事，广西区内举办的环自行车赛等。发展赛事经济，核心问题还是如何因地制宜发挥并利用旅游资源产生更多的经济效益和社会效应。对桂林而言，赛事服务与旅游服务有着很近似的属性，发展赛事经济，对加快旅游产业转型升级，提升旅游发展空间有着积极意义。

四、体育产业与桂林旅游融合发展重点及思路

（一）培育新业态

大力发展赛事服务。吸引有国际影响力的体育项目。主动争取具备国际影响力的体育赛事落户桂林。引进和举办重大体育赛事，推动各类体育赛事品牌建设，延伸产业链和利润链，加快发展普及性广、关注度高、市场空间大的运动项目，构建体育赛事体系，推动体育健身休闲设施完善建设，鼓励体育健身休闲设施与房地产、文化、

商业、娱乐等综合开发，建设一批健身休闲服务综合体，全面提升健身体育休闲运动普及程度和体育产业发展水平。

重点培育个性化体育旅游。学习借鉴三亚经验，选择重点旅游县区，开展民族传统体育旅游庙会。传承发展民族民间民俗传统体育，推动体育健身休闲运动产业融合发展。结合广西"三月三"歌圩活动，积极开展民族传统竞技表演等民族民间传统体育品牌活动。培育具有地方代表性的大型体育健身旅游活动，打造体育健身旅游产品和线路，如登山、自驾车或徒步探险、滨水健身、中医养生游等。

（二）塑造新品牌

体育健康服务在国内外人群中都有很大的需求，国民体质监测与康体服务、科学健身调理服务、社会体育指导员服务，体育运动医学和创伤医院、体育康复疗养场所服务、中医运动康复医疗服务等在桂林都有较好的发展空间。突出运动健康理念，大力发展骑行、徒步、漂流等运动休闲产业；主动承办国内外竞赛表演、场馆服务等体育培训业。把体育休闲健身、体育健康服务作为桂林旅游的核心竞争力，着力打造体验型的乒乓球、羽毛球、足球、篮球、排球等球类运动，塑造马拉松、自行车、徒步登山运动和水上运动四大体育旅游品牌。方便群众到景区旅游健身，实施全域旅游公交一元票制。自驾体育旅游景区停车免费制。开发以体育休闲健康养生运动为主题的一日游、两日游体育旅游线路，定向越野体验游，并定期举办国际羽毛球挑战赛、桂林名山徒步穿越等活动。

（三）构建新平台

打造体验型体育旅游。结合桂林健康旅游示范基地建设，发挥桂林独特的自然环境与资源优势，以体育促旅游，医疗促健康，整合体育、医疗、旅游资源，实现体、医、游相结合，大力发展温泉康养、中医养生、生态养生、运动养生体育小镇。建立高端医疗、中医药服务、康复疗养、休闲养生、智慧健康、国际学术交流为核心的"体育+健康+旅游"服务体系。培育和健全集体育旅游、养生康复以及健康生态等配套服务于一体，将桂林建设成中国体育旅游示范基地和国际特色康体养生胜地。

建设主题型体育度假区。目前，我国体育产业与旅游融合的契合点主要是集中在健康养生和体验型体育活动方面。融合的重心应该结合地方资源优势，放在自然环境较好的休闲度假活动带、旅游度假区和乡村旅游区等具有活动空间大、活动场地宽，交通基础设施建设较好的区域。要充分发挥桂林旅游度假区的生态优势和资源优势，借助有较好群众基础和市场前景的体育产业项目，如户外体育运动，拓展并丰富旅游度假区活动内容，开展类似户外活动营地、徒步骑行驿站、自驾车露营营地、航空飞行营地以及船舶停靠休憩站馆站等，提供相关旅游服务在规划上实现技术融合，在基础设施上实现共享与通用性建设，打造体育运动与旅游休闲融合发展的养生区域，推动旅游度假区成为健康娱乐养生一体化的新型旅游度假区。发挥乡村旅游区的作用，结合当前国家乡村振兴战略的实施，大力发展适合乡村运动的休闲项目，如徒步、骑行运动等。

（四）建立新机制

首先是加强规制融合。体育产业和旅游都属于不同的管理部门。今年全国"两会"通过的国家机构大部制改革是我国政府机构改革的大动作。对产业属性相近的管理部门实施大部制改革有利于产业融合，减少部门管理带来的条块分割以及产业进入的壁垒以及利益争端，有效降低市场交易成本，切实促进产业合作，为培育新业态、新市场创造条件。

其次是引导体育消费。群众的体育消费需要引导和培养,"体育感"是体育消费的驱动力。如果"体育感"能够促成运动休闲,能够刺激人们的体育旅游欲望、制造运动健康的共鸣,那么体育和旅游的融合自然会水到渠成,相得益彰。便利的交通是体育消费的另一个前提。提供体育旅游的交通便利有助于促进体育感和体育消费。比如到景区参加运动健身,对消费者提供公交门票一票制服务,景区运动休闲提供体育培训、体育健身、体育医疗等服务便利,这些都有利于提升体育消费积极性。

第三是建立融合项目库。储备相关有市场潜力的体育旅游活动项目,尤其是与桂林旅游优势相适应的体验型、景区型和休闲运动的融合项目,如大型徒步旅游圈,体育旅游汽车营地、运动休闲健康小镇等。通过增加地域性及文化性的民俗体育旅游产品,开发符合现代青年体育休闲项目如蹦极、攀岩、滑行、汽车自驾等项目储备等,通过机制调整和创新,为体育产业与旅游融合提供更多途径。

参考文献

[1] 木德夏. 产业融合理论研究 [J]. 当代经济 2009.

[2] 高舜礼. 中国旅游业创新发展论丛 [M]. 中国旅游出版社 2012 年版.

[3] 钟学思,陈薇. 珠江－西江经济带区域体育旅游发展研究:桂林案例 [M]. 经济科学出版社 2015 年版.

[4] 段跃庆. 旅游融合发展 [M]. 中国环境出版社 2016 年版.

[5] 冯欣欣,林勇虎. 基于体验经济的体育产业与旅游产业融合模式的实现机制 [J].

体育文化导刊 2017（9）.

[6] 于晶. 论体育旅游及其特征 [J]. 山东体育学院学报 2017（1）.

[7] 桂林市市委，桂林市人民政府，桂林市市志办. 桂林市鉴（1991—1995）[M]. 漓江出版社 1997 年版.

[8] 吴寿平，岑家峰，莫拓. 南宁市体育产业与旅游产业融合发展研究 [A]. 南宁蓝皮书. 南宁经济社会发展报告 [C]. 社会科学文献出版社 2016 年版.

[9] 朱德鹏，郝帅. 黑龙江省体育旅游健康发展研究 [A]. 黑龙江经济社会发展报告 [C]. 社会文献出版社 2015 出版.

作者简介

孟祥凤　原桂林市人民政府发展研究中心副研究员

白法璋　在读研究生

荔浦砂糖橘发展探究

胡光耀

【摘要】 荔浦县砂糖橘从1995年3月引种试种成功,经历了从农户自发种植到政府引导,从零散种植到规模化产业发展,发展到2017年底全县种植面积20.56万亩,产量约30万吨,产值达18亿元,成为荔浦的特色支柱产业。2017年底至2018年初,该县曾经引以为荣的支柱产业,却经历销售不畅和滞销的尴尬局面,给产业发展敲响了警钟。通过深入调查研究分析原因,为全县砂糖橘产业发展提出合理化意见和建议。

【关键词】 农业;砂糖产业;发展对策

砂糖橘,又名十月橘。最初产自广东省肇庆的四会市黄田镇沙糖坑村。砂糖橘果实扁圆形色泽橙黄至橙红,果壁薄,易剥离,口感细腻,无渣,极甜,果肉脆爽吃后沁心润喉。荔浦地处北回归线北侧,年平均气温19.6℃,年降雨量平均1424.4毫米,年均日照数1472.4小时,年无霜期为316天,这种光、热、雨较充足的中亚热带湿润气候,境内的土壤气候适宜多种水果种植,种植水果具有很好的经济效益,且多数水果种于山坡地,不与其他作物争地。荔浦县广大农民在砂糖橘产业发展过程中积极推动"三避(避雨、避寒、避晒)三诱(光诱、性诱、色诱)"、测土配方、统防统治、水肥一体化、农业气象科技、农村电子商务服务等核心技术集成。荔浦砂糖橘品质因地理位置及日常管护等因素,果品品质明显高于周边县,成为客商争先抢购的香饽饽。

一、荔浦砂糖橘现状

据相关部门资料统计，2017年荔浦县种植砂糖橘面积20.56万亩，其中挂果面积14.54万亩，产量约30万吨，砂糖橘已成为荔浦农村经济发展和大部分建档立卡贫困户脱贫的特色支柱产业。目前在该县修仁镇大榕村建立了"广西现代特色农业荔浦砂糖橘核心示范区"（自治区级）、大塘镇富德村"兴万家荔浦砂糖橘核心示范区"（市级），整合资金3.49亿元，实施核心示范区水电路网等5大工程54个项目建设，建设了预冷库、采后生产处理和冷链物流区等系列配套设施，大力推广"企业＋合作社＋基地＋农民"的产业化模式和利益联结模式，全县拥有大型洗果场94家。

二、荔浦砂糖橘价格下跌、销售困难的原因分析

（一）个别果农没有站在全局发展的高度，只顾盲目追求自身利益，在春节前将自己受今年受霜冻损坏的变质果大量低价销售，充斥了原有的水果市场，致使喜食砂糖橘的消费者在春节黄金季节不能买到品质好、品质佳的砂糖橘，甚至出现消费者"谈橘色变"的局面，严重破坏销售市场。

（二）早在前几年，砂糖橘价格一路飙升，引发了社会种植砂糖橘的热潮，荔浦农民在周边的蒙山、象州、平乐等地承包土地种植砂糖橘的面积达10万余亩。如今，早些年种植的砂糖橘逐渐进入丰产期，2017年卖季比2016年卖季砂糖橘产量增加一倍以上，果农估计不足，仍然等高价而售。

（三）部分果农认为自己有了砂糖橘就如同拽紧了开启钱柜的钥匙，前十年一路飙升的价格养成本县果农"皇帝女不愁嫁"心态，不尊重销售商，在外地果商深入果园查看果子，并有意向订购时，漫天要价，错过最佳销售季节。

（四）多年春节后的砂糖橘价格飙升，加上今年春节前砂糖橘价格没有达到果农期待的价格，不甘心今年如此低的价格抛售，沦为邻家的笑柄，造成果农一直囤货不售，期盼价格反弹，力争再创价格辉煌的心理占据上风，全然不顾2018年春节推迟仍然不卖果。

（五）多年来，该县果农只看中自家果子在田间地头的收购价，不注重建立终端市场，种得出果子就发财的心态占上风，果农的市场意识淡薄抗风险能力相对较弱，甚至基本没有。

（六）没有打好品牌战略，没有形成自己的品牌体系，消费者不知道找荔浦砂糖橘买，果商来荔浦买果，还是用五花八门的商标。

三、确保荔浦砂糖橘良性发展的对策

（一）认真做好调查摸底工作，做到心中有数

建议农业部门、统计部门联合做好调查摸底工作，摸清楚本县砂糖橘种植面积、挂果面积、本县果农到周边县种植面积、外县发展种植面积，预测好砂糖橘年产量，做到心中有数，及早制定砂糖橘销售应对措施，确保农业增产农民增收。

（二）树立信心

多年来，荔浦县委、县政府对农业产业发展高度重视，就砂糖橘产业而言，已经

打造了一个自治区级核心示范区和几个市县级示范区，成功举办"橘子红了"砂糖橘购销订货会，在中央、自治区、市电视台做砂糖橘广告等，不遗余力地培育宣传这个产业，才有2017年以前多年富民的砂糖橘产业。荔浦砂糖橘近几年来已成为全国柑橘类水果产销的风向标，荔浦县砂糖橘品质就是比周边县要好，胜过原产地广东四会，很多销售商还是愿意到我县做砂糖橘生意，有着深厚的市场基础，再加上有20年的种植经验、种植技术及为销售配套的设施。要树立信心，不能因为一时的困难让改产业从此萎靡不振。

（三）组建自己的销售队伍，建立自己的销售市场

原来我们只是依靠外来的果商把我们的果销售出去，只能"等"、只能"靠"。前几年挣了砂糖橘几桶金的荔浦果农有些嚣张，或多或少得罪了部分果商。在今年外面市场不好的情况下，周边县市砂糖橘大量上市，大部分果商不愿意来荔浦收果，造成荔浦县砂糖橘销售慢。所以我们必须两条腿走路，在善待、鼓励外来客户的同时，组建自己的销售队伍，打开自己的销售网络和销售市场，在我县砂糖橘成熟季节，充分利用好自己的商标有序地销售，变被动为主动，把市场掌握在自己手中，确保我县砂糖橘种得好，卖得更好。实实在在搭建好物流、电商平台，学习外地电商富民的成功经验，通过自身努力，把砂糖橘销一部分出去。

（四）加强果农教育，提高果农素质

加大力度对果农进行教育，不断提高果农素质，正面引导，正确处理好果农与果商的关系，要正确摆正果商的位置，要充分认识没有大量的外来果商的介入，我们的砂糖橘就不可能在全国各地有那么好的销售市场和销售平台。司法部门要加强对果农

法律知识培训，增强果农法律意识。果农要认真签订砂糖橘购售合同，并依法履行法律责任和义务，任何一方都不能随意违约或撕毁合同，既要增强自我保护意识，也不能无理取闹。

（五）强化技能培训，提高果品质量

农业部门和科技部门要做好砂糖橘栽培技术培训，每年关键环节派出技术员到各乡镇各村屯轮回培训，特别是那些重点乡镇、重点村屯及贫困村、山区村，让果农熟悉掌握砂糖橘栽培技术，盖膜技术及时间，生产出高质量符合食品安全的砂糖橘，让消费者满意，提高市场购买力，高品质的砂糖橘一定不愁销。

（六）充分利用好商标和地标，打响荔浦砂糖橘品牌

2017年荔浦砂糖橘获得了国家工商总局批准的"荔浦砂糖橘地理证明商标"和国家农业部批准的"荔浦砂糖橘农产品地理标志"，这给荔浦砂糖橘贴上两个金色的标签。建议在砂糖橘成熟采摘出售时，当地政府印制统一标签有偿分发给让种植大户或洗果场用，让荔浦砂糖橘走向全国。同时，不遗余力地探索保护荔浦砂糖橘金字招牌的办法和措施，鼓励合作社或者种植大户打造自己的优质品牌商标，让广大消费者找荔浦砂糖橘买。

（七）实施优果工程，拓宽荔浦砂糖橘市场

全面实施"良种化布局、标准化生产、商品化处理、产业化经营"建设，积极引导广大农民大力推广柑橘标准化生产技术，全程按照荔浦县《柑橘无公害生产技术规程》

进行操作,实现规模化和规范化管理,,同时推广特色品种和加强品牌战略,通过创立荔浦砂糖橘品牌,让品牌占领水果市场,提高知名度。

参考文献

[1] 荔浦县地方志编纂委员会.荔浦县志(1991—2005)[M].北京市丰台区玉林里25号楼,2014年版.

[2] 荔浦县地方志编纂委员会.荔浦年鉴(2006—2012)[M].南宁市桂春路6号,广西人民出版社2016年版.

[3] 荔浦县地方志编纂委员会.荔浦年鉴(2017)[M].南宁市桂春路6号,广西人民出版社2017版.

作者简介

胡光耀　荔浦县社会科学界联合会会员,今日荔浦社编辑记者

乡村振兴战略视野下的新农村建设路径探索
——以平乐县渡河村建设为例

雷金玉

【摘要】 实施乡村振兴战略是"五位一体"总体布局在乡村领域的具体落实,是社会主义新农村建设的升级版,是新时代解决我国"三农"问题的重大战略举措。当前,如何解决农村发展的难题,关联着我国全面小康和社会主义现代化的顺利实现。笔者通过对平乐县沙子镇渡河村历年发展的梳理分析,探索乡村"三农"发展的路径及规律,为实施乡村振兴战略提供一些参考借鉴。

【关键词】 新农村建设;乡村振兴;探索

实施乡村战略是"五位一体"总体布局在乡村领域的具体落实,是社会主义新农村建设的升级版,是新时代解决我国"三农"问题的重大战略举措。当前,我国经济快速发展,但城乡的差别逐步拉大、城镇化急速推进引起农村社会、经济、环境结构的剧烈变化,乡村振兴速度缓慢。如何解决农村发展的难题,关联着我国全面小康和社会主义现代化的顺利实现。在此,笔者通过对平乐沙子渡河村历年发展的梳理分析,探索乡村"三农"发展的路径,为实施乡村振兴战略提供一些参考借鉴。

一、乡村振兴战略实施的现实意义和总体要求

（一）实施乡村振兴战略是新时代的必然要求

在推进城乡发展一体化过程中，乡村发展是重中之重。随着工业化的快速发展和城镇化的深入推进，农村发展出现较大的分化，目前存在的最大的不平衡是农村内部发展的不平衡和城乡之间发展的不平衡，最大的不充分是"三农"发展的不充分，具体就是农业现代化发展不充分，社会主义新农村建设不充分，农民生活生产发展水平和共享改革发展成果不充分。解决这一新的社会主要矛盾需要实施乡村振兴战略。但由于历史原因，当前农业发展、新农村建设和农民发展存在很多突出问题迫切需要解决。乡村振兴作为党和国家战略，是新时期城乡发展的期待，引领着农业现代化发展和社会主义新农村建设以及农民教育科技文化进步。

（二）实施乡村振兴战略的总体要求

乡村振兴要坚持农业农村优先发展，总体要求是产业兴旺、生态宜居、乡风文明、治理有效、生活富裕。具体来说，产业兴旺就是紧紧围绕促进产业发展，引导和推动更多的技术、人才、资本等基本要素向农业农村流动，充分引导农民积极生产和创造，建立现代农业产业体系，实现经济旺盛发展。生态宜居，就是加强和改善基础设施建设，保护农村生态资源环境，去除污染，保持绿水青山，建设美丽家园。乡风文明，就是大力发展农村文化教育卫生医疗事业，加强对农民进行思想文化宣传，传承农村优秀文化传统，提倡移风易俗、文明进步，用先进思想文化占领农村阵地，进一步提升农

民综合素质、提高农村文明程度。治理有效，就是农村社会得到较好的治理，基层民主和法治建设步入正轨，提高正能量，惩治邪恶腐，弘扬正气，实现真正的公平公正，使农村民风淳朴、社会和谐安定。生活富裕，就是让全体农民收入稳定，经济宽裕，衣食无忧，生活美满。

二、实施乡村振兴战略存在的主要问题

当前农村治理存在很多问题，农村经济社会发展中的一些深层次矛盾还未根本解决，城乡差距仍然较大，严重影响了乡村建设的成效，给乡村振兴带来很大困难。

一是基础设施建设落后。交通条件落后、公路覆盖率低、水电供应不足、卫生医疗条件差、建设规划落后。农村公共服务、农村社会管理、农民生产生活、教育卫生文化等基础条件有待提高。缺乏长远的打算，随意修建房屋，耕地种植业、农村道路、供排水、教育、卫生、文化等基础严重缺乏规划意识。

二是空心化现象严重。城镇化快速发展，农村人口因就业、教育等大量涌入城镇，造成许多房屋空置，人去楼空，一些先富起来的群众建起了新屋，但旧屋有没有拆除，导致农村闲置废弃宅基地增加，用地规模扩大，大量田地荒芜，传统农村文化遗失，最终致使农村地域经济社会功能的整体退化，城乡一体化、新农村建设成为空话。

三是农村环境污染问题严重。目前，农村环境保护基础薄弱，部分村民环保意识差，城市污水、工业污染大量向农村转移，农村生活污水、生活垃圾和粪便、农药化肥、白色垃圾等成为农村环境污染的主要物，污染处理问题日益突出，导致我国农村发展具有严重的不可持续性，使农村地区环境状况日益恶化，人居环境质量普遍下降。

四是农村基层社会治理面临挑战。具体表现在：一些乡村基层组织忽视社会管理，

基层管理服务水平不高，政府公共服务却未能较好地延续到农村，党群、干群矛盾突出，以致基层社会治理失去了群众的信任和支持，影响农村经济社会的发展。农村普遍缺少依法治理的理念，群众法治基础比较薄弱，民间矛盾突出，基层调解人员面对矛盾纠纷不愿管、不敢管。个别地方村头村霸宗族黑恶势力突出。他们横行乡里、欺压百姓，侵蚀中国基层政权，造成农村社会诸多不安全和不稳定。

五是农民主体作用未能充分发挥。由于多数农村经济实力有限、农民本身素质不高，群众发展意识淡薄，等靠要思想严重，对乡村振兴战略了解不多，认为这是政府的事情，在发展理念上更新较慢，个体主体意识强，对乡村振兴的缺乏主人翁意识，对政府或集体的项目缺乏主动性和积极性，导致乡村振兴的部分工作推行难。

六是农村新型经营组织发展质量不高、后劲不足。农村合作社、协会不少，但相当部分制度不健全，管理不规范，形同虚设，真正严格按章程制度正常开展经营活动的不到30%。农村合作社的主体是农民，农民自身的经济基础弱，积累少，经济实力差，能力有限。合作社发展资金严重短缺，贷款融资难，政府扶持力度有限，发展后劲不足，严重制约了部分合作社或协会的发展。

三、从渡河村的发展变化，探索乡村振兴的路径

渡河村全村91户412人，其中有党员18名。多年来，在县、乡党委的领导下，渡河村委团结带领村民开拓进取，村民生活和人居环境发生了翻天覆地的变化。2012年该村定为自治区综合整治示范村，是"广西园艺第一村"，2013年被评为桂林市"魅力新农村"。2014年获得"广西特色农村"的称号，2017年被评为五星级生态旅游名村。渡河村经过多年的实践，形成了独具特色的"渡河发展模式"，走出了一条富裕之路。

（一）调整产业结构，大力发展特色产业

产业是农村可持续发展的基础。渡河村因地制宜发展优势特色种植事业，从一个普通的自然村变成如今的园林式村庄。2006年，多年在广东打工的何世兵回到村里，利用自己掌握的技术开始了园艺种植，很快取得了成效，随后一些村民加入了这一行业，改变了传统的种养样式，这绿色事业就正式开始了，他们从最初的在山上挖树移植嫁接开始，积极探索花卉盆景苗木的种植栽培技术，不断摸索学习和开拓市场，随着合作社的成立，渡河村的花卉园艺产业越做越大。形成了50亩的核心园和500亩园林基地的规模，总产值超过3000万元，产品销售势头良好，村民人均收入6000元以上。近年来，还形成了以园林花卉、盆景、奇石、旅游为主，松木、竹鼠、肉牛养殖为辅的产业结构，给村民带来了可观的收入。

（二）以党建引领乡村发展

渡河村最早提出"围绕党建带旅游，抓好党建促发展"，以此为工作思路，扎实推进"党建＋旅游""党建＋产业发展""党支部＋合作社＋基地＋农户"的发展模式，以青山绿水就是金山银山为理念，打造生态乡村休闲旅游，扩展旅游项目。2010年以来，渡河村党员争当先锋，建设环村道路、规划旅游路线、修建旅游厕所、停车场等基础设施，鼓励村民办特色农家旅馆和农家乐，建成集生态休闲、特色文化、休闲养生度假、产业融为一体的综合旅游发展区。成立党员示范户，按照"哪里有景点，哪里就有党组织"原则，灵活设置党员责任岗，成立党小组，设置党员服务中心，党员充分发挥作用，参与交通疏导、秩序维护、保洁清扫等工作。设立党员示范窗口，为游客提供咨询、救急、投诉等服务，让党员在景点一线亮身份、展风采。设立党员服务热线，24小时为游客

提供咨询服务，让游客有困难找党员、优服务。党员种养能手积极传授技艺，带头发展产业。2017年，全村光旅游收入一项就达到160万元。

（三）能人乡贤助推乡村振兴

能人乡贤，多是能者、饱学之士、贤达之人。重塑传统乡村文化，构建美丽乡村，需要一批有奉献精神的能人乡贤。他们以自己的学识、专长、经验、技艺、财富以及社会阅历文化修养参与新农村建设和治理。他们身上散发出来的文化道德力量可教化乡民、反哺桑梓、泽被乡里、温暖故土，对凝聚人心、促进和谐发展、传承乡村传统文化大有促进作用。渡河村能有今天的成效就是在能人乡贤的带动下一步一步发展起来的。2006年，现任村党支部副书记的何世兵从广东打工归来，先是自己摸索，有了一定经验后，带领村民们种植花卉盆景和苗木，经过不断摸索学习和开拓，渡河村的花卉园艺产业越做越大。2010年在县里当领导的何世球退休后经常回村看看，凭着一腔乡土热情和情怀，常同村里的退休老师以及热心村里事业的村民讨论如何建好乡村，并依靠自己的人脉，在县乡里争取了政策和资金，成立理事会，动员全体村民共同努力，从花卉种植入手，整治村容村貌，修筑拓宽道路，带领父老乡亲发展致富。

（四）以村规民约助推乡村治理

2010年，渡河村根据本村实际情况，通过村民代表大会，制定完善了村规民约，强化村规民约自治功能，充分调动广大群众的参与热情，助推乡村振兴。村规民约共八大项46款，内容包括社会治安、人居环境、道德伦理、村民风俗、诚实守信、邻里关系、婚姻家庭、道路交通安全等相关内容。村规民约的完善和执行，在村级管理中起到了应有的作用：首先是汇聚农村合力，提升了"自治"。以党支部为核心，健全和创新充满活力的村民自治机制,实现"民事民议、民事民办、民事民管";其次强化文化引导,倡导"德治"。建立道德激励约束机制,发挥道德约束力,搭建起村民自我解决矛盾的平台,实现服务群众"零距离"。村里每年重阳节、春节都对孤寡贫困老人、"五保户"、贫困家庭进行慰问,捐助生活用品和发放慰问金等。同时,关心关爱村里的青少年,对村里考上中学、大学的孩子给予奖励,特别是对家庭困难的孩子进行结对帮扶。凭着对优良传统的继承发扬,渡河村成为县里尊老敬老的典范村。还有通过健全体系,推动"法治"。2013 年 5 月以来推行了"党组织—村代会—村委会、村监会监督"的乡村治理新架构,把"村代会、村监会"这两个民主平台搭建起来,在村一级建立起"村代会、村委会、村监会"三个机构,真正实现了"村民自治""由民做主"的转变,彻底改变了过去由村干部包揽村务的做法,有效提高农村社会自我管理自我治理水平。同时着眼难以调解的尖锐矛盾问题,充分利用村规民约和"法律服务站"等平台提供专业、便捷的法律咨询服务,提高农民群众法治素养,历年来,村里的犯罪率为零。

(五)开展教育培训,提升农民种养经营水平

按照县委"以党建带队伍建设,培育人才促发展"的要求,渡河村通过理论和实践结合,建立全镇农村实用人才示范点,通过党建活动,抓好党员队伍,通过村委的理论小广场,宣传党的政策方针。以集中学习、分散学习、专业见习、技能操作、岗位实践等灵活多样的方式、方法,对农村实用人才、新型经营主体带头人和职业农民等骨干力量进行理论专业技术培训,提升他们掌握现代知识与技能,带动农民群众发展产业、治理乡村的能力和水平,使他们了解、掌握农业生产经营所必备的知识;带动农民群众发展产业、治理乡村。党员园艺能手何世兵、竹鼠养殖带头人何世纯"手把手"地教农户进行实际技能操作,确保他们能掌握专业的理论和实践技能。2017 年,实用人才培训举办六期,小广场宣讲 4 期,参加培训人员达 613 人次。

（六）发挥农民振兴乡村的主体责任

人是乡村发展的本质。土地是农民的家，只有农民才最最熟悉土地最珍惜土地，农民是土地未来的经营者，是农村传统特色村落的守护者和农村传统文化的传承者。以农民为建设新农村的主体，可以从根本上增强农民群众信心，调动他们发展乡村的主动性和积极性，增强农民的参与感、获得感、幸福感、安全感、成就感。2012年6月，自治区整村推进项目落户渡河，渡河村村民主动参与新村建设活动，在村党支部和理事会的带领下，拆除危旧房屋60多间达3000多平方米，屋外立面改造89户，修筑2.5公里的环村道路及3000平方米的绿化带，建成村办公楼、篮球场、垃圾池、园林化庭院等，亮化美化项目34个，极大地改善了村民生活生产条件。2015年人居环境改造中，村民对全村的污水进行了统一的膜技术处理，全村实现了沼气、改厕、改厨、污水处理全覆盖，自然风貌得到有效整治和保护，形成了"青山绿水，蓝天洁净"的生态环境体系。花海园林、葡萄长廊、紫薇园、特色家庭旅馆、生态园林农家乐都是他们亲手建造的，乡村旅游业发展起来了，村民笑了。

实施乡村振兴战略是推动新农村建设的重大举措。因此，我们要冲破阻力，发展产业，建立完善机制，制定切实可行的措施，从农村公共服务、农村社会管理、农村生产生活条件等方面入手建设社会主义新农村，让农业真正成为朝阳产业，让农民成为别人羡慕的职业，让农村成为生态宜居的家园。

参考文献

[1] 吴国宝. 切实发挥农民在乡村振兴中的主体作用 [EB/OL]. 光明网－理论频道. 2018-02-27 14：07.

[2] 张晓山. 实施乡村振兴战略的几个抓手. 人民论坛 [EB/OL].2017-12-06 14：50.

[3] 朱启臻. 当前乡村振兴的障碍因素及对策分析. 人民论坛 [EB/OL]. 学术前沿 2018-05-10.

[4] 浙江"乡贤文化"与乡村治理的采访和思考 [EB/OL].2014-12-10 14：08：13.

[5] 陈娟, 廖成业. 支部带头谋发展 宜居乡村展新颜 [EB/OL]. 桂林生活网—桂林日报，2017-06-27 10：14：11.

[6] 秦中春. 把握实施乡村振兴战略的重大意义和工作重点 [EB/OL]. 中国经济新闻网，2017-11-15 11：05：51.

作者简介

雷金玉　平乐县委党校高级讲师

新常态视域下生态立县的平乐实践与思考

唐夜红

【摘要】 绿水青山就是金山银山,生态文明建设是"五位一体"总体布局的重要内容。在全面实施生态建设大背景下,文章深入分析生态理念的科学新内涵,就平乐生态立县的实践面临的问题,提出一些探索性的思考路径。

【关键词】 新常态;生态立县;平乐县;路径

生态是民族永续发展的最大财富。党的十八大以来,习近平总书记就生态文明建设发表了一系列重要讲话,提出了许多新思想、新论断、新要求[1]。本文通过对生态文明建设内涵的再认识,以平乐生态文明建设为探究背景,深入分析取得的实效及面临的问题,探寻新常态背景下平乐生态立县新路径。

一、新常态赋予生态文明建设新的时代内涵

生态文明,指的是在利用和改造客观世界过程中,人类主动保护自然,积极改善和优化人与自然的关系,建设健康有序的生态运行机制和良好的生态环境所取得各项成果的总和。所谓生态文明建设是指人们按照生态文明理念的要求,坚持以人为本,

统筹人与自然和谐发展，实现社会可持续健康发展的实践过程。生态文明建设作为"五位一体"战略格局的重要组成部分，已经成为一种"新常态"[2]。

党的十八大以来，生态文明建设作为一种新常态被加入了新的时代内涵，赋予其新的理念，主要有四个方面：一是生态平等，即人与自然之间、现代人与未来人之间、各地域之间的平等。二是融合发展，即经济建设、政治建设、文化建设、社会建设与生态文明建设"五位一体"、相互协调、持续发展。三是绿水青山。即绿水青山就是金山银山，谋求更高境界的长远发展。四是生态保护，即树立"保护环境就是发展生产力，改善生态环境就是发展生产力"的理念。

二、平乐生态文明建设取得的实效

平乐，古称昭州，隶属广西桂林市，位于广西东北部，桂林市东南部，东临钟山，南接昭平，西北毗邻阳朔，北连恭城。东南及西南山脉环绕。绵延的漓江、茶江、荔江三江在此汇合，形成素有"黄金水道"之称的桂江。平乐地处中亚热带季风气候区，冬短夏长，四季分明，气候宜人，日照充足，雨量充沛，土地肥沃，土壤类型繁多，适应性强，大气指数达国家一级标准。生态环境基础较好，山水生态自然资源丰富。

"十二五"以来，为贯彻习近平总书记生态文明思想，平乐把握发展机遇，坚持保护生态，提高环境承载能力，全县生态文明建设取得一定实效。

（一）不断调结构促转型

2016年，平乐产业结构中第二、三产业增加值增速分别为8.7%、7.9%，高于第一产业 4.5 和 3.7 个百分点。重点培植清洁能源和电子商务两大新兴主打产业，突出抓好风力发电和园区农光互补等清洁能源项目前期工作。

（二）不断强化生态能源建设

实施了生态示范县建设工程、石漠化治理工程、巩固退耕还林建设工程、农村生活污水处理工程、清洁城乡共建美丽乡村工程、农村生态能源建设工程以及城镇污水、垃圾处理工程，生态能源快速发展，再生能源利用率进一步提高，有效遏制了喀斯特地貌区生态环境破坏的趋势，森林植被尤其是水源林得以保护，呈现出一派人与自然和谐相处新气象。

（三）不断推进生态旅游业

努力打造"纯天然、纯生态"的旅游景区，以生态旅游特色吸引游客，美丽乡村成了老百姓的"致富快车"。2016 年，全县接待游客人数达 44.88 万人次，旅游总消费收入 5.46 亿元[3]，创历史新高。其中沙子渡河村成为全国第三批美丽宜居村庄示范点；阳安乡下登坡、青龙乡龙山等 12 个村荣获自治区"绿色村屯"荣誉。

三、平乐生态立县面临的问题与挑战

目前，平乐生态立县工作面临诸多问题和挑战，主要体现在以下几个方面：

（一）执行力有所弱化

从普通民众来看，尽管普遍认识到生态文明建设的重要性，但仍缺乏积极主动的参与意识。从各级政府和干部官员来看，部分干部对经济快速发展造成的环境破坏有一定的认识，但仍然存在着不同程度的非理性的发展理念和决策行为，重经济增速、轻发展质量，重形象工程、轻环境影响的观念并没有马上扭转过来，这些都将造成了生态文明建设的执行能力弱化，对生态立县带来不利影响。

（二）生态环境相对脆弱

平乐属喀斯特发育地貌，地势低，生态环境极易受到破坏，生态恢复周期长。该县曾经是桂林地区工业的老大哥，多年来积累的生态环境问题，如空气污染、固体垃圾污染、噪声污染、交通拥堵等"城市病"非常严重。同时城镇化发展还带来了巨大的资源消耗。在新城区的开发和拆旧造新过程中，消耗了大量钢材、水泥、玻璃、化工材料，影响了节能减排目标的实现。再加上受资金投入不足的制约，致使垃圾、污水回收处理、噪声防治、工业废弃物的循环利用、城乡绿化、生态功能区规划建设等相关基础设施处理能力有限，工作开展不到位。

（三）产业转型有所依赖

"十二五"时期，平乐产业结构比例为 38.0：36.2：25.8。产业结构格局呈现一、二产并驾齐驱，三产相对较弱的趋势。从结构上看，仍以资源型产业、传统产业为主，整体还处在产业链的中低端；特别是新常态下经济的中高速发展，面对经济下滑的压力，不少官员仍习惯于以往依赖投资、刺激房地产的投资驱动、要素驱动思维模式来解决问题，而对创新驱动的高科技产业、战略性新兴产业和现代金融业并不知悉，这样的心态导致了开发新产业与保留原产能的博弈，使得淘汰落后传统产业、实现产业的转型升级充满艰辛。

（四）规划建设有所盲目

城镇开发建设中，开发商出于功利性，为追逐高回报、高利润，片面强调物质环境建设而忽视了人自身的发展。城乡发展政策、规划设计、家庭装修的随意，往往割裂人与自然的整体关系，与生态价值观和生态伦理观相违背，威胁和影响人们的生存环境。在基础设施建设方面，一些地方存在蜂拥而上、盲目建设问题，出现了一些过分注重表面美化现象，致使广大居民没有真正感受到居住环境的改善和提高。

（五）部门合力有待整合

平乐县对生态环境破坏的补偿机制、社会公众参与机制、生态立县的法制保障、经费投入机制、环境影响监督和考核等都尚未健全，不能有效发挥对生态环境的保护、监督制约功能和对环境破坏的震慑作用；另外，生态立县涉及方方面面的工作，点多面广，但在推进过程中各相关部门基本上各自为政，尚未真正形成合力，加之县域财政困难，致使许多工作无法开展，推进难度大。

四、新常态视域下平乐生态立县的路径探究

平乐实现从建成老县、人口大县向经济大县的跨越式发展，必须实施生态立县战略，

充分发挥当地资源特色和生态优势，把生态优势转化为发展优势。

（一）严格转变观念

一是加大宣传力度，提高民众对新常态下新"生态观"的认识，在全县上下营造全民参与生态立县建设的浓厚氛围，推动形成共谋、共建、共管、共享的生态文明建设新局面，实现生态发展观的转化与变革。二是创新和完善生态环境保护体制机制，严格落实领导干部任期生态文明建设责任制，健全生态环境保护考核办法和责任追究制度，实行生态环境损害责任终身追究制，健全完善生态环境监管制度和政绩考核制度以及生态补偿机制，充分发挥地方立法权，通过立法推动生态文明制度创新，形成具有特色、合身合用的生态环境保护法律体系。三是进一步增强地方官员对保护生态环境的重视程度，牢固树立生态红线的观念，强化领导执行力。把生态立县列入县委、县政府工作的重要议事日程，并纳入政绩考核的主要内容；把生态立县作为"永不谢幕"的工程，形成党委、政府统筹，多部门协同配合的工作格局，真正形成合力，共创国家生态文明示范县。只有实行最严格的制度、最严密的法治，才能为生态文明建设提供可靠保障。

（二）科学编制规划

一是形成多元化的融资渠道，金融部门要增加用于生态经济建设开发项目的贷款，并适当延长贷款偿还年限；要不断开辟生态保险资金投资的新领域；积极建立生态产业投资基金，引导、鼓励民间资本加大向环保产业、新能源产业投入；要提高财政资金的使用效益，把有限的财力用于生态经济发展和涉及民生生态项目。二是科学编制发展规划。以统筹城乡为原则，高标准制定生态立县发展规划，形成完善的规划体系，确保有效落实;加速完善节能降耗方案,合理开发利用资源,促进产业园区化发展,为生态经济发展提供强力保障。

(三)发挥竞争优势

生态资源是最富贵的资源,生态优势是最具竞争力的优势,生态文明建设是最花力气的建设[4]。要守护住绿水青山,一是继续实施重大生态保护修复工程,如石漠化治理、退耕还林等,调整树种结构,切实保护珍稀、濒危野生动植物、古树名木等。设立县级自然保护区,如县城金子岭森林公园、天鹅湖森林公园。二是依法保护、修复生态系统。加大各类违法违规行为的整治,如沿江两岸非法开山采石、挖沙毁洲、毁灭性捕鱼等。实施环境综合整治工程,加强污染源管理和治理,遏制污水直排漓江、荔江、茶江、桂江;优化沿河沿江农业产业结构,减少用水量等,修复江河生态系统。三是完善管理体制。如生态保护体制和信息共享体制,推进生态保护与水运、旅游适度开发等。

(四)加强环境保护

生态环境没有替代品,用之不觉,失之难存[5]。加强环境保护,必须做到:一是加强污染防治。如城镇污水处理、县城河域保护;工业废气、机动车尾气和城镇扬尘源污染治理;生活垃圾、医疗废弃物、工业固体废物无害化处理以及对化学危险品、放射性物质管控;对锰矿尾矿、花岗岩加工废水排放、固体废物、危险废物、化肥农药农膜等对土壤、水体的污染防治和治理修复;大力推广清洁养殖、生态养殖,有效改善农村生产、生活环境。二是加快低碳县城建设。如推动绿色建筑发展;推广绿色出行,使用新能源和清洁能源车辆;践行低碳消费,减少使用一次性消耗品,推广生活垃圾分类收集等。三是环保问责不留情。不得避重就轻,要动真格,对情节严重、影响较大的环境违法行为依法顶格处理，方可发挥震慑效应。

（五）发展生态经济

打造绿色生态文明示范县，要坚持把"生态+"理念融入产业发展之中，促进产业发展生态化，生态建设产业化。一是努力建设生态工业。通过优化产业结构，加快提升第二、三产业在三次产业结构中的比重，抓好传统产业转型升级。积极培植发展科技含量高、工业化、信息化融合紧密、能源资源消耗低、污染排放少、有利于提升产业发展质量的新兴产业。如风力发电和光伏发电及新能源、新材料、节能与环保等清洁能源产业。加快生态工业园区建设，按照资源循环利用、土地节约集约、污水垃圾处理设施完善、环境保护优良等要求，加快工业集中区生态改造和建设循环产业园区。二是构建现代生态农业。推广先进实用循环农业发展模式，实现农业生态系统的自我循环和自我调节，大力发展无公害、绿色有机产品，创新生态农业品牌。如加大对甜茶、石崖茶、淀粉马蹄等生态特色农业的扶持和发展力度；引导和规范土地有序流转；大力发展农庄经济，集中打造"一乡一带""一村一品"生态农业示范带。推行"互联网+农业"发展模式，推动特色农业产业"接二连三"，推进第一、二、三产业深度融合发展，做强做大农产品加工产业。三是以低碳化、高端化为导向，着力推进休闲旅游、健康养老、商贸物流等现代服务业发展。如打造特色旅游产业，充分利用平乐丰富的历史文化、民俗文化、自然风光以及现代农业基地等资源，大力发展休闲采摘基地、农家乐、乡村行等乡村生态旅游项目等。

（六）持续魅力乡村

积极改善农村人居环境，提高农村现代化水平。科学编制村屯规划，引导农村建设住房实用美观、设施配套完备、环境整洁优美的农民集中居住区。如实施农村"改水、改厕、改路"工程、"清洁家园、清洁田园、清洁水源"工程,改善农村生产、生活生态环境。根据现代休闲旅游的发展,结合新农村建设的需要,创新新农村建设的方式方法,引进乡村产业运作模式,依托有实力的乡村产业开发公司投资,在有市场前景和开发价值的旅游沿线景区景点,重点打造一批具有本县特色魅力的新农村建设示范点。

参考文献

[1] 潘琦.谱写八桂大地生态文明新篇章[J].当代广西2017(9):18-19.

[2] 赵建军."新常态"视域下的生态文明建设解读[J].中国党政干部论坛2014(12):36-37.

[3] 石小松.平乐县人民政府工作报告[N].桂江风2017-02-28(01).

[4] 高建进.走进绿色生活新时代[N].光明日报2017-06-18(05).

[5] 邓德洪.环保问责莫"爱惜羽毛"[N].人民日报2017-07-13(05).

作者简介

唐夜红　平乐县委党校讲师。

金融支持文化旅游产业发展现状、问题及建议

申文明

【摘要】 文化旅游产业逐渐成为世界主要国家优先发展的"绿色朝阳产业",广西具备了良好的文化旅游基础并形成一批文化旅游品牌,新的文化旅游业态逐步推出。本文在调查广西金融支持文化旅游产业的现状、存在问题的基础上,提出了针对性的政策建议。

【关键词】 文化旅游;金融支持

文化旅游产业逐渐成为世界主要国家优先发展的"绿色朝阳产业",也是我国大力扶持发展的新兴产业,文化与旅游两大产业的融合发展对促进整个国民经济的发展升级和结构转型有着重要意义。2016年初,广西发布《关于促进旅游业改革发展的实施意见》指出:要结合"以文促旅、以旅养文",促进文化产业和旅游产业相互融合,挖掘和整合广西历史、民族、民俗和民间文化资源,打造广西文化旅游品牌,全面提升广西旅游文化内涵。本文在调查广西金融支持文化旅游产业的现状基础上分析了存在的问题,并提出针对性的政策建议。

一、广西文化旅游产业发展情况

（一）广西具备良好文化旅游基础

广西旅游资源非常丰富是全国唯一具有生态、文化、民族、沿边、沿海这么五大优势的省份，在文化旅游资源方面更是拥有自己的特色，拥有世界长寿之乡、桂林山水、南方喀斯特世界遗产、壮族歌仙刘三姐故乡等世界性、垄断性和唯一性的特质，文化旅游开发市场潜力巨大。广西依托桂林甑皮岩遗址、桂林靖江王府、柳州白莲洞遗址、北海合浦汉墓群、忻城土司等历史文物古迹可以发展历史文物古迹旅游；依托桂平西山风景名胜区、南宁青秀山景区、梧州龙母庙景区等发展历史宗教文化旅游；依托百色起义纪念公园、龙州起义纪念馆、李宗仁等名人故居、太平天国金田起义遗址等发展历史文化旅游；拥有壮、苗、瑶、侗等少数民族风俗民情，可以重点培育壮族"三月三"、瑶族"盘王节"、苗族"斗马节"等民族节庆活动品牌；围绕打造巴马长寿养生国际旅游区打造巴马"长寿福地·神奇河池"文化旅游品牌。

（二）已经形成了一批文化旅游品牌

各地政府在拥有丰富文化旅游资源的基础上合力打造了一批拥有特点的文化旅游品牌。例如梧州重点打造以"骑楼城－龙母庙"为中心的祈福感恩文化和历史传统文化之旅，作为岭南地区历史最悠久的龙母庙，则每年定期举办龙母诞、龙母水灯节、五龙朝母节等龙母文化旅游系列活动，吸引众多来自香港、澳门和两广地区的游客前来体验；桂林逐步形成了以《印象刘三姐》《象山·传奇》《梦幻漓江》等为代表的一大批演艺剧目，形成了具有桂林特点的文化旅游产品；河池以打造巴马长寿养生国际旅游区为着力点全力打造巴马长寿养生国际旅游目的地，打响"长寿福地·神奇河池"文化旅游品牌；全区利用壮、苗、瑶、侗等少数民族风俗民情打造的壮族"三月三"、瑶族"盘王节"等民族节庆活动品牌和龙胜、三江、融水、金秀等民族特色旅游文化品牌。

（三）新的文化旅游业态逐步形成

广西独特的旅游资源吸引了更多投资将酒店、演出、度假等元素融入文化旅游项目中，形成了不断发展变化的文化旅游业态。例如万达集团投资约 150 亿元打造一个集文化旅游、娱乐、购物、休闲、居住于一体的南宁万达文化旅游城，将实现以"桂文化"为语言，实现广西本土文化的一次"世界级宣言"，同时，该集团还将在桂林投资 200 亿元建设超大型万达茂、大型桂林万达城室外主题公园、酒店群、大型舞台秀、酒吧街、高端游船码头六个功能区的桂林万达文化旅游城；获得"全国文化产业示范基地"称号的愚自乐园与全球最著名的旅游度假机构法国地中海俱乐部"联姻"在中国开设首个"全年候"度假村将纯美山水、文化艺术和休闲度假融为一体，引领了中国高端旅游新风尚，成为桂林国际旅游胜地旅游文化融合发展的标杆。

二、金融支持文化旅游产业的主要创新做法及成效

（一）政银合作支持文化旅游产业发展

一是通过"信贷支持＋财政贴息"的政银合作模式支持辖内文化旅游产业发展。

根据《广西壮族自治区旅游发展专项资金管理办法》和《广西壮族自治区文化产业发展专项资金管理暂行办法》的要求，辖内金融机构同当地政府部门通过"信贷支持+财政贴息"银政合作模式对文化旅游旅游项目给予支持。例如2016年度广西区政府利用文化产业发展专项资金对《梦·巴马》壮族民族山水实景演出项目、藤县石表山大型《东方狮王》水上文化实景演出等项目发放贷款贴息共1060万元。二是政府与银行合作设立专项基金支持文化旅游产业发展。例如北部湾银行崇左市分行与广西崇左市建设投资有限责任公司合作成立金额为10亿元"崇左旅游发展私募投资基金"，资金将全部投向到崇左市旅游项目建设中；桂林市政府与浦发银行南宁分行出资募集成立桂林国际旅游胜地建设发展基金，首期发行的48亿元全部用于基础建设项目。

（二）创新金融产品满足文化旅游企业融资需求

创新推出景区收费权质押、经营权质押、游船抵押、资产收益权理财等创新产品支持文化旅游业发展。例如工行桂林分行发放经营性物业支持贷款3.5亿元，特定资产收费权支持贷款4.2亿元；建行桂林分行累计为桂林旅游股份有限公司发行资产收益权类理财产品3.5亿元；农业银行百色市分行利用"抵押+保证+景区收费权质押+股东连带责任"等灵活担保模式向田阳县广西汇通古镇文化旅游开发有限公司发放贷款2亿元，解决旅游项目抵押担保不足情况；交通银行北海分行利用涠洲岛火山国家地质公园的门票收费权作质押累计发放贷款1.88亿元用于涠洲岛火山国家地质公园鳄鱼山旅游景区创5A级景区配套项目和五彩滩景区开发项目；南丹农信社利用企业经营权质押贷款向广西东谋旅游公司的"南丹县歌娅思谷景区"项目发放贷款1500万元。

（三）大力支持重点项目带动文化旅游产业升级

金融机构通过加大对自治区、市级重点项目的支持力度，带动整个行业的发展。例如桂林银行向"桂林东西巷商业街"项目给予了10亿元资金的支持，该项目挖掘历史文化、打造商业、文化休闲、娱乐为一体的综合文化旅游项目，是桂林由观光游向休闲度假型升级的重要项目；中国建设银行北海分行已向投资共300亿元的北海生态旅游区项目（含14个旅游中心、5个文化中心子项目）一期发放贷款余额为3.58亿元，表外融资（内保外贷）余额7亿元；农发行河池分行向丹泉酒业发放贷款3.6亿元支持该公司"洞天酒海"文化旅游项目，该项目融合酒文化和"工业旅游"概念，入选自治区文化产业示范园区基地转型升级重点项目。

三、金融支持文化旅游产业面临的问题和困难

（一）文化旅游产业特点制约金融支持的积极性

文化旅游业开发投资一般金额额大，回收期限长，收益不确定性，例如景点的开发、景点基础设施建设、宾馆度假村建设等，投资金额较大、周期长、回收慢，这都增加了金融机构对其支持的难度。虽然根据金融机构的信贷政策，文化旅游行业为积极进入类行业，但大部分均对景区等级、客流量、发展潜力、商业化规范运作及景区经营收入自主支配等进行要求，重点支持有稳定客源的5A或4A级景区，很多新建或没有上规模的项目银行很难支持。截止到2017年末，金融机构支持文化旅游产业的贷款余额12.04亿元，在各项贷款占比仅0.01%，占比较少。

（二）金融支持文化旅游产业的力度有待加强

一是文化旅游产业的融资渠道以间接融资为主。文化旅游类企业，特别是中小企业获得融资的渠道以银行的间接融资为主，从上市、债券等直接融资渠道获得的融资较少，大多数的文化旅游企业的融资来源主要依赖银行的信贷支持。截止到 2017 年末，广西文化旅游产业直接融资仅 3.61 亿元，占全部融资金额 3.26%。二是金融机构创新不足，抵质押物品种较为单一。文化旅游产业企业的盈利大多以门票收入及周边创意产品开发产品销售，无形资产占总资产比例较大，缺少有效的担保手段，使得银行出于风险管控的考虑而谨慎控制对其的金融支持力度。当前金融机构认可的抵质押物仍以传统的土地、厂房、设备为主，部分使用经营权、景区收费权质押等方式获得贷款。截止到 2017 年末，以房地产抵押贷款占所有银行贷款的 70.59%，经营权和景区收费权质押贷款占比仅 3.28%。

（三）政策扶持力度不够

一是财政支持力度有限。广西区级的旅游发展专项资金、文化产业发展专项资金存在着资金总额少、竞争激烈的特点，以 2016 年度广西壮族自治区文化产业发展专项资金扶持项目为例，大部分为大型的文化旅游产业项目，全区共计金额 2540 万元支持项目 20 多个，对文化旅游产业的发展支持不够。二是财政资金支持缺乏风险补偿等机制。虽然广西区文化产业发展专项资金的支持方式有项目补助、贷款贴息、保费补贴、绩效奖励等方式。但是在实际过程中，都是以项目补助、贷款贴现的形式发放，风险补偿等能够放大金融支持的方式都由于操作烦琐、缺乏具体管理办法指导都没有探索开展。

四、金融支持文化旅游产业发展的政策建议

（一）政府要做大做强文化旅游品牌

一是通过政策引导，明确文化旅游产业的发展定位，加大对外宣传力度，改善地区信用环境，为文化旅游业发展提供良好的外部环境。二是增加财政投入，整合旅游资源，设立专业的旅游集团公司对文化旅游资源进行整体开发，并搭建专门的旅游投融资平台，为文化旅游在内的旅游项目投融资便利提供支持和保障。三是要重视培育文化旅游龙头企业，形成产业集群，打造旅游精品，形成资金洼地，进而辐射带动旅游周边行业及上下行业发展。

（二）注重发挥财政资金的杠杆作用

增加财政支持的力度，通过贷款贴息、项目补贴、风险补偿等方式，对符合产业发展规划、具有龙头带动作用的文化旅游企业或项目，从政府设立的文化产业发展专项资金中给予银行贷款贴息支持，对新增文化产业贷款或担保代偿形成的损失给予补偿，鼓励金融机构增加对文化旅游产业的贷款份额。同时，地方财政设立文化旅游产业引导基金、"孵化基金""种子基金""天使基金"等，促进天使投资支持种子期、初创期文化旅游企业发展壮大。

（三）鼓励金融机构针对文化旅游产业开展金融创新

一是金融机构出台制定适应文化旅游产业特点的信贷政策，将文化旅游产业列入

支持类，在担保条件、利率等方面给予优惠。对文化旅游企业设置有别于其他企业的信用评级模块，制定版权质押贷款指引等，为文化旅游企业提供优质服务。二是创新信贷模式，实现担保形式多样化。商业银行应结合文化旅游企业运营方式和特点，弱化对财务指标的考核，转变以房地产、机器设备、厂房等有形资产为抵押品的传统担保思路，积极试办景区收费权、承包经营权等无形资产抵押贷款、企业联保互保贷款等，并合理确定贷款期限，解决文化旅游产业普遍缺失抵（质）押物的问题。三是鼓励银行业机构设立文化旅游支行等专营机构。各专营机构通过实施单独的考核和奖励政策、提高风险容忍度、建立授信尽职免责制度、优化贷款审批流程、提高审批效率和放款速度等，为文化旅游企业提供多层次、多领域、全方位的金融服务。

（四）建立多元化融资渠道，提高直接融资占比

在文化旅游产业的培育发展壮大过程中，直接融资和间接融资对比作用将更加突出，间接融资大多需要资产抵押或担保，而间接融资仅需要股权而不涉及企业的资产，更能适合轻资产的文化旅游企业。一是对符合条件的重点文化旅游企业，应做好进入沪深主板、创业板、新三板上市融资的培训、辅导和推介工作，推动更多优质企业上市融资。二是鼓励创业风险投资和私募股权投资基金进入新兴文化旅游产业，鼓励多元资金支持文化旅游产业的发展。

作者简介

申文明　中国人民银行桂林市中心支行经济师

试论地方志与旅游资源的开发利用
——以桂林市为例

孙春俊　潘忠海

【摘要】 地方志为中国独具特色的书籍，记载一地各方面的情况，是综合性的百科全书，是地方文化丰富资源的重要载体，对于研究、开发旅游资源，发展旅游事业，具有很高的价值。如何依靠地方志挖掘当地旅游资源，是值得旅游开发者思考的一个重要课题。文章以桂林市地方志为例，分析了桂林旅游资源现状，针对桂林市旅游资源开发中存在的问题，探讨了开发模式，提出了一些建议。

【关键词】 地方志；旅游资源；价值；利用

习近平总书记在2014年2月考察首都博物馆时说：要"以史鉴今，启迪后人"。要"高度重视修史修志，让文物说话，把历史智慧告诉人们，激发我们的民族自豪感和自信心，坚定全体人民振兴中华、实现中国梦的信心和决心。"同年4月19日，第五次全国地方志工作会议在京召开，国务院总理李克强到会并做重要批示："地方志是传承中华文明、发掘历史智慧的重要载体。"地方志是我国特有的具有历史文化价值的国情书，其蕴藏的历史与现实的翔实资料，汇集一个地域的全面信息特征，是其他文化载体所不具备的。当今旅游业的发展已由单纯的观赏自然景观走向历史、文化、民俗、风情多形式文化体验，以地方志为代表的各种历史典籍、资料，是文化旅游开发的一大源泉，正在发挥着越来越多的重要作用。

一、桂林旅游资源和历史文化现状

（一）悠久的历史起源

据史籍记载，秦始皇三十三年（前214）平定岭南后，以其地置桂林、南海、象三郡，为广西乃至岭南地区设郡县之始。当时的桂林郡不在现在的桂林市，而是在如今的广西桂平附近，所管辖的地方远大于现在的桂林市地域。汉元鼎六年（前111），设始安县，隶属荆州零陵郡。东汉时改属始安侯国。三国时先属蜀，后归吴。吴甘露元年（265），置始安郡始安县，郡县治所都在今之桂林。隋唐时属岭南桂州总管府。唐武德四年（621），李靖修城于独秀峰南。唐贞观八年（634）改名临桂县，属桂州始安郡。唐光化三年（900）始，属静江节度。五代十国时先后属楚和南汉的桂州。宋时，前属广南西路桂州，后属静江府。元时属广西行中书省静江路。明清时均属广西省桂林府，民国时属广西省。民国三年（1914）改名桂林县，民国二十九年（1940）始设桂林市。"桂林"这个地名才一直沿用至今。1949年11月22日，桂林解放，为广西省辖市，1958年改称广西壮族自治区桂林市。

（二）独特丰富的自然、人文景观

桂林是世界著名的风景游览城市，以俊俏的山峰、瑰丽的岩洞、清澈的江河闻名于世，早在唐宋时期，"桂林山水甲天下"就已名扬海内外。约80千米的漓江沿岸峰林地貌最为典型，形成了千峰环抱、山环水绕、碧水青山、奇峰倒影、洞奇石美的独特景观，是世界岩溶峰林景观发育最完善的典型。2013年，漓江入选美国CNN网评全球15条最美河流；2014年6月23日，桂林喀斯特入选世界自然遗产名录。

据桂林市旅发委统计，截至 2018 年 3 月 15 日，桂林市又增加灵川县漓水人家景区、永福县凤山景区、象山区侗情水庄景区 3 家国家 AAA 级旅游景区，至此桂林市有 A 级景区数量已经达 63 家，其中国家 AAAAA 级旅游景区 4 家：桂林漓江景区、桂林乐满地休闲世界、桂林独秀峰—王城景区、桂林两江四湖·象山景区；AAAA 级旅游景区 25 家；AAA 级旅游景区 34 家，是广西拥有国家级 A 级景区最多的地级市。此外，桂林市有自治区级旅游度假区 2 家（龙脊梯田、八角寨—资江）；国家级历史文物保护单位 15 家（甑皮岩新石器时期洞穴遗址、桂林石刻、灵渠、靖江王府和王陵、李宗仁官邸和故居、八路军办事处旧址、秦城遗址、湘江战役旧址、江头村和长岗岭村古建筑群、燕窝楼、恭城古建筑群、晓锦遗址、湘山寺塔群与石刻、永宁州城城墙、百寿岩石刻）；自治区级历史文物保护单位 68 家。

据桂林市各地地方志记载，桂林自古以来就是多民族聚居的地方，历史上壮、瑶、苗、侗、回、土家、高山等少数民族与汉族共同创建了灿烂的历史和文化，因此，独特的民族风情，构成桂林独特的风景线。这些传统的文化娱乐形式，为农民群众所喜闻乐见，它们反映人情世俗，谴责忤逆、规劝孝道，寄托着人民的喜怒哀乐。这种自娱自乐的独特的民族风情，既排遣了寂寥，又联络了感情，往往会增加对游客的吸引力，其中最新创意的大型山水实景演出——《印象·刘三姐》最为突出，于 2004 年获年度中国十大演出奖的最高奖，并被文化部评选为第一批"中国文化产业示范基地"。

二、旅游资源开发存在的问题

（一）受到自然、人为损坏现象严重

桂林有许多独特的溶洞，多年来一些溶洞也是重要的旅游景点，受损严重，如国

家 AAAA 级景区的银子岩,刚开发时洞内石笋、石柱等银光闪闪,宛如银子,非常漂亮,而现在的颜色已是暗灰色;靖江王陵,全国重点文物保护单位,在国家规划建设的 7.5 平方公里范围内,被私坟挤占,内共有散葬民坟 2.67 万余座,成为名副其实的乱坟场。

(二)县级旅游资源宣传、开发相对较少

原所属桂林市的区(象山区、叠彩区、秀峰区、七星区)及县(阳朔县、灵川县与临桂县)的自然及人文旅游资源记载较好,描述较全,也得到较好的开发。由于历史和地缘原因,其他九个县也有不少潜在的旅游资源,如荔浦的文塔、扣肉、砂糖橘;阳朔的沙田柚;恭城和平乐的柿子;灌阳的文市石林、血灌肠;全州的天湖、香山寺、红油米粉、蒋冕(1462—1532),字敬之,一字敬所,是明朝弘治、正德及嘉靖前期的重要政治人物,官至首辅内阁大学士,是桂林有史以来朝中最高职务者等,都还未得到很好的开发利用。

(三)缺乏整合资源整体联合开发

如民国二十三年(1934)发生在兴安、全州、灌阳三县的湘江战役,是中央红军长征途中最激烈、最悲壮的一场恶战,也是红军长征途中损失最大的一场血战。英勇的红军战士以压倒一切敌人的英雄气概突破湘江,粉碎了敌人企图全歼红军于湘江以东的阴谋。刘伯承元帅在《回顾长征》中写道:"虽然突破了敌人的第四道封锁线,渡过湘江,却付出了惨重的代价,人员折损过半。"红军从战役前的 7 万多人锐减至 3 万多人。同时,正如杨成武上将在《红军长征过广西》一书的序言中所说,"这次战役以血的事实宣告了'左'倾冒险主义军事路线的破产",为遵义会议的胜利召开奠定了基础。湘江战役红色旅游,兴安、全州、灌阳三县可联合开发。

（四）产品层次低

旅游开发产品多属于观光、购物型，文化体验型、度假型的较少，缺乏高级项目的建设和带动，游客无法感受深层次的桂林人文文化。

（五）开发程度低，没有形成规模市场

桂林旅游资源的开发多数处在外在建设阶段，缺乏主题文化内涵的深入挖掘，功能单一，吸引不了游客的兴趣与理解；旅游资源的开发还停留在以资源为主导的、产品营销的观念上，还没有形成真正具有市场意义的卖点，没有产生旅游经济效益的客源市场。

三、旅游资源开发应对策略

（一）规则先行，避免受损

在开发旅游资源前，相关单位及管理部门就要制订规划，注意让其走可持续发展之路，在利用中发现问题，积极采取应对措施，如桂林芦笛岩曾经封闭休整；靖江王陵被私坟挤占现象，已引起国家文物局、广西文化厅、桂林市委、市政府的高度重视，桂林市委、市政府领导多次召开会议，亲临现场督察。2016年5月4日，桂林市市长周家斌专程前往尧山调研靖江王陵区域文物保护情况。

（二）树立自然人文大旅游观

作为桂林市来说，应抛弃现在行政区划概念，以自然、文脉为基准，树立大旅游名城，将凡对桂林有较大、积极影响的自然景观、历史事件、名人等可以收入桂林市地方志中，作为旅游资源进行开发。

（三）编制整体年鉴志书，整合资源整体开发

一直以来，桂林市地方志编纂委员会办公室对桂林市年鉴及地方志的编撰非常重视，如编制《桂林年鉴1986—1990》《桂林年鉴1991—1995》，以及从1996年到2015年的《桂林年鉴》和《桂林市志》（上、中、下），其中《桂林市志·旅游志》被认为是旅游志中编写得最好的一部，这对于本地旅游资源的开发利用起到了积极的促进作用，但就目前整个大桂林市而言，还是缺乏一本整体的包括各县旅游情况的年鉴与志书。

首先，要做好摸清家底工作，全面系统的调查大桂林市各地的自然旅游资源及历朝历代人文资源，通过此项基础工作，才能清晰展示出旅游资源的形象和脉络。

其次，依据整体的旅游资源，明确整体开发方向，使大桂林市的自然与人文旅游资源得到最佳的发挥。

（四）开发大桂林人文旅游产品

进一步挖掘大桂林人文资源，服务于经济、文化、教育等，让人文资源更多转化为旅游产品。一是深挖掘传说故事，并选择主要故事情节进行场景化建设；二是恢复与桂林名人相关的古迹，展现当时风貌。将有关的文化遗址、陵园、出土文物、历史

故事、民间传说等结合起来，形成区域性的桂林人文旅游产品，将桂林历代的历史名人、旷世遗书、发明物品、神话传说，如明朝的靖江王城、靖江王陵等相关内容开发成一个综合的旅游产品。

红色文化：将桂林抗日战争时期、解放战争时期的英雄们战斗过场所、生活过地方、使用过物品、影响过人或事，以及侵略者、反动派犯的滔天罪行，通过纪念馆、展示馆、电影等形式开发一个爱国主义教育的红色文化旅游产品。

（五）跨区域横向、纵向联合营销

一类景点、一些事件、人物、传说等覆盖范围遍布多地，但它们是一个整体资源。如广西的刘三姐，除桂林外，还有柳州、宜州等地宣称有其活动遗迹。因此跨区域联合开发自然、人文旅游资源也是可能的，桂林市与周边区域本着资源共享、互利、双赢的原则，对各自有代表性的人文旅游资源和旅游线路进行整合包装，共同打造专项旅游产品建设。地方志作为记载地方各种资源的重要载体，为旅游开发提供了丰富、详细、准确的文化资源，在目前国家大力倡导文化与旅游融合战略下，如何利用好地方志具有重要的理论意义，今年国务院机构改革就撤销了文化部和国家旅游局，组建文化和旅游部，目的就是为了统筹文化事业、文化产业发展和旅游资源开发。

总之，旅游研究离不开旅游史资料，旅游史资料来源于方志、山水名胜志、正史、别集等四种渠道，可见地方志旅游史资料的重要价值，同样，桂林市旅游业要得到很好的发展，方志作用必不可少。

参考文献

[1] 巴兆祥. 地方志与旅游资源开发 [J]. 复旦大学学报 1997（3）：11-12.

[2] 桂林市地情网 http：//www.glsdqw.com

[3] 林衍经. 地方志旅游资料的价值及其利用 [J]. 中国地方志 2006（1）：29.

[4] 林远洲. 变化与适应：再论民国广西两次迁省问题 [J]. 钦州学院学报，Vol30，Iss4，p94-99，2015.04.

[5] 刘倩. 我市 A 级景区总数达到 60 家 [N]. 桂林日报 2018-02-27（1）.

[6] 山东省地方史志办公室. 地方志与旅游产业发展 [J]. 发展论坛 1999（10）：35-37.

[7] 孙文飚. 略论地方志与旅游资源的开发利用 [J]. 江苏地方志 2006.2.

[8] 中共中央印发的《深化党和国家机构改革方案》2018.3.

作者简介

孙春俊　荔浦市直属工委

潘忠海　荔浦师范学校，高级讲师

现代生态休闲旅游发展模式对策研究
——以广西桂林市永福县为例

胡忠义

【摘要】 被誉为"福寿之乡"的永福县,生态文化旅游资源十分丰富,依托福寿文化,大力发展具有永福特色的长寿休闲养生旅游,能进一步把永福的福寿养生文化推向更为广阔的空间,可极大地促进永福经济社会的发展,同时也有助于提高永福的知名度、美誉度。文章在充分调查了解永福旅游发展现状的基础上,提出了永福发展生态休闲旅游的对策。

【关键词】 生态;休闲旅游;发展模式

一、永福县旅游资源调查

永福旅游资源丰富,文化积淀丰厚。它不仅有令人流连忘返的自然景观,而且有底蕴深厚的人文景观,还有独具魅力的生态景观。

（一）得天独厚的区位优势

永福县素有"福寿之乡"的美称，位于广西东北部，桂林市西南，居于世界旅游名城桂林市与新兴的广西最大工业城市柳州之间。永福县正处于自治区发展旅游业"四区一带一龙头"总体布局的黄金路线上，交通便利。永福县环境清幽，生态平衡，有着得天独厚的自然环境。永福南有北宋凤山"福"字大石刻，北有宋朝百"寿"摩崖石刻遥相呼应，以其特殊的地理位置、气候条件、人文氛围，形成了永福独特的福寿生态文化，是"福寿之乡"重要的标志性文化。

（二）丰富的旅游资源

1. 自然和生态景观

（1）金钟山旅游度假风景区。属国家 AAAA 级景区，位于永福县罗锦镇东南 7 公里的大西村南登屯金钟山附近，距离桂林市 40 千米，距永福县城 20 千米，交通便利，有"负氧天堂，福寿圣地"的美誉。

（2）永福温泉。坐落于麒麟山半山森林处，隐匿在群山环抱的林木之中，源于地下 1000 多米，水量丰富，向上涌出，环境优雅、空气清新、气候宜人。出水口温度达 56 摄氏度左右，水量丰富，属高温温泉。有"长寿之乡养生之源"的美誉。

（3）特色度假区。①狮子口水库。一年四季都可保持旅游最佳水位，湖水清澈。库区周围植被良好，亚热带树木郁郁葱葱。野生动物种类丰富，野鸡、松鼠、野兔成群。②板峡胡风景区。有"庐山之秀，西湖之幽"的美称，是一处集度假、避暑、疗养、游乐为一体的度假中心。

（4）西江百里画廊。西江为在永福县城交汇的三条江之一，为洛清江支流。它发源于龙江乡茂密的山林中，水源丰富，水质清澈。沿途青山耸翠，鸟鸣蝉吟，清新的空气和美丽的自然风光，让人仿佛置身天然的画中，令人流连忘返。

（5）有"水清鱼读月，山静鸟谈天"的龙江河流域，另外有待开发的资源还有百寿小山峡、龙江森林公园、银洞瀑布、九滩瀑布等景点，还有可开发的拉镐地下温泉资源等。

（6）特色农产品。永福县是中外著名的"中国罗汉果之乡""富硒沙糖桔之乡"。从2006年起，连续成功举办11届永福福寿节，吸引了国内外游客前来感受福寿文化，饮丹砂井水、喝罗汉果茶、品富硒沙糖橘。独特的资源优势和天赋优越的地理环境，成就了永福香米晶莹剔透、松软爽口、清香馥郁的高贵品质，永福香米天然含硒，选用永福富硒香米，健康常伴你。

2. 人文资源

永福历史文化积淀深厚、内涵丰富、形式多样，其中"福""寿"文化是永福人文景观的最大亮点。目前，永福全县现有文物128处，其中全国重点文物保护单位2处，自治区级重点文物保护单位1处，县级重点文物保护单位28处，包括古城遗址、宋代窑址、明清古民居、古桥梁、古墓葬、摩崖石刻，等等。列入县级以上的非物质文化遗产42项。

主要人文资源：永宁州古城、凤山大"福"字石刻、百寿岩、窑田岭窑址和罗锦镇崇山古民居建设群以及百寿与三星交界的仙姑岩悬棺等人文景观。

永福县这片神奇的山川和古老的土地上，"福"与"寿"的因缘深厚绵长，是可以作为旅游资源进行大力挖掘和开发的。永福县可完全利用自身的资源——福寿文化资源，推动旅游业的发展。永福还是广西彩调之乡，彩调在永福已有400余年传承历史。独具一格的彩调文化资源，是永福旅游开发中必不可少的特色因子。

（三）永福县的旅游资源特点

1. 旅游资源丰富，种类齐全，分布广泛。

2.旅游资源独具特色。

3.景点相对集中,大多分布在周边集镇,最远的距县城40公里左右,可开发成相对独立又紧密联系的南线旅游区和北线旅游区。

4.旅游资源的类型和空间分布良好。永福的旅游资源数量丰富、类型齐全、互有补充,各有特点,有利于突出主题;全县旅游资源的空间状况分布较好,主要集中在罗锦、堡里、百寿、龙江、县城周围。如此众多的自然景观和人文景观,为永福县旅游业的发展提供了坚实的基础。

二、永福县旅游发展现状

近年来,永福县委、县政府坚持把旅游产业作为第三产业的龙头来培育,以打造"人与自然和谐的家园"旅游品牌为目标,切实加大旅游景区建设投入、不断完善旅游配套设施,积极开展宣传促销工作,全县旅游发展步入快车道,各项工作取得明显成效。建成了金钟山景区,初步形成永福县一日旅游线路。进一步加大了对交通、通讯、水电、医疗卫生等基础设施的建设和市容市貌的整治力度。建设了准四星级宾馆2家,接待服务能力进一步提高;加大县乡公路建设力度,交通服务设施进一步得到改善,旅游产业的发展,在一定程度上拓展了第三产业的发展空间。

永福旅游市场发展目前面临着尴尬瓶颈,由于种种原因,许多极具开发前景的旅游资源仍闲置在那里,没有发挥其应有的作用,总的来说我县旅游业的现状是:全县目前还没有形成一个真正意义的景区景点;发展慢,基础弱,徘徊不前,未能起步。旅游收入对财政的贡献微乎其微,在全市排列滞后。

三、永福县旅游发展中存在的问题

旅游发展体制机制的瓶颈问题比较突出，有待进一步健全。全县上下对发展旅游业的重要性认识还不够统一。从部门合力来看，旅游业涉及面广，关联大；从横向看需要宣传、发改、交通、财政等多部门协作配合；从纵向看要对各乡镇规划开发进行统一指导和协调，但各地各单位联动机制还未真正形成。

旅游产业少、弱、散的现状突出。景区景点建设层次不高，景区少，内容单一（小），游客滞留时间短，参与性项目少，对高端客源市场吸引力不强，存在留不住人、留不住钱的问题。

鼓励旅游发展的优惠政策有待进一步完善。我县旅游专项资金投入不多，鼓励扶持政策不多，不能形成旅游发展的良性循环。

基础设施建设有待进一步完善。在大力发展旅游基础设施建设的同时，不容忽视的是一些具有开发潜力的景区、景点由于地理位置与经济条件的限制，不同程度的存在可进入性不强、通讯不畅、接待设施不完善等情况，制约了永福县旅游的发展。

宣传促销力度不够。宣传促销是旅游业的第一理念，永福旅游促销基本上是以行业和景点、企业自主促销为主，实施游击战术，较难产生联动和轰动效应。

四、永福县生态休闲旅游发展模式的几点建议

永福县发展生态休闲旅游着重以生态休闲旅游、乡村旅游、福寿文化旅游作为发

展全域旅游的方向和突破口，分南北两个片区采取"重点开发，以点促线，以线带面"的战略思路。在传统旅游业发展的基础上，结合区域特点，发挥资源优势，以"生态、休闲、养生、度假"为主题，大力推进以山水田园观光、福寿文化、民族风情、生态乡村、运动休闲为特色的旅游综合龙头项目及高等级旅游景区平台建设，树立"福寿圣境、人间永福"区域旅游整体形象，使永福成为回归自然的生态空间和放松身心的生态休闲养生旅游目的地。永福县生态休闲旅游开发可从以下几个方面入手：

（一）全力打造精品休闲旅游线路

完善生态休闲养生线路打造全域旅游，旅游线路融入桂林旅游链，形成桂林——金钟山风景区（集游览、观光、会务、休闲、度假为一体的综合型生态旅游度假区）——罗锦宗山古民居——迷人的罗锦万亩田园风光和芷欣园四季花海旅游景区——金鸡河水库（秀丽的金鸡湖风光）——板峡湖风景区（有"庐山之秀、西湖之幽"美誉）——凤山风景（灵秀凤山"福"字石刻。突显摸福、揽福、祈福等"福"文化主题）——百寿旅游区（寻游"寿"文化。永宁州古城、百寿岩"寿"字石刻、穿岩古道、曼妙的海菜花）——西江（漂流、徒步。永福灵动清澈的西江也展现出无穷魅力，农家生态休闲景区，近年来，农家生态旅游正逐渐成为新兴的旅游项目。打造星级农家乐旅游企业探索发展模式）——李宗仁故居——苏桥（西登山）——桂林旅游圈。

（二）发展特色文化休闲旅游

以特色农产品为依托，提升福寿节、福寿文化论坛、罗汉果节等活动，使福寿文化广为传播，营造人与自然和谐、人与社会和谐的浓厚氛围；探寻长寿现象，踏访百岁老人生活轨迹，感受百岁老人的生命历程，从中体味生活的真谛，激发生活的热情，开发长寿养生之旅模式；永福彩调已被列为国家非物质文化遗产。到永福唱彩调、看彩调、品彩调不失为一种休闲养生乐趣；有宋代文状元王世则、武状元李珙可建庙宇。

（三）打造休闲农业生态养生模式

永福空气负氧离子高，水是富硒的、土是富硒的。拓展农业生态养生旅游，通过发展农业示范带带动休闲旅游业的发展。以"林果休闲"为主题，发挥农业休闲、观光、旅游等功能，打造休闲农业生态养生旅游模式。

五、永福县发展生态休闲旅游的对策

（一）深化认识，抢抓生态休闲旅游发展新机遇

永福县在旅游发展上已经落后于全市有关县区，必须抢抓机遇。在"桂林山水甲天下"的大环境下，要坚持把旅游业培育成现代服务业的龙头产业的思想。搞好休闲旅游策划和运作，积极推进旅游规划，加大政策和财力支持力度。

（二）加大宣传力度

宣传是旅游开发的重要手段，征集永福县旅游标志和宣传画，旅游标志和宣传画充分体现旅游的基本内涵、典型特征和文化精髓。为了让外界更了解永福县，建议拍一部旅游宣传片，把全县的著名旅游景点、历史人物等详细生动地介绍给外界。同时，

要加大网络、电视、报纸等媒体的宣传，要以信息化促进旅游业的发展。鼓励引导县内景区、宾馆、星级农家乐等旅游企业探索"互联网+旅游"发展模式，借助互联网媒体平台优势，宣传和推介永福旅游产品。

（三）加强特色旅游商品开发

根据永福县的实际，结合福寿文化、自然生态、产业发展和长寿特点，建设以养生健康、休闲度假、观光旅游和养生长寿为主题，以"福寿胜地、养生永福"为品牌的养生长寿健康产业基地；以福寿养生文化为灵魂，以幸福人生综合养生工程为指导，以福寿主题文化养生系列产品开发为支撑，以医疗保健、休闲度假、养生宜居等为龙头，合理规划科学布局永福福寿文化与养生产业发展。

（四）策划有关旅游节庆活动

以节庆为平台，促进旅游业的发展，以节庆为契机，广纳人气，才能真正达到"文化搭台，经济唱戏"的目的，招商引资才能水到渠成。

（五）创新模式，大力策划发展差异化旅游

旅游竞争的实质是特色彰显的差异化竞争。永福县独特的人文、自然和文化资源，是策划差异化旅游的优质资本。要创新发展体验式旅游，要策划出让人"值得一游"或者"慢游乐游"旅游目的地，能"让永福的人文风景变成生活"。

1. 发展农家乐和民宿，推进乡村休闲养生旅游。以永福县丰富的乡村文化旅游资源为依托，培育乡村旅游，发展民宿，推动农家乐发展上档次，乡村游要打响品牌。

要结合我县的实际,加快推进乡村民宿发展区域周边的旅游项目的建设,增加可游性,使乡村民宿和旅游项目形成相互促进、相互补充的局面。

2. 创建"西江百里画廊"生态旅游示范区。以西江为主轴,从永福县城至百寿镇、龙江乡,以该河段两岸 500 米左右为界,面积约 70 平方公里,完善、补充和实施相关产业具体项目。融生态环境保护、养生长寿健康产业、项目区内精准扶贫等于一体。形成"养生长寿健康产业环",联结"百寿养生文化旅游小镇"与县城"养生长寿健康产业中心"的通道。在该区域实施"养生医疗保健""生态观光带""农业观光带""沿江养生运动健康带"相关建设项目。让人们看到一条生态原始的西江、一条文化古韵的西江、一条美丽婉转的西江,以及西江两岸的自然山川、旖旎风光、人文景观。使"西江百里画廊"成为我县养生长寿健康产业的精品。

通过徒步道、山地自行车道、徒步探险路线、西江精华段漂流与农家乐、休闲农庄、生态养生园等项目建设形成点线结合的休闲度假旅游产品。

3. 提升现有生态休闲旅游项目的档次。①提升金钟山旅游度假区。按照生态文化、生态景观、生态环境的开发思路,以喀斯特生态文化旅游以及森林生态旅游为主题,来对现有景区资源进行深入的开发。为游客提供回归自然、探险寻踪、休闲浪漫、文化大餐的一站式度假生活。②以 3A 级景区创建为抓手,推进凤山福园景区旅游基础设施提档升级,突显摸福、揽福、祈福等"福"文化主题。③修复永宁州城墙、百寿岩、崇山古民居等历史遗迹,丰富长寿探秘、古迹寻游等"寿"文化主题。④完善永福生态休闲旅游精品线路(永福段)景点设施。提升龙村生态农庄、银桥山庄、龙江大驿沟假日山庄等农家乐旅游公共服务档次和水平。

4. 加快我县引进旅游项目的实施。"永福·穿越盛世项目"是我县引进的重大旅游项目,目前正在策划中。据了解,该项目总规划面积为 4725 亩,总投资金额为 73.09 亿元,总体定位是将依托永福福寿文化资源,突破只谈山水的旅游发展格局,尊重规划区"一江、一山、一田园"的自然环境,以水系贯穿,将文化植入,以"水环境"为依托,以"古今中外文化"为脉络,以"城"为格局,以"穿越"为特色,以"体验"为主旨,以"福寿养生"为目的,主推文化体验功能,构建一座穿越千百年前,展现古今中外盛世繁荣景象,体验多彩盛世文化,使每一位游客在用脚步丈量文化旅游时获得最美妙的体验为"穿越寻福、来者得福、留者养福"。因此,要加快工作进度,争取尽快落实,确保项目的顺利建设实施。

六、结语

如今是一个旅游走红的年代,一个品牌林立的年代,要把永福县的旅游事业做大做强,就得进行全方位的运作和策划。只有树立形象,打造旅游品牌,健康引领旅游发展新趋势,永福县的旅游事业才会拥有更加美好的明天。要牢固树立"创新、协调、绿色、开放、共享"的发展理念,坚持以市场需求为导向,以改革创新为驱动,以融合发展为手段,促进旅游业由单一观光型向观光与休闲体验、养生度假型并重转变,由景点旅游模式向全域旅游模式转变,全面提升旅游产业专业化、市场化、规模化水平,不断提高永福县旅游业综合竞争力。

参考文献

[1] 永福县加快旅游业跨越发展的实施意见.

[2] 广西养生长寿健康产业永福发展规划（2014—2025 年）.

[3] 永福县关于促进健康养生养老服务业发展的实施意见.

[4] 永福福寿文化志.

作者简介

胡忠义　永福县社科联

管理・金融

城市商业银行联合网络贷款业务发展现状及风险分析
——以桂林银行为视角

赵艳姣　秦益清

【摘要】 伴随着电子商务与互联网金融业态的兴起，非银行金融机构的网络融资蓬勃发展，商业银行也在积极拓展网络贷款领域。互联网技术、商业新业态和金融服务的深度融合突破了传统融资运作方式和途径，本文立足地方城市商业银行联合网络贷款业务现状，总结了当前联合网络贷款的特点、模式，并分析了其中存在的问题和风险，最后提出相关建议以供参考。

【关键词】 城商行；联合网络贷款；现状；风险

为进一步扩充城市商业银行的服务内涵，桂林银行主动拥抱互联网金融，通过与国内领先的互联网金融企业进行合作，探索以移动互联网为主要渠道的普惠金融服务新模式——互联网联合贷款业务，通过借助互联网平台收集的个人行为大数据以及量化评价模型缓解传统贷款信息不对称问题，降低贷款风险；同时，通过互联网金融平台触达原先未能服务的客户，拓宽信贷投放渠道，对于推进普惠金融有一定的积极意义，但在业务发展过程中存在的相关风险和问题值得关注。

一、联合网络贷款业务发展迅速,目前风险总体可控

目前,桂林银行已先后与微众银行、京东金融、蚂蚁金服等国内知名互联网金融企业开展了联合贷款业务。截至 2017 年末,桂林银行互联网联合贷款业务累放规模[1]为 219.29 亿元,较 2016 年末增加 217.21 亿元,增长近 104 倍;贷款余额为 44.24 亿元,较 2016 年末增加 42.78 亿元,增长近 29 倍。其中逾期贷款余额 2540 万元,逾期率为 0.57%;不良贷款余额 680 万元,不良贷款率为 0.15%,不良贷款总体处于较低水平。

表1 桂林银行网络贷款业务情况统计

	2016年末	2017年6月末	2017年末
累计发放额(万元)	20 847	544 141	21 92 897
累计客户数(户)	14 710	383 077	1 141 386
贷款余额(万元)	14 605	143 996	442 442
逾期贷款余额(万元)	17	540	2 540
逾期率(%)	0.12%	0.38%	0.57%
不良贷款余额(万元)	0	73	680
不良率(%)	0	0.05%	0.15%

---

[1] 本文中的各类贷款指标均为桂林银行出资部分。

二、联合网络贷款业务主要特点

（一）贷款产品市场定位以个人消费类贷款为主

目前，桂林银行与互联网金融企业开展了"微粒贷""京东金条""蚂蚁借呗""微车贷""京农贷""桂农贷"等 6 项联合贷款业务，其中以个人消费类贷款为主。如"微粒贷""京东金条""蚂蚁借呗"为个人客户纯线上小额消费贷款，采取平台主动预授信白名单制方式，随借随还，额度循环使用；"微车贷"为个人汽车消费场景线上抵押贷款，一次申请，按月等额偿还本息。"桂农贷"是面向广西农村市场、用于农业经营的个人纯信用助农贷款产品。仅有"京农贷"为涉农龙头企业上下游经营性贷款，相当于微产业链授信模式。

表2　联合贷款产品主要信息

产品	合作平台	产品类型	出资比例	抵押担保方式	贷款额度	贷款期限及还款方式	贷款利率	2017年末余额(万元)
微粒贷	微众银行	个人客户纯线上小额消费贷款	桂林银行出资80%，微众银行出资20%	无须担保、无须抵押，采用白名单制，客户无法主动申请	500元~30万元信用额度，循环授信	随借随还、按日计息、还本不计息，期限分5期、10期、20期	日利率0.02%~0.05%	315 365

产品	合作平台	产品类型	出资比例	抵押担保方式	贷款额度	贷款期限及还款方式	贷款利率	2017年末余额(万元)
京东金条	京东金融	个人客户纯线上小额消费贷款	桂林银行出资99%，京东金融出资1%	无须担保、无须抵押，采取预授信白名单制	500元~20万元的信用额度，循环授信	随借随还，可选择按1、3、6、12个月(期)进行分期还款，也可主动申请提前还清借款	日利率0.03%~0.05%	6 228
蚂蚁借呗	蚂蚁金服	个人客户纯线上小额消费贷款	桂林银行出资80%，蚂蚁金服出资20%	无须担保、无须抵押，采用白名单制	1000元~30万元信用额度，循环授信	随借随还，按日计息，期限分1个月、6个月、12个月	根据风控模型对客户的评价进行差异化定价，日利率0.015%~0.06%	58 104
微车贷	微众银行	个人汽车消费场景线上抵押贷款	桂林银行出资90%，蚂蚁金服出资10%	汽车抵押	最高20万元	2~3年，按月等额本息还款	年化利率为11.99%	42 601
桂农贷	蚂蚁金服	个人纯信用助农贷款产品	桂林银行出资100%	无担保、无抵押，采用白名单制	不高于30万元	不超过12个月，按月付息，到期还本	年化利率为9%	17 233
京农贷	京东金融	涉农龙头企业上下游经营性贷款	桂林银行出资99%，蚂蚁金服出资1%	涉农龙头企业担保，第三方保险公司提供履约担保增信	个人最高50万元以内，且不超过个人与涉农企业之间签订的供销合同金额的100%	1年以内，按月还息，到期还本	贷款年化利率7%左右，另履约担保费约为2%~3%	2911

（二）合作双方按出资比例分配债权和收益

合作双方按出资比例以微联合贷款形式向平台客户发放贷款，其中桂林银行在第三方银行开立同业备付金账户，并存入资金作为贷款发放头寸，同时委托第三方银行在放款时从备付金账户实时扣划至借款人。资金风险和收益均由双方按出资比例共同分担，享有单笔借款相应比例的债权和相应的收益。如"微粒贷"产品在向平台客户发放贷款时，桂林银行委托微众银行从备付金账户实时扣划借款的80%至借款人账户中，微众银行则出资另外的20%，并通过线上与客户签订三方借款合同。

（三）风险管理主要采取"银行风控+大数据风控"模式

针对个人客户纯线上信用贷款，采用"传统银行风控"与"互联网风控"相结合的方式，以"数据共享、技术共享、风险共担"的模式开展合作，利用人脸识别、实名认证、互联网征信、反欺诈模型、大数据风控、黑灰名单库查询等技术手段，通过在数据源和评级方法上的创新，降低金融服务中的信用风险和欺诈风险。如京东金条主要是合作双方基于京东商城的交易场景大数据，依托京东金融的风控体系，通过对数据、模型、策略、系统角度构建闭环体系，通过专业全流程客户数据分析为客户提供互联网消费贷款业务。京东金融向桂林银行提供其针对信用贷款制定的客户筛选框架，共同确定信用贷款业务的客户标准，并可根据贷款发放情况进行调整。个人汽车消费场景线上抵押贷款（"微车贷"）则在大数据分析的基础上增加了汽车抵押担保。涉农龙头企业上下游经营性贷款（"京农贷"）由桂林银行提供行业导向，由平台根据相关的风控制度对涉农企业进行准入，共同向涉农龙头企业的上下游发放经营性贷款，款项通过受托支付方式支付至涉农合作企业账户，同时引入履约保险为借款农户提供增信服务。

（四）贷后管理以合作平台和第三方机构为主

双方通过对客户用款行为进行跟踪分析，评估客户的用款行为及风险，发现风险时及时采取降低额度、冻结账户等手段防范风险；出现逾期则委托合作平台通过提醒、短信、客服催收、书面催收等方式通知逾期客户还款；达到一定期限则委托正规的第三方催收公司通过电话、上门、诉讼等方式进行催收，双方按出资比例承担落地催收成本。联合贷款不良率达到较高水平时，双方将暂缓或暂停联合贷款业务的发放，采取措施直至有效控制风险，并同步开展不良贷款核销工作。

三、存在的风险

（一）银行风险管理责任与出资比例不匹配

从银行与互联网金融平台承担的职责看，联合贷款产品的客户营销、贷前调查、前期审核、催收处置等环节大部分均由合作平台完成，银行在风险管理的各个关节均缺乏主动权，但资金风险却约定双方按出资比例共同承担，实际上是银行主动放松了风险管理，但承担了其中的合规风险和信用风险，存在将核心业务外包的嫌疑。

（二）数据评估还款能力的效果有待检验

目前的联合贷款业务中，大数据分析成为计算客户资金需求、评估客户还款能力、控制信用风险的重要手段,但数据来源是否全面、模型中间变量的相关关系是否稳定存在,客户在线提供的数据是否真实等问题都需要关注。由于涉及企业核心机密,联合贷款合作方未能就大数据评估方法进行共享,同时由于大数据模型设立时间较短,没有经历经济周期的考验,桂林银行通过借助互联网金融企业的大数据模型进行网络贷款风险控制的有效性有待检验。

(三)贷后管理控制不足

据了解,当前桂林银行通过互联网金融公司发放的部分个人信贷产品除通过合同提示客户不得用于股权投资、证券、房地产经营投资外,并未对借款人真实用途进行有效审核,贷款发放后也未采取实质性贷后管理措施,用途控制不严。其次,存在多平台同时借款的现象。截至2017年末,桂林银行互联网联合贷款客户数达113万户,同时有两款以上互联网贷款产品余额的客户数为3473户,客户重复率0.30%,这是仅以单一客户统计的数据,如果以家庭为单位统计应远高于这一数据。并且当前桂林银行联合贷款产品个人贷款出现了用于归还他行信用卡的行为,因"以贷养贷"方式干扰了银行的风险判断,易引起风险的集中爆发,贷款用途是否合规值得商榷。第三,由于个人信贷产品放贷金额较小,户均余额不足万元,银行对贷后风险管理不够重视,存在过度依赖互联网金融平台的问题。

(四)互联网联合贷款产品上线时间较短,风险未充分体现,需持续关注和监控

一是互联网联合贷款客户整体年轻化,收入水平相对较低。目前桂林银行互联网贷款业务服务的多为长尾客户,主要集中在基础性行业和服务行业,占比为60%,20~40

的年轻客户占比为 79.9%，该部分人群传统金融服务渗透率低，银行所掌握的数据中该部分客户的信息较少，通过互联网联合贷款为该部分客户服务相对于传统银行贷款风险较高。通过对逾期客户的分析，22 岁 ~30 岁的年轻客户占比 53.34%，30~40 岁客户占比 37.08%，年轻客户占逾期客户总数的 90.42%。二是桂林银行互联网联合贷款产品上线时间较短，业务规模在持续增长阶段，风险积累较小，贷款逾期率相对较低。目前上线时间达一年的产品只有微粒贷，该产品 2017 年 6 月末逾期率为 0.52%，到 2017 年 12 月末的逾期率为 0.76%，呈上升趋势。

（五）债权转让后缺乏有效的告之方式，银行面临声誉隐患

银行与互联网金融公司合作具有特殊性，出面与客户办理业务的是互联网金融公司，银行只是隐藏在后面提供资金支持，并没有通过有效的方式（短信、电话通知等方式）将双方合作或债权转让等事项明确告之客户，客户并不知晓三方的关系，仅认为是与互联网金融公司办理的业务。一旦出现业务纠纷，客户容易产生误解，对银行的声誉产生负面影响。

四、政策建议

（一）对联合贷款进行规范和引导

建议出台银行、互联网金融平台联合贷款管理办法，引导合作双方明确权利义务，对业务准入受理、授信审批、合同签订与发放、监管要求和法律责任做出明确规定。

（二）加强贷后风险管理

联合贷款合作双方应完善贷款风险控制手段，如要求提供用途证明材料、分批发放等措施控制好业务风险，银行要避免过度依靠互联网公司大数据，发挥银行在风险管理上的优势，建立符合产品特色的风险管控机制，加强贷后管理，严格监督贷款用途，减少融资风险。

（三）严格履行告之义务

银行与互联网金融公司合作要严格遵守相关规定，履行告之义务，特别是债权发生转让或变更后，更要通过有效的方式告之客户，消除客户的疑虑和误解，化解声誉风险。

作者简介

赵艳姣　中国人民银行桂林市中心支行，经济师

秦益清　中国人民银行桂林市中心支行副科长，经济师

对区域精准脱贫信贷需求状况的现实思考
——对桂林市12县（区）贫困户脱贫后融资需求状况的调查

马武君　梁松涛

【摘要】助力精准扶贫、精准脱贫是金融机构必须承担的重要政治任务和责任担当。本文以2016年桂林市12县（区）已脱贫的415个贫困户为样本，通过驻村走访、召开座谈会、入户问卷调查等形式对其脱贫方式、脱贫效果、信贷需求状况进行专题调查，分析金融助力脱贫攻坚中发挥的作用以及贫困户脱贫后信贷需求影响因素，并就如何对脱贫户"扶上马"再"送一程"，确保脱贫不返贫直至脱贫致富提出相关政策建议。

【关键词】扶贫；融资

一、调查样本基本情况

（一）样本选取与分布

本次调查选取了桂林市12个县（区）于2016年脱贫的53个行政村、415户1556人开展调查。其中扶贫重点县包括龙胜、资源、灌阳三个县共计133户559人，面上县包括临桂、平乐等9个县（区）282户997人。具体分布情况见附表1。

附表1　桂林市12县（区）样本脱贫村、脱贫户及贫困人口分布状况

单位：个、户

	龙胜	资源	灌阳	临桂	平乐	灵川	全州	荔浦	兴安	阳朔	永福	恭城	合计
脱贫村	1	3	3	1	2	5	4	10	4	6	8	6	53
脱贫户	48	40	45	30	30	30	30	40	30	30	32	30	415
脱贫人口	214	151	194	110	101	94	107	124	110	113	117	121	1556

（二）问卷核心内容设计及样本数据说明

调查以脱贫户信贷需求为核心，主要内容包括：是否获得当地金融机构贷款支持，没有贷款的原因，获得贷款的用途、方式、金额、期限、利率，申请获得的贷款额度是否满足自身融资需求，脱贫后是否需要资金用于加大生产投入等内容。

1. 贷款获得情况。调查样本获得银行贷款的328户，占样本总数的79.04%，贷款金额1320万元，户均4万元；未获得贷款的87户，占样本总数的20.96%。具体情况见附表2。

附表2　桂林市12县（区）样本脱贫户贷款情况统计表

单位：个 万元

	龙胜	资源	灌阳	临桂	平乐	灵川	全州	荔浦	兴安	阳朔	永福	恭城	合计
脱贫户	48	40	45	30	30	30	30	40	30	30	32	30	415
贷款户	42	30	35	6	14	22	30	39	30	22	32	26	328
贷款金额	128	112	159	19	75	88	120	170	86	103	140	120	1320
无贷款户	6	10	10	24	16	8	0	1	0	8	0	4	87

2. 贷款情况。调查样本申请的贷款主要为扶贫小额贷款，贷款用途（多选项）主要为种植、养殖等生产性投资，其他少部分投入到建房、教育、入股等方面；贷款方式以信用为主，其中信用贷款 274 户，抵押贷款 3 户，担保贷款 50 户，联保贷款 1 户；贷款金额 1 至 5 万元不等，其中 1 万元的有 7 户、1 万元以上至 3 万元的 90 户、3 万元以上至 5 万元的 189 户、达到 10 万元的 1 户；贷款期限 1 至 5 年不等，其中 1 年以下的 11 户、1 年以上至 3 年的 284 户、3 年以上至 5 年的 30 户、5 年以上的 3 户；贷款利率主要介于基准利率上下浮动 10% 之间，其中执行基准利率的 293 户、下浮 10% 的 32 户、上浮 10% 的 2 户、上浮 20% 的 1 户。

3. 金融服务情况。此次调查的 53 个行政村已实现金融服务体系全覆盖，调查样本获得贷款的平均时间为 7 个工作日；对扶贫小额贷款政策了解的有 396 户，占比 95%；对金融服务的总体评价在满意以上的有 367 户，占比 88%。

4. 贷款额度满足度及后续需求情况。调查样本对当前贷款额度比较满意，其中基本满足的 241 户、占贷款样本总数（328 户）的 73.48%，不满足的 74 户、占比 22.56%，超出自身需求的 13 户、占比 3.96%；脱贫后仍然希望获得信贷支持的 344 户，金额 1573 万元。具体情况见附表 3。

附表 3　桂林市 12 县（区）样本脱贫户贷款需求情况统计表

单位：个、万元

		龙胜	资源	灌阳	临桂	平乐	灵川	全州	荔浦	兴安	阳朔	永福	恭城	合计
当前贷款额度满足度		42	29	35	6	14	22	30	39	31	22	32	26	328
	基本满足	23	11	21	6	6	21	23	28	30	17	29	26	241
	不能满足	12	17	11	0	8	1	7	10	0	5	3	0	74
	超出自身需求	7	1	3	0	0	0	0	1	1	0	0	0	13
脱贫后贷款需求量	户数	40	29	31	27	25	27	28	34	30	21	30	22	344
	金额	274	96	102	26	138	145	113	213	108	76	196	86	1573

5.脱贫途径及成效。调查结果显示,79.04%脱贫户获得银行贷款支持,并且主要发展水果种植,占比67.99%;2016年脱贫致富以种植获得的收入最突出,占脱贫致富途径6个选项总数的49.40%。具体情况见附表4。

附表4 桂林市12县(区)样本脱贫户贷款用途及脱贫致富途径分布情况

单位:个

		样本脱贫户贷款户	占样本脱贫户贷款户总数(328户)比例(%)
贷款用途	购买种苗、化肥种子等生产资料	223	67.99
	用于建房、教育等消费	69	21.04
	入股参与龙头企业、合作社等组织分红	34	10.36
	其他	2	0.61
		样本脱贫户总数	占样本脱贫户总数(415户)比例(%)
脱贫致富途径	种植	205	49.40
	养殖	55	13.25
	农产品加工	3	0.72
	从事乡村旅游服务业	3	0.72
	外出打工	126	30.36
	其他	23	5.55

二、金融支持贫困户脱贫的实践成效

(一)提高了建档立卡贫困户贷款可获得性

截至2017年末,桂林辖区已完成对贫困户建档立卡和评级授信全覆盖,共对7.43

万户贫困户评级授信 25.55 亿元，占应评级授信贫困户的比例为 106%。扶贫小额贷款风险补偿资金到位 1.55 亿元，向 3.5 万户建档立卡贫困户发放贷款 15.37 亿元，占已评级授信户数的比例 47.96%，占授信金额比例的 60.16%。

（二）基本满足了建档立卡贫困户多样性的信贷需求

为切实解决建档立卡贫困户贷款难的问题，除了扶贫小额贷款外，桂林辖区各银行业金融机构专门推出了"农民工创业小额担保贷款""致富贷""安居贷""安心贷"等信贷产品，有针对性地满足其自主创业、异地搬迁、改善住房等多方面的信贷需求。

（三）探索创新金融精准扶贫模式

人民银行桂林市中支发挥信贷窗口指导，引导辖区各银行业金融机构探索龙头企业、合作社、种养大户带动贫困户的金融精准扶贫模式。截至 2017 年末，桂林辖区创建了 1 个金融扶贫示范县（龙胜县）、5 个特色扶贫模式（民营企业＋贫困村、合作社＋贫困户、乡村旅游扶贫、金融＋商户＋贫困户、委托贷款扶贫）和 31 个金融扶贫示范点，形成了以点带面的良好局面。

（四）优化了贫困地区农村金融生态环境

农村信用"四级联创"取得跨越式进展。截至 2017 年末，桂林辖区共建成"三农金融服务室" 1334 个，创建信用县 1 个，信用乡（镇）59 个，占全辖乡镇总数的 46.5%，信用村 691 个，占全辖行政村总数的 43.2%，信用户 57 万户，占全辖农户总数的 58.4%；农村支付服务环境建设进一步提升，实现了行政村支付清算服务体系全覆盖。

截至 2017 年末，农村地区拥有 ATM 机 1498 台，POS 机 21 927 台，农村地区移动支付开户量 137.22 万户，助农取款服务点 1895 个，升级农村金融综合服务站 136 个，助农取款业务 131.67 万笔、金额 24.74 亿元，农村地区电商业务量达 2.93 万笔、金额 2.16 亿元。

（五）有效地促进了扶贫产业发展

截至 2017 年末，桂林辖内各银行业金融机构累计发放产业精准扶贫贷款 19.7 亿元，其中对新型农业经营主体精准扶贫贷款累放 15.1 亿元。在扶贫产业信贷资金的大力支持下，全市共实施产业扶贫项目 327 个，包括旅游开发项目 34 个、经济合作社 291 个、电商扶贫点 2 个，项目覆盖 477 个贫困村、18 705 户贫困户受益。

三、目前的困难与问题

（一）部分脱贫户返贫可能性大，再次获贷性小

调查反馈，目前在已脱贫的贫困户中不排除因外力等因素如政府或帮扶单位（人）资金支持暂时脱贫的贫困户，脱贫可持续性不强、返贫可能性大，究其因主要是这部分所谓脱贫户由于长期处在封闭环境中生活，缺少农村实用新知识、新技术，家庭经济仍十分脆弱。调查显示，样本家庭当前脱贫致富的最大障碍中，"缺乏致富项目"占比 34.18%，排第一位；"缺乏技术指导"占比 20.92%，排第二位。对于这部分脱贫户来说，一旦失去政策保障即扶贫小额贷款到期后，恐难再获得银行支持，有可能再次返贫。

（二）短期见效项目多，支撑长效增收项目少

目前，绝大多数脱贫户（贫困户）从事的扶贫项目多为种养业，项目单一、产品雷同，短期效应虽然突出，但易受自然灾害、市场价格等因素的影响，难以发展成持续性、特色优势的产业项目，且收入来源构成不尽合理，外出务工工资性收入所占比重较高，缺乏收入稳步增长的长效机制。调查显示，调查样本中60%的脱贫户缺少能够支撑长效增收的特色效益产业，外出务工工资性收入占比达到20%以上。

（三）扶贫合作企业等经营主体认定工作滞后

广西金融精准扶贫大数据管理平台数据显示，截至2017年末，桂林辖区只有5个县（区）认定扶贫龙头企业9家，扶贫农民专业合作社30家，严重弱化了龙头企业、合作社等新型农村经营组织在产业扶贫中显著的辐射带动作用，调查样本中通过龙头企业、新型农业经营主体带动脱贫致富的不到10%。

（四）贫困村村级集体经济薄弱使产业扶贫缺少有力支持

桂林辖区贫困村大多数地处边远山区，虽然土地资源较丰富，但受地域、交通、信息、产出等因素的影响，贫困村村级集体经济发展的难度较大。53个调查样本中已摘帽贫困村的村集体收入在2~5万元之间，2016年末，全市贫困村村级集体经济收入为"0"的空壳村有211个，只有31个贫困村村级集体经济收入达到5万元以上，且收入来源主要是依靠国家拨付的生态公益林管护费。

（五）金融与政府扶贫协作机制不够完善

主要是信息不对称，导致银行信贷管理系统中贫困户的数据更新不及时，容易出现向已错评贫困户发放扶贫贷款，或对新纳入贫困户未能及时审批发放扶贫贷款的情况；另一方面，银行没能及时了解和掌握政府扶贫规划动态，容易造成金融资源分配的地区、个体间不平衡，无法实现精准配置，特别是对于已脱贫摘帽的部分贫困村、贫困户，未能及时拟订与政府后续帮扶计划相适的信贷跟进支持，不利于金融扶贫成果的巩固。

四、相关政策建议

（一）多措并举，巩固脱贫成效

一方面要做好对脱贫户的甄别和分析工作。各相关部门包括金融机构要实事求是，认真甄别和分析脱贫贫困户脱贫实效和方式可持续性，确保贫困户真实脱贫不返贫，对于脱贫后有贷款意愿且脱贫方式可行的，银行应继续予以信贷支持；另一方面要正确选择引导产业项目。继续发挥好地方政府部门、帮扶单位（人）、第一书记等作用，结合当地实际，正确引导脱贫户和贫困户，选择好致富项目，及时推荐给银行以获得信贷支持；同时加大对脱贫户的宣传，在贫困村、贫困群众中树立榜样，突出"帮贫带富"的正面引导。

（二）突出特色优势产业，用好国家强农惠农政策

在选择产业项目上，务必因地制宜，突出特色优势产业，规避市场价格风险，提升产业（产品）竞争力。同时为满足贫困户在脱贫后继续发展生产的旺盛信贷需求，要综合运用好国家一系列强农惠农政策，现阶段对于刚脱贫的贫困户后续信贷支持方式之一是把国家创业贷款优惠政策联结起来，保证脱贫户在扶贫小额贷款政策到期后，能够继续获得其他支农支贫优惠政策的支持，持续助力脱贫户。

（三）加快扶贫龙头企业、家庭农场、合作社等新型农业经营主体认定工作

建议政府健全工作机制，加快认定工作，通过"金融＋龙头企业、合作社"等模式，积极推动贫困户合作经营业务发展，力争在信贷支持下，充分发挥出扶贫龙头企业、合作社脱贫致富的辐射带动作用。同时加强农村担保体系建设，通过引入担保、保险等方式，为扶贫专业大户和扶贫农民专业合作社贷款建立增信机制，降低银行业金融机构支持扶贫领域的信贷风险，撬动更多信贷资金投入。

（四）大力推动贫困村村级集体经济发展

把扶持村级农业综合开发、农业产业化、农民专业合作社作为信贷支农的重点，同时配合地方政府做好贫困村村级集体经济组织建设，加强财务管理指导，尝试把贫困村村级集体经济组织纳入评级授信范围，对符合条件的村级集体经济项目在信贷支持上实行审批优先、利率优惠，重点支持特色种养、乡村旅游、休闲农业、特色林业

等对贫困户辐射带动能力强的扶贫产业,有效地促进贫困村村级集体经济发展。

(五)完善金融与政府扶贫协同推进机制

各扶贫金融机构加强协作意识,主动配合地方政府专项扶贫工作开展,保证扶贫政策措施、扶贫资金实现精准配置,一方面要主动了解掌握贫困户动态调整以及政府相关扶贫规划信息,及时跟进服务,另一方面要针对已脱困贫困户拟定后续支持方案和信贷产品,巩固金融精准扶贫成果,实现长期脱贫直至发家致富。

作者简介

马武君　中国人民银行桂林市中心支行副科长,经济师

梁松涛　中国人民银行桂林市中心支行,经济师

关于乡村振兴战略背景下农发行桂林分行支持农村农业发展的思考

傅滢滢

【摘要】 党中央提出的乡村振兴战略赋予了农发行新的政治使命,作为全国唯一的农业政策性银行,在新的政策背景下农发行需要继续坚持履行政策性金融机构职能,创新政策性金融支农惠农新模式,拓展业务支持范围,进一步发挥政策性金融在乡村振兴、服务"三农"领域的领军作用。

【关键词】 乡村振兴;金融创新;政策性金融

在党中央提出实施乡村振兴战略重大决策部署背景下,为深入贯彻落实党的十九大精神,充分发挥农业政策性银行职能,全力支持乡村振兴战略,解决城乡发展不平衡、"三农"发展不充分问题。农发行坚持履行政策性金融机构职能,创新政策性金融支农惠农新模式,努力探索支持乡村振兴新道路。

一、农发行支持乡村振兴战略的重大意义

实施乡村振兴战略,是党中央在十九大召开之际作出的重大决策部署,是决胜全

面建成小康社会、全面建设社会主义现代化国家的重大历史任务，是新时代"三农"工作的总抓手。农业农村农民问题是关系国计民生的根本性问题，没有农业农村的现代化，就没有国家的现代化。全力支持乡村振兴战略，是农发行新时期的历史使命、是农发行的职责所在、农发行业务发展新的历史机遇。

（一）支持乡村振兴是农发行新时期的历史使命

中共中央国务院在《关于实施乡村振兴战略的意见》（中发〔2018〕1号）中强调，要明确国家开发银行、中国农业发展银行在乡村振兴中的职责定位，强化金融服务方式创新，加大对乡村振兴中长期信贷支持。《意见》明确提到农发行在乡村振兴战略实施过程中的具体职能，赋予了农发行在新时期的历史使命，为农发行在新时代支持农业农村改革发展指明了方向、明确了重点。

（二）支持乡村振兴是农发行的职责所在

农业发展银行作为我国唯一农业政策性银行，服务"三农"、支持新农村建设的银行，全力支持乡村振兴是农发行切实履行政策性银行职能的重要手段，是农发行义不容辞的责任。

（三）支持乡村振兴是农发行发展的新机遇

在乡村振兴战略背景下，农发行应当依托政策性金融的独特优势，以支持乡村振兴为业务核心，以扶贫攻坚统揽全局，发力维护国家粮食安全、支持农村基础设施建设、助力农业现代化等领域，不断创新支持农业农村发展融资新模式、新方法、新手段，抓住历史机遇实现农发行业务新发展。

二、当前农发行业务存在的问题

（一）服务客户群体较为集中

当前农发行业务支持的客户群体主要集中为粮棉油购销、储备类企业、地方政府成立的各类融资平台公司及部分涉农央企、国企。在过去的一个阶段农发行依托这类客户为保障国家粮食安全、助力地方政府打赢脱贫攻坚战役、支持农村基础设施建设做出了重要贡献，在农村金融领域发挥了主力军和先锋队的作用。但在乡村振兴战略实施的新背景下，农发行业务将逐步由传统的粮棉油收储、脱贫攻坚、农村基础设施建设向支持农业现代化建设、构建农村第一、二、三产业融合发展体系、支持山水林田湖草系统治理、加强农村环境问题综合治理等领域拓展。服务客户群体的过于集中，将会限制农发行业务支持领域的拓展，也会使得信贷资产过于集中，带来一定业务风险隐患。拓展客户资源，既是农发行未来业务发展的需要，也是提升农发行可持续发展能力，分散业务风险的需要。

（二）既有发展模式面临挑战

2017年以来党中央多次提出要重点防控金融风险，以财政部财预〔2017〕50号文、财预〔2017〕87号文为代表的新监管政策体现了中央试图通过新的地方融资政策维护地方金融稳定的意志，同时对地方政府投融资、基础设施建设以及金融机构相关业务的开展也产生了巨大影响。在新监管政策出台后，除易地扶贫搬迁、棚改外，政府购买服务模式已不再允许用于工程类项目融资，不论是金融机构还是地方政府融资平台公司在未来的基础设施建设融资方向上都面临的巨大的转轨和变革。而农村基础设施建设历史欠账多、新发展需求大，仅仅依靠政府通过"PPP+专项债"的模式增加政府债务，难以满足县域经济尤其是现金流不足的扶贫攻坚相关基础设施建设的融资需求。在下一阶段农发行需要在新的金融监管政策框架内，创新支农融资新模式、开发乡村振兴新产品、丰富服务"三农"新手段，突破既有发展模式，更好地支持乡村振兴建设。

（三）科技支撑水平有待提高

银行IT的根本目的是为银行业务提供支撑服务，通过技术手段提升业务处理效率，降低业务成本。银行IT最开始产生就是为了解决会计电算化问题，把人从烦琐的人工账户处理、核对工作中解脱出来，提升效率。当前农发行的科技支撑水平总体落后于其他金融机构，在其他金融机构全面拥抱互联网金融，不断通过自助设备、网上银行、手机app实现跨地域、跨时间为客户提供金融服务，利用大数据平台在产品研发、客户营销、风险防控等领域不断应用和实践的今天，农发行在利用科技服务客户方面仍然存在许多不足。外部服务上网络服务支持仍显不足，内部支撑上大数据治理智能化程度还不够，与农发行业务发展不相匹配，农发行强化金融科技服务水平刻不容缓。

三、农发行桂林分行支持农村农业发展新路径的探索

面对党中央在乡村振兴战略中赋予农发行的新政治使命和当前监管政策的全新要

求,农发行桂林分行以为地方政府"融智+融资"的方式,加强顶层设计,通过创新融资模式推动地方政府投融资体制市场化改革等方式,不断加强对农村经济发展的支持。2017年年末,桂林分行贷款余额突破110亿元大关,在不增加地方政府债务的同时,继续强化对桂林县域基础设施、产业扶贫等领域的信贷资源投入。

(一)继续加强棚户区改造贷款支持力度

新监管政策出台之后,为继续支持桂林扶贫攻坚和农村基础设施建设,农发行桂林分行明显加强了在棚户区改造领域的投入。棚户区改造是党中央、国务院一项政策性业务,是一件民生民心工程,也是地方经济增长的有力引擎。为配合地方政府和住建部门做好棚户区改造工作,桂林分行制定了针对棚户区改造建设的"战狼计划",依托政策性银行优势和广西区分行的大力这次支持,通过区、市、县三级机构联动,加快项目的准入、评审、投放进度,对尚未完成建设任务的2017年(含以前年度)、拟纳入2018年国家计划以及2018—2020年的项目均予以支持,对纳入2018年及2018—2020年三年规划的国家或自治区新增计划,农发行则与住建部门紧密合作,做到同步申报、同步审批。并积极利用人民银行PSL资金降低融资成本,有力支持桂林棚户区改造建设。

(二)整合财政资源,探索"垫付性贷款"和扶贫过桥贷款

在既有政府购买服务模式支持棚户区改造贷款之外,桂林辖内贫困地区的扶贫项目融资仍有很大缺口,这就要求农发行作为政策性银行要用足党中央给予的国家信用和政策优势,充分理解中央对地方政府债务的政策指导,在不增加地方政府债务的情况下,创新可复制的扶贫模式,打破困境,能够利用政策性金融扶贫资金继续撬动贫

困地区扶贫开发项目的开展，带动百姓脱贫。正是在这一思路下，"垫付性贷款"、扶贫过桥贷款应运而生，通过整合地方政府涉农资金、未来几年上级财政转移到地方政府能够统筹使用的资金以及符合地市级以上"十三五"扶贫规划有明确的上级政府对项目提供补贴的资金等多种地方财政资金作为还款来源，为地方政府用于扶贫攻坚或具有扶贫带动作用的基础设施项目进行融资，而这一模式的建立，也将开启银行支持地方经济发展的全新模式。2018年第一季度，桂林首笔1.5亿元教育扶贫项目贷款通过广西区分行审批，支持国定贫困县龙胜各族自治县4所学校建设，4所学校计划2021—2023年招生4380人，贫困学生1430人，招生计划中建档立卡贫困学生比重超过在校学生比例的32.65%，项目的实施将优化龙胜县教育资源配置，加快教育扶贫战略的实施，助推龙胜县早日脱贫致富。未来，"垫付性贷款"、扶贫过桥等新模式也将在教育扶贫、旅游扶贫、农村路网等领域逐步铺开。

（三）推动地方政府融资平台公司转型升级

新监管政策的出台迫使地方政府融资平台迫切需要转型为健全公司法人治理机制、参与市场化竞争、有可持续发展能力的国有企业。农发行广西分行在新政之下，选择主动作为，强化与地方政府重点部门的联系，担任地方政府的经济智囊团队，在协助地方政府梳理扶贫项目的同时，推动投融资主体的建立、补足平台公司资本、促进平台公司市场化转型。以桂林市改善农村人居环境专项贷款为例，桂林分行通过引入资金实力雄厚、风险控制能力强大、现金流量充裕的市级国有企业进行融资用于全市各区县污水、垃圾处理中心、传统村落保护等项目建设，为地方政府解决融资扶贫项目资金缺口打开了新的窗口，而国有企业也同样寻找到了融资新政之后企业融资、经营、发展的新道路。

四、农发行桂林分行支持乡村振兴战略的相关建议

（一）加强融资模式创新

一是要继续通过政府购买服务模式大力支持易地扶贫搬迁、棚户区改造贷款业务。易地扶贫搬迁、棚户区改造是农发行近年来业务发展迅猛、支农成效显著、获得社会认可的产品品种，也是当前监管新政下能够继续通过政府购买服务模式继续开展的中长期贷款业务。农发行应当总结过去取得的成功经验，继续在这易地扶贫搬迁、棚改领域持续发力，实现该领域业务的持续发展。二是拓展客户群体，推动融资平台转型。结合财政部《关于国有资本加大对公益性行业投入的指导意见》(财建〔2017〕743号)有关精神，积极推动地方融资平台向经营实体转型、引入央企、国企、有实力的民营企业参与公益性项目建设运营，拓展客户群体，发挥政策性金融机构作用，引领社会资本积极参与、多元投入支持乡村振兴建设。三是积极探索涉农融资新模式。在金融监管新政背景下，农发行应当积极寻求突破既有模式限制，探索PPP、特许经营、自营、涉农资金整合、扶贫过桥模式等新模式支持农村融资需求。加强投贷结合、批发转贷、统贷统还、政策性金融示范区模式等过去具备了一定条件、积累了一些经验、取得了部分成效的融资模式的推广工作，用多元化的金融服务手段全方位多渠道支持农村经济建设。

（二）拓展业务支持范围

一是要顺应粮食市场化改革，探索粮棉油市场化收购。确保国家粮食安全是农业发展银行的立行之本、发展之基，农发行应当加强政策研究、市场调研力度，顺应粮

食等重要农产品价格形成机制和收储制度改革,继续在政策性收储和市场化收购工作中发挥主导作用。二是要继续以扶贫为核心,统揽全局推动业务发展。党的十八大以来,农发行为打赢扶贫攻坚战役,在金融领域发挥了主力军和先锋队的作用。农发行应当继续围绕易地扶贫搬迁,加强相关改善人居环境、产业扶贫、旅游扶贫、教育扶贫等扶贫产品的支持,开发多元化的扶贫产品,让贫困人口确保搬得出、稳得住、能脱贫。三是大力支持山水林田湖草系统治理和农业生产能力提升。围绕山水林田湖草系统治理,以改善农村人居环境、林业资源保护与开发、海洋资源保护与开发等一系列产品支持农村环境问题综合治理工作。发力高标准农田、农业现代化、乡村旅游、农民返乡创业等领域,农村第一、二、三产业融合发展。四是实施从农田到餐桌的战略布局,支持全产业链发展。以涉农央企、地方国企、有实力的民营企业为核心企业,发展支持生产、收购、加工、物流、销售一体化的供应链金融,通过应收账款融资、库存融资及预付款融资等模式,以核心企业为依托,形成上下游联动、风险共担的融资模式,在强化信贷业务的发展的同时,利用融资链条的闭环结构获得沉淀资金,增加存款,进而从重点支持粮棉油收购向全产业链支持发展。

(三)丰富风险防控手段

一是要提高风险容忍度,降低客户准入门槛。当前我国乡村经济领域,虽然存在部分央企、地方国企和大型民营企业,但整个市场主体仍以中小型民营企业、养殖大户、合作社、产业协会等新型经济主体为主。支持乡村振兴战略,特别是要从重点支持粮棉油收购向全产业链支持发展,及必须开发与市场参与主体相适应的融资模式和信贷产品。对于这类经营分散、风险承担能力弱的农业市场主体,应当在产品设计、业务发展上区别对待,对创新支持新型经济主体、新兴经济领域的风险有正确预估,对风险发生可能性、损失率有一定的容忍度,鼓励创新和探索的积极性。在第一还款来源稳定可靠、第二还款来源有保障、落实好风险防控责任的前提下，加强对农业新兴产业的支持力度，对合理融资需求给予支持，培育一批优质客户。对这类客户流动资金、固定资产贷款、票据业务实行差异化授信和风险管理。二是推动成立政策性融资担保公司，建立风险共担机制。通过与政府共同出资组建政策性融资担保公司的方式，建立风险共担机制，破解县域经济担保能力有限难题，各级政府和农发行各级机构上下联动共同支持乡村经济发展，推动乡村振兴战略实施。三是积极探索其他担保方式。在对农业领域风险防控正确预估的基础上，探索更为灵活的担保措施，积极探索宅基地抵押、农村承包土地的经营权抵押、农村住房财产权等担保方式。

（四）强化科技支撑能力

一是优化系统平台，提升科技支撑水平。建立适应业务发展需求的会计、信贷、报表、OA平台，推动业务办理的移动化、无纸化、数据化、标准化和智能化。利用网上银行为客户提供发财务管理、银企对账、资金支付审核、大额预约等服务，提高异地结算服务能力和效率，进而拓展非贷客户资源，拓展负债渠道。搭建自己的移动办公平台，为客户经理提供移动办公服务，弥补我行异地监管部分地区的不足，强化信息科技对信贷业务的远程支撑能力。二是构建农发行自己的大数据分析能力。尽管农发行通过建立综合报表平台，实现了全行统一的数据报送和管理，但综合报表平台在稳定性、自动化、标准化、共享性、数据治理等方面仍有待提高，构建农发行自己的大数据分析能力就是要将数据采集纳入到大数据视野当中去，将客户信贷、项目、财务、产品、渠道、客户行为等多种多样的数据以统一的数据标准框架进行存储，形成全面、标准、扩展性强的数据体系，把各类客户要素分析和客户行为分析相结合，通过这些数据的采集、管理、分析和挖掘所形成的结果，拓展应用到除统计分析之外的产品开发、经营状况分析、改善业务流程等方面，拓展数据使用场景，提高数据的使用价值，为产品研发、业务营销、资金结算、业务支撑、风险识别、风险风控、风险化解提供有力支持。

参考文献

[1] 郭炎兴.续写新时代支农报国新篇章——访中国农业发展银行党委书记、董事长解学智 [J].中国金融家 2018（1）.

[2] 吴德轩.新时代农发行应有新作为 [J].农业发展与金融 2018（1）：p33-35.

[3] 杜彦坤.创新支持乡村振兴战略 [J].农业发展与金融 2017（12）：p11-13.

[4] 王玉高.牢记一个使命 打牢两个基础 努力开创农发行支农报国新局面 [J].农业发展与金融 2017（s2）.

[5] 李丹.农发行广西分行 精准扶贫"百色模式" [J].中国金融家 2016（7）：p103-105.

[6] 中国农业发展银行扶贫金融事业部.农发行精准发力助脱贫 [J].中国扶贫 2016(9).

[7] 王瑞华，李国珍.信贷支持扶贫开发的建议 [J].农业发展与金融 2016（2）.

作者简介

傅滢滢　中国农业发展银行桂林分行 / 执行业务经理

基于审计视角的文物保护专项资金管理的思考

黄艳霞

【摘要】 桂林是全国首批历史文化名城。据相关数据显示,全市每年在文物保护、发掘、修复、开发等项目中投入的财政资金超过亿元。文物保护专项资金得到规范的管理和有效的利用,才有利于文物保护工作的顺利开展,有利于桂林历史文化底蕴的传承发扬,有利于桂林旅游与文化事业深度融合,健康发展。因此加强对文物保护专项资金的审计监督,对于保障资金的科学有序利用,保障项目的顺利有效实施,促进文物保护及文化旅游事业发展起着至关重要的作用。

【关键词】 文物保护;专项资金;审计;文化资源

桂林拥有两千多年深厚的历史文化底蕴,历朝历代文物古迹众多。为保护这些珍贵的历史文化遗产,从中央到地方财政每年都投入大量的文物保护专项经费。但由于我市的文物保护遗址和项目众多,专项资金量大面广,监管难度大。极易出现某些国家工作人员和村干部无视国家政策和法律法规,利用监管漏洞,采取非法手段违规套取文物保护专项资金的情况。

一、文物保护专项资金管理存在的问题

据相关数据显示，我市（含县）现有各级文物保护单位418处，其中全国重点文物保护单位15处，国家考古遗址公园2处，自治区级文物保护单位68处，市（县）文物保护单位335处。这些珍贵的历史古迹生动形象地反映了各个时期桂林经济社会发展的状况，向全世界展示着独特和鲜明的桂北、岭南历史文化。我市各级文物保护单位每年收到大量的国家、自治区、市本级安排的文物保护专项经费，这些资金专项用于历史文物和文化遗产的考古、发掘、抢救、修复、安防、布展等技术性支出及保护性设施建设，承载着支持保障文物保护工作，促进文化事业发展的重大使命。

然而审计发现，在一些文物保护单位，专项资金被挤占、挪用、虚报冒领、违规套取等问题时有发生。以某单位的审计项目为例。2017年，审计机关对某文物管理处进行了审计。该单位共获得国家、自治区及本市各级财政下拨的文物整治维护、文物保护配套设施建设等各类专项资金5500多万元。该单位地处市郊城乡接合部，所管辖的文物散布范围广，清理工作强度大，经常需要临时聘请周边村民参与协助。但在专项资金的管理使用中存在一些严重违纪违规问题：

（一）违规套取文物清理专项资金用于违规开支

审计发现该单位多次以"某村民小组"提供"劳务费"的名义，到税务机关开具发票，套取了自治区、市财政下拨的文物清理专项资金100万余元；并虚造花名册，从上级部门自治区某研究所直接领取了文物专项资金100万余元。上述套取的资金存入了某业务科长、出纳及当地村干部的等人的个人账户，形成"小金库"脱离市财政及单位财务监管，

在中央"八项规定"出台之后，用于发放职工补助、考察费、交通费、餐饮费、劳务费，甚至白条支出。

（二）租用土地及苗木补偿款去向不明

该单位根据协议，支付给附近六个村民小组租用土地与苗木补偿款150万余元，分别存入了各村委会账户，以及4名村干部的个人账户，但该处未能提供被补偿村民的详细清单。经延伸调查，上述补偿款被村干部大量提现后去向不明。

（三）逃避政府采购，专项工程支出审批不严

审计发现该单位多处文物清理整治、文物维修、文物管理配套设施工程未经政府采购，而是直接委托当地村干部组织人员施工，工程款直接由该单位副主任经手，主任签字同意支出，支付给当地村委和村干部。

针对上述审计发现的问题，审计机关将有关案件线索移送了市纪检监察机关。目前，该单位1名副处级、2名正科级干部已被市纪检监察机关予以党纪处理，并收缴个人违法所得。

上述几种造成文物保护资金和项目落实不到位，文物保护专项资金违规使用、效益低下的典型问题，在一些文物保护部门都不同程度存在，导致了国家和地方投入用于保障文物保护及历史文化遗产传承事业的专项经费，抑或成为部分利益小团体觊觎的对象，抑或被一些地方"土政策"侵蚀和变相使用，无法发挥其应用的效益；文物保护资金被挤占挪用，甚至被不法分子贪污；文物发掘、维护等工程存在偷工减料及质量隐患，造成财政资金的损失和浪费。实质上，这些都最终影响了我市珍贵历史文化遗产的发掘保护，影响了历史文化的有效传承发扬，影响了文化旅游产业的有机融

合与互促发展，也使得文物管理和文化事业部门在社会大众心中的公信力大打折扣。

二、产生问题的原因分析

（一）部分单位财经法纪意识淡薄

在一些文物保护管理部门，单位领导重项目轻管理，认为只有做好"大项目"才能出成绩，而对部门预算、专项资金、财务管理、政府采购等有关规定理解不深刻，甚至认为财务管理、内控管理只是后勤工作，无关紧要，缺乏自我约束和风险责任意识，财经纪律松弛。

（二）单位内部控制管理薄弱，缺乏制衡性

一些单位没有在内部的部门管理、职责分工、业务流程等方面形成相互制约和相互监督，财务报账审批程序存在重大缺陷。如一些单位未经政府采购的文物整治、维修工程款的支出，少辄几万元，多辄数十万元，均由该单位一把手及个别领导班子成员签字就支付给了承揽工程的村干部，缺乏正规的财务审核和监督，支出事项的经办、证明和审批权限模糊，财务管理混乱，极易形成小团体的相互串联腐败。

（三）个别领导干部存在本位思想，无视专项资金严肃性

受到既得利益的诱惑，采取各种违纪违法手段满足其不合理、不合法的费用支出。

如个别领导干部将能争取到上级项目和资金视为自身工作能力的体现和工作业绩的资本。对于争取到的上级资金，并非按照专款专用的原则安排使用，而将其视作"自家女儿红"。尤其在我市，文物保护行业的专业人才缺乏，文物遗址清理、考古发掘、环境整治等技术含量高的工作需要大量的人才和团队外援。单位负责人以一些大型项目为契机，虚构业务、虚开票据、虚造名册套现，导致了文物保护专项资金成为部分利益小团体碗里的"唐僧肉"，无法发挥其使用绩效。

（四）长期缺乏有效的外部监督

由于文物保护专项资金多分布在财政二级预算单位，点多面广，存在监管盲区，使得单位对业务流程管理、财务管理及内控环节管理等方面的健全完善失去了外在推动力和约束机制。

三、基于审计视角的意见和建议

针对文物保护专项资金管理使用存在的问题及原因，审计部门认为应该从以下几个方面加以规范和完善：

一是加强学习，提高财经法纪意识。单位领导干部及职工应加强对各项财经法规、制度纪律的学习，严格树立法纪约束意识和责任风险意识，杜绝公款私存、违规套取和开支文物保护专项资金的行为。

二是健全并加强落实内控制度，规范单位经济活动。上级主管部门应加强监督指导，督促相关单位对内控制度进行全面梳理和补充完善，尤其在重大项目决策、大额资金支出、政府采购、内部审核监督等薄弱环节加以健全完善，并严格有效的执行，为单位经济活动的有序开展，财务核算监督有效规范，专项资金的安全提供充分的支持和保障。

三是加强文物保护项目的管理，严格执行政府采购。我市以发展旅游事业，提升文化旅游内涵为契机，获得了多项国家和自治区的文物保护专项资金支持。为确保专项资金的规范使用，各文物保护单位应进一步加强文物保护工程项目的管理，严格执行政府采购，加强项目合同、工程预结算、项目档案等资料管理，规范基建账目的设置与核算。

四是严格执行专项资金国库集中支付制度。文物保护专项资金应实行国库集中管理，封闭运行。专项资金拨付应遵循项目建设单位提出申请、上级主管部门初审，财政局复审的三级联动机制，审核通过后由国库集中支付，杜绝资金运行管理中的漏洞。

五是建立文化系统内审机制。我市文化系统下属单位众多，在近年的审计中揭露出一些不同程度的违规问题。文化系统应本着促进规范、防范风险、提升绩效的原则，在主管部门的牵头下，建立文化系统内审机构，对各下属单位进行周期性的例行审计和专项审计，充分利用内审工作的导向功能、规范功能、辐射功能、凝聚功能，促进文化系统改善管理，预防风险，规范财经行为，提高工作绩效。

四、结语

文物古迹是旅游资源的重要组成部分。保护文物，管理先行，各文物部门要切实重视和加强文物保护专项资金的管理，提高资金使用的规范性、安全性和效益性，切实促进文物保护工作和项目的顺利开展，保障文物古迹合理有效的保护和永续利用，让诸多在历史的洪流中，被冲散在各个角落的"细石碎玉"得到及时有效的拾敛归藏，让它们"串联成珠"，散发历久弥新的光彩，为建设桂林国际旅游胜地，不断拓展文化资源，丰富文化内涵，提升文化底蕴。

参考文献

[1] 桂林市地方志编纂委员会办公室.桂林年鉴（2015）、（2016）文化－文物、博物条目[M].

[2] 审计署"十三五"审计工作发展规划[R].2016.5.

[3] 中国国家审计准则（审计署令第8号）[R].2010.9.

作者简介

黄艳霞　桂林市审计局办公室副主任，高级审计师

桂林市金融支持养老服务业发展情况调查

秦益清　钟碧兰

【摘要】 金融是现代经济的核心，养老产业发展离不开金融支持。本文在分析桂林市养老服务业发展情况的背景下，总结了金融支持养老的现状，并以金融支持为切入点探讨如何支持和推进养老产业发展。

【关键词】 金融；养老服务业；调查

一、桂林市养老服务业现状

（一）桂林市老年人人口结构情况

2016年年末，桂林市60岁老人达92.68万，占全市总人口的17.8%，其中65岁及以上的老人62.2万，占总人口的12%。据联合国教科文组织的定义，60岁以上的人口占一个国家或地区人口总数的10%或以上，或者65岁及以上的人口占该地人口总数的7%或以上，这个国家或地区就进入了"老龄化社会"。可见，桂林市老年人口呈现老年人口占比高，高龄老人比例高的特点，人口老龄化问题对桂林养老服务业的发展提出了更高的要求。

（二）桂林市养老服务机构发展情况

近年来，桂林市全面贯彻落实《桂林市人民政府关于加快发展养生养老服务业的实施意见》，从推行养老机构公建民营、开展养老机构星级服务评定、试行养老机构运营补贴、制定社区居家养老支持政策以及推动落实医养结合等方面全方位开展养老服务业建设。桂林市民办非企业的养老机构数量从2013年的44家上升至2016年的53家；床位数从2013年的4872个增加到2016年的6700个，增加1828个；入住人数从2013年的3450人增加到2016年的5394人，增长56.34%；工作人员从2013年的672个增长至2016年的1098个，从业人员力量日益壮大。

表1 2013—2016年桂林市民办非企业养老机构数量

年份	数量	床位数	入住人数	工作人员数
2013年	44	4872	3450	672
2014年	47	5468	4265	830
2015年	50	5960	4773	958
2016年	53	6700	5394	1098

（数据来源：桂林市民政局）

（三）养老服务业政策支持情况

为积极应对人口老龄化问题，推动桂林市形成养生养老服务产业新业态，桂林市政府先后出台了《桂林市民办养老机构及居家养老服务中心补贴实施细则》（市民发〔2017〕88号）、《桂林市开展养老机构入住老年人能力评估实施方案》（市民发〔2017〕86号）等一系列文件，从用地、用房和补贴等方面给予养老服务业专项支持，通过一次性建设补贴（见表2）和床位运营补贴的方式鼓励民资参与养老机构以及居家养老服务中心的建设和发展。其中床位运营补贴依据供养老人的自理能力的不同，给予60~100元不等的补贴。

表2　一次性建设补贴补贴细则

补贴类型	时间	补贴条件	补贴金额
一次性建设补贴	2015年8月1日前	依法许可和登记的非营利性养老机构，床位达到100张以上(含100张)且运营满一年	1000元/床
		依法许可和登记的非营利性养老机构，床位达到100张以下(且运营满一年)	500元/床
	2015年8月1日后	用自建房或购买房举办的非营利性养老机构，床位数达到100张以上(含100张)	2000元/床
		对租用房产且租期达5年以上的非营利性养老机构：床位数达到100张以上(含100张)	1500元/床
		对自建、购买以及租用房产且租期达5年以上的非营利性养老机构：床位数达到100张以下	1000元/床

（资料来源：桂林市民政局）

二、桂林市养老服务业金融支持状况

（一）发放项目贷款

桂林市银行业金融机构积极跟进桂林市养老服务业发展情况，采用银行贷款和委托贷款支持项目发展，为养老社区建立、养老休闲养生中心、老年护理和医院等提供信贷支持。如桂林市银行业金融机构对桂林信和信健康养老产业投资有限公司在建的信和信大中华养生谷提供了 4.72 亿元的信贷资金支持。

融资案例：桂林信和信健康养老产业投资有限公司是桂林市大型养老服务业投资开发公司成立于 2002 年，注册资本 9000 万元，主要投资于健康养老产业、医疗卫生项目、医疗教育项目等领域。目前，该公司目前在建的信和信大中华养生谷是广西最大的养生养老综合体，是 2014—2017 年自治区层面重点统筹推进的项目和桂林国家服务业综合改革试点区域中的社会化养老试点产业示范项目，总投资 102 亿元，占地达 2700 亩。养生谷共涵盖商品住房、崇华中医街、中医养生小镇、广西生命与健康国际职业学院、信和康复医院、老年病医院、桂林生命电子科技博览园和生命科学研发中心等六大项目，获得了 4.72 亿元的信贷资金支持以及 1900 万元的财政补助。

表3 金融机构对信和信养老产业投资有限公司的授信情况

银行业金融机构	融资方式	融资余额（万元）	贷款利率	资金投向
桂林银行	委托贷款	4200	1.2%	广西桂林康复养老中心
中国工商银行桂林分行	抵押贷款	9100	5.7%	信和山水美庐房产项目
广西桂林漓江农村合作银行	抵押贷款	33 925	6.175%	中加护理学院、桂林信和康复医院
合计	--	47 225	--	--

（二）推出养老综合金融方案

兴业银行推出了"安愉人生"养老金融方案，主要是面向老年客户，致力于为老年人提供高品质、专属化的金融服务，帮助其建立科学的理财规划，实现财富和生活品质的共同提升。针对年满 50 周岁、已经退休或有退休养老规划的老年人，"安愉人生"产品涉及金融服务与增值权益两大方面，覆盖老年客户生活的方方面面，如提供安愉养老财富系列专属理财产品，创新推出信用贷款，为老年客户提供旅游、医疗等消费用途的个人信用贷款业务，满足临时大额资金需求；更有专门定制健康管理、法律顾问、财产保障等增值服务。

三、制约金融支持养老服务业发展的因素

（一）贷款风险较难把控

一是养老服务建设项目仍属于较新的产业，银行机构对项目的整体运作和前景评估把握不足，导致银行机构在贷款投放上较为谨慎。同时，由于养老机构经营回收期长、收入不确定性大的特征，商业银行通过信贷方式支持养老机构存在较大风险。二是养老服务项目建设不同于房地产开发建设项目，项目用地在挂牌出让是会限定土地用途和向市场出售的比例，一旦企业项目经营出现问题，抵押物土地的处置面临很大的不确定性，银行信贷资金的收回存在一定的风险。

（二）养老机构偿债能力弱

一是民营养老机构难以达到银行的授信准入门槛。养老服务机构中融资需求较高的多为民营机构，此类机构普遍存在机构规模较小、抗风险能力弱、公司治理不规范、财务不透明等问题，难以满足银行授信的基础条件。二是养老机构缺乏有效抵押物。《物权法》规定学校、医院等以公益目的的事业单位、社会团体的教育设施、医疗卫生设施和其他社会公益设施不得设置抵押。但目前桂林市大部分养老机构都为民办非企业，

即使非营利性的事业单位或组织,这导致养老机构难以以其固定资产向银行进行抵押贷款,而担保也因养老服务机构的"非盈利性"经营性质不愿为其提供信用增级,由此限制了银行信贷对养老服务业的直接介入。

(三)银行评级授信体系有待改建

桂林市银行金融机构现有的信用等级和授信额度的测算与养老服务业现阶段业务的实际情况存在较大差异,往往需要人为进行二次调整,影响银行金融机构对养老服务授信的准确性和时效性。主要原因:一是部分养老服务业财务报表失真从而影响到系统对养老服务业业务收入的测算,尤其是在"三个办法一个指引"出台后,流动资金贷款的测算无法与养老服务业的实际资金流动相匹配,测算出的流动资金贷款无法满足养老服务产业的需求。二是随着养老事业向养老产业过渡,对市场化养老机构的信用评分体系仍未建立。

(四)银行金融机构产品创新动力不足

桂林市银行金融机构针对养老服务业相关的产品数量较少,力度相对较弱且缺少创新型的产品,特别是针对养老服务业的金融信贷产品尤其不足,仍以传统的抵押贷款为主,融资成本整体较高。虽然各级政府对养老服务产业给予大力扶持,但由于养老产业仍属于"朝阳产业",且目前桂林市的养老机构主要有政府扶持公共产品属性明显,因此对于银行金融机构来说,养老产业主要依赖政府,而非金融机构。虽然桂林市政府不断鼓励民资参与养老产业发展,推进养老事业向养老产业过渡,但长期依靠政府财政资金支持的养老服务业缺乏健全的产业体系和市场机制,缺乏与银行金融机构沟通进行融资的能力,导致金融机构对养老服务业缺乏深入系统的了解,限制了金融机构对金融产品创造的动力。

四、政策建议

（一）建立风险防范机制

一是通过建立风险补偿基金、利息补贴制度、专项信用贷款基金等方式，引导银行将信贷资金投向包括养老机构、医疗产业升级、护理人员培训等基础养老服务业上。二是细分养老服务业市场，制定差异化的信贷支持政策。如对于个人和企业开办的家庭化、小型化养老机构，可以通过担保贷款的方式对其进行信贷支持。对于商业性高档养老房地产，如信和信养老投资有限公司，可以按照商业性房地产项目对其进行支持，以公司营业收入为主要还款来源。

（二）完善担保机制

桂林市应尽快建立以政府出资为主的融资担保机构，提高服务水平，扶持养老服务等公益事业发展，通过财税政策支持，引导社会商业性担保机构与养老服务主体实现有效对接。金融机构要完善银担合作机制和风险分担机制，降低养老服务机构的融资成本，使担保服务真正成为促进养老服务业发展的金钥匙。将支持养老服务业纳入小额担保贷款扶持范围，鼓励符合标准的个人创业、支持民营医院发展，利用小额担保贷款优惠政策缓解民营医疗机构抵押担保不足、融资难融资贵的问题，降低养老服务业融资成本。

（三）加强配套政策支持

一是通过政府给予支持养老服务业发展的金融机构一定的财政奖励、财政贴息等政策，鼓励金融机构产于养老服务业建设。二是桂林市民政部门应加强与银行业金融机构的合作，将优质的养老服务业机构、企业名单向金融机构公布，为金融机构支持养老服务发展提供信息服务，降低金融机构支持养老服务业过程中面临的道德风险。

（四）创新金融产品和服务

在继续做好现有养老领域金融服务的基础上，要契合养老服务业特点，认真思考对接的重点领域和具体模式，如对于租用土地、房产开办养老服务的机构，积极探索租金贷款等产品；对于正在尝试传播民办养老服务机构、开展开发养老服务产品的经营者，鼓励推出小额创业贷款；对于开发中高端老年住宅、养老社区的投资者，创新养老型房地产信贷产品。通过组织创新、机制创新、产品和服务创新，积极构建多层次的养老金融服务体系，支持养老服务业加快发展。

作者简介

秦益清　中国人民银行桂林市中心支行副科长，经济师
钟碧兰　中国人民银行桂林市中心支行科员

美联储2018年首次加息对桂林涉外经济主体影响的调查

张 伟

美国当地时间3月21日,美联储宣布加息25个基点,至1.5%~1.75%区间,这是美国金融危机以来美联储第六次加息,符合此前市场预期。此外,美联储还将美国2018年国民生产总值增速调高至2.7%,预计失业率调降至3.8%。有分析认为,美联储对美国经济形势的乐观态度预示着未来加息步伐可能有所加快。为了解本次美联储加息对桂林涉外经济主体的影响,特开展此次调查。

一、美联储加息对我国的影响

(一)对我国跨境资金流动的影响

1. 跨境资本可能再次外流。从2017年三季度以来,我们跨境资本流动形势出现好转。非储备性质的金融账户由逆转顺,银行代客结售汇和涉外收付款也全部转为顺差,结汇率也超过了售汇率。美联储再次加息后,叠加缩表和减税措施,美元将继续处于牛市周期,美元资产收益率上升,我们境内逐利资金和热钱将流出,资本外流形势将再次恶化。

2. 人民币短期仍有调整压力。根据利率平价理论的内容，两国利率的差额等于远期兑换率与现货兑换率之间的差额。在两国利率存在差异的情况下，资金将流向高利率国以赚取利差，但由于牵扯到不同国家，还要考虑汇率变动风险。这是传统利率平价理论的内容，并没有考虑预期的作用。

3. 国内资本市场价格承压。美联储加息将导致我国跨境资本外流加剧，跨境资本流动中的很大比重是热钱和短期流动资本，主要以套利投机为目的。这部分资本流入我国后一般不会进入实体经济领域，而是进入股市、楼市等虚拟经济领域，推高资产价格，带来通货膨胀压力。在资本外流和房地产市场加强调控背景下，这部分跨境资本将率先流出，对我国资本市场价格带来巨大冲击，加剧股市、债市和房地产市场的波动。

（二）对人民币汇率影响

人民币汇率短期或面临贬值压力，中长期影响仍需关注。从短期看，人民币汇率更易受美元加息、贸易摩擦加剧等突发事件和市场预期的冲击，此次美联储加息导致的投机性跨境资本流动在短期内可能给人民币汇率带来贬值压力，导致本次加息前后人民币汇率走势波动。如加息当天21日，人民币兑美元中间价大幅下调150个基点，随后22日上涨229个基点，出现小幅波动走势。从中长期看，美国领先其他发达经济体复苏的周期差才是美元升值的核心关键，当欧洲等其他发达经济体都确认弱复苏之后，美元指数将缓慢回落。而当前美元加息对于改变在全球经济弱复苏过程中其他国家逐渐追赶美国的现状作用不大，因此，在国内经济基本面向好支撑下，人民币对美元汇率即使短期承压，但长期看人民币仍有保持总体升值态势的可能性。

(三)美联储六次加息对我国的影响趋于弱化

自 2015 年美联储启动本轮加息周期以来,先后进行了 6 次加息,其间我国跨境收支经历了从大规模单边流出到逐步走向供求平衡的变化,境内外汇需求自主平衡能力在应对危机中得到大幅提升。就每次加息动作对我国跨境资金流动的不同影响,可将本轮加息周期分为两个阶段:第一阶段为 2015 年 12 月至 2016 年 12 月期间的两次加息,加剧了我国跨境资金流出形势,导致我国外汇储备规模约下降 10%,人民币兑美元汇率下跌约 6.5%;第二阶段为 2017 年 3 月至 2018 年 3 月的 4 次加息,这后 4 次加息并未造成我国跨境资金流动出现明显变化,其间我国外汇储备规模也开始呈现企稳增长的态势,人民币兑美元汇率明显反弹。由此可见,美联储渐进式的加息动作对我国跨境资金流动的影响逐渐弱化。

(四)中国跟随加息的影响

3 月 22 日央行逆回购中标利率上调五个基点至 2.55%。中国跟随加息,第一,加息对于美国权益资产乃至中国 A 股而言都可能带来明显的负面影响,近期美股的再度调整以及陆股通流入规模明显缩小可能都是其具体的表现。第二,从国际政策周期、经济周期以及利差扭曲等方面看,国内债市仍旧承压。

二、对涉外经济主体的影响

由于市场已逐步接受美联储加息措施的常态化,对于加息对市场带来的影响相对平静，但从短期来看还是可能产生一定的影响。

（一）对企业影响及反映

1. 加快资金回流速度。辖内以美元为主要结算货币的出口企业表示，考虑到加息后产生的汇率风险以及美国经济形势的好转，出口可能扩大，企业会提前收汇。如桂林智神信息技术有限公司，2017年企业有440万美元的货款未收回，2018年1月至今收回110万美元货款，加上境内银行融资存在一定难度，为维持企业正常运作及扩大生产，企业考虑加快回款速度。

2. 刺激企业境内融资需求。随着美联储加息频率的增快，境内外利差进一步减小，境外融资成本增大，有融资需求的部分企业表示考虑加大境内远期信用证、打包放款、出口押汇等融资业务的比例。如桂林辖内融资规模较大的桂林漓佳金属有限公司，2017年7月至2018年3月共开立远期信用证15笔，金额1021万美元，美联储再度加息，使企业考虑提高信用证及贸易融资的总量，便利资金的运作。

3. 改变企业融资及结算币种的选择。再次加息导致企业对本币贬值的预期的增强，企业倾向于采用人民币融资来避免本外币利差的损失。如桂林国际电线电缆集团有限公司，2016年12月，美联储加息以来就开始采用人民币融资的方式，人民币融资共4笔，合计566万美元，此外在与外方签订出口合同时，积极采用人民币结算，2017年签订的跨境人民币结算合同达到5000多万美元，企业表示2018年仍然会积极采用人民币进行结算。

4. 加大企业对银行外汇衍生产品及出口信用保险的使用力度，规避贸易及汇率风险。如桂林皮尔金顿安全玻璃有限公司利用银行远期结售汇业务锁定欧元结算，桂林国际电线电缆集团公司在银行开展锁定澳元的套期保值业务等。部分中小企业则担心外部经济环境的恶化可能带来的贸易损失，因此表示会考虑选择出口信用保险的业务保全企业资产。

5. 加大有色金属等基础原材料的进口预付的比例。加息可能带来的国际大宗商品价格的波动，对于辖内以进料有色金属加工为主的企业，如桂林漓佳金属有限公司，考虑加快已有订单原材料采购及付款的速度，且增大预付货款的比例，同时根据意向订单的情况，囤积部分原材料。

（二）利好银行避险产品创新，境内融资业务有望增长，但银行真实性审核压力同步增大

一是促进银行避险产品创新。美元加息政策落地，势必引起人民币汇率波动，随着辖区企业汇率风险意识增强，规避汇兑风险的需求也同步增加，促使银行研发更多避险类外汇衍生产品，丰富产品多样性。如桂林国际电线电缆集团公司通过在套期保值业务锁定澳元汇率等。二是企业集中购付汇业务，恐加大银行真实性审核压力。受人民币短期贬值预期，会导致部分企业集中购付汇的需求增加，在给银行带来更多收益的同时，也进一步加大了对银行外汇头寸以及业务真实性审核的考验。三是随着加息进程推进，美元融资成本必将攀升，也导致辖区企业的美元融资意愿下降，有望增加境内融资需求。

（三）个人理性看待美元加息，但存在部分提前购汇刚需

一是近年来随着美联储加息次数增多和人民币对美元双向波动较为频繁后，辖区居民个人对人民币汇率预期逐渐回归理性，购汇行为多以实需为主，目前辖区暂未出现异常购汇情况。二是加息后美元升值预期有所加强，部分居民个人因其近期存在旅游、留学、消费、海外就医等实际购汇需求，存在提前进行购汇的实际需求。

三、建议

（一）密切关注加息进程，加强跨境资金流出监测

持续关注美联储加息缩表、特朗普后续出台的经济政策施行情况，密切关注人民币汇率变动情况，加强对跨境资金流出的监测预警，重点关注大型企业投资、贸易、利润等方面涉外资金的流出规模、资金流向及趋势，掌握当前跨境资金流出风险点，提高对大额可疑交易穿透式监管能力。

（二）加强汇率预期管理，合理引导市场预期

一是加大对人民币汇率预期的宣传引导，加强与市场主体的有效沟通，帮助市场主体更理性看待人民币汇率走势，引导企业正确理解外汇衍生产品的汇率避险和套期保值功能，合理选择汇率避险工具以有效规避汇率风险。二是引导银行加大对避险类外汇衍生产品的开发和宣传，为市场主体防范汇率风险提供更多选择。引导企业积极使用跨境人民币结算。在当前人民币汇率波动风险加大的背景下，应鼓励具备定价权及币种选择权企业使用跨境人民币结算，降低企业汇率风险、减少汇兑损失，推进人民币国际化。

作者简介

张　伟　国家外汇管理局桂林市中心支局，经济师

强化综合金融服务能力,全力支持乡村振兴战略
——完善农发行综合金融服务能力的几点建议

秦睿珉

【摘要】 在党中央提出按照产业兴旺、生态宜居、乡风文明、治理有效、生活富裕的总要求全面实施乡村振兴战略,赋予了农发行新的政治使命。在新的政策背景下,农发行需要进一步拓展业务支持范围、创新和丰富金融服务手段、强化综合金融服务能力,全方位、多渠道支持乡村振兴、支持农村经济发展。

【关键词】 政策性金融;乡村振兴;综合金融服务

近年来,农发行在做好粮棉油收购信贷资金供应管理工作、支持农村基础设施建设的基础上,围绕扶贫攻坚战略,通过易地扶贫搬迁、产业扶贫等方式,不断加强对农村基础设施建设的信贷支持。2017年累计发放贷款1.56万亿元,贷款余额突破4.68万亿元,作为政策性金融机构在服务"三农"、扶贫攻坚工作中发挥了主力军和先锋队的作用。与此同时,农发行也在负债成本上升的过程中,逐渐感受到单纯依靠信贷产品发展,缺乏综合金融服务能力带来的利润来源单一、利差逐步收窄、影响财务可持续发展等方面的压力。提升综合金融服务能力以满足农村经济市场日趋多元化的金融服务需求、拓展低成本负债来源、提高风险承受能力,是农发行履行职能,支持乡村振兴建设的重要一环。

一、综合金融服务的含义

综合金融服务能力就是服务客户全资产负债表的能力。传统意义上的银行只是针对企业进行债权投资，服务于企业的负债端，而综合服务能力就是要从单一的债权投资向全资产负债表金融服务转变。这意味着金融服务要打通企业实体与金融市场的边界，为企业提供"债权+股权、表内+表外、境内+境外、商行+投行、融资+顾问"全资产负债表的金融服务。企业擅长的是自身经营领域的研发、生产、制造和销售，但对金融、财务、资本运作欠缺了解，银行作为企业资金流、信息流的处理中心，应当在深入研究客户的基础上，为企业提供从债权融资到股权融资，从账户管理、支付、清算、托管到供应链整合、大数据服务及公司理财等一揽子的金融服务。未来的金融服务一定是打破边界，各类服务形成合力共同服务企业，使银行更为深入地参与到企业的经营、助力企业实现经营层面和资本层面价值提升、与企业共同分享成长红利的过程。

二、农发行综合金融服务能力的现状

在业务发展格局下，农发行的客户群体将趋于多元化，不同的客户群体也会从其自身的实际情况出发提出不同的金融服务要求，尤其是大型涉农国有企业、有较强实力的农业产业化龙头企业往往会把农发行的综合金融服务产品与商业银行相比较。近年来，农发行通过拓展农村基础设施、易地扶贫搬迁领域的中长期信贷市场，业务规模获得了极大的增长,但综合金融服务产品仍然不足,支行层面难以为客户提供高效的离柜支付、账户管理、公司理财、信用支付结算工具等一系列产品,综合金融服务能力与信贷业务的规模不相匹配,这些问题直接影响了农发行客户营销的竞争力。贷款企业基于融资需求虽然在农发行办理业务,但大量日常资金结算、账户管理、理财、保函、票据等业务仍选择在商业银行办理。而上下游非贷客户更是不愿意在农发行开设基本账户办理日常经营金融业务,往往基层行能够营销非贷企业,却满足不了客户的服务需求,留不住客户的资金。

三、农发行强化综合金融服务能力的意义

当前金融市场上,越来越多的金控平台、金融集团控介入多个金融市场,如国开行就涉及股权投资、控股村镇银行、设立互联网金融公司;招商、中信等金融集团旗下涵盖银行、证券、保险等多个子公司,就是为了在服务客户的过程中实现交叉服务、交叉营销,把客户与集团业务绑定在一起,锁定银企长期合作关系,并成为企业金融业务的主办银行。银行通过企业存款、结算、汇兑、托管、代发工资等获得综合性金融服务收入。提高综合金融服务能力,有利于增加我行信贷业务之外的收入,降低资金成本。带来三个好处:

(一)降低负债成本,提供低成本金融服务

通过丰富金融产品、强化综合金融能力,为客户提供债权融资之外的科技金融、资金结算、票据、供应链金融等一系列服务,满足客户全方位的金融服务需求,充分

利用所有资源，实现在财务、客户、销售渠道、人力资源、资金等多方面的协同效应。就能够以信贷产品为核心，围绕其他金融服务产品打造用户体验，利用金融产品的交叉服务使农发行成为客户各类资金结算的主办银行和一站式的金融超市，提高经营效率更好地满足客户需求。让客户主动把信贷结算资金之外的日常经营资金放在农发行，把信贷客户上下游客户营销到农发行，拓展低成本存款来源，降低负债成本。进而能够筹集低成本资金为重大支农惠农项目提供低成本融资，体现支农报国情怀。

（二）拓展利润来源，实现财务可持续发展

通过为客户提供日常资金结算、账户管理、理财、保函、票据等服务，农发行能够利用各类综合产品取得综合性金融服务收入，将固定成本分摊到更广泛的产品上，实现较低的边际销售成本，提高整体收益，降低客户融资成本拓展利润来源，从单纯依赖信贷产品和息差获得利润向现代银行通过息差＋多渠道中间业务收入转型，实现财务可持续发展。

（三）强化定价能力，实现客户差异化管理

利率低期限长是农发行的优势，但不能是农发行的唯一优势。低利率在履行政策性金融职能和业务发展中固然是有力的，但却降低了客户的违约成本，当客户产生经营风险，首先想到的是对农发行违约以保证对利率更高的商业银行的履约。而通过对客户提供综合金融服务，成为客户的主办银行实现银行与企业的绑定，能够降低农发行负债成本、增强客户对农发行的依赖性，进而增强在信贷业务中农发行对信贷资金的定价权力，实现客户准入、利率定价、授信授权差异化。对于政府重点支持的重大支农惠农项目，农发行可以利用低成本资金提供较低利率的支持；而对于农业新兴产业，

农发行则能够通过较高的利率定价在定价层面实现对可能出现的业务风险的覆盖，推动农发行业务的进一步发展，实现对乡村振兴建设和农村经济发展全方位的支持。

（四）控制资金流向，提高风险防控能力

通过提供综合金融服务，提供高效、便捷的资金结算服务，还能使农发行实现对企业现金流的控制。在信贷业务和商业经营过程中，现金流比利润更为重要，掌握了企业的现金流就增加了还款的稳定性，增强了贷后管理能力。还能够通过内部多种产品和服务的协同平衡机制，分散单一信贷产品的风险防范能力。更使得农发行能够掌握企业经营情况和客户行为，通过大数据分析企业交易对手、资金回流、资金状况、用户行为分析等手段及时发现风险隐患，有针对性地进行防线防控，提高各项业务的风险承受能力。

四、提升综合服务能力的建议

（一）强化资金结算和账户管理服务能力

强化资金结算和账户管理服务是提供综合金融服务的第一步。互联网行业所奉行的商业模式是"得用户者的天下"，通过前期高投入高让利的获客模式取得海量用户和海量用户信息，再通过大数据分析进行针对性广告投放，在提供免费服务的同时利用广告、增值服务等其他产品获取利润。这一模式放在金融行业同样适用，即"得账户者得天下"，通过传统银行的"存、贷、汇"服务，银行成为金融市场的血脉，承载了

金融市场资金流通的重任。强化资结算和账户管理服务能力，有利于增加服务黏度和客户依赖性，进而掌握企业资金流向、企业经营状况，从中发现客户结算需求、融资需求和风险信号，为农发行获得低成本存款、业务营销、风险防控提供有力信息。例如招商银行20世纪90年代率先推出"一账通"为客户提供名下所有资产状况的管理服务、率先推出网上银行服务使得招商银行在股份制银行中实现了快速扩张；又如部分城市商业银行通过减免开户工本费、小额账户管理费、结算手续费、取款手续费等手段获取客户，成为客户的主办银行，进而在牺牲部分手续费收入的情况下获得大量低成本沉淀资金，增加低成本存款来源、提高利差，并利用信贷业务利差提高盈利能力。实现更为高效便捷的结算和账户管理服务，需要农发行不断丰富相关金融产品。

一是要丰富支付结算功能。在提供基本的资金结算服务的同时，会计业务需要不断根据企业经营情况和金融服务需求不断丰富支付结算功能。特别是当前企业日常需要的代缴税费、批量转账、代发工资、代缴社保、招投标保证金管理、企业定期存款、企业理财等各项对接行政管理部门、方便企业结算的功能，满足政府、各类企事业单位的各项结算服务。为客户提供的资金结算服务功能越多、办理流程越方便快捷，就越有利于把企业与农发行的业务进行捆绑，就越有利于农发行各类金融服务营销工作的开展。

二是要强化网络银行渠道建设。网上银行是电子支付平台的延伸，其意义不仅仅在于方便客户资金汇划，更重要的是为客户提供跨越时间和空间的金融服务体验，让客户能够随时随地掌握企业自身账户情况、了解资金分布、进行财务管理。通过网上银行，客户能够对农发行各项金融产品进行初步了解，进行资金汇划、账户管理、集团客户资金管理、企业理财、电子票据、他行账户资金管理等一系列操作。特别是作为异地管理的非贷客户，对自身业务的办理将摆脱地理位置的束缚，更有利于基层行对异地管辖的非贷客户存款的营销。

三是要简化资金汇划流程。当前农发行综合业务系统虽然能够实现企业资金的汇划处理，但结算业务办理流程较为烦琐，消耗大量人力物力，影响办理进度的同时，也使得大量客户特别是非贷客户不愿意使用农发行作为资金结算的主办银行。当客户需要资金结算业务时，需要经过客户经理、分管领导审批签字、提前一天向资金计划部门报备以便向总行请调资金，如果是信贷资金，则还需要通过信贷资金审批流程审批，方能到会计部门办理业务，如果是异地管辖客户来往不同区域更是需要客户付出大量时间、金钱、人力成本。而在商业银行，不论是当地还是异地，非贷客户需要办理结算业务只要客户账户资金充足，就能选择柜面或者通过网银及时办理。

（二）丰富非贷融资服务产品

在乡村振兴战略背景下，随着农村经济的不断发展和繁荣，农村经济的参与主体对金融服务的需求也不会再是单一维度的信贷融资需求，而是信贷、票据、保函、贴现、理财、财务管理、供应链金融、贸易融资、电子商务等一系列的结合体。过去一段时间，农发行信贷产品、客户、发展模式集中，而在乡村振兴战略的要求下，势必要求农发行拓展客户群体、拓宽业务支持范围，从单一的支持扶贫攻坚、农村基础设施建设向三产融合、旅游扶贫、环境治理、农民返乡创业、全产业链农产品生产、加工登等领域拓展。客户群体和业务领域的拓展需要农发行不断完善各类金融服务产品体系，利用代理保险、供应链金融、票据融资、债券承销、保函等其他金融服务。在不断满足农村经济市场参与主体的金融服务需求的同时，摆脱客户群体单一、发展模式趋同、行业风险集中问题，降低资本消耗、降低负债成本压力，向现代化轻型银行转型。

（三）对业务实行差异化管理

面对当前农村经济领域市场参与主体广而杂的现实环境，农发行应当对各项业务实行差异化管理。通过对客户准入、利率、风险预期、客户风险准备计提的差异化适应乡村振兴战略中各类融资主体和融资需求的差异性。用差异化管理的方法解决农村经济主体广而杂、发展不平衡的问题。

（四）提高对业务创新风险的容忍度

对于客户群体和业务领域的拓展，需要农发行对产品创新有进一步的思考。在创新问题上，要更多的宽容失败，宽容失败也要有具体的评价机制，不是所有的领域都允许大规模的宽容失败。在改革不断深入的大背景下，部分问题和方向是清晰的，是政策红线和监管红线，那就不能允许盲目创新，和监管部门玩猫捉老鼠的游戏。对于农村经济领域仍有有一些区域仍是模糊的部分，我们不知道一些实力不强的涉农企业未来会是什么样子，会做成什么。农发行人就应当在思想上要放得更开，在合法合规、防范风险的前提下，给予支持涉农企业融资的模式创新多一些空间，给予可能出现的业务风险多一点容忍，鼓励一线工作人员"听见炮火的声音"，牵引业务部门贴近市场进行调研、创新。

（五）构建大数据分析能力

通过综合金融服务强化大数据分析能力，通过信贷、投资、债券承销、结算、理财等综合服务进行大数据的采集，反过来通过多渠道的信息采集，强化多信息的校验分析和逻辑判断，解决调查、审查、贷后管理中的信息不对称问题，并为经营决策、政策制定、审查审批等提供支持。还要充分运用数据信息和技术，以大数据思维来改革业务营销、产品开发、风险管理模式。

参考文献

[1] 金俊江. 论农发行在互联网金融发展中的机遇和挑战 [J]. 当代经济 2018（4）.

[2] 方浩然. 农发行核心业务系统建设路径探索 [J]. 农业发展与金融 2017（2）: 106-108.

[3] 任凤廷. 支付结算工作现状及改进 [J]. 农业发展与金融 2017（4）: 82-83.

[4] 王敬茜. 浅谈如何提高农发行的金融服务 [J]. 经济管理：文摘版: 00275-00275.

[5] 吴德轩. 新时代农发行应有新作为 [J]. 农业发展与金融 2018（1）: 33-35.

[6] 佚名. 推动金融创新服务实体经济 [J]. 农业发展与金融 2018（1）: 18-20.

[7] 佚名. 农业部与农发行共同推进政策性金融支持农村创业创新 [J]. 北方牧业 2018（1）: 10-10.

[8] 孔明忠. 努力建成支持农村基础设施主干银行 [J]. 农业发展与金融 2018（2）.

作者简介

秦睿珉　中国农业发展银行永福县支行客户经理

我国商业银行不良贷款的成因及治理措施

李 原

【摘要】 银行体系是国家发展的基石,近年来我国商业银行不良贷款呈现逐步上升趋势,这为我国经济持续稳定发展敲响了警钟,商业银行不良贷款问题是中国银行业亟须解决的难题。因此,商业银行不良贷款问题的研究对于提高我国商业银行资产质量有一定的现实意义。本文通过分析商业银行不良贷款产生的主要原因,探究相应应对措施。

【关键词】 商业银行;不良贷款;信贷管理制度;分散投放

一、我国商业银行不良贷款的现状

不良贷款是指商业银行不能如期收回,并有可能会给银行带来损失的贷款。截至 2017 年末,商业银行不良贷款余额为 1.71 万亿元,不良贷款率 1.74%,关注类贷款余额达 3.14 万亿元,关注类贷款率为 3.49%。其中,商业银行贷款损失准备余额高达 3.09 万亿元,比 2016 年底增加了 4000 多亿元;拨备覆盖率、贷款拨备率较 2016 年底分别上升 5.02、0.09 个百分点,逐季回升,且远超国际水平,占用资源过多,无疑为我国金融体系的稳定发展敲响了警钟。不良贷款是商业银行运营的额外成本,不良贷款的增加会直接影响商业银行的总利润和资金周转率，从而进一步制约商业银行的经营管理，甚者，有可能会影响整个国家金融体系的稳定和发展。中国是一个以银行业为金融系统核心的发展中国家，保持整个银行业的稳健性不仅关系到银行自身的发展，还将直接影响资源配置的效率，更甚至于影响整个经济发展及社会的稳定。因此，如何解决商业银行不良贷款的历史存量，并预防不良贷款的新增量是我国目前银行业迫切需要处理的问题。

二、我国商业银行不良贷款的成因分析

不良贷款是商业银行进行资本运动过程中产生的，根据资本运动的特点，再结合我国经济的特殊环境来分析我国商业银行不良贷款产生的原因对控制银行不良贷款有深远的意义。笔者认为可以从商业银行和外部环境角度分析我国商业银行不良贷款产生的原因。

（一）商业银行信贷管理制度不完善

1. "三查"原则流于形式

商业银行发放贷款有"三查"原则，即贷款发放有"贷前调查，贷时审查和贷后检查"三个步骤，但因银行内控制度的不完善，导致"三查"原则往往流于形式，影响商业银行的贷款质量。首先，商业银行法人治理结构不完善，商业银行的总行才具备有法人资格，分支机构并不具备法人资格，而总行却用利润绝对指标对个分支机构进行考核，导致商业银行一般通过粗放式的加大贷款发放量来提高分支机构的绝对利润的同时却

对贷款的风险监测没有严格把关，致使商业银行的贷款风险增加。

其次，商业银行虽建立了"三查"原则，但在现实生活中却难以落实到位。商业银行和企业之间存在信息不对称的现象，商业银行无法了解企业的全部信息，对于贷款利率，商业银行只能给出一个社会平均值，而经营效益较好风险较低的企业认为贷款平均利率高于预期值，会减少商业贷款；而那些经营状况差一些的企业又很愿意接受贷款平均利率。因此，商业银行获得了同样的利息收益却承担了更大的贷款风险，逆向选择的问题也随之出现。有的企业为了获得贷款，甚至会提供虚假的资料，如随意变更会计要素，刻意隐瞒一些影响企业资产的事情，制造虚假交易等。商业银行的信贷员如果没有及时发现这些企业恶意骗取贷款，为这些企业办理了贷款业务后，无疑承担了巨大风险。

2. 商业银行更看重效益性而忽视安全性

众所周知，商业银行经营管理有三性原则，即"安全性、流动性和效益性"。效益性要求商业银行的利润最大化，目前我国商业银行的利润主要来源于存贷款利差，为获得最大化收益，商业银行会在央行规定的基准利率范围内尽可能以较低的存款利率获得更多的存款，而以较高的贷款利息将存款所得的资金最大限度地借贷给需要用资金的企业和个人。同时，商业银行经营管理的安全性又要求商业银行保持资产质量，也就是说商业银行在贷款过程中要严格审核企业或是个人客户的信用问题，以确保资金借贷是安全的。效益性和安全性本身就存在内在矛盾，而目前我国商业银行更看重效益性有所忽视安全性，即在资金借贷这一环节只是尽可能将更多的资金贷出而忽视了资金贷出能否安全收回本息和这一问题，从而导致了商业银行不良贷款的产生。

3. 员工激励制度不合理

目前我国商业银行大多采用激励原则，即商业银行的业务部门员工每个月有一定的任务量，达标则可获得一定绩效工资，超额完成的任务量越高则绩效工资越高，反之贷款无法追回信贷员的成本也很低，仅仅只是扣除掉少额奖金，这样的激励制度和违规放贷的机会成本较低使得一些信贷员，尤其是国有商业银行的信贷员（国有商业银行一般不会辞退员工）只追求放贷数量而忽视了放贷质量违规为一些个人和企业发放贷款，最终导致商业银行的贷款无法收回出现不良贷款。

（二）商业银行信贷投放过于集中

1. 商业银行信贷投放集中某一行业

近年来，商业银行贷款集中于能源行业、房地产、制造业等，过度集中的信贷投放并不利于商业银行健康发展。我国能源产业大多是国有垄断企业，商业银行将贷款投放于此可以产生固定的现金流，贷款风险较低，因此，各大商业银行都希望最大限度地贷款给能源类企业，很容易造成商业银行之间的恶性竞争，最终损害商业银行的利益。至于将贷款投放于房地产行业更是加大了银行的贷款风险，从2015年3月1日起，我国开始正式实施《不动产登记暂行条例》，该条例的实施，长期必然会抑制房地产投资，导致楼市下滑，商业银行对房地产行业的也贷款难以收回。全球已经发生多起由于房地产泡沫引起的经济危机，我国应该吸取经验避免走上别国老路。2017年，制造业不良贷款余额呈逐步上升趋势，归因于部分轻工、化工、建材等行业受宏观经济减速、市场供需不平衡、产能过剩矛盾突出等，行业内竞争加剧，利润锐减造成贷款违约。

2. 商业银行信贷投放期限集中

商业银行信贷投放中长期贷款占比逐渐升高，而这部分贷款虽然利率高同时流动性风险也大大增加，一旦企业经营不善无法支付银行到期本息和，商业银行也容易处于流动性不足的状态。同时，对于中长期贷款而言，利率是不可估的，若是未来市场贷款利率上升，对于此前已按照原先市场贷款利率发放贷款的银行来说将会导致一部分潜在损失，从而增加银行的经营成本。

（三）担保制度不完善

一方面，现阶段我国担保制度存在漏洞，企业之间相互担保，再利用担保制度上的缺陷逃脱责任，致使银行利益受损。2013年9月，义乌市发生多起恶意脱保事件，作案手法基本一致，一旦贷款企业经营不善无力承担银行贷款时，作为担保企业的一方会以借款方向银行提供申请的贷款资料系伪造，贷款用途系虚假来逃避担保责任。由于我国《合同法》规定：违反法律规定的合同就是无效合同，所以贷款企业以骗保为目的和商业银行签订的贷款合同无效，因而担保合同也不发生法律效应。担保企业因自身利益提起的诉讼使得借款企业上了商业银行的黑名单，难以再次得到贷款，贷款企业也因此资金断裂甚至破产，而担保企业最终却并没有承担任何责任。这样的案件给一些担保企业"启示"，导致类似案件频发，严重影响金融秩序。同时，我国目前的担保制度并不完善，对于这样的恶意脱保事件没有有效的解决办法，严重威胁商业银行的利益。

另一方面，我国金融监管法律不健全，赋予银行参与企业经验决策的权利不够，银行无法监督企业的经营管理。其次，政府监控力度不够，监管人员素质不高，不能及时发现信贷系统中的问题，据统计，我国近年来银行业经济纠纷案件的数量在增加，而结案的案件却在逐年减少。最后，地方保护主义现象严重，地方企业出现经营不善时并没有从自身身上找问题的根源而是想方设法逃避银行债务，一般采取新老企业分离的办法，让老企业承担更多的债务，而将大部分资产写在新企业名下，这样新企业就可以继续经营下去而不必担心原先的债务问题。对于这样的现象，地方政府理应制止而不是为了地方发展助长某些企业"发扬"这种不正之风。这三方面的因素，进一步加大了商业银行的信贷风险，阻碍我国金融市场的健康发展。

（四）社会信用基础薄弱

目前，我国企业信用观念淡薄，经常拖欠银行贷款，有的企业甚至从未想过要还银行的贷款，其中国有企业这样的观念尤其严重。且目前我国的国有企业资产负债率高，过高的资产负债率使得企业抵御风险的能力大大降低，一个小小的环节出现问题，就很有可能出现多米诺骨牌效应，一旦企业资金不足，最终承担风险的还是商业银行。另一方面，国企向国有商业银行申请贷款，自认为都是国家的产业，资金是由国家的左手换到了右手而已，根本没有必要向银行还贷。有的企业则通过"母体假死"的策略，改头换面来逃避还款。还有的企业与银行、其他企业形成三角债，而今年来经济的不景气，使得一些企业亏损严重，难以归还银行或其他企业的借款，致使另一家企业也受到牵连，最终环环相扣，导致大片企业经营出现问题，部分企业甚至被三角债拖垮。企业的赖账现象严重影响了商业银行的贷款质量，我国应加强企业的诚信教育，弘扬正气之风。

（五）贷款种类层出不穷，银行管控压力加大

近年来，信用贷款如车贷、装修贷，小微企业贷款、信用卡、快贷成为商业银行贷款获利的新生力量。上述贷款对象为个人或中小企业，贷款审批程序简便，审批时间短，备受工薪阶层、小微企业主的青睐。快速简易的贷款虽在数额上不如房贷，贷款放款后，由于贷款对象工作性质变化、企业经营不善等原因造成贷款无法按期归还现象时有发生，这无疑加剧银行的负担。再者由于监管权限限制，无法制止客户因贷款利差变相变现进行投机获利行为，这对于银行存贷两方面，影响是消极的。

三、我国商业银行不良贷款的治理措施

(一) 完善商业银行信贷管理制度

1. 贯彻落实"三查"制度

我国商业银行信贷制度的不完善是导致不良贷款增加的一个重要原因，因此，完善商业银行的信贷管理制度十分重要。一方面，商业银行总行对其分支机构不应该使用利润绝对指标，而应该使用利润相对指标衡量分支机构的经济效益，以资产质量作为分支机构的考核标准，促使商业银行的分支机构严守贷款一关，不再轻易发放贷款。另一方面，商业银行应该严格遵守"三查"原则，避免"三查"原则流于形式。贷前调查一定要细心，仔细查询企业或个人的贷款信用，对于企业或是个人的贷款用途也有必要清楚了解，以免某些担保企业利用贷款用途虚假来恶意脱保；贷中审查要严谨，信贷人员之间应该相互监督，避免违规操作，如若有违规操作的现象发生，应该严厉处罚；贷后检查要频繁，贷款并不是发放完成就结束了的，贷后要时刻监督企业是否将贷款运用到该运用的地方。同时，商业银行也要注意银行内部审、贷、查三岗分离，形成相互制约的格局，避免个人权力过大的现象出现。

2. 增强商业银行风险防范意识

目前，我国商业银行发展过分追求眼前业绩的扩大，妄图以贷款规模的扩大来稀释不良贷款，这样的做法无疑是杀鸡取卵，严重危害商业银行的长远利益。因此，商业银行应该首先提高风险防范意识，要把安全性作为第一考虑要素，做贷款发放决策时首先考虑安全性问题其次再考虑效益性问题，把依靠贷款数量增长扩大规模的粗放型增长逐渐向依靠贷款质量的提高取得收益的增长模式过度。商业银行批准发放贷款

前，应该仔细审核贷款人的各项信息，查询贷款人的信用，如若发现贷款人信用有污点，应慎重考虑发放贷款。

3. 提高信贷人员素质

由于我国商业银行的信贷人员素质不高，考核机制不合理，导致商业银行不良贷款率居高不下，因此，商业银行应该注重提高信贷人员的素质。提高信贷人员的素质不仅包括信贷人员的基本业务素质，同时也包括信贷人员的道德素质。首先，商业银行可以定期组织信贷人员参加培训，保证信贷人员及时了解最新的贷款政。其次，商业银行应实施轮岗制度，增强信贷人员的流动性，使信贷人员时刻有一种危机感，促进员工之间的良性竞争。最后，改善信贷人员的考核机制，目前，我国商业银行对信贷人员制定的考核机制并不理想，信贷人员发放的贷款不能收回的处罚成本很小，不少信贷人员明知随意发放贷款会给商业银行带来巨大的损失但为了自身利益依旧发放贷款，只有改善信贷人员的考核机制，以贷款的质量而不是数量进行奖励，信贷人员才会严格审核贷款人的资料，提高商业银行的资产质量。

（二）合理分散信贷风险

为有效降低贷款集中投放的危险，商业银行应注意将贷款分散投放，例如客户分散、行业分散和期限分散等。客户分散即商业银行应注意不要将贷款投放集中于单一客户，而要将贷款尽可能分散给更多的客户，这样即使某个客户发生意外不能还款对于商业银行的损失也不好太高。行业分散指商业银行要将贷款分散到各个行业，不能过多集中于某一行业，今年来我国商业银行的贷款多数集中于房地产行业，一旦房地产行业受到市场冲击，对商业银行的打击将十分大，贷款行业的分散则大大降低了商业银行受到重创的可能性。同样的，贷款的期限分散指商业银行应将贷款在短期、中期和长期之间进行合理分配，不要将贷款集中投放于某一期限。

(三)进一步完善担保制度

目前,我国金融监管法律并不完善,担保企业恶意脱保现象严重,商业银行无法通过法律的手段来维护自己的权益,因此出现大量的不良贷款。对此,我国可以借鉴国外金融系统的法律法规,并结合我国的国情逐渐完善我国金融法律中的漏洞,严厉惩罚那些恶意脱保的担保企业,维护商业银行的正当利益不受侵害。除了完善金融监管法律外,我国政府还应该加强对重点行业如房地产行业的监督,引导商业银行落实国家政策,控制银行的贷款风险。最后,我国政府应建立长期的监测机制,防微杜渐,尽可能帮助商业银行降低贷款风险。

(四)减少政府的不必要行政干预

地方政府的不恰当行政干预一定程度上增加了商业银行的不良贷款余额,而要解决这一问题,地方政府就应该减少不必要的行政干预,让商业银行拥有足够的自主经营权。同时,政府也要鼓励地方企业改革创新,不能过度依靠银行贷款来发展地方企业,只有技术的进步才能给企业带来进一步的发展,当企业的综合实力上升了,银行自然会向企业发放信用资金,才能形成一个良性的循环。地方政府的行政干预是一把双刃剑,对地方发展有利有弊,如何把握好行政干预的"度"是地方政府亟须思考和解决的问题。

(五)加强社会信用体系建设

针对目前我国信用体系不完善给商业银行经营管理带来巨大风险这一情况,我国目前应该加强社会信用体系的建设。一方面,政府可以在公共场合通过召开讲座、发放传单等手段加强社会信用教育,提高整体国民信用素质。另一方面,我国可以完善信用系统，详细记录个人或企业的信用记录，对于那些信用较低的个人或企业，我国可以向国外学习，应该给予严厉的处罚，以此来警醒那些投机取巧的个人或企业。

参考文献

[1] 陈璐．我国商业银行不良贷款影响因素及管理策略研究 [D]．南京理工大学硕士学位论文 2010.47.

[2] 翟俊生．论城市商业银行的第三次融合 [J]．辽宁经济 2005（5）：42-43.

[3] 蒋佩勇．我国商业银行管理方法创新探讨 [J]．中国经贸 2013（18）：49-50.

[4] 何江．农业银行信贷业务管理精细化途经研究 [D]．贵州大学硕士学位论文 2009.7.

[5] 徐琳．国有商业银行不良贷款的形成原因及解决措施 [J]．经济视角 2012，02.

[6] 邱跃民，徐卫东等．对国有商业银行信贷集中强狂的思考 [J]．海南金融 2005，10.

[7] 刘志勇，黄密．降低我国商业银行不良贷款的对策研究 [J]．中国商界 2010，04.

[8] 胡玉玲．我国商业银行不良贷款现状及治理对策 [J]．特区经济 2011，09.

[9] 段默．我国商业银行不良资产的现状与治理对策 [J]．金融论坛 2006，08.

[10] 张晓梅．试论我国商业银行不良贷款的成因及化解对策 [J]．时代经贸 2008，07.

[11] 谢冰．商业银行不良贷款的宏观经济影响因素分析 [J]．财经理论与实践 2009，11.

[12] 付天佑. 国有商业银行不良贷款处置问题探索 [J]. 银行分析 2009, 04.

[13] 屠德俊. 中国商业银行不良贷款的成因与对策 [J]. 世界经济情况 2009, 02.

[14] 董焱. 浅谈防范与化解商业银行信贷风险的对策 [J]. 中小企业管理与科技 2008.12.

[15] 胡建平, 诸葛宏. 防范和化解银行不良资产的对策 [J]. 经济与管理研究 2004, 02.

[16] 陈璐. 我国商业银行不良贷款影响因素及管理策略研究 [J]. 南京理工大学学报 2010.

[17] 袁诚斌. AK 商业银行不良贷款的防范与化解策略研究 [D]. 广东工业大学硕士学位论文 2012.

[18] 明冰展. 商业银行不良贷款管理的理论与实践 [M]. 复旦大学出版社 1999.

[19] 宋桂红, 张慧娟. 商业银行不良贷款问题研究 [J]. 绿色中国 2005, 06.

[20] 孙忠强. 商业银行不良贷款风险防范研究 [D]. 华北电力大学硕士学位论文 2007.

[21] 周银华. 不良贷款产生的原因及其对策 [J]. 财经理论与实践 2000, 03.

[22] 何爽. 我国商业银行不良贷款成因及管理策略探索——以农行 A 分行为例 [D]. 西南财经大学硕士学位论文 2014.

[23] 沈立久. 我国国有商业银行不良贷款的成因及对策探究 [D]. 哈尔滨工程大学硕士学位论文 2003.

[24] 郭玉洁. 中国商业银行不良贷款成因及对策 [D]. 山东建筑大学硕士学位论文 2013.

[25] 彭路. 论国有商业银行处置不良资产的方法及其分析 [D]. 西北工业大学硕士学位论文 2003.

[26] 唐青生, 刘炯. 国有商业银行不良贷款处置之我见 [J]. 云南财经大学学报 2007.

[27] 陈浩，李春阳. 国有商业银行不良贷款的化解 [J]. 金融理论与实践 2004.

[28] 谈科. 我国商业银行不良贷款防控对策研究 [D]. 湖南大学硕士学位论文 2009.

作者简介

李　原　中国建设银行桂林分行

精准扶贫过程中审计监督路径的思考

张志文　张弘弛

【摘要】 2011 年中共中央、国务院印发了《中国农村扶贫开发纲要》（2011 –2020），明晰了精准扶贫的攻坚思路，为我们的扶贫攻坚指明了新的方向。要全面的实施好精准扶贫就离不开扶贫资金的管理、监督，以保证其有效使用。本文就当前精准扶贫当中审计监督出现的审计监督主体不完善，审计公开不彻底，审计重点不突出，跟踪审计不明显四大问题，提出了完善审计主体，促进审计公开，突出审计重点，实施跟踪审计四大对策。

【关键词】 精准扶贫；审计；监督

近年来，国家审计部门聚焦扶贫领域民生热点问题，不断加强对扶贫、社会保障、"三农"等专项民生资金项目的审计，重点关注政策执行、资金分配使用、项目实施及效益等情况，严肃揭露和查处损害人民群众利益的突出问题，促进民生资金规范管理、发挥效益。据统计，2017 年我市完成扶贫领域等民生资金审计项目 20 多个，审计专项资金总额 16.17 亿元，查出专项资金在分配、管理、使用环节存在问题金额共计 4.21 亿元，纠正了一些部门擅自改变资金用途、未按标准确定补助对象、村干部索要补助款等侵害群众利益的问题，通过政务信息向市委、市政府专题汇报，及督促整改，有效促进了各项扶贫惠民政策措施的落实。然而在审计项目中，在审计监督主体的广度、审计结果公开深度，审计重点的精度、审计跟踪的效果等方面还存在一些问题，值得深入探讨。

一、精准扶贫中审计监督存在的问题

(一)审计主体不完善

审计主体是开展审计工作的重要方面,也是开展审计监督的主要责任人。审计主体是否完善,直接关系到审计监督质量的好坏。在一个县域范围内,县级审计机关是实施审计监督的主体和第一责任人,在乡镇并没有专门的审计机构和审计人员。然而,开展精准扶贫工作、扶贫资金的发放与使用多是在乡镇一级。可以说,乡镇一级政府是直接接触扶贫资金和使用扶贫资金的主体,是扶贫资金是否落实的最后责任人,也是直接和人民群众联系的主体。但是,笔者发现,现在的乡镇一级政府中,缺少相应的审计人员,更谈不上对扶贫资金进行专项审计的工作人员。事实上,这将产生非常严重的后果。由于扶贫资金的发放范围广、涉及面大,县一级审计部门机关难以做到审计监督的全覆盖,也很难有精力检查出扶贫资金是否按时、足额发放。而乡镇一级又没有专门的审计监督人员,从而就存在着很大的审计漏洞。

(二)审计公开不彻底

精准扶贫过程中,扶贫资金的使用事关老百姓的切身利益。因此,让每一个公众都能了解扶贫资金的审计结果是政府信息公开的要求,也是衡量审计监督到位与否的关键。但是,在当前情况下,市、县一级审计结果公开的情形不容乐观。多数市、县政府或审计机关的网站没有扶贫资金审计结果公开的内容。乡镇一级更是如此,公众无从查询到审计的信息。我们知道,扶贫资金的受益主体是广大的农民群众,他们获得信息的最主要方式就是互联网或直观地查看政府的公告栏,他们接触最多的也只是乡镇一级政府。但是,笔者调查发现,在乡镇一级的公告栏里,基本不能发现任何的审计结果信息,关于精准扶贫审计结果的信息更是渺渺无几。这就造成了广大的公众认为政府根本就没有开展扶贫资金的审计监督,也无法了解扶贫资金的真正流向。

(三)审计重点不突出

扶贫资金的审计监督,应该是全方位的,有重点的。比如:对扶贫资金的管理和拨付,扶持项目的申报和审批、扶贫资金的发放等要进行重点审计。然而,当前部分审计机关存在对于扶贫资金的审计仅仅停留在争取的扶贫资金是否到位、核对上、下级财政对扶贫资金拨发数字是否准确等面上的现象,只是泛泛而审,没有做到精准,没有沿着扶贫资金的流向一路追踪,一审到底,没有做到重点突出。对于需要进行细致审计的,没有细致。对所有精准扶贫的资金审计,都是按照常规的审计方式走一道程序,对重点和容易出现问题的环节没有深入审计。

(四)跟踪审计不明显

马克思主义的哲学原理强调,事物是不断变化发展的。审计监督也是如此。扶贫资金审计应当是一个动态的、滚动的监督过程,对于扶贫资金流向的每一个环节应当进行实时的跟踪审计。但是,在实际工作中,各级审计机关,特别是县级审计机关,并没有认真做好跟踪审计,往往采取事后监督的方式。比如,在扶贫资金和扶贫项目的申请、各级财政部门扶贫资金的拨付、乡镇将扶贫资金下发、村委对扶贫资金的发放等环节均没有及时开展跟踪审计。扶贫资金具体怎么使用，最后流向何方，也没有进行跟踪审计。实际上，最容易出问题的就是在扶贫资金的使用环节，比如，一些产业扶持项目的虚假申报，一些村干部对扶贫资金的扣留、挪用、谎报、瞒报等。因此，没有扶贫资金跟踪审计，就很难了解扶贫资金的使用动向，那么整个的审计监督就是无源之水，没有做好审计监督的最后一公里。

二、精准扶贫中审计监督的路径

针对当前审计监督所存在的问题，要切实解决好当前精准扶贫过程中审计监督的问题，就要开展精准审计，具体做法如下：

（一）完善审计主体

对于精准扶贫的审计主体问题，关键在于要形成市、县、乡三级审计联动。一是市级审计机关要做好监督管理，将扶贫资金审计列入年度审计计划，定期下去检查调研，对精准扶贫审计中出现的问题进行解释和说明，并且发布相应的指导意见。二是县级审计机关是精准扶贫审计当中的重要执行部门。要明确第一责任人的作用，成立专门的扶贫资金审计办公室，对扶贫资金进行审计。三是对于乡镇一级政府，要消除审计的盲区，在乡镇设立专门的精准扶贫审计专员，或者由县一级审计机关派专人长期驻守，直接负责对扶贫资金的全程审计，以确保扶贫资金不被占用和挪用。发现问题要及时向县一级审计机关报告。四是要在精准扶贫的审计过程中形成市、县、乡三级审计的联动机制，相互配合，对于发现的重大问题，要及时、联合、协调处理。

（二）促进审计公开

公开是公正的生命线，促进审计公开，才能让公众感受到审计的力量。针对当前审计公开的问题，一是要在县级审计机构的官方网站上及时发布审计结果的信息，并且把是否发布作为审计部门绩效考核的重要方面。二是在乡镇的公告栏上或者是村民公告栏上发布精准扶贫审计结果的信息。信息要通俗易懂，必要时可以在信息处加以说明和解释，以方便农民群众对信息的及时了解。三是审计的信息要详细，对于扶贫资金的使用以及相关的审计信息，除涉密的以外，均要公开，最好把资金的流向，资金的使用情况全方位的反映出来。

（三）突出审计重点

对于扶贫资金的审计，要做到重点突出，深入精准。一是要在审计方案中列明需要重点审计的事项，形成审计清单，审计清单要有重点事项和非重点事项。二是对于审计的重点事项，比如是否建档立卡，锁定"真贫"对象；是否按规定对贫困对象进行动态管理；是否存在弄虚作假、拼户组装、"富人带上穷帽子"和"数字脱贫"等现象，以及产业扶持项目的申报和审批、扶贫资金的发放等重点事项，要深入审计，细化审计流程，力求对每一笔资金都能审计到位。三是在对重点事项的审计过程中，要力求精准，不能出现差错和纰漏，对于重点项目的审计要做好复核，必要时开展询问、调查或再次审计。

（四）实施跟踪审计

对扶贫资金的审计，要进行动态跟踪。一是在乡镇一级设立扶贫资金审计专员，专职负责扶贫资金的实时跟踪审计，并且要不定期出具跟踪审计的情况报告，及时上交上一级审计机关。二是县一级审计机关作为精准扶贫跟踪审计的第一责任人，要开展定期的跟踪，每一到两个月跟踪一次，并且对乡镇审计专员的跟踪审计情况进行检查。对于特别重大的扶贫项目，县一级审计机关也要进行实时跟踪。三是县一级审计机关要建立重大审计问题的应急预案，对于在跟踪审计过程中发现的特别重大的审计问题，要按照预案进行及时的处理上报，防止事态的恶化。

参考文献

[1] 黄荣华，冯彦敏，路遥. 国内外扶贫理论研究综述 [J]. 黑河学刊 2014（10）：135 — 137.

[2] 黄爱军，朱奎. 美国扶贫减困的主要特点及启示 [J]. 老区建设 2010（9）：68 — 70.

[3] 袁东振. 拉丁美洲国家扶贫的主要举措 [J]. 拉丁美洲研究 1996（6）.

[4] 王志章，刘天元，贾煜. 印度包容性增长的扶贫开发实践及启示 [J]. 西南大学学报：社会科学版 2015（4）.

[5] 刘楝子. 国内外反贫困实践对重庆市扶贫工作的启示[J]. 重庆行政：公共论坛 2010, 12（1）.

作者简介

张志文　桂林市审计局总审计师，高级审计师

张弘弛　中共桂林市委党校教师

历史·文化

浅析优良家风传承工作在乡村振兴战略中的作用及意义
——以阳朔几座古村落保护发展状况为例

朱 锋 梁玉萍

【摘要】在农村中开展优良家风传承工作，可较好地传承、丰富农村优秀的传统文化，寻找出农村发展进步及振兴的力量；较好地形塑新时代农民的思想素质，充分调动和发挥广大农民在乡村振兴战略中的主体作用，为实施乡村振兴战略提供健全的农村基层组织及干部保障；较好地针对农村特点，引导、组织家族力量，适应、服从服务于当地经济及社会发展的实际需要，做大做强农村相关产业，使乡村振兴战略真正落到实处、取得实效。

【关键词】家风；传承；乡村振兴

农村、农业、农民问题是关系国家长治久安的根本性问题，必须始终把解决好"三农"问题作为党和国家大政方针的重中之重。为此，习近平总书记在党的十九大报告中提出了实施"乡村振兴"的重大战略。其目的就是要彻底解决农村产业和农民就业问题，确保乡村人民群众长期稳定增收、安居乐业，城乡均衡发展，中华民族全面复兴，国家繁荣昌盛。

乡村振兴战略涉及的内容包括巩固和完善农村基本经营制度、确保国家粮食安全、加强农村基层基础工作等。除国家加大资金投入、政策倾斜外，其实解决"三农"问题的关键是解决农民的问题，即如何形塑新时代农民的素质问题，这也是加强农村基层基础工作的核心问题。

家风是一个家族代代相传沿袭下来的体现家族成员精神风貌、道德品质、审美格调和整体气质的家族文化风格。由于农村农民至今仍大都保留家族聚居的特点，家风对家族成员的素质形塑显得尤为明显和重要。本文以阳朔几座古村落的保护发展状况为例，浅析传承优良家风在形塑新时代农民素质中、在加强农村基层基础工作中、在乡村振兴战略中的作用和意义。

一、传承优良家风，可提炼家族文化、丰富农村文化内涵，形塑新时代农民的思想素质，充分发挥广大农民在乡村振兴战略中的主体作用

传统的优良家风是中华优秀传统文化的重要组成部分。习近平总书记指出："培育和弘扬社会主义核心价值观必须立足中华优秀传统文化。牢固的核心价值观，都有其固有的根本。抛弃传统、丢掉根本，就等于割断了自己的精神命脉。"乡村振兴战略当然包含了传承、丰富优良家风等农村优秀传统文化的内容。

挖掘优良家风等农村传统文化，在地方传统文化中寻找农村发展振兴的力量，其基本着力点应是形塑新时代农民的思想素质，培育和弘扬社会主义核心价值观。农民是乡村振兴战略中的主体。一方面通过传统文化的熏陶，使他们热爱家乡，增强保护、建设家乡的信心，充分调动他们参与乡村振兴工作的积极性；另一方面也可以使他们在优秀传统文化、优良家风中吸取先贤前哲们的智慧，使农村的各项事业发展起点更高、少走弯路。正因为如此，我们在实施乡村振兴战略中，必须特别注重对优良家风的传承。

阳朔县的翠屏、遇龙堡、留公等古村落，其保护、发展及振兴工作，近几年来之所以取得较好的成效，其中的重要措施就是通过举办节庆等活动载体，来传承优良家风，

提炼家族文化，丰富农村文化内涵，形塑新时代农民的思想素质，培育和弘扬社会主义核心价值观，充分调动了广大农民参与乡村振兴工作的积极性。

翠屏村传承优良家风的重要载体是诸葛亮文化节。诸葛亮文化节是翠屏村的地方民俗文化节，源于诸葛后裔独特的祭祖习俗，自2012年起，每年举办一届，至2018年已成功举办了七届。2012年11月，第十九届全国诸葛亮学术研讨会在阳朔举行，期间来自中国社科院等北京、山东、四川九个省区的专家、学者120人莅临翠屏村参观，翠屏村诸葛后裔在当地政府的引导下，顺势将诸葛后裔祭祖习俗整合成独具特色的诸葛亮文化节，主要项目有祭祖大典、文艺表演、诸葛村观光、诸葛美食长桌宴等。此后，通过政府批准、社团运作的方式，重点加入了家风建设与传承论坛，及孔明锁解锁比赛、诸葛亮文化邮册发行、文艺巡游等与诸葛文化息息相关的项目。该活动吸引了各地游客和居住在广西阳朔、临桂、荔浦、富川等地的100多个诸葛村诸葛后裔，以及湖北、浙江、江西、江苏等地诸葛后裔、诸葛亮学术研讨方面的专家、学者前来参与。举办诸葛亮文化节的重要成果之一为：传承了优良家风，丰富了地方传统文化，增强了民族文化自信，充分调动了诸葛后裔及其他村民参与乡村振兴工作的积极性。

在每年农历十月初十举办的"十月香"民俗活动，亦是阳朔县留公村传承良好家风、形塑村民优良思想素质的成功范例。留公村"十月香"节日的主要民俗活动项目有：祭祀、巡游、地方曲艺表演、商讨村务、修缮公共场所、重温祖训及村规民约等。该村村民主要为黎氏后人，共六大分支2800多人。其祖训为"八条"，即：教忠孝、友兄弟、和乡党、劝读书、勤职业、尚节俭、息斗讼、戒闲游。村规民约则把当今国家和地方法规及新农村建设的各项要求细化其中，规范村民的日常生产生活。"十月香"节庆当天，理事班子邀请武道士（傩舞表演团队）率村民分别到应求宫、双岐宫、文昌阁等寺庙举行隆重的祭祀活动，祭祀活动结束后，首事主持训话，一是阐述黎氏来源，辈分排名，理顺长幼顺序，倡尊老爱幼之风；其次重温祖训及同姓同族之间不能通婚、不能毁坏公物、珍惜土地资源等村规民约；三是确定当年要开展的公益事业和具体项目，公布款项来源，支出明细。祭祀和训诫环节结束后，武道士和地方曲艺团队演员、村民、宾朋组成大型巡游队伍，沿村主要巷道以及土地地界进行巡游。初九、初十、十一的夜晚，理事班子会搭台唱戏，邀请本地和外地曲艺团队，演出桂剧、彩调、文场、山歌等节目。期间，留公村邻近的十里八村都有乡亲拖儿携女前来看戏。留公"十月香"的民俗节庆活动，因其内容丰富多彩，深受当地村民喜爱，尤其是祭祀和训诫活动，成为村民道德素质提升的重要推力，助力了本村及周边村落的乡村振兴工作。

建村近 700 年的传统古村落阳朔县遇龙堡村，依托不断完善的遇龙河竹筏漂流节，传承着良好的家风及地方传统文化，古村落得到了有效保护和不断发展。它正在焕发出勃勃生机，成为遇龙河畔的一颗旅游明珠，每每游人如织。

二、传承优良家风，可培育引领农村社会文明新风尚、传播正能量，为实施乡村振兴战略提供健全的农村基层组织及干部保障

家庭是社会的细胞，理应成为传递正能量、引领社会文明风尚的载体，因而传承和培育良好的家风显得尤为重要。家风连着民风，民风连着社风。好的家风本身就是社会文明进步的重要表征，如果现代每个家庭都有着优良的家风，必然能形成一种优良的民风社风。家风不正的人，不会有大公无私的胸怀；家风不正的社会，也不会有健康良好的政风和民风。为此，习近平总书记指出："不论时代发生多大变化，不论生活格局发生多大变化，我们都要重视家庭建设，注重家庭、注重家教、注重家风，紧密结合培育和弘扬社会主义核心价值观，发扬光大中华民族传统家庭美德。"

乡村中的居民因其所处地理环境、生产生活状况、家族聚居等原因，相互联系、影响更广泛，也由此使得每个家庭的家风对当地民风、社风的影响更为明显，传承优

良家风、倡导传统美德显得更为重要。从阳朔几座古村落的保护、发展实践工作中可知，当优良家风得到有效传承后，不但挖掘、丰富了地方传统文化，提高了农民的思想素质，还为健全农村基层组织提供了思想和干部保障。翠屏、遇龙堡、留公等古村落的党支部、村委会及各经济合作社之所以都能建立健全、正常运作，与时俱进地开展优良家风传承活动，便是其关键所在。

阳朔县高田镇朗梓村，全村共142户487人，为壮族群众聚居地，覃姓占人口总数的95%。因其历史悠久，古迹众多，文化底蕴深厚，2013年8月列入国家住建部、文化部、财政部确定的"中国传统古村落"名录。如何保护、发展这座壮族古村落呢？除筹集资金、高标准规划外，当地党委、政府的另一重要措施就是：以传承优良家风为抓手，建立健全该村的各个基层组织，充分发挥这些基层组织的作用和力量。一是设置村史馆，使优良家风传承有"看得见、摸得着"的载体；二是每年春节在宗祠中举办一次长桌宴，欢迎在外地工作、学习的村民归来，全体族人温习家训；三是以中国弘勤文化研究会的名义，在朗梓村举办"中国乡村旅游文化论坛"，推介壮族覃家文化。

正是由于朗梓村富有成效的优良家风传承活动，使得该村各个基层组织富有很强的工作执行力，在古村落的保护建设发展工作中卓有成效：先后投资近1000万元，高标准编制了《阳朔县高田镇朗梓村传统村落保护发展规划》；完成朗梓村大门、观景台及上山步道、环古建筑水系河堤和河堤路面建设；完成了村内道路硬化、古道石板路面恢复；对瑞枝公祠等古建筑保护性修缮；完成了房屋立面改造50户、拆除危旧房15座；完成了多功能村级办公、活动场所修缮改造。这些工程的实施，有效地改善了村民的生产生活条件，促进了当地旅游产业发展和村民增收，为当地乡村振兴战略的实施发挥了示范作用。2017年朗梓村获得"广西特色旅游名村""桂林市文明卫生村"等荣誉称号。

三、传承优良家风，可凝聚家族力量，适应当今经济及社会发展需要，做强做大农村产业，助力乡村振兴战略的实施

一个家族的家风，因其长期的、潜移默化的特点，对家族成员的素质形塑是至关重要的，其影响是巨大的。在实施乡村振兴战略中，需要乡村中的全体居民高素质的参与，为此，重视对优良家风的挖掘、传承和发扬光大，显得十分必要。

阳朔县翠屏村位于世界自然遗产葡萄峰林核心区，是一座千年古村落，该村自宋代建村以来，得到青山绿水的孕育，人口不断发展与外迁，部分村民迁移在翠屏村附近，形成了周寨、景隆、大林里、龙头山、观音山、九竹山等全部为诸葛亮后裔的诸葛村，总人口达 2500 多人，为我国华南地区最大的诸葛亮后裔聚居地。该村之所以得以不断发展壮大，当地人们都说得益于一部家训，得益于优良家风的传承和与时俱进的发扬光大。这个诸葛村有份独特的传家宝，村民们长期以来一直将诸葛亮的《诫子书》祖训世代相传，成为修身立世、弘扬良好家风的道德规范之一，还将其细化为《广西诸葛氏家族祖训十条》："一曰积德以固根基，二曰守分以免刑罚，三曰崇祀以报孝恩，四曰睦邻以求和顺，五曰孝悌以肃家风，六曰宁静以立远志，七曰耕读以务本业，八曰勤俭以资谋生，九曰勤劳以创财富，十曰赈济以周贫乏。"以此牢记自己作为一代名相诸葛亮的后人，修身养性，宁静致远，发奋图强。为此，明清时期走出了诸葛平、诸葛烋等二十多位钦差、知府、县令等官员，培养了新中国阳朔县首任县长诸葛鑫等政界人，走出了桂林电子科技大学教授诸葛致等文化人，走出了获"中华十大孝心人物和十大敬老人物"诸葛木保等爱心人物。这个传统家族中，不少人传承了先祖的发明基因，诸葛村的木工远近闻名。改革开放后，更多的人到外面做起了木工活，有的现在已变成了让人羡慕的老板。在翠屏村诸葛初生的家里，有一件巨大的石头"组合乐器"，可谓石头组合乐器之首创，由主人诸葛初生所发明，日本的 NHK 电视台慕名前来专题

采访拍摄。

与时俱进的优良家风传承，使翠屏村的诸葛家族在做大做强农村产业中、在乡村振兴工作中，取得了令人瞩目的成就。其重要成就之一，就是利用家族"勤俭以资谋生、勤劳以创财富"抱团发展的理念与力量，村民们集资300余万元，在村域内开辟了五指山景区。该景区位于翠屏村西部，地处世界自然遗产·南方喀斯特地貌·葡萄峰林核心区之核心地带，有"武侯祠""励志步道""劝学亭""状元读书台""北斗七星""诸葛村观赏点""世界自然遗产提名地摄影点"等众多精华景点，是体验世界遗产文化，领悟修身、养德、励志、造学、创业之奥妙的理想场所。五指山景区自2016年5月开发营运以来，深受中外游客青睐，至2017年底接待游客已达2.5万人次，在造福广大游客的同时，也为翠屏古村落的保护发展与振兴，提供了源源不断的财力。

依托良好的家风传承平台，团结族人，凝聚力量，保护古村落，振兴农村各项事业，在阳朔县这样的例子还有阳朔镇的骥马村、高田镇的龙潭村、兴坪镇的渔村等。作为中国传统古村落的龙潭村、渔村，已将整座村庄开发成一个景区，得到了有效的保护和发展。骥马村2017年全村共186户816人，潘姓占总人口的98%，秉承"勇武扬善、勤俭持家"的家风，该村习武经商之风延绵400余年至今，代有人杰。近几年来，骥马村按照全域旅游理念统筹规划，利用紧邻县城的优势，以"打造阳朔第二条西街"为目标，积极整合区域资源，发展了乡村骑行观光游、度假游、农家体验游与养生休闲游等。特别是优良的生态环境吸引了众多的投资者，村内原来闲置古民居租金增长至每年8万元，基本上被投资商抢租一空。各承租商出资出力，对古民居进行修缮，开发了一批以桂北文化生活为主题的客栈、中西格调融合的咖啡屋及养生休闲馆等。如今村内已开发成熟的酒店客栈有古韵潘庄、德铭轩、桃花源等8家具有代表性的农家休闲馆栈，成为阳朔县乡村振兴工作中的一面旗帜，先后荣获"桂林市文明卫生村"、自治区"绿色村屯"、全国首批"中国乡村旅游创客示范基地"等称号，并被联合国儿童基金会授予"无粪便暴露村庄"，也带动了周边村落的发展、振兴工作。

总之，传承优良家风工作在实施乡村振兴战略中具有十分重要的作用和意义：较好地传承、丰富了农村优秀的传统文化，在优秀的地方传统文化中寻找出农村发展进步及振兴的力量；较好地形塑了新时代农民的思想素质，充分调动和发挥了广大农民在乡村振兴战略中的主体作用，为实施乡村振兴战略提供了健全的农村基层组织及干部保障；较好地针对农村特点，引导、组织家族力量，适应、服从服务于当地经济及社会发展的实际需要，做大做强农村相关产业，使乡村振兴战略真正落到了实处，广大农民得到了实实在在的好处，实现了乡村振兴战略的目标：农村美、农业强、农民富。

参考文献

[1] 广西古村落史料集成·阳朔卷

[2] 阳朔县黎氏史料汇编

作者简介

朱　锋　阳朔县文新广体局，政工师

梁玉萍　阳朔县高田镇政府，政工师

广西诸葛后裔家风建设与传承浅议

诸葛保满

【摘要】 家风是中华传统文化传承的主要形式之一，广西诸葛后裔的家风建设是传承诸葛文化的主要体现。作者通过查阅《广西诸葛氏宗谱》《阳朔县志》等文献，深入广西诸葛后裔聚居村落参加各类民俗活动、走访诸葛后裔等方式，对广西诸葛后裔家风建设与传承进行研究与梳理，就广西诸葛后裔家风建设的主要蓝本、广西诸葛后裔家风建设的主要形式、广西诸葛后裔家风建设的主要影响展开论述，找出了家风建设与诸葛文化传承之间的一些联系以及广西诸葛后裔家风建设的特征与影响。

【关键词】 广西；诸葛；后裔；家风；文化；传承

家风也叫门风，是指家庭一贯的作风，是给家中后人们树立的价值准则。中华民族历来重视家风建设，家风正则人才辈出家门兴旺，家风不正则反之。习近平总书记关于家风的一段话，"不论时代发生多大变化，不论生活格局发生多大变化，我们都要重视家庭建设，注重家庭、注重家教、注重家风……"

广西诸葛后裔，是阳朔、临桂、荔浦、富川等四县133个诸葛村一万六千余名诸葛后裔的群体。自晋以来，诸葛后裔移居广西阳朔，不断繁衍生息扩至133个村庄。千百年来，居住在广西的诸葛后裔，以家风建设与传承，将诸葛文化与周边的壮、瑶、苗等民族文化融合，形成了与中原文化一衣带水，且具鲜明广西特色的文化符号。

广西诸葛后裔家风建设的主要蓝本

广西诸葛后裔家风建设的主要蓝本是诸葛亮《诫子书》《又诫子书》和《广西诸葛氏家族祖训十条》。这些是广西诸葛氏家族一千多年来代代传承的"传家之宝",也是教育和团结宗亲的纽带和桥梁。

一、《诫子书》:夫君子之行,静以修身,俭以养德,非淡泊无以明志,非宁静无以致远。夫学须静也,才须学也,非学无以广才,非志无以成学。淫慢则不能励精,险躁则不能治性。年与时驰,意与日去,遂成枯落,多不接世,悲守穷庐,将复何及。

【译文】品德高尚、德才兼备的人,是依靠内心安静精力集中来修养身心的,是依靠俭朴的作风来培养品德的。不看清世俗的名利就不能明确自己的志向,不身心宁静就不能实现远大的理想。学习必须专心致志,增长才干必须刻苦学习。不努力学习就不能增长才智,不明确志向就不能在学习上获得成就。过度享乐和怠惰散漫就不能奋发向上,轻浮急躁就不能陶冶性情。年年岁岁时日飞驰,意志也随光阴一日日逝去,于是渐渐枯零凋落,大多不能融入社会,可悲地守着贫寒的居舍,那时(后悔)哪来得及!

二、《又诫子书》:夫酒之设,合理致情,适体归性,礼终而退,此和之至也。主意未殚,宾有余倦,可以至醉,无致迷乱。

【译文】宴席上的酒设置,在于合符礼节、表达情意,适应身体和性格的需要，礼节尽到了就该退席，这就达到和谐的顶点了。主人的情意还未尽，客人也还有余量，可以饮到酒醉，但也不能醉到丧失理智而胡行乱来。

三、《广西诸葛氏家族祖训十条》：一曰积德以固根基，二曰守分以免刑罚，三曰崇祀以报孝恩，四曰睦邻以求和顺，五曰孝悌以肃家风，六曰宁静以立远志，七曰耕读以务本业，八曰勤俭以资谋生，九曰勤劳以创财富，十曰赈济以周贫乏。

【译文】第一条，以高尚的品格立世，才可以打牢根基；第二条，安守本分才可以免遭刑罚；第三条，崇拜奉祀才可以传承孝恩传统；第四条，与邻居和睦相处才可以形成温和柔顺的品格；第五条，长辈做到孝敬父母、友爱兄弟才可以整肃家风；第六条，身心宁静才能实现远大的理想；第七条，勤耕重读是最根本的要务；第八条，勤俭节约是谋事创业的根本保证；第九条，辛勤劳作可以创造财富；第十条，有了一定的能力，应通过赈济善举帮助处于困境的人以报效社会。

一、广西诸葛后裔家风建设的主要形式

（一）家训

首先，在历代版本的广西诸葛氏宗谱上总能够看到《诫子书》全文，在广西诸葛后裔散居的村庄特别是诸葛宗祠，也可以发现《诫子书》内容，其中有些弃掉《诫子书》标题，直接命题为《诸葛家训》或《家训》。因此，诸葛亮的《诫子书》得以代代

相传,成为后裔修身立世的道德规范之一。其次,诸葛后裔在族人聚会时倡导活动程序的第一项均为诵读《诫子书》。常言说:书读百遍,其义自现。通过多次诵读,对后裔们领悟《诫子书》精神起到了助推作用。明朝洪武年间,广西阳朔诸葛后裔诸葛平,在乡试中高中解元,初任应城县令,任上减免徭役,减轻赋税。后调任乐会知县,又条陈裁撤县衙中的冗员名额。由于他治县有功,封吏部主事,升为郎中,出任湖南参议。后乐会士民将他祀于名宦祠,阳朔县士民将他祀于乡贤祠。如今年过八旬的广西临桂县南边山乡富汴村诸葛江,对《诫子书》多次诵读、熟记于心,在为人处世上得益于家训的教诲,淡泊明志宁静致远,深受同事好评,主编了《桂林市供电志》等志书,有桂林供电系统"小诸葛"美誉,退休后以《诫子书》为主要内容练习毛笔书法,获得了省市县荣誉,也扩大了《诫子书》的影响力。广西阳朔县葡萄镇翠屏村诸葛来旺是翠屏村村医,一直依照家训教育子女,不为良相即为良医的思想生根开花,长子继承父业当村医,次子勤苦学习,现为广西桂林电子科技大学教授,其孙子和外孙于2014年同期考上第一批本科高校,进入广西师范大学和广西民族大学学习。而九竹山村诸葛木保35年如一日在葡萄敬老院伺候孤寡老人,让203位老人善终,被两度评为中华孝老爱亲之星。

(二)家祭

诸葛后裔祭祀诸葛亮的公开礼仪自明代开始。明朝嘉靖皇帝给河南南阳忠武侯庙《敕赐忠武侯庙规祭文祭品》文中,有"春祭用次丁日,秋祭用八月二十八日"的规定。诸葛后裔遵照朝廷规定,自此有了比较规范的祭祖仪式,至清朝不断完善和补充,形成独具特色的祭祖习俗。广西诸葛后裔祭祖习俗包含史学、文学、音乐、舞蹈、美食、服装工艺、场景布置等,带有明显的群体特征。遇上诸葛亮诞日、忌日逢五逢十等年份,则较为隆重,一般会着古装、复古礼,通过读祭章、训诫等缅怀诸葛亮丰功伟绩的一生,并训诫后裔传承其忠诚事国,严于律己的精神,牢记《诫子书》中"俭以养德、静以修身"和"淡泊明志、宁静致远"的训导。千百年来,衍生的诸葛后裔祭祀文化为诸葛文化中的璀璨明珠而引人注目。2013年5月,广西诸葛后裔受邀到山东沂南诸葛亮纪念馆进行了祭祖习俗专场展示;2014年12月,广西诸葛后裔受邀在广西阳朔第十六届漓江渔火节·探秘世界最美峰林活动现场展示祭祖习俗;2016年4月,广西诸葛后裔受邀到陕西勉县武侯墓景区进行祭祖习俗专题展示。

（三）传播

一方面利用丰富的民俗文化活动传播诸葛文化,这其中最有生命力的就是诸葛后裔祭祖民俗活动,后来经过政府引导,转型成阳朔葡萄诸葛亮文化节,至今已经成功举办六届,每一届的主要活动还是祭祀大典,外加民俗巡游、文艺表演、诸葛长桌宴、摄影比赛、孔明锁解锁比赛、诸葛智慧文化体验等。广西诸葛还后裔结合家训和自然风光,创作了以传承诸葛文化为主要内容的个性春联,翠屏村成为阳朔首个个性春联村,让春联这一传统文化传播诸葛文化,为家风建设推波助澜。另一方面,诸葛后裔紧跟形势,在2000年左右主动跟各地诸葛亮学术研究组织对接,展示富有广西地域特色的诸葛文化,并利用中央电视台、新华网、日本NHK电视台、腾讯新闻、襄阳日报等各种新闻媒介加大对诸葛文化的传播力度,自2012年开始自办免费交流的家族报纸《广西诸葛》,以诸葛要闻、人物故事、地方风情、文化研究为主要版块,已经连续成功出版19期,发行到广西区内的四县133个村,以及社科联、宣传部、文化局等党政部门,向广西区外的山东、浙江、湖北等地20个诸葛亮学术研究组织或诸葛后裔聚居地赠阅。在此基础上,还做好了新媒体,更大范围地传承与传播诸葛文化。

二、广西诸葛后裔家风建设的主要影响

（一）勤耕重读，人才辈出

广西诸葛后裔家风建设与传承的主要影响就是勤耕重读传统的形成，他们以先祖诸葛亮为榜样，争先创优。阳朔县葡萄镇的诸葛后裔传承诸葛亮"诸葛连弩""孔明锁""木牛流马"等体现出的智慧文化，致力于木工技艺传承。如今，诸葛金甫的花园家具城、诸葛孟的振优家具家电城、诸葛金海的金海家具城等家具商场占据整个葡萄镇90%的市场份额。翠屏、龙头山、大林里、九竹山等村庄更是有一大批木工、建筑方面的能工巧匠常年活跃在葡萄镇大大小小的建筑工地和装饰领域。在阳朔县葡萄镇，散居在该镇38个自然村的诸葛后裔所形成的诸葛家族有"桂北木工世家"的雅誉。葡萄镇下岩村的诸葛全生则弘扬与诸葛亮有关的美食文化，自己的事业越做越大。他研发的阳朔大师啤酒鱼，弘扬和传播诸葛聪明菜、诸葛馒头、诸葛忠义菜等，同时用诸葛文化潜心提升阳朔漓江啤酒鱼的品质，在阳朔县举办的啤酒鱼王争霸赛中一举夺魁，也因烹饪绝技两度走进中央电视台展示阳朔地方美食文化。阳朔大师傅啤酒鱼店从一个30多平方米的小排档升级为拥有10家连锁店，全阳朔店面最宽、员工最多、评价最好、效益最佳的啤酒鱼连锁店，堪称阳朔餐饮界翘楚。自宋至清，广西诸葛后裔通过科举高中进士、解元、贡生等20多人，民国时期也有当上军参谋长的。新中国成立以后，阳朔县政府的第一任县长就是翠屏村诸葛后裔诸葛鑫，同时，有考上清华、北大的大中专生一大批。阳朔葡萄镇的诸葛青和诸葛力这对父子就是高考"一门双状元"新代表。

（二）吸纳融合，不断完善

广西诸葛后裔传承诸葛文化，注意不断吸纳、交流、融合，就聚居地而言，广西

是壮族、苗族、瑶族等少数民族为主的地区，其在广西扎根生活起居、婚恋嫁娶、生养病死等均与当地少数民族文化深度融合，当前有部分诸葛后裔随母确定民族成分，故此广西的诸葛后裔以汉族为主，也有壮族、瑶族、苗族等少数民族。生产生活习俗以汉文化为主，融入了壮、瑶、苗族文化，如山歌、彩调、桂北民居等等。特别是近年来，广西诸葛后裔家风建设更注意交流、吸纳，如 2014 年组织阳朔籍专家学者开展家风建设论坛，2017 年又组织了广西阳朔本土以及湖北襄阳的专家学者，浙江、江苏、江西等地诸葛后裔参与的家风建设与传承研讨会，通过学术交流达成了更多共识。广西诸葛后裔的家风建设日趋形成自身的亮点与特色，阳朔县社科联还于 2017 年 4 月份起，开展"家风建设进校园"活动，由广西诸葛后裔作为主讲人，到阳朔中学等中小学的家长学校就家风建设进行讲解，将诸葛后裔家风建设与文化传承的主要经验分享给广大家长。

参考文献

[1] 广西诸葛氏理事会《诸葛氏宗谱》（民国二十六年）[z].

[2] 阳朔县人民政府《阳朔县志》（1986-2003）[z]，方志出版社.

作者简介

诸葛保满　阳朔县报社副社长

灵渠渠系工程的生态美学效应

武有能　唐基苏

灵渠渠系工程是我国水工技术发展的集大成者。她最先是一项军事工程,更是一项航运工程、水利工程和民生工程。纵观灵渠设计的整个架构,尤其难能可贵的是,灵渠除在水工工程学上独具诸多特点之外,灵渠渠系工程的建设还充满生态美学的架构,表现了工程建造者高度的人文情怀与生态智慧。也就是说,在生态美学的三大层次中,自然生态是其基础。而社会生态、人文生态则属于精神领域的自我认知与知性体验。所以,灵渠渠系工程所表现的生态美学的意义,显然体现在其工程设置完全顺应地理生态的同时,对渠道筑坝与开凿的环境生态、应用生态、水生生态作了美学的诠释和表达。其设计显示的天人合一的生态美学思想,值得今人借鉴。

一

灵渠水坝选址科学精当,举世公认。其设计显示的天人合一的生态美学思想,可谓令人叹为观止。首先,坝体的建构采取江心铺设滚水坝拦水,并筑"人"字形坝体分流,这种构思已经超越了都江堰劈开玉山顺势引流的难度,其设计精度与对流量力学的计算,在没有精密仪器测量的技术条件下,达到了今人都难以达到的高度。值得指出的是，有今人质疑人字大坝并非秦代所建，这是毫无依据的。因为，这种运用犁铧尖嘴分水的方式在灵渠构筑之前的秦昭王末年，也就是约公元前256至前251年之间，四川的李冰已经用于都江堰。这说明在灵渠修筑的40多年前，它就已经是成熟的技术了。其次，大坝采用在水面宽阔的溁潭江心拦河，滚水设坝，既便于南北分水，顺流行舟，又完全保留了海阳河的原生生态，即筑坝以后的影响，仅仅是河床上的坝体略为抬高而已，而且无论旱涝，"三七"分流的水量都能保障南渠与北渠的通航功能。因为在灵渠北渠与湘江故道汇合处，由于北渠水流的回归，湘江北去的水量，就已经恢复正常了。可以说，分流后的不良影响，至此已经化为无形。而在盛水季节，遇到洪峰来临，洪水通过低坝滚水溢洪，主流泄入湘江故道，其余洪水则分别进入南北两渠进行二次分洪。故堰坝增高洪峰的作用，基本消解。再次，"人"形的坝体设计避免了横江拦河所形成的洪水正面冲击力，减少了坝体被洪水冲垮的概率。由于"人"字尖嘴的分流作用，分流后的洪水势能已经被斜着的坝体相对化解，洪水沿着人字的撇捺，分别改向形成对冲水流流入湘江故道，其正面冲撞的破坏力就相对减弱，这对坝体和周遭河床的侵蚀与压力，也相对减低，这种巧妙的布局，简洁的构架，不仅美观，无损环境生态，而且经济实用，其工程创意所表达的美学意义凸显无遗。第四，灵渠滚水坝的坝体构建，采用油松固基，斜插鱼鳞石干砌毛石，不用砂浆勾缝而借助水流挟带的沙石自然填满毛石间的空隙，水流使之愈冲愈紧，形成整体结构而浑然一体。坝的迎峰面平砌青条石，凿燕尾形公母榫凹槽用石灰及熬米汁灌缝，或灌铁浆镶扣，坝顶则升高脊面曲线，坝体下游砌成重力式滚水坝斜坡式多级消能结构。如此，不仅提高了重力式滚水坝的抗冲刷能力和稳定性，同时也使得整个建筑结构形式简单，坚固持久乃至千年不坍。此外，在滚水坝的下游，保留宽阔的河滩及柳林，使之成为生态堤坝，这些柳林，每当洪水来袭，他们便形成天然屏障，壅高水位，使大小天平的水位与柳林的水位持平，从而减少了洪水对坝体的冲刷，保证了坝体的安全。第五，灵渠南北两渠，分别设置了泄水天平。北渠在水泊村附近，开有一个堰口，专门消解湘江主河道涌入北渠的洪水；南渠在飞来石下游 200 多米处所设泄水天平，则将主河道涌入南渠的洪水分流到湘江故道，从而保障下游城区的安全。这种渠道上构建二次分洪的泄水天平，不能不说是灵渠先人的创新杰作。它们是对我国古人治水疏导原则的活的运用，也是灵渠之所以"灵巧"的具体体现之一。第六，在古代，发源于今灵湖一带山冲的双女井溪，是直通县城流入湘江的重要水系。直至 20 世纪 60 年代，该河道还水量充沛，两岸杨柳低垂，芳草萋萋，田园如画。就是这条古人称之为"漓江"的河道，在今县城马嘶桥处与南渠成垂直相交，构成十字交叉的格局。在如何处理渠道与溪河交汇的关系上，灵渠开凿者表现了高超的生态智慧和工艺匠心。他们只在溪河与渠道相交的进渠口和靠近湘江一侧堤岸上分设了两个闸门，当水的流量大的时候，就放低两边闸板，让流入灵渠的水与原渠两水汇合，形成整体，使得渠水与溪河水正常流动，渠水照例迤逦前行，南流下游；闸口则将溪河涌入的水导引到湘江故道，形成两水动态的平衡。如此装置，就构成了我国水利史上罕见的水立交，仅此简单举措，其精巧构思，独树一帜，简洁美可见一斑。

二

灵渠结构之巧，堪称巧夺天工。其设计理念，富含中国古老的哲学智慧和艺术美感。而在其运行过程中，其在应用生态方面所呈现的应用美学，也不乏经典之作。

众所周知，生态美学是在 20 世纪 80 年代中期以后，生态学取得长足发展并逐步渗透到其他各有关学科的情况之下逐步形成的。但是，灵渠这项古老的工程，其在千百年前就遵循了美学的原则，她在顺应自然和改造环境中早就掌握了儒家生态伦理思想的法则，在术数运用和技术开发中已经注意到术技的副作用及工程启动后对人类的报复等弊端，以致自觉严守"天人合其德"，"天道生生，仁民爱物"以及"毋变天之道、毋绝地之理"的生态伦理，从而创造了灵渠这样举世闻名、高度融入环境而没有产生任何生态副作用的伟大工程。

　　灵渠陡门（当地俗称"斗门"）的运用，是灵渠设计者在应用美学方面所作的最伟大的贡献。陡门始于灵渠，目前史学界对此几无异议。但陡门最早的运用始于何时，则意见不一，甚至还出现争论。依笔者看来，从灵渠四贤修浚灵渠所留下的碑文及有关史料得知，至少在唐朝时，李渤在宝历元年（825）由朝中调任桂州，过灵渠见渠水"潺潺然不绝如带"渠道淤塞，通航功能弱化，于是"重为疏引，仍增旧迹，以利行舟，遂铧其堤以扼旁流，斗其门以级直注，且使溯沿，不复稽涩"。但是，李渤这次整修灵渠，效果不佳，所以才有43年之后的鱼孟威再次整修灵渠，此时，鱼孟威吸取了李渤的经验教训，将陡门在原来基础上"增至十八重"，即"咸通九年（868）刺史鱼孟威以石为铧陡，亘四十里，植大木为斗门至十八里（重），乃通巨舟"（《唐书·地理志》），这说明唐朝的维修是在原有陡门毁损的基础上进行的。由李渤的"仍增旧迹"到鱼孟威的"增至十八重"的表述中，可知在唐以前陡门已经存在。其道理在于，因有"旧迹"，才有"仍增"。要不，"增"从何来？所以，这说明并非唐代才始建陡门。而据宋范成大的《桂海虞衡志》所载，早在史禄凿渠时便同时建筑了陡门。但后人仅以北宋欧阳忞所撰的地理总志《舆地广记》中"今范工（公）乃云即史禄所造，殆失考"的表述，否定范成大的论证，是有失武断的。因为"失考"只是找不到确切的记载而已，但找不到史书记载并不能说明实际没有。这是应当存疑而不能下结论的。而实际上，陡门是有可能与灵渠的通航同时出现的，因为要解决进入岭南的10万秦军的粮草辎重问题，没有河道水运，是断难实现供给的，而当时如果没有陡门的辅助，又是如何解决舟船的上行下航问题呢？甚至，唐以前的上千年来，如果没有陡门这种设施，灵渠的漕运怎么能够得以延续？所以，道理很简单，说陡门开建于唐，那么对前一千多年的航运历史难于解释；说宋以后才出现陡门，那就更加谬之千里了。据此，应当说范成大的论断是符合史实的。至于有人说没有陡门时的航运是靠人工拉纤通航，那也不可否认。因为史书上确曾出现过官府抓人拉纤，以致县域男丁大量逃亡的记载。但如果千年如此，那兴安还有人居住吗？所以，依托人工拉纤通船是有前提的，那就是在陡门崩坏失修的一定时段里，陡门没法使用时所采取的临时之举。

  陡门的运用解决了载重船只的上溯与下滩难题。灵渠先人的创造性思维和美学思想，在简易的用渠装置中得到充分显现。其一是其设计原理科学，利用水位的升降上举百舸下送轻舟，其轻松流畅，运转自如，妙不可言；其二是设备简单，就地取材，因地制宜，操作易行。陡门的装置，先是仅在渠的两岸植大木作桩，铺设槎马陡杠、竹箅竹篢，拦水壅涛而过往自如的。此等构思，可谓顺天之道，尽人机巧，富含美感；其三是灵渠除了陡河上大斗门的运用，还在沿渠两岸设计了许多"小斗门"。这种陡门的功能主要运用于灌溉。它们是建在灵渠堤岸上的小型四方"塘孔"，一般用小木板或水草拦水或堵塞。每逢雨多水量大的时候，人们就放下闸板或用泥草封堵闸口，不让渠水流进农田；如遇天旱，人们就抽开闸板或扒开泥巴野草，放水进田灌溉农作物，成为排灌系统的有机部分，从而保障农业的收成。这种装置，据飞来石上的石刻铭文记载，至少在明洪武二十九年（1368）严震直奉旨疏浚灵渠时就有 26 个"涵孔"，这是将陡门运用于灌溉的另一种形式，其功能虽小，但对发展灵渠两岸的农业生产，起到了重要的作用；其四，巧妙设堰，灌溉农田。据解放前夕统计，在南渠就筑有堰坝 32 座，其中堵水入沟、自流灌田的有 4 条，如芋苗冲村附近的横头坝沟，沟从芋苗冲村前直下，长 3.5 公里，灌芋苗冲、车田等处稻田数百亩。其余堰沟则专负或兼负激水转车的任务，共计大小筒车 166 架，灌田数千亩。考其灵渠上的堰沟及筒车，至迟在南宋乾道年间（1165—1174）就已经创建，明代季氏族人和他姓的劳动人民不断拓展和新筑，后来推广至整个漓江流域，对发展农业生产起到了重大的作用。

三

一般而言，水利工程的修建，一定会或多或少产生一定的生态负效应。主要的表现就是会引起生物个体、种群、群落及其生存环境的改变。特别是拦江水坝的构建，会一定程度影响原有河道水生生物的生存环境。而水生生物对这种环境变化的反应，常以多种形式表现出来，主要有迫迁、阻隔、增殖、伤害、分布变化和病源生物扩散等。就灵渠工程来说，其主要的不良生态效应就是阻隔影响。

众所周知，水工建筑建于河道，新建筑体不管是堤坝还是涵闸就切断了原有天然河道或江河与湖泊之间的通道，这使得鱼类觅食和生殖洄游受阻，鱼类分布和产量改变。以与灵渠紧密相关的湘江为例，据湖南省水科所提供的数据显示，20世纪70年代，湘江四大家鱼鱼苗资源有20多亿尾，现在锐减至不足1亿尾。湘江作为青、草、鲢、鳙"四大家鱼的摇篮"，其前景堪忧。目前，湘江多种鱼类濒临灭绝，水生生态严重失衡。据监测，湘江近年渔获物中，90%为湖泊定居性鱼类和短距离洄游产卵鱼类，四大家鱼等漂流卵鱼类仅占一成左右，野生种群比例下降到6%。湘江的鱼类中，白鲟、鲥鱼、暗纹东方鲀、日本鳗鲡、鲸鱼、鳍鱼、长薄鳅等近10年监测未见踪影，或已功能性灭绝；长颌鲚、岩原鲤、胭脂鱼、中华倒刺鲃、白甲鱼、湘华鲮等已达到"极危""濒危"等级；青鱼、草鱼、鲢鱼、鳙鱼、鳡鱼等江河洄游性鱼类资源严重衰退。而究其根本原因，是鱼类"回家的路"受阻。具体包括水工建筑拦截河流、水域污染、过度捕捞、采石挖沙、生物入侵等。在这些原因中，水电大坝拦截河流，无疑是鱼类资源急剧减少的首要原因。因为洄游性鱼类有其自身的越冬、产卵与索饵路线。大坝拦截河流，鱼类洄游通道受阻，不能翻坝到产卵场产卵，江里的鱼就会越来越少。湘江出现的这种生态危机，是与湘江干流所建的9级拦水大坝密不可分的。正是由于一个又一个大坝，阻断了上游水域的亲鱼产卵，失去了漂流性鱼卵需要上百公里的自流河道，以及产卵所需的一定的流速、水温条件。而大坝导致河道"池塘化"，漂流性鱼卵容易沉入水底死亡，鱼类种群数量便大大消减。这种减少，我们兴安人也感同身受，过去湘江中曾经常见的"白鳝"（学名鳗鲡），已经近于灭绝。这种白鳝就属于洄游鱼类，它的成鱼在太平洋深海里繁殖，幼鱼又顺着父母游走的路线回家，沿长江过洞庭湖，来到湘江生长。近10年来湘江已经没有监测到野生白鳝，这种生态灾难，正是由于湘江水电大坝拦截河流，鱼类洄游通道被切断，产卵场被淹没，索饵区遭破坏，乃至鱼儿失去了家园，面临灭顶之灾所致。

然而，令今人没有想到的是，灵渠的渠系工程，在上千年以前就已经掌握了鱼类洄游的规律。灵渠先人为消除灵渠鱼类洄游的阻隔影响，不仅用低作坝滚水来保障鱼类上溯洄游的自由，而且在筑坝截流时预留了各种鱼类的生命通道，那就是在坝体下面预留"塘孔"。

灵渠鱼道的设置应当不是近代的产物。它是与坝体修建时一体呵成的。灵渠鱼道的设计主要考虑鱼类的上溯习性。在闸坝的下游，鱼类常依靠水流的吸引进入鱼道。鱼类在鱼道中靠自身力量克服流速溯游至上游。鱼道由进口、槽身、出口和诱鱼补水系统组成。进口多布置在水流平稳，且有一定水深的岸边或溢流坝出口附近。常用的槽身横断面为矩形，用毛石在坝的底层砌成直通小沟穿过坝体直达上游坝体的迎水面。一般塘孔的出口靠近岸边，通常地势最低，水流平顺，以便于枯水期鱼类的自由游动。灵渠的鱼道设计很注意进口位置的选择，这种装置在冬修的时候就会显露出来。灵渠大小天平尽管有北渠和南渠的泄水天平与湘江故道相连，这使得鱼类洄游有诸多便利。但它的坝下，仍是留有相关通道的。至于南渠渠道中的许多拦水坝，更是预设有鱼道来沟通上下游。笔者曾在20世纪70年代初，在灵渠南渠的赵家堰见过这种塘孔。天旱的时候，也见过个子较小的孩子，钻进鱼道也就是塘孔，从中摸出鲶鱼、塘角鱼甚至水鱼等鱼类，那正是冬修清淤，放干塘堰，水位下降以后，鱼类聚集在水位较低的鱼道内被抓的结果。而这种塘孔，是当地民间每每整修水坝之时沿袭前人惯例而保留的。

只是人们不知道，这种装置，就是古人给鱼儿留下的生命通道，叫做鱼道罢了。

灵渠的建构真可谓是一项精妙绝伦的工程。她如同一部伟大的作品，流传古今。而灵渠渠系工程架构的生态美学效应，不仅是灵渠这部伟大著作中的一个亮点，更是古人对环境保护的杰出贡献与传奇。

参考文献

[1]. 唐兆民. 灵渠文献粹编 [M]. 北京：中华书局，1982.

[2]. 章海荣. 生态伦理与生态美学 [M]. 上海：复旦大学出版社，2006.

[3]. 宿富连，吴海星. 兴安史话 [M]. 南宁：广西人民出版社，2016.

[4]. 刘建新. 灵渠 [M]. 广州：广东人民出版社，2010.

[5]. 唐基苏. 灵渠与都江堰的比照分析 [J]. 中国桂林市委党校学报，2012（2）.

[6]. 张尚武，武深树. 打通鱼类洄游"生命通道" [N]. 湖南日报，2017—07—18.

作者简介

武有能　桂林电子科技大学艺术与设计学院原主持工作副院长，画院院长，教授，硕士研究生导师。

唐基苏　中共桂林市委党校科研处原处长，学报主编，编审，责任编辑。

从几张修业文凭看清末民初桂林教育

蒋 将

清光绪二十九年（1903），清政府颁布《奏定学堂章程》，推行新学制，与此同时，两广总督岑春煊创办两广学务处，光绪三十年（1904），两广学务通令各府、厅、州、县设学务公所，专司兴办学堂，从此开启了近代广西乃至桂林教育的变革。图1-图6这几张为同一学生的修业文凭就是这段历史的最好见证。图1-图5为清末桂林小学堂的修业文凭，在"清末新政"的时代大环境下，桂林的新式小学教育开始出现，并得到初步发展。当时桂林开办了多所小学堂，光绪三十年（1904），于文昌门外广西高等学堂内附设小学堂，此为桂林最早的新式小学；光绪三十一年（1905），于宣城书院旧址开办临桂两等小学堂（今桂林榕湖小学处），广东旅桂同乡会于东华路开办私立公益小学堂（今桂林中华小学处），蒙泉书院改为蒙泉小学堂，广西简易师范开设附属高等小学堂；光绪三十三年（1907），于桂林五个警察区境内开办小学堂各一所，后各区小学堂又另附设夜小一处；宣统元年（1909），于王城西北角开办广西省立模范小学堂；同年，分区开办简易半日（夜）学堂各一所。此外，桂林还开办有兑泽小学堂、大埠乡学堂、广西女子师范学堂附设女子小学堂等。至宣统元年（1909），桂林府有各类小学堂149所，其中有高等小学堂2所，两等小学堂26所，初等完全小学堂119所，半日学堂2所。上面提到的宣统元年（1909）开办的广西省立模范小学堂应与图4、图5的广西省城模范两等小学堂为同一所小学堂，而"广西省城模范两等小学堂"才是其正规的名称，"两等"即初等和高等之义。图1-图3的桂垣官立左区第一初等小学堂是否与桂垣书局有着一定联系，还是仅仅只是"桂垣"二字偶合，两者毫无关联，是个可以进一步研究探索的话题。桂垣书局又名桂林书局，是广西最早的书局。光绪十六年（1890）春，广西巡抚马丕瑶在去年奏请朝廷要于省城开一书局而被获准的前提下，择址在桂林叠彩山脚的秀峰书院西斋，创办了桂垣书局，书局布局为五间三进，一进为刻书处，二进为读书堂，三进为藏书楼。民国二年（1913）藏书由广西图书馆接收。桂垣书局作为书院专门出版机构，广泛征集图书，选择善本分类分批缮刻印刷，并向广西全省发售，为文化教育事业的发展作出了巨大的贡献。在这种历史背景下，"桂垣官立左区第一初等小学堂"若与"桂垣书局"有一定关联的话，则填补了这段教育文化史的空白。

新式小学堂的创建发展，离不了师资的培养，为解决师资问题，光绪二十九年（1903）清政府颁布了《奏定初级师范学堂章程》，规定初级师范学堂专门负责培养小学教员，五年方可毕业。图6的广西第二初级师范学校前身是广西第二初级师范学堂，光绪三十四年（1908）九月，广西第二初级师范学堂开办，校址设于桂林大校场的广西陆军小学堂旧址。民国元年（1912），广西第二初级师范学堂改为广西第二初级师范学校，至民国五年（1916），共招生5个班，学生228人。

光绪二十九年（1903），桂林初等教育分初、高两级。初等小学堂凡年满7岁的儿童均可免费免试入学，毕业后升入高等小学堂肄业。光绪三十一年（1905），桂林蒙泉小学堂、临桂两等小学堂均按7岁入学。从图1-图3可看出，桂垣官立左区第一初等小学堂于光绪三十四年（1908）和宣统元年（1909）颁发的第二学年第四学期、第三学年第五、第六学期的修业文凭，写明时修业学生年龄分别为9岁和10岁，可知其8岁入学。但细心观察，图4、图5写明该生还是10岁，时已宣统二年（1910）了，图6则为15岁，时民国元年（1912），明显有违常理，说明当时学堂（学校）在学生个人基本情况信息的处理上并不严谨；另图1至图5，写明学生为江苏常州府武进县人，图6写明为桂林府临桂县人，按常理分析，一应为学生之籍贯（常州武进），一则应为学生现居地（桂林临桂）。这几张修业文凭还写有学生家族三代长辈之姓名，反映了当时重家族荣誉的社会观念和时代特征。当时桂林的学堂非常注重思想品德教育，与古代教育理念一脉相承，以孔孟之道为中心，灌输以"忠君""尊孔"为主的思想教育，要求学生按"四书五经""三纲五常"作为修身治人的准则。光绪三十四年（1908），广西第二初级师范学堂教育要旨中规定："第二、……教师范者务当化导学生，养成其良善高明之性，惟使不萌邪妄卑鄙之念；第三、尊君亲亲，人伦之首，立国之纲，必须常以忠孝大义训勉各生，使其趋向端正心性纯良；第四、孔孟为中国立教之宗，师范教育须恪遵经训，阐发要义，万不可稍悖要旨，创为异说。"至民国元年（1912），中小学仍要求学生以孝悌为本，养成亲爱、信实、义勇、严敬、勤俭诸德，女生要养成贞淑之德行。当时开设的思想品德教育课有修身课和读经讲经课。光绪三十一年（1905）至宣统三年（1911），桂林城内各级中小学堂均遵照《奏定学堂章程》规定开设修身课，该课根据《四书》《孝经》《礼记》的基本思想，授以伦理道德要旨。时临桂两等小学堂、广西省城模范两等小学堂以摘讲朱子《小学》《四书》要义为主，旨在养成儿童德性，使之不流于匪僻，不习于放纵。民国后，学校教育仍很重视修身课，从图6可知晓，民国元年（1912）的修身课名列各学科之首，可知其在当时的地位，直到民国11年（1922），修身课才停设。而读经讲经课自光绪三十年（1904）桂林各中小学堂增设，到民国元年（1912）中小学就一律废除了。

　　清政府规定初等小学完全科设8门课程，高等小学设9门课程，光绪三十一年（1905），桂林蒙泉小学堂教授科目有修身、读经、中国文字、算术、历史、地理、格致、体操等，随意科有手工，每星期授课36小时；临桂两等小学堂教授科目有修身、读经讲经、中国文学（初小为文字）、算学、中国历史、地理、格致、图画、体操等9门为完全学科，每周授课时数以36小时为限。同年，桂林府中学堂依照《奏定中学堂章程》规定，设修身、读经讲经、中国文学、外国语、历史、地理、算学、博物、理化、法制及理财、图画、体操等12门课程；民国二年（1913）起，桂林县立中学根据教育部

《中学校令》规定，开设修身、国文、外国语、历史、地理、数学、博物、物理、化学、法制经济、图画、手工、乐歌、体操等14门学科。至于桂林初级师范学校的课程，从图6可以看出，有修身、国文、英文、历史、地理、算学、博物、理化、教育、音乐、图画、习字、体操等13门学科，其中教育、习字为根据初级师范学校特点专设的。

　　清末，学堂实行春季始业，年终计算成绩以决定升级、留级或毕业等。光绪年间的《学务纲要》中规定，考查学生分品行和学业两个方面，品行由教员根据学生平时语言、行礼、容止、做事、交际、出游等情况评分，学业成绩则按临时考试、期终考试、年终考试和毕业考试计算。临时考试由各学科教员每月举行一次，期终考试、年终考试，由堂监或堂长会同教员于暑假前和年底分别举行。年终考试后，计算各科分数，根据平均分决定升级或留级。图5为宣统二年（1910）年底颁发的修业文凭，是按临时考试与学期考试总平均分数再减去旷课应扣分数而得出该学期实得分数的，民国元年（1912）8月颁发的修业文凭（图6）的学期计算成绩方式与之基本一致，可知民国初年桂林仍沿袭清末之学生学业成绩考查方式。

　　清政府新政时期的改书院为学堂，使学堂成为清末新式教育机构的通称。清末于学堂设堂长或监督主持校务，中华民国成立后，教育部为稳定全国的教育秩序，于1912年1月19日颁发了《普通教育暂行办法》，第一条规定："一、从前各项学堂，均改称为学校。监督、堂长应一律改称校长。"用行政命令更改了教育机构及其负责人的名称。图1至图6就较好地诠释了这条规定。图1至图5是清光绪三十四年（1908）至宣统二年（1910）的修业文凭，教育机构名称是学堂，负责人名称是堂长；图6为民国元年（1912）的修业文凭，当时学堂已改为学校，负责人名称也变成了校长。但有点出人意料的是图1，其除了堂长外，尚有个总校长的名称在上面，也就出现了新旧两种教育机构负责人的名称并存于一张修业文凭上的情况，为何普遍称堂长的时期却用了校长的名称，这确实值得进一步探讨研究。

时堂长（校长）等学堂（学校）负责人基本上由知名之学人贤才担任，以图1-图6为例，图1之总校长姚芳荣乃二十世纪初赴日之留学生，与当时在日本的孙中山有过一段交往的历史。图4之堂长苏寿松（1873—1939），广西象州人，字竹君，号翰涛，广西现代教育家。苏寿松青少年时因学业成绩优异，被选派赴日本公费留学，就读于东京高等师范，是象州最早的留学生，留学期间，接受进步思想，于1906年参加了孙中山等人在日本东京组建的"中国同盟会"，常抨击朝政，为此被清政府取消了他的公派留学资格，但苏寿松并未屈服，私费考入了日本早稻田大学。宣统元年（1909）苏寿松毕业回国后，担任过广西省城模范两等小学堂堂长等职，图4即见证了他担任该小学堂堂长的历史。时新式教育初兴，教学章程还不完善，苏寿松引进国外先进教育方法，提出很多行之有效的办学方法，得到广西当局的采纳，使广西教育独领一时风骚。宣统二年（1910），苏寿松考中文科举人，被授内阁中书，但考毕，他却辞官回广西。民国后，苏寿松为广西教育事业的发展作出了卓越的贡献，并抱病编纂完成《象州志》稿，1939年6月因病逝世。图5之堂长龚鉴清为广西桂林图书馆首任驻馆提调（馆长）。广西桂林图书馆始建于宣统元年（1909），于宣统三年（1911）2月竣工开馆，藏书3447种、17000余册，时定名广西图书馆，首任名誉监督唐钟元，驻馆提调（馆长）龚鉴清。从图5可知，龚鉴清担任驻馆提调（馆长）时的前一年（1910），他是接任苏寿松，任广西省城模范两等小学堂堂长的。图6之校长何锡龄，其清末赴日留学，期间加入同盟会，夫人靳永芳亦是广西唯一的同盟会女会员，与孙中山、宋庆龄交情颇密，小儿何信1913年出生于桂林，1938年3月25日参加台儿庄空战时与敌机同归于尽，烈士灵柩运返桂林后，隆重举行了为期3日的全市公祭，现桂林市有关部门已将何信定为广西"抗日名将"之列。

另外，图1之堂长秦纲，图2、图3之堂长唐永言待考，但定不会是平常之辈。以上可看出，担任堂长（校长）的多为当时之贤才俊杰，其中有的留过学，有的是同盟会会员，他们思想进步，学识过人，教育理念、方法先进，又有着强烈的爱国意识和满腔的报国情怀，他们的参与，为当时桂林乃至广西的教育事业注入了新鲜的血液，为桂林为广西教育事业的发展起到了积极的作用，为桂林为广西教育近代化的推动作出了创造性的杰出贡献。

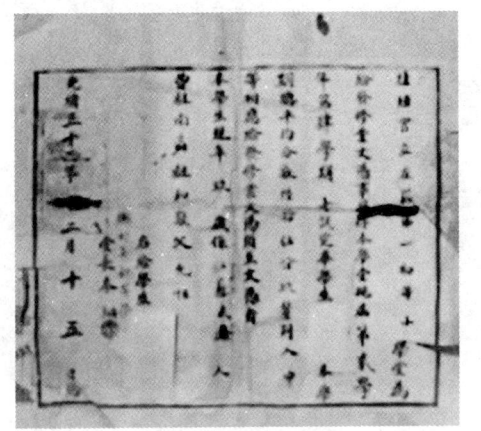

图1

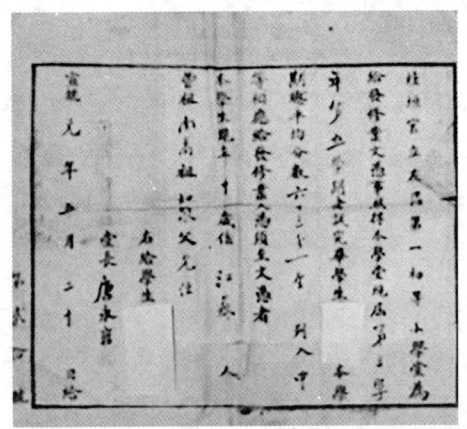

图2

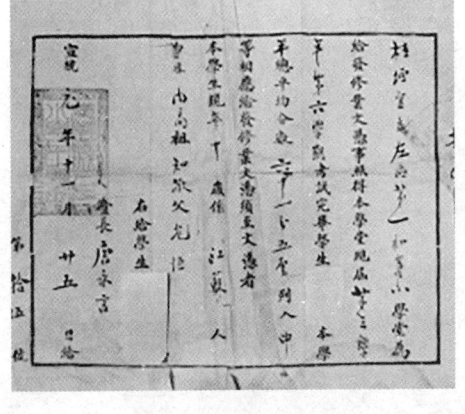

图3

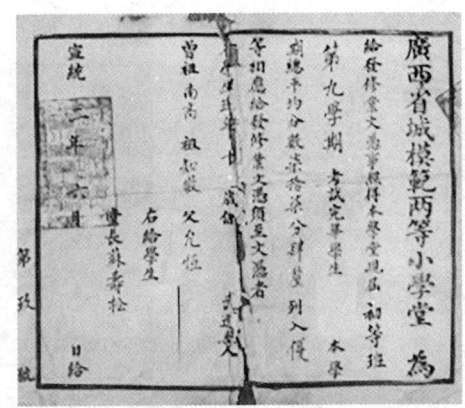

图4

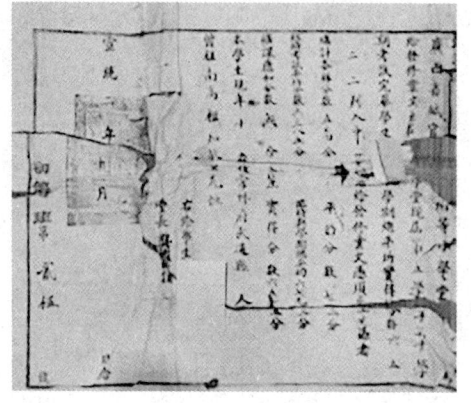 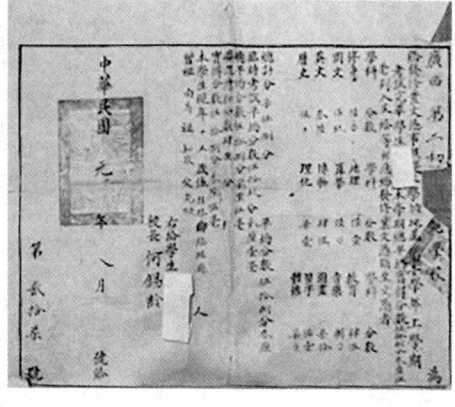

图 5　　　　　　　　　　　　　　　图 6

作者简介

蒋　将　桂林钱币学会学术委员会委员，档案馆员

学术期刊在中华传统文化传播中的角色定位

阳玉平

【摘要】 作为及时更新并积聚中国哲学社会科学工作者智慧成果的学术期刊，必须充分利用期刊的优势在中华传统文化对内、对外传播中明确自身的角色定位。学术期刊应该成为中华传统文化传播的倡导者、开拓者、领导者与支持者。倡导者着眼于积极宣扬中华传统文化的先进性与普适性，开拓者着眼于挖掘与辨别中华传统文化中的精华与糟粕，领导者着眼于融会与创新中华传统文化的当代价值，支持者着眼于坚定传播中华传统文化的信念。

【关键词】 学术期刊；传统文化；角色定位

当前，报纸、期刊、电视、网络等传统媒体或电子媒体都在积极传播中华优秀传统文化，形式多样，内容丰富，既高屋建瓴，也融于民间。而电子媒体所受欢迎程度更高，它以大众喜闻乐见的各种形式传播中华传统文化知识，认识传统文化的独特魅力，吸引更多受众从各种娱乐节目中回归更高精神层面的传统文化海洋。如中央电视台推出的《中国汉字听写大会》《中国谜语大会》《中国成语大会》《中国诗词大会》、东方卫视推出的《诗书中华》等等。

相比之下，传统纸质媒体更注重对于传统文化的深度解读与探索，2017年7月11日《人民日报》的文论天地刊发的《守正创新 融会贯通——浅谈马克思主义与传统文化关系问题》一文，提出"坚持以马克思主义为指导，运用马克思主义的立场、观点与方法，把握马克思主义与以儒家文化为主体的中华传统文化之间的关系，准确定位中华优秀传统文化在当代中国思想文化体系中的意义与作用，通过会通方法、当代眼光、文化通识，推进中华文化创新发展"；《当代传播》2017年第2期刊发的《中国价值观对外传播的原则与方法》，探讨了建立于中国传统文化与当代中国特色社会主义基础之上的中国价值观在对外传播中应注重的原则与方法。诸如此类，或直接以中华传统文化命题进行讨论、或间接宣扬与传播中华传统文化价值观的文章在报纸与期刊等纸质媒体不断涌现，带动了关于中华传统文化的大讨论。为此，作为"高层次的文化产品形态""我国哲学社会科学事业的重要组成部分"的学术期刊，更应该在传播中华传统文化过程中，积极寻找自身的传播优势，准确角色定位，充分发挥作用。

作为及时更新并积聚中国哲学社会科学工作者智慧成果的学术期刊，必须充分利用期刊的优势在中华传统文化对内、对外传播中明确自身的角色定位。学术期刊应该成为中华传统文化传播的倡导者、开拓者、领导者与支持者。倡导者着眼于积极宣扬中华传统文化的先进性与普适性，开拓者着眼于挖掘与辨别中华传统文化中的精华与糟粕，领导者着眼于融会与创新中华传统文化的当代价值，支持者着眼于坚定传播中华传统文化的信念。

一、倡导者：积极宣扬中华传统文化的先进性与普适性

学术期刊，在普通大众的思维里就是高深、晦涩、精英等的代名词，具有高度的抽象特性，与油盐柴米醋等生活具象无任何的勾连，即与他们的生活没有必然的联系；在学术研究者的眼里，它是一个学术观点的发布平台，是汇集当前学界优秀学术成果的载体，是获取前沿学术思想的智库，具有高度的理论特性，与实际生活存在一定的距离；在编辑的理解中，具有两个方面的基本特性：一方面，对上层建筑与学界来说，它是意识形态的领航者，积极构筑具有中国特色、弘扬中国核心理念与价值的哲学社

会科学研究成果平台；另一方面，对社会实践来说，它则是在当前历史条件和新常态下，如何运用正确的理论、科学的方法引领人民认识、理解、接受科学与健康的世界观、人生观、价值观的工具。

在20世纪初的某一时期，中华传统文化因西方思想的快速传入和其本身所具有的某些历史的滞后性而被学界所否定，甚至受到鞭挞，其先进性长期被压制。西化产物——期刊，从某种意义上来说，加速了此种观念的传播，而学术期刊更是将中华传统文化的落后性，从知识阶层传播到了普通大众，致使中华传统文化在很长一段时间被边缘化。而学术期刊在思想文化中的"倡导者"功能显而易见。这在当时的历史语境中具有一定的进步性，但显然是偏激了些。

我们发现，中华传统文化历经几千年，早已经融入这片土地。历史上，它既可高居庙堂，也能藏于草莽；既能高屋建瓴，也可融于民间，与国家的政策制度血脉相连，也与人民的生活息息相关，最终也推动着中国的历史发展。中华传统文化的此种历史经验，决定了其具有先进性与普适性。学术期刊应该积极倡导学术界将中华传统文化先进性与普适性的观念进行解析，使传统文化以正确的姿态进入人民的视野，充分发挥"倡导者"的作用。

二、开拓者：挖掘与辨别中华传统文化中的"精华"与"糟粕"

我们知道"去其糟粕,取其精华"源于鲁迅先生的《拿来主义》,毛泽东同志也说过"洋为中用，古为今用""取其精华，去其糟粕"，从哲学上来说，此观点具有辩证的色彩，适用于各类事物发展的过程。因此在关于传统文化的讨论中，"精华"与"糟粕"之说，一直以来都存在于学界。然何为传统文化中的"精华"，何又为其"糟粕"？对于传统文化中一些具有明显落后性的东西，如封建婚姻制度之类，我们显然可以轻松地将其归为糟粕，但对于一些性质比较模糊的东西，如传统仪式仪礼之类，就需要认真甄别。

中国几千年的传统文化，若毫无保留地接收，自然让普通民众难以辨别其中的"精华"与"糟粕"，就有可能造成"全盘接收"的情况，甚至使一些早已为历史所淘汰的东西再次进入民众的视野。学者在传播正确的符合历史发展的文化成果时，就必须具有开拓者的精神。

学术期刊是学者传播思想成果的重要平台，不只是为学界关于传统文化的研究成果提供平台，还应该站在发展的角度，从现实需要出发，促使学者去挖掘隐藏于其中对于当下社会发展有意义、有价值的传统文化"精华"。对于那些藏匿于"精华"中的"糟粕"，也需要在国家的大方针下积极引导学者去辨别，而对于散落在"糟粕"中的"精华"，更应该鼓励学者去挖掘。不能浅尝辄止，而是要深度挖掘与探索；不能故步自封，而是要仔细辨别与发展。历史是一个不断发展的过程，是动态性的，无一成不变之"糟粕"，也无墨守成规的"精华"。学术期刊在传播传统文化的过程中，就必须以"开拓者"的精神与姿态，挖掘与辨别中华传统文化中的"精华"与"糟粕"。

三、领导者：融会与创新中华传统文化的当代价值

中华优秀传统文化是习近平总书记十八大以来治国理念的重要来源，多次他在多场合中强调中华传统文化的历史影响和重要意义，应赋予其新的时代内涵。以儒家文化为主体的中华传统文化，在历史的进步中，确实存在很多迂腐的、不适应社会发展的思想文化。融会与创新中华传统文化的当代价值是学界的重大课题，也是学术期刊必须关注的焦点。学术期刊应该深刻领会习近平总书记关于弘扬中华优秀传统文化的系列精神，融会与创新中华传统文化的当代价值。

其实马克思主义中国化，正是基于中国的政治、经济、社会实践以及中国的优秀传统文化而构建的具有中国特色的马克思主义，即融会中西、历史与现时，创新传统文化之于马克思主义中国化、社会主义核心价值观的当代意义。当前学界与学术期刊应该积极关注此类关乎中国核心价值观的话题，确保学术期刊的意识形态性，引领学术研究的正确方向。如学术期刊应该充分运用与学界的优秀学者的特殊联系，通过专题与专栏的形式对中华传统文化的当代价值进行多方位的探讨。

2017年7月24日，由文化部和中国社会科学院共同主办的2017"汉学与当代中国"座谈会在北京举行，上海复旦大学葛剑雄先生说："继承中国传统文化，不是穿汉服、磕头跪拜、嘴里讲点文言文就行了，中国古代的价值观和思想，应该用现代的要求重新解释，并且加以运用。"正如葛先生所言，仅流于形式的内容是浅薄的，并无太大价值。只有深入传统文化核心，创新传统文化与当代社会发展需要，才能算是真正的继承中国传统文化。这符合学界对于学术期刊的定位，即学术期刊具有可对问题进行多方位、多角度分析的学术优势，不是只提倡穿"汉服"，更重要的是对"汉服"的来源、发展、文化内涵等进行融会与创新，以符合当代的社会主义核心价值观。学术期刊在内容上积极构建与当下社会实践有密切联系的优秀传统文化成果，在形式上注重创新表现形式，推动传统文化对内、对外的健康发展。尤其是在对外传播过程中，我们首先面对的是西方精英人士，需要将中国传统文化中的优秀成果与当前社会发展所需的价值提炼出来并传播出去，学术期刊在其中的作用就显得更加重要。

四、支持者：坚定传播中华传统文化的信念

"一个国家、一个民族的强盛，总是以文化兴盛为支撑的。没有文明的继承和发展，

没有文化的弘扬和繁荣,就没有中国梦的实现。"习近平总书记对于中华传统文化优秀成果的强调与倡导,为构建具有民族性、原创性的中国哲学社会科学提供了政策支持,指明了发展方向。繁荣与发展具有中国特色的哲学社会科学,坚定中国自信,是所有哲学社会科学工作者的责任,也是学术期刊的使命。

在学术探讨中,学术期刊鼓励争鸣,鼓励融合中西之优秀学术传统,探索符合中国的学术发展之路。一方面,对于西方先进学术理论,采取包容的态度、借鉴的方法,去除盲目迷信与推崇,尤其是不能以其学术发展之标准来衡量与判断我国社科学术的发展,积极构建我们自身的学术自信;另一方面,对于中华传统文化,要以科学的态度积极传播对当前社会发展有益的相关成果,尤其是在对外传播过程中,将中华传统文化的精髓以理性、客观的学术分析传播出去,更具有说服力和影响力。因此,在加强学术期刊在探讨一切人类思想文化的积极成果的同时,必须在马克思主义的指导下坚定传播中华传统文化的信念,成为中华传统文化的支持者。

正确认识和确定学术期刊在传播中华传统文化中的角色定位——倡导者、开拓者、领导者、支持者,是学术期刊当前的一个重要课题。学术期刊作为积极推动中华文化全球传播与构建具有中国特色哲学社会科学体系的重要力量,坚持在马克思主义的指导下,融合与贯通中华传统文化,在学术的探索中完成传播中华传统文化的历史使命。

作者简介

阳玉平 《社会科学家》杂志社副主编,研究方向:编辑出版、少数民族文学等。

桂林唐代佛教瘗龛溯源

刘 勇

【摘要】广西桂林新近的考古调查发现古代佛教瘗穴57座，通过对全国各地已发现的瘗龛进行比较分析，追溯桂林的佛教瘗龛应是受到了洛阳龙门石窟的直接影响而开始开凿。

【关键词】桂林；唐代；佛教瘗龛

广西桂林不仅以其"山清水秀、洞奇石美"的甲天下风景而闻名于世，而且也是个历史悠久、文物荟萃的地方，1982年获国务院批准成为第一批"国家历史文化名城"之一。这里丰富的古代佛教遗存，在上世纪40年代就引起了陈志良[1]、罗香林等学者的关注。罗先生注意到桂林西山诸峰上开凿的一些方形的龛穴，认为这是放置灯盏的地方，起到照明的功用，"水崖山径，不能不盛凿灯龛，以照人行"[2]。后来广西学者也多沿用"灯龛"一名，如"1988年桂林文物工作队复查摩崖造像,得知现存'灯龛'30余处"[3]。

近三十年来，随着佛教考古调查和研究的不断深入，其他地区石窟寺类似的龛窟不断被发现，相关研究亦渐多见于学林。学界基本认可这类佛教石窟寺附近开凿的方形龛窟是用于瘗埋僧人或信徒的遗体或骨殖的地方。这类龛窟按体量大小可以分成两类：大者长宽均在2米以上，进深数米，有的还分前后室，设平台安置逝者尸身，遗体或坐或卧，在其周围饰以佛像，称之为"瘗窟"，功能类似于崖墓，如敦煌石窟北区发现有此类瘗龛23座[4]，等级高者如甘肃天水麦积山西魏废后乙弗氏[5]和河北响堂山北齐权臣高欢[6]的瘗窟；小者长宽和进深大都在1米以内，穴内无雕刻装饰，外框刻画塔、阁等图形，称之为"瘗龛"或"瘗穴"，用以放置收纳骨殖或舍利的容器，例如河南洛阳龙门石窟发现此类瘗龛94座[7]。

一、桂林佛教瘗龛的分类

最近经重新调查，在广西桂林没有发现用以瘗藏尸体的瘗窟，只有体量相对较小、用于存放骨殖的瘗龛，数量共计57座。在全部瘗龛中，有纪年题记的有两处。一处在罗家山，瘗龛之下有题记："景龙 景龙三年八月廿四日 迁客安野郎之石室 故记。"一处在龙头峰附近，题曰："上元三年五月十九日 □大众同仁来此 多□造□此山。"由于其他没有题记的瘗窟形制基本与这两龛相近，通过这两处都是唐代的题记，我们可以初步判断这批瘗龛应该是唐代雕凿的。

依据瘗龛所开凿的位置以及骨殖或舍利可能存放的空间,可将这57座瘗穴分为"下藏类"与"内置类"两类。

龛外浮雕塔或龛楣开凿成尖拱形，龛内呈纵长方形，瘗龛开于龛底，基本为横长方形，开口朝上，口沿留有放置盖板的卡槽。从外侧平视看不到瘗穴，此类型称为"下藏类"。根据瘗龛外装饰的不同，可分为塔型与尖拱型两个亚型。

垂直于岩壁向内开凿瘗龛，开口朝外，口缘四周大都斜凿出"回"字形边框，部分开口只凿1-3条边框，这些斜凿的边框起到安置封盖板的卡槽的作用。外框底边通常高于穴底面。穴内每两个平面之间的交角全部倒成圆角，顶面呈弧形下接龛底，靠外侧穴口空间大，里侧空间逐渐变小。此类称为"内置类"。根据龛开口的形状也可分为两种类型：其一为方形开口，方形包括纵长方形、正方形、横长方形三种，以横长方形者居多。瘗龛多外浮雕或线刻塔形、房屋形、碑形等纹饰图案。

除了"下藏类"为方形瘗埋空间，另有两龛是利用天然洞穴略作修整外，其余皆采用统一形制——可姑且称之为"弧顶形"，即顶面呈弧形下接龛底，靠外侧空间大，里侧空间逐渐变小，龛内每两个面之间的交角全部呈圆角。唯一的区别是顶面弧形略有弧度大小的区别。

二、我国其他地区发现的瘗龛

目前，全国发现类似瘗龛的地点均与石窟寺有密切关系。主要分布于山西、四川、重庆、河南、甘肃等省份。

山西太原天龙山发现有 4 个瘗龛。"一个雕凿的位置几乎接近地面，并且单独存在，有可能是存放骨灰的小穴。其余 3 个小洞上有浮雕尖塔状顶的，高 24.2 厘米、宽 17.5 厘米，应该是放置骨灰的。这些应当称作瘗穴。"[8]

巴蜀地区有不少石窟也发现此类的瘗龛，多以塔型的为主。

四川邛崃临邛镇第四区有 5 座塔型瘗龛，大多保存不太好，多为方形塔，瘗穴开在塔身正中，高 30-50 厘米、宽 30-50 厘米、深 25-33 厘米。年代为唐，形制为长方形或圆拱形两种[9]。这类高浮雕的方形塔不见于桂林。

四川自贡后龙山 HLS-3、HLS-4 两龛塔下开凿瘗龛，年代为北宋。龙洞北区 LDN-5、LDN-6 两座高浮雕塔的塔身均开凿方形洞穴，尺寸分别为高 28 厘米、宽 25 厘米、深 25 厘米和高 30 厘米、宽 30 厘米、深 26 厘米。考古研究人员将这两龛的年代定为唐宋，报告中未提及这两个小穴的功能[10]。但是根据与其他地区类似形制的比对，可以判断为瘗龛。

四川巴中石窟开凿有许多的墓塔，其中有部分塔下开凿有瘗龛，时代为唐宋时期。主要分布在南龛的千佛岩地区、西龛、来龙佛爷湾、麻石垭佛尔岩等地，数量共19龛。形制基本一致：在石塔塔身上部刻一龛，龛内有佛教造像一铺，塔身下部或塔基下开凿一方形穴以安置僧俗骨灰，穴口四边开凿"回"字形框沿，以镶嵌石板或木板封堵穴口[11]。

重庆合川县涞滩摩崖造像群中也有十余座南宋时期的浮雕石塔，其塔身部分凿一方形穴，穴口四边凿有"回"字形框沿，以镶嵌石板或木板封堵穴口，这些也属于塔型瘗龛[12]。

河南龙门石窟厝葬骨灰的瘗龛共计94龛，散布于东、西两山多个区域，研究者将龙门石窟的瘗龛形制分为塔型穴、龛形穴、拱形穴、方形穴四类。年代定为唐代，并分为前后两期[13]。

洛阳龙门石窟以外，河南安阳宝山灵泉寺石窟共有浮雕塔型龛153座，塔铭题记有灰身塔、散身塔、碎身塔及像塔等，其年代自隋唐至北宋。从题记以及题记与实物对应关系的分析研究，这些称呼多样的浮雕塔均属不瘗藏舍利或骨灰的支提塔，其塔内或塔下置放骨灰的功能是非常有限的[14]。在这些塔中，仅有岚峰山1号塔开凿有存放骨殖的小穴，其余均未报告有开凿瘗穴。该塔塔室内地面凿有两个方槽，可能原为放置塔主人骨灰及影像所造[15]。因此，在宝山灵泉寺的浮雕塔中，绝大多数属于许愿塔，不具备瘗葬骨殖的功能，因而不属于瘗龛（穴）范畴。

甘肃永靖炳灵寺石窟大寺沟窟龛群的北段，中层岩面上分布着25个浮雕石塔，雕刻时间自北宋至明朝，这些石塔的塔身部分都开凿有一个长方形的洞穴，其内安放着僧人的骨灰[16]。

甘肃张掖马蹄寺石窟群共有西夏至清代的舍利塔462座，每座舍利塔皆凿有1-3个瘗龛。充分展现了该地区在13、14世纪藏传佛教文化的独特风格和艺术魅力[17]。

三、桂林地区瘗龛溯源

佛教的发源地——印度本土并无此类的瘗穴，当地的传统是起塔为墓或墓上起塔。这一传统也随着佛教传播来到中国。瘗窟与瘗龛当是佛教僧俗死后瘗埋制度中国化的表现形式之一。然而这种表现形式仍然在一定程度上遗留着印度佛教原始舍利瘗埋制度的影子：以塔为纪念性的标志物。上述众多的石窟寺周围开凿有瘗龛，多以浮雕塔为饰。桂林则演化出极具地方性特点、简化了的浅浮雕或线刻的塔型和房屋形装饰。

从以上全国各地瘗龛的发现情况来看，太原天龙山瘗龛数量极少而描述语焉不详，缺乏说服力。甘肃张掖马蹄寺、永靖炳灵寺、四川自贡后龙山、重庆合川等地的瘗穴年代都在北宋之后，年代较桂林为晚。而四川地区年代较早的瘗穴采用高浮雕塔型的形制，穴的形制皆是长方体，与桂林瘗穴大多数采用的浅浮雕或刻线、"弧顶形"的做法相去甚远。

桂林 YK057 号覆钵亭阁式塔与河南安阳宝山灵泉寺浮雕塔有一定相似之处，然而，灵泉寺的浮雕塔绝大多数没有开凿存放骨殖或舍利的空间，其塔身龛内雕凿墓塔主人的影像。它们在名称上称作"灰身塔""碎身塔"等，这类浮雕塔的功能与其说是墓塔，不如说是纪念性的还愿塔更为贴切，因为它不具备安置骨灰的功能。

数量上，桂林的 57 龛仅次于洛阳的 94 龛。在龛穴形制上，龙门石窟有塔型龛、圆拱形龛、方形龛等形制，这些形制在桂林也均有发现。龙门石窟的瘗穴有长方体和"弧顶形"两种结构，桂林没有方形体的结构，全部采用"弧顶形"结构。这种结构目前仅见于这两处，其他地方均未见报告。两地出现此类的结构可能与石质有关，两地岩体均为石灰岩，质地坚硬，岩性较脆，雕凿时易于崩裂，采用"弧顶形"结构可以降低难度而又不影响放置骨灰容器的功能。特别是两地都有一些长方形瘗穴，长和宽的比例超过 2:1，形制近乎一致，这种龛很有可能放置不止一件骨灰容器，或为同一家族的多位成员使用。因此，通过数量、形制、年代、营造手法等方面的比较，可以发现桂林的古代瘗穴与河南洛阳龙门石窟有极高的相似程度。桂林唐代佛教瘗穴当是受到河南洛阳龙门石窟的直接影响而开凿。

龙门石窟的大小龛窟有 2300 多个，其中完成于高宗和武则天时期的作品约占总数的三分之二[18]。这个数字相当惊人，既能说明这一时期是我国佛教造像的一个高峰，同时也说明洛阳在此时是中国佛教造像的中心。伴随着东都流行的样式向全国辐射，洛阳习见的塔型穴在岭南的桂林也出现了，高宗"上元三年"题记的瘗龛以及六层楼阁式塔龛便是明证。文化的传播在最初一般是输入与模仿，接着是吸收和消化，最后是与本地区本民族的传统相结合，成为受容地区文化的重要组成部分[19]。或许是因为地处边远地区财力不济，又或许是由于受到当时地方丧葬习俗的影响，普遍采用了较为简化的塔和房屋的形制，运用浅浮雕或线刻技术，放弃高浮雕的做法；由于桂林当地石灰岩石质坚硬，瘗穴采用"弧顶形"的处理，这样需要开凿的空间比立方体形的空间可以节省近三分之一的人工，而又不影响放置骨灰容器的功能。在信仰、财力、习俗等诸多因素的平衡中，进行了一定的变通，从而形成了佛教瘗龛的地方性特点。

四、余论

桂林佛教瘗龛附近的山崖间也有着岭南规模最大、数量最多的佛教摩崖造像，造像和瘗穴必然是随着佛教传播的兴盛而发展起来的。因此，瘗龛的比较研究可以和佛教造像的比较研究结合起来，相互印证。

罗香林教授认为桂林佛教造像来源于印度，经越南或广州传入桂林，为直接泛海传播而来。这些造像是中印文化交流一重要路径所遗痕迹[20]。蒋廷瑜先生认为桂林造像不同于云冈、龙门石窟等北方石窟，有自己独特的风格，代表了中国南方佛教系统的一支，并以史料证明桂林的佛教最初泛海而来是有迹可循的[21]。王子云先生则认为，桂林摩崖造像与中原地区，特别是与龙门石窟有莫大的关系[22]。

通过上述对于桂林唐代佛教瘗穴的研究，对于桂林摩崖造像来自海路还是来自中原地区的争议，如果我们从佛教瘗龛的视角来审视桂林古代摩崖造像的来源和发展演变，桂林唐代佛教造像无疑是受到东都洛阳的影响更大。

参考文献

[1] 陈志良. 广西古代文化遗址之一採考——桂林丽泽门外的石佛古寺及西湖遗迹考, 建设研究第三卷第一期, 1940年.

[2] 罗香林. 唐代桂林之摩崖佛像, 中国学社, 1958年. 第48-79页.

[3] 蒋廷瑜. 桂林唐代摩崖造像, 东南文化1992年第5期.

[4] 彭金章、沙武田. 敦煌石窟北区洞窟清理发掘简报, 文物1998年第10期.

[5] 天水麦积山石窟艺术研究所编. 中国石窟·天水麦积山, 文物出版社, 1998年. 第173页.

[6] 赵立春. 响堂山北齐"塔型窟龛", 中原文物1991年第4期.

[7] 李文生、杨超杰. 龙门石窟瘗葬形制的新发现——析龙门石窟的瘗穴, 文物1995年第9期.

[8] 苏玲玲. 天龙山佛教瘗葬形式综述, 文物世界2015年第1期.

[9] 卢丁、雷玉华、(日) 肥田路美主编: 中国四川唐代摩崖造像: 蒲江、邛崃地区调查研究报告. 重庆出版社, 2016年. 第340-341页.

[10] 四川省文物考古研究院编. 四川散见唐宋佛道龛窟总录·自贡卷. 文物出版社. 2017年. 第29、30、47页.

[11] 程崇勋. 巴中石窟. 文物出版社, 2009年. 第32-38页、第214-215页、第313页、第318、321页.

[12] 李文生、杨超杰. 龙门石窟瘗葬形制的新发现——析龙门石窟的瘗穴, 文物1995年第9期.

[13] 李文生、杨超杰. 龙门石窟瘗葬形制的新发现——析龙门石窟的瘗穴, 文物1995年第9期.

[14] 樊波、李举刚. 隋代支提塔铭研究——以安阳灵泉寺为中心, 西部考古·第三辑, 三秦出版社, 2008年. 第264-274页.

[15] 樊波、李举刚: 河南省古代建筑保护研究所《安阳宝山灵泉寺塔林》,《文物》, 1992年第1期.

[16] 甘肃省文物工作队、炳灵寺文物保管所. 中国石窟·永靖炳灵寺, 文物出版社, 1989年. 第215页.

[17] 张掖市文物保护研究所. 祁连山北麓马蹄寺石窟群浮雕舍利塔考古调查报告, 华夏考古1994年第4期.

[18] 常青. 洛阳龙门石窟与长安佛教的关系, 佛学研究, 中国佛教文化研究所, 1998年. 第198页.

[19] 冉万里. 中国古代舍利瘗埋制度研究, 文物出版社, 2013年. 第108页.

[20] 罗香林. 唐代桂林之摩崖佛像, 中国学社, 1958年. 第48-79页.

[21] 蒋廷瑜. 桂林唐代摩崖造像, 东南文化1992年第5期.

[22] 王子云. 长安到雅典——中外美术考古游记》, 岳麓书社, 2005年. 第323页.

作者简介

刘 勇　桂林钱币学会学术委员会委员

桂林沙桥村龙舟文化及其龙船歌初探

白榕　李禄锟

【摘要】在对桂林沙桥村进行实地调查、资料收集的基础上,就桂林沙桥村龙舟文化,传统龙船歌的现存状况进行梳理和探析。笔者认为沙桥村所流传的龙船歌无论是歌曲的种类,还是歌词内容都是桂林目前已知最为丰富,且最具地方特色和代表性的龙船歌,沙桥村龙船歌曲调悠扬委婉,不失古朴苍劲之风,是桂林民间文化和民间音乐的精华,是不可多得的非物质文化遗产。

【关键词】龙舟文化；龙船歌；民俗活动；文化传承

划龙舟是我国南方地区盛行的一项具有深厚传统文化底蕴的民俗活动。许多地方的龙舟活动多以竞赛为主,而桂林的传统民俗龙舟活动则是以龙王祭祀巡游为主,显现出中华龙崇拜的深深烙印。桂林龙舟习俗2010年已进入第二批广西壮族自治区非物质文化遗产代表性项目名录。

桂林当地龙舟和龙王祭祀仪式以及与之相关的活动都离不开龙船歌。龙船歌是桂林传统龙舟文化中必不可少的重要组成部分,龙船歌是龙舟的灵魂,它使得整个龙舟活动过程变得更为鲜活。龙船歌主要流传于桂林漓江及其支流沿岸的村屯街道。笔者调查走访收集了桂林漓江,桃花江,灵川甘棠江,灵田花江,大圩马河等地的龙船歌,在收集整理过程中发现灵川大圩沙桥村所流传的龙船歌无论是歌曲的种类,还是歌词内容都是桂林目前已知最为丰富,且最具地方特色和代表性的龙船歌,沙桥村龙船曲调悠扬委婉，旋律起伏不大，但又不失古朴苍劲之风，是桂林民间文化和民间音乐的精华，是不可多得的非物质文化遗产。

笔者于2011年前后数次专程到桂林灵川县大圩镇沙桥村进行实地调查走访和录音。2018年2月15日（农历大年三十）笔者亲历沙桥村龙王下殿仪式，了解了沙桥村龙舟文化习俗和龙船歌传唱现状，获得了宝贵的资料，本文结合笔者的田野调查所收集资料，就桂林沙桥村龙舟文化、传统龙船歌的现存状况进行梳理和探析。

一、沙桥村基本情况

沙桥村隶属于灵川县大圩镇上桥村委，原名山下村，旧时隶属于临桂东乡。沙桥村与上桥村隔河相望，古代曾是湘桂古道所经之路，上游有三条小河在此交汇，东源芦田河，正源雄村河，西源西马水，三条水源在沙桥汇入马河（古称宠陵江）再从大圩万寿桥下汇入漓江。

全村一百五十多户，总人口七百多人。全村姓李，为陇西李氏后裔。据《李氏族谱》记载：居住在尧山周边的李氏一门，先祖于北宋年间从山东青州迁徙来桂，至今已有一千余年。沙桥村李氏先祖原籍山东青州府益都县，宋代迁到江西吉安府庐陵县，而后辗转迁到湖南永州府零陵县，始祖千七于元代定居于粤西灵川县西岸村。沙桥村李氏是西岸村始祖千七次子仕林之子天维公后裔。

沙桥村中尚有善利庙一座，始建于明代，清康熙年间重修。善利庙坐西朝东，为三开两进格局，庙里供奉有龙山社稷灵感善利菩萨和李氏历代先祖神位，庙堂中央还供奉一尊"九天敕封德道常盛金角老黄龙王"龙头，为端午期间龙舟巡游祭祀之用。在这一地区对龙神的崇拜是民间信仰和习俗的重要组成部分，几十年前曾经普遍流行的扒龙船就是其中最具有代表性的祭祀活动!

二、沙桥村龙舟文化的历史及习俗

沙桥村门前的马河,过去是周围乡村龙舟聚会巡游和竞渡之地。马河上游三条支流以及下游村庄的龙船常在此汇集,晚清时期曾有四十八个村子的龙船在此聚会游弋。端午期间,相距最远的海洋乡江尾村也会派人在此岸边设点搭庙,参加龙船竞渡仪式,这片区域最近的一次龙舟聚会是在1928年,距今已有八十多年了。独特的地理位置使沙桥村在历史上就成为这片区域的龙船文化中心之地,也正因为如此,沙桥村的传统龙船文化和龙王祭祀习俗,龙船歌也相对保留完整!

沙桥村的龙船习俗是十年一届,每逢农历戊年方才进行,这与桂林市区周边街、村"十年逢戊大扒"的习俗刚好吻合。

每到扒龙船的年份,沙桥村按照祖辈传下来的习惯,大年三十晚上要在村中的善利庙中请龙王爷下殿。其时,凡是进庙里参加龙王下殿仪式的人必须是男性,女性则只能在门外观看。参加者还须用柚子叶熬煮的水洗手,再由两位三全(三代同堂)的老前辈用柏树枝叶沾汁水洒到参加者身上,这个过程称之为丽净(净身,除秽气)。参与者须赤脚,不能穿鞋进入庙里。仪式开始众人先唱《游船歌》,再唱《请神歌》和《下殿歌》。龙头平时安放在庙宇大殿旁高阁之上,除夕夜晚十二点时锣鼓齐鸣,由四个处子之身的青少年男子搭人梯将龙王(龙头)从阁上抬下来,再将龙王安放到大殿正中的龙王宝座之上,并用柚子叶水擦洗龙头。随后众人用镜子将光束反射聚集在龙王眼睛上,再由村中德高望重老前辈用酒调和朱砂给龙王点睛,随后再给龙王上字。下殿仪式结束后由前辈烧香烛纸钱,率众丁跪拜行礼,放炮,齐唱龙船歌。沙桥龙船整个活动要从大年三十请龙王下殿开始,到九月初九龙王上殿后方才结束,其间各项祭祀仪式繁复,整个程序走完需历时九到十个月。

三、沙桥村龙船歌的收集整理

在桂林龙舟习俗中,祭祀龙王的意义要远远超过竞速比赛。从请龙王下殿,到游龙(抬龙王巡游全村)、起水(抬龙王上船)等等,直到龙王上殿归位,要经过众多既神圣又神秘的祭祀仪式和程序。村民们正是通过这些祭祀仪式来祈求除灾避疫、风调雨顺、五谷丰登、国泰民安、天下太平。

有人曾经说过:音乐是人与神沟通交流的一个重要方式。的确,伴随着桂林龙舟活动的进行,每一个环节都镶嵌着不同的龙船歌。可以说,古朴、丰富和独具特色的桂林龙船歌是桂林龙舟习俗中的最重要的组成部分之一。

在走访调查过程中,笔者发现,沙桥村传承和保留下来的龙船歌要比市区周边的更为完整和丰富,为此,对该村给予了重点关注和采访录音收集。

据了解,沙桥村传唱龙船歌比较出名的有:李福应、李福慰、李三六、李年杏、李甄连、李水付、李家通、李贤彩、李贤义、李贤彤、李广生、李才保、李玉林、李禄锟、李润九。

根据传唱人李禄锟所唱的和他提供的其他老人所唱的龙船歌录音,从字词内容上进行辨析记录和梳理如下(因篇幅和能力所限,本文暂不对其曲调旋律进行记谱):

1. 请神歌

请神歌是在大年三十众人请龙王下殿时所唱的歌,一般由村中德高望重老者用桂林官话领唱,在场男丁合唱:

请动神灵接动兵,请动虎威大将军,请动天龙护八部,请动龙王坐宫廷。

哦嚯㕭呀嘿，㕭哦呀嘿，㕭嘿哦嚯㕭哦呀嘿，㕭哦㕭哦呀哦嚯㕭嘿呀，㕭呀哦嚯哦㕭呀嘿～

2. 调兵歌

调兵歌是请兵（又叫启兵，有的地方叫起兵）即调兵遣将的歌，就是把神兵请到龙船上时所唱的歌。此歌一般由村中德高望重老者用当地土话领唱，在场男丁合唱。例如：

一个调离令，调离这里，调离这里。开脱园门摘荔枝，摘荔枝。荔枝不摘择我明。我明肚里有三个籽。你大（爸）肚头有三条心！

"我明"指唐明皇。沙桥村全村姓李，据说是唐朝皇室后裔，其中一支在桂林落脚并繁衍生息。

3. 伐木歌

此歌在村里制造龙船需要砍伐龙船神木时众人来到山中伐木地点由老者领唱，众人合唱：

正月初，龙出山，龙王下殿喜洋洋，
船丁齐心把木伐，伐齐木料好割船。
二月八，把木伐，船丁发奋把木扛，
抬的抬，扛的扛，老老少少割新船。
三月三，请船匠，船匠割起飞龙船，
船丁齐心把船扒，和气扒个太平船。
四月八，船下江，满江锣鼓闹洋洋，
看的看，望的望，满船都是英雄汉。
五月五，是端阳，五月五日大着忙，
来的来，往的往，两边看的堆成山。
六月六，各分江，龙王回殿喜洋洋，

用钱多，也心甘，又到戊巳再出山。

4. 集人歌

哦～嚯，咄～嘿～咄嘿呀～，咄呀～哦咄嘿～，咄呀哦嚯咄嘿～哦咄嘿～。

《集人歌》又名《齐人歌》或《约人歌》，即龙船出发前在船上所唱的歌，意为召集龙船上所有成员立即上船，是龙船即将出发的信号。

5. 出船歌

咄嘿，哦呀哦嚯，咄嘿呀，咄呀，哦嚯咄呀嘿哦嘿，咄呀哦嚯嘿，咄哦咄哦，哦嚯，咄呀哦嚯嘿哦嘿。

此歌在开始扒船从自己村码头出发时所有船丁大声齐唱。

6. 扒船歌

咄嘿，哦嚯，咄嘿呀嘿，哦嚯咄呀嘿，哦呀，哦咄呀哦咄哦，咄嘿呀嘿。

7. 扒船歌（游船歌）

哦咄呀嘿～，咄哦呀嘿～，咄嘿、哦嚯、咄哦呀嘿～，咄哦咄哦啊哦嚯咄嘿呀～，咄呀、哦嚯、哦咄哦嘿～。

此歌在龙船圣驾巡游时全船船丁高声齐唱。

8. 游船歌

哦咄呀嘿，咄哦呀嘿，咄嘿哦嚯咄哦呀嘿，

古传下，到如今，扒船本是唐朝兴；

金角老龙要来临，十年一届扒太平！

哦咄呀嘿，咄哦呀嘿，咄嘿哦嚯咄哦呀嘿。

正月正，接龙王，接起龙王下殿堂；

坐中央，喜洋洋，新换龙袍放毫光，

又牵老，又牵丁，请起船长把船兴。

咄哦咄哦，咄嘿呀，咄呀哦嚯，哦咄哦嘿。

二月二，议割船，请来船匠好几班；
早来急，晚来忙，急急忙忙割成船。
哦呔呀嘿，呔哦呀嘿，呔嘿哦嚯呔哦呀嘿，
三月三，割成船，各家大小好喜欢；
来的来，往的往，来来往往看新船。
哦呔呀嘿，呔哦呀嘿，呔嘿哦嚯呔哦呀嘿，
四月八，麦子黄，又割麦子又扒船；
上扒渊，下扒洲，中河扒个太平洲。
哦呔呀嘿，呔哦呀嘿，呔嘿哦嚯呔哦呀嘿，
五月五，是端阳，庆贺端阳闹洋洋；
锣鼓喧，炮连天，一般人丁闹新鲜；
两边坐，两边扒，两岸看的有万千。
哦呔呀嘿，呔哦呀嘿，呔嘿哦嚯呔哦呀嘿，
六月六，日头长，各船拱手转还乡；
日落西，意难留，各船拱手转回头。
呔哦呔哦，呔嘿呀，呔呀哦嚯哦呔哦嘿，
九月九，是重阳，接起龙王进庙堂；
坐中央，笑洋洋，众丁送龙上殿堂；
男增福，女安康，又是十年太平船。
呔哦呔哦，呔嘿呀，呔呀哦嚯，哦嚯呔哦嘿。

《游船歌》在其他村也称《龙王颂歌》，一般在龙王圣驾出游，龙船巡游时边扒船边唱！龙王下殿时全体众丁亦会齐唱此歌颂扬龙王！以此希望龙王保佑风调雨顺，国泰民安，五谷丰登，天下太平，此歌由一人领唱，众人合唱。

9. 连船歌

哦嚯，咄呀嘿～哦，咄呀嘿～哦嚯，咄呀，咄呀哦咄嘿～。咄呀，哦嚯，咄嘿哦嚯嘿，咄哦嘿。

此歌是本村的龙船和兄弟村的龙船为表示亲切友好，数条龙船在河面同时并列在一起扒船时所有船丁共同高声齐唱，以此表示感情深厚，彼此共同进退，在岸上进香拜庙时也会唱此歌抒发感情，表示亲切友好。连船歌是桂林周边唯一一首流传地域最广的龙船歌，漓江上游白石潭等地称《会亲歌》，雁山柘木称《众歌》，灵川潭下称《龙头歌》，灵川灵田称《走路歌》，桂林市区以及桃花江沿岸等地称《游船歌》《扬船歌》《拢船歌》等。

10. 赛船歌

咄嘿～，哦呀哦嚯～咄嘿～呀～，咄呀～，哦嚯咄呀～嘿～哦嘿！

赛船歌是在龙船与其他村龙船比赛竞渡时所唱的歌！歌曲节奏较快。

11. 赢船歌

咄呀哦咄嘿～咄嘿哦～，哦嚯，咄嘿，咄嘿～呀～，哦咄嘿，哦咄哦嘿，咄哦嚯咄嘿，咄呀哦呀嘿。

《赢船歌》顾名思义是本村龙船因在龙船竞赛中取得好名次赢了其他村子的船而有感而发所唱的歌，《赢船歌》过去是有歌词的，歌词用沙桥村土话唱，因为歌词内容含有贬低和歧视失败方龙船的内容而容易造成纠纷和矛盾影响团结，所以各村老前辈们都达成共识不愿将此歌传给后人，现在能够记录的只有该歌后半段。

12. 湾船歌

（1）咄呀咄嘿哦～，哦呀哦咄嘿～，咄呀哦咄嘿～，咄呀哦嚯，咄嘿～，哦咄嘿～。

（2）当初，时节，为呀为丰年，

各呀各个九届，十年扒个舟，

十年一船众丁，各位听分明，

十年划划遛，十年贺丰年，

各呀各个九届，众位要同心。

（3）清水悠悠浮船舟，

各家请酒，十七八个彩龙舟，

船湾上码头，

旗插对河洲。

《湾船歌》共有三首，此歌并不是龙船转弯时唱的歌，而是在龙船即将靠岸，需要拢边停靠时所唱的歌！其中第三首《湾船歌》是在本村龙船到访其他村子龙船码头全体船丁即将上岸下船时所唱的歌。

13. 哭雨公

（1）哭雨公，又哭我老龙，雨公曾经有仙宫，龙王身居水晶宫，保佑儿孙代代兴，国泰民安五谷丰，太平盛世乐融融，咘哦咘哦呀哦嚯咘嘿呀，咘呀哦嚯哦咘呀嘿。

（2）哭汝（雨）公，又哭我老龙，接起龙王，去而无浪中，呀嘿。

鼓锣旗，船上帅，又逢戊巳年中，呀嘿。

正那月了天，时接老龙仙，接起龙王，坐得宝殿前，呀嘿。

请匠工换龙像，使强者忙无边。

二那月了开，能开老者怀，商议扒船，本来也是该。

众桡丁，取木料，把我船事安排。

三那月了三，龙船喜上滩，男女纷纷，站着两边排，呀嘿。

上扒船，下河口，请吉人丁平安！

四那月了招，龙船水面漂，若有客情，把我情意招，呀嘿。

贺龙王，花红炮，他来与我结交。

五那月了长，扬州是端阳，各庙扒船，供奉老龙王，呀嘿。

　　望龙王，洪恩大，保我扒船后安康。

　　六那月了中，十分点旱宫，接起龙王，送他回本宫，呀嘿。

　　望龙王，宏福大，保我十年后年丰。

14. 彩龙歌：

《彩龙歌》又名《踩龙头歌》，是龙船上踩头旗之人上龙船时唱的歌。

　　端阳，彩龙舟，河处拖水中？啊－嘿－嘿。

　　古来，故相逢，唐朝封下老龙。

　　庆贺三月逢，啊~，安排扒船事工，十年一回工，锣鼓响叮咚，锣鼓响叮咚。

　　哦嚯哎嘿，嘿呀哦嚯哎，哎嚯哎嘿嘿哎哦呀，哦嚯哎嘿，嘿呀哦嚯哎嘿哎呀哦嚯，哎哦呀嘿，哦哎嘿呀，嘿呀哦，哦呀哦哎，哎哦嚯哎。

15. 破江歌

　　四月八，四月八，四月龙船上水坝，哎哦哎哦啊哦嚯哎嘿呀，四十八个扒船手；

　　哦嚯哎呀嘿~哎哦啊嘿，中间打鼓两边扒，哎哦哎哦啊哦嚯哎嘿呀，龙王坐镇笑哈哈；

　　笑哈哈，哎哦呀嘿，哎嘿哦嚯哎哦呀嘿，哎哦哎哦啊哦嚯哎嘿呀，哎呀哦嚯哦哎呀嘿。

16. 贺龙歌

　　十年闹龙舟，众丁心欢喜，听锣鼓喧天，西河岸河水，且听放炮三连三声，男女纷纷站两岸边，看扒太平船，哦嚯哎呀嘿，哦哎嘿，嘿呀哦嚯，哎呀喔嚯哎哦嘿哦嘿。

17. 上江歌

　　哦嚯哎呀嘿~哦嚯哎呀嘿！哦嚯，哎呀，哎呀哦哎嘿哦嘿！哎呀，哦嚯，哎呀哦嚯嘿哦嘿！

《上江歌》又名《上水船》。

18. 上水歌

  鼓动身，亲惜友。十年行动龙出游，

  雨顺风调民安康，年丰瑞尾龙出游。

  锣鼓鸣，似雷音，众行共顶把船行。

  咃呀哦咃哦啊哦嚯咃嘿呀，咃呀哦嚯哦咃呀嘿。

19. 四句歌

《四句歌》又名《贺歌》《常四句》《善四句》，在扒龙船走龙亲相互敬香拜访时主客对唱，无固定歌词，全凭歌手知识才华以及应变能力，现编现唱，即兴发挥。对唱时，双方均由一德高望重老者带头由桂林官话领唱，众丁合唱。

人有男女之分，龙亦有公母之别，龙王或龙母是该村供奉和信仰神灵的化身，这要取决于该村所供奉的神灵的身份和属性。若供奉的是龙王，则尊称对方为大哥，自称小弟；有的村子供奉信仰妈祖或者姑婆王等女性神祀则他们村的龙王即是龙母娘娘，在进香拜庙时则自称为小妹，将对方尊称为大姐。

兄弟龙船对歌

客唱：

恭贺人来恭贺亲，小弟恭贺老龙亲。

贺钱香纸来恭贺，小小薄意表弟情。

主唱：

感谢人来感谢亲，为弟感谢大哥亲。

龙凤宝烛来恭贺，几时报答我哥恩！

客唱：

恭贺人来恭贺亲，小弟恭贺老龙亲。

恭贺老龙多显圣，保佑老少得太平。

主唱：
感谢人来感谢亲，小弟感谢大哥亲。
大哥恩情实在重，万古流传到如今。
客唱：
恭贺人来恭贺亲，为弟恭贺大哥亲。
小弟空手来恭贺，缩手缩脚难见人。
主唱：
多谢人来感谢亲，小弟多谢大哥亲。
大哥礼性实在好，又费钱财又费人。
客唱：
恭贺人来恭贺亲，小弟恭贺大哥亲。
恭贺人丁又兴旺，人丁兴旺出贵人。
主唱：
花又红来叶又青，小弟有言我哥听。
我哥贵人开贵口，谢哥吉言享安平！
客唱：
我哥先来我哥亲，你我手足我哥亲。
门字里面加一字，闩起大门一家亲！
主唱：
花又红来叶又青，小弟回奉我哥亲。
亲兄亲弟莫讲礼，大门关起一家人。
客唱：
花又红来叶又青。小弟有言大哥听。
大哥好比杨门后，保家卫国靠哥人。

主唱:
石榴开花叶又青,小弟有言大哥听。
小弟怎比前朝将,怎与大哥共齐名。
客唱:
花又红来叶又青,小弟讲予大哥听。
十年才见亲哥子,喜在眉头笑在心。
主唱:
笑在心来笑在心,小弟不忘记在心。
千里迢迢把弟看,小弟牢记手足情。
客唱:
花又红来叶又青,兄弟回奉我哥亲,
请求大哥留贵步,留下贵步送别人!
主唱:
花又红来叶又青,兄弟回奉我哥亲。
送哥不过三步远,弟送哥哥慢慢行。
客唱:
花又红来叶又青,小弟有言我哥听。
三寸脚板靠哥带,又怪我哥好多情。
主唱:
讲得清来道得明,小弟多谢我哥亲。
千里迢迢来看弟,小弟领情又领心。

姊妹龙船对歌

主唱:
石榴开花叶又青,为妹有言姐来听。

妹门有条清流水，清茶清水待亲人！
客唱：
花又红来叶又青，为妹有言姐来听。
三寸脚板姐带大，姐不带妹无妹人。
主唱：
讲得清来说得明，小妹有言姐来听。
姐是高山菩提树，常青树下来遮荫。
客唱：
四季情来四季青，姐是月亮妹是星。
星星全靠月亮照，七星伴月姐妹亲。
主唱：
石榴结籽又结亲，今日见姐好高兴。
妹妹见姐好高兴，见姐如同见母亲。
客唱：
石榴结籽又结亲，姐妹二人好同心！
留姐一宿不为过，不眠五更天又明！
主唱：
讲得情来说得清，大姐来是聪明人！
大姐文明又礼貌，文明礼貌带妹人！
客唱：
讲姐情来讲姐亲，姐妹日日难分离。
春耕农忙时间紧，望姐谅情送妹行！
主唱：
四季晴来四季清，大姐听妹说分明。

> 一胎所生双胞女，姐妹连体又连心。
>
> ……

四、沙桥村龙船歌浅析

沙桥村龙船歌目前整理出来的共二十二首（其中《湾船歌》三首，《哭雨公》二首）。这些歌曲既有对龙王神灵的歌颂，也有对风调雨顺、太平盛世的企盼！

这些龙船歌，大部分是有固定旋律和歌词的，只有《四句歌》（贺歌）是固定旋律唱法而歌词临场现编的。在村际之间互相走访来往之时，主客双方即兴对唱的《四句歌》，歌词讲究押韵，内容主要是中国传统文化中提倡的仁义礼仪和兄弟情义，而其外延则可包罗万象，无论天文地理、历史典故、神话传说乃至现代社会的种种事象都能融入其中，具有神秘而独特的文化魅力。同时，这也是各村老一辈向年轻人进行传统道德礼仪教育的重要场合和实践形式。许多年轻人正是通过这些活动才有机会更多地接触和了解本地、本村的许多历史，学习并实践传统的接人待客礼节。

在固定旋律和歌词的龙船歌中，按内容和使用场合的不同，有请神仪式所唱的《请神歌》《调兵歌》，颂扬龙王的《游船歌》以及扒船时唱的歌。扒船时遇到不同的水域时根据不同的情况唱不同的龙船歌，如龙船离开码头时唱《出船歌》，逆水行船或遇急流险滩时，唱雄壮高亢的《赛船歌》和《扒船歌》；当河面平缓时唱悠扬委婉的《游船歌》，停船靠岸时唱《湾船歌》等等。尤其是扒船时所唱的《集人歌》《出船歌》《扒船歌》《连船歌》《赛船歌》《上江歌》等，仅用"哦嚯吔呀嘿"等几个叹词衬字，依靠旋律和节奏、速度变化就演绎出或婉转悠扬，或高亢激越等多种情绪而又饱含着乡野气息和苍古之风，令人听得如痴如醉。桂林龙船歌这种独特的原生态文化非常值得深入挖掘与研究。

五、结语

  桂林龙舟文化历史悠久，内涵丰富，形式多样。作为其中重要组成部分的龙船歌，凝结了桂林千百年来当地的文化、语言、习俗以及信仰方面的众多元素，是不可多得的地方文化活化石。沙桥村龙船歌尽管具有丰富的数量和浓郁的地方特色，也只是桂林众多龙船歌里面的沧海一粟。随着时代的发展，社会环境变迁以及多元文化的冲击使得桂林传统龙舟文化这一非遗的传承遭遇到前所未有的挑战，很多村子的龙船歌已濒临失传，后继乏人，亟待抢救性挖掘和整理。这既需要相关专业学者的关注和有目的组织系统性田野调查、研究，更需要各级各相关部门给予更多的重视和支持，对桂林龙船歌以及与之相依存的桂林龙舟民俗的生态环境进行有效的保护，让这些宝贵的文化遗产得以传承和发展，为桂林的旅游经济开掘新的文化源泉。

作者简介

  白榕，男，桂林市人，桂林古村文化研究会会员
  李禄锟，男，桂林灵川县沙桥村人，桂林古村文化研究会会员

"永福阴笛乐"调查与研究

唐丽娟

【摘要】 "永福阴笛乐"是地域特征明显、保存原生态音乐元素丰富的民间音乐演奏形式,其使用的乐器、演奏的乐曲、演奏的场合均为研究地方民俗提供了不可多得的实物例证,多方证据证明,"永福阴笛乐"是壮族蜂鼓文化的最早模式,是历史活化石。

【关键词】 "永福;阴笛乐";蜂鼓;历史活化石

永福县位于广西东北部,桂林市西南部,于1952年由原永福、百寿二县划出部分地域合并而成,其交通位置特殊,北接桂林,南通柳州,西临少数民族地区,地域内唐代开凿的古运河横贯,入大溪河汇永福洛清江入柳江,再汇入珠江入海,是另一条中原入海通道的一个中转站。县域内壮、瑶、回、汉等多民族杂居[1],中原文化、少数民族文化、迁徙文化在这里交融,孕育了多样文化,产生了有别于广西其他区域的民间音乐文化形式,其中"永福阴笛乐"是典型代表之一。

"永福阴笛乐"发现于20世纪80年代,主要在堡里镇的汉、壮民族居住地域流行,是以瓦鼓、笛、扁鼓作为乐器,配合乐曲,多用于祭祀场合的民间音乐演奏方式。比较可知,"永福阴笛乐"与来宾、南宁师公文化和钦州市"跳岭头"本质上具有一致性,是傩文化的一部分,用瓦鼓担纲主乐器,但"永福阴笛乐"地域性和文化历史性传承性更具特色,其瓦鼓和竹笛的器乐组合演奏方式,除桂北外,广西其他区域不见,追溯其历史,似与宋代考古资料及文献记载宫廷和散乐所见拍鼓、拍板、笛子器乐组合演奏类似。

据此，本文整理历年调查和记录获取的"永福阴笛乐"资料，简要陈述"永福阴笛乐"发现、演奏乐器、演奏形式、演奏内容，并对"永福阴笛乐"来源问题提出个人观点，以抛砖引玉之言，敬请方家指正。

一、发现和保存状况

20世纪80年代，永福县文化部门开展本县民间音乐调查时，在本县堡里镇的汉、壮民族居住地域，发现一种多用于祭祀场合的民间音乐演奏方式——"永福阴笛乐"，因见该演奏方式以阴笛为主奏乐器，演奏者多为壮族，故曾定名为"壮族阴笛"，后经各级专家论证，在确定其为自治区非物质文化遗产名录时定名为"永福阴笛乐"。因表演"永福阴笛乐"演奏人员为五人，因此民间又称之为"五师父"，使用乐器为阴笛（又称曲笛）三只，扁鼓一只，阴鼓（瓷质）一只；演奏曲目原流传有72神乐曲及法事、喜丧曲目近二百支，现仅能演奏百余支曲目，历史上曾用于傩戏表演时作伴奏音乐，现多用于祭祀活动和丧礼活动、民间法事，极少用于喜事。所用曲牌已形成固定模式并程序化，时有道家音乐掺入其中。

"永福阴笛乐"因演奏器材自身条件的限制和它阴沉的音效，以及多在丧事场合演奏的缘故，世人对乐师演奏所依存的环境多有畏惧和异见，故愿学习演奏"永福阴笛乐"的人极少，且从乐师们提供的传承谱系也反映了传承范围极其有限，目前在永福能演奏该乐的人员不超过10人，"永福阴笛乐"有濒临失传的危机。经调查由乐师们提供的"永福阴笛乐"传承谱系如下：

姓名	性别	民族	出生年月	文化程度	学艺时间	师承	居住地	备注
韦香渺	男	壮	1871-1943	不详	不详	不详	堡里镇三多村	已故
韦宪图	男	壮	1904-1984	不详	约1923	韦香渺	堡里镇波塘村	已故
韦四一	男	壮	1920-2001	不详	1944	韦香渺	堡里镇波塘村	已故
韦经玉	男	壮	1925-2007	不详	1944	韦宪图	堡里镇波塘村	已故
韦经荣	男	壮	1925-2001	不详	1948	韦宪图	堡里镇波塘村	已故
廖日吉	男	壮	1920-1960	不详	1934	韦宪图	堡里镇堡里村	已故
韦绍昆	男	壮	1928-2008	不详	1947	廖日吉	堡里镇堡里村	已故
韦荣坤	男	壮	1925-1982	不详	1948	廖日吉	堡里镇堡里村	已故
秦景亮	男	汉	1923-2007	不详	1940	韦香渺	堡里镇三多村	已故
秦景宣	男	汉	1945	初小	1950	秦景亮	堡里镇三多村	
秦景昭	男	汉	1947-2005	初小	1949	秦景亮	堡里镇三多村	已故
黄 武	男	汉	1930	初中	1991	韦经玉	堡里镇堡里村	已故
韦经伦	男	壮	1945	初中	1996	韦经玉	堡里镇堡里村	
唐玉成	男	汉	1959	初小	1996	韦经玉	堡里镇堡里村	
黄东福	男	壮	1959	初中	1996	韦经玉	堡里镇堡里村	
韦新荣	男	壮	1960	初小	1994	韦经玉	堡里镇罗田村	
韦小曲	男	壮	1944	初中	1966	韦四一	堡里镇罗田村	
粟玉周	男	汉	1954	初小	1996	韦经玉	堡里镇堡里村	
王庆连	男	汉	1946	初小	1997	韦经玉	堡里镇胜利村	
李有福	男	瑶	1950	初小	1997	韦经玉	堡里镇胜利村	

关于演奏乐曲曲目，20世纪80年代，永福县在收集民间三套集成时曾对"永福阴笛乐"做了调查录谱，在新修《永福县志》中和《永福民间音乐》中收录了《五海》《白马仙姑》等几首曲目。2006年后，永福县启动非物质文化遗产调查，并针对"永福阴笛乐"作重点追踪，初步将其内涵予以整理归纳，已申报并获得广西非物质文化遗产名录。

二、"永福阴笛乐"相关乐器、曲目、形式

（一）演奏乐器

"永福阴笛乐"演奏乐器为瓷质阴鼓一只，阴笛三支，木质扁鼓一只。除阴鼓外，阴笛、扁鼓均为乐师利用当地所产材料自制。

阴鼓，主要打击乐器，起支柱主音作用。现"永福阴笛乐"演奏中使用的瓷质阴鼓制作于清同治七年（公元1869年），鼓空心长形，鼓长67厘米，一端呈喇叭状开口，口径为20厘米；一端呈球状，球状最大直径为35厘米，开短柱形圆口，中为圆筒细腰，腰部一片青釉墨书有"同治七年制"楷书字样。鼓两端以铁圈箍牛皮蒙口，用绳索呈"之"形连接两端铁圈以固定鼓面，再在腰部箍绳，以箍绳的松紧度调控鼓面音程。一般为竖立于地用手掌拍击，多击打喇叭口面，也可根据乐曲、场合来分别击打喇叭口面或球端口面。如悬空放置击打，鼓声音色阴沉明亮，闷声远传；若置地击打，其发声则阴沉哑闷，仅周围可闻。鼓声多在重拍击响，不仅起到加强节奏的作用，还可营造阴沉的乐感效应和场合氛围。

阴笛，其材质采用永福堡里山区生长的成年苦竹。苦竹又称单竹，单节长达60余厘米，由乐师取苦竹适用的，长65厘米、径4厘米的若干段存放于房中阴凉处晾干，制作时依师承的老音笛音孔开音孔，保留吹孔前（笛头）一竹节作气息阻隔用，阴笛开一个吹奏口，六个音孔，不开设膜孔。乐师在开口时边开边吹奏校音，当音程与老笛相符时即为"挖孔"完成，然后用黑线箍笛以防笛体开裂，最后涂刷清漆，晾干后即为成品阴笛。阴笛不开设膜孔，利用竹质腔体与吹奏气流的振动来发声，故其吹奏

所产生的音色低沉圆润，闷而不涩，悠长深远，穿透力强，有直箫横吹的音韵。

木质扁鼓，是"永福阴笛乐"中辅音打击并有指挥作用的乐器，由乐师以碎点敲击烘托起支柱主音的阴鼓节奏，强化乐效。扁鼓也是由乐师自行制作，传统做法是选一段樟木或枫木类树段，掏空内芯，形成空心圆筒鼓腔，再在两边蒙牛皮，用竹钉密钉固定。"永福阴笛乐"中阴笛的音调固定在 G 调，所以扁鼓的基准音也必须在 G 调，鉴于固皮时不可能让其音程定在 G 调，乐师们只能用湿度来控制鼓皮的音程，即音高了给鼓皮抹些水分让鼓皮稍软降音，音低了则予以火烤或晒晒太阳让鼓皮紧绷提升音程。"永福阴笛乐"演奏中偶尔会听到不和谐音效，其原因与鼓的定音有一定关系。

（二）演奏曲目

据传承"永福阴笛乐"的乐师唐玉成等人叙述，师傅在教习他们时说阴笛曲牌中有 72 神乐曲及法事、喜丧曲目近 200 支，而现在他们能记得并能演奏的曲目仅存不到 50 支，杂以演奏道教鼓手音乐 50 支。其他记得一些片段的曲目也有，但不多。

纯属于阴笛乐本身的曲目有：《师父》《朝阳子》《开路》《判官》《花婆》《扫堂》《起魂》《走路》《五海》《安堂》《烧纸》《献酒》《游江》《求卦》《倒旗》《白马仙姑》《接客郎》《开坛》及《李王》5 首、《社王》《四定公》《庙王》等。曲目中分文曲和武曲，即节奏平缓文静为文曲，节奏急促进行式为武曲。文曲旋律相对长，武曲旋律相对短，文曲节奏舒缓，武曲节奏明快。

乐师们说以上曲目夹杂有几首"神曲"。永福民间过去"调神"有"72 神"，其数目与中国民间 36 天罡、72 地煞近似，"一神一曲一面具，每神只吹一二句"，乐师所说的"调神"应该是傩戏表演。

（三）演奏形式

傩舞（调神）：历史上"永福阴笛乐"应该是为傩舞伴奏的乐队，民间对"傩舞"这一说法不太明了，但老一辈人都知道"调（音条）神"，就是"戴起神的面具调来耍"的意思。调神多在民间举行"还大愿"的日子举办，届时众人戴上代表相应的神的神面具或令公之类大神面具轮番舞动，阴笛乐笛鼓齐鸣为之伴奏。可惜72神神名、曲名多已失传，"永福阴笛乐"现在的乐师们只记得"一神一曲一面具，每神只吹一二句"。

祭祀场合：以永福民间祭祀地方先贤的"李王出游"为代表。关于李王，是永福民间对堡里籍武状元李珙的尊称，李珙（1085—公元1126）字温之，北宋大观元年（1107）武状元，曾任忠州刺史、融州知州、邕州团练使等职，宣和末年，金兵南侵，李珙募勇士三千北上勤王，在衡州时遇地方乱兵阻拦扰袭，李珙力战而死，为表彰其忠君之心，绍兴二年（1132）宋高宗追封他为忠州防御使，并诏岭南各地建祠祭祀，永福人更是把李珙奉到神的高度，不仅在其祖居地建祠祭祀，还仿科举制度每三年大考的规矩，将大考之年作为李王出游保天下平安之年。因此，永福民间将其奉为可保天下平安的"李王"，并有"李王出游"这一抬着李王像开展民间巡祭活动。活动中阴笛乐师自始至终跟随在李王像旁，出发有专门的曲目，行进中吹奏《李王》，五支曲目轮流吹；过河吹《五海》，路过有神庙或社王之类地方神灵的也有专曲，如过白马村时吹《白马仙姑》，过社王庙时吹《社王》，尚有《四定公》《庙王》等曲，如今有的"神曲"已失传；起神和归位时则用《安师》曲目。

丧葬法事：目前"永福阴笛乐"乐师们主要从事在丧葬法事中演奏，从演奏的曲目可以看出在什么节点就演奏对应的曲目。如《安堂》在安排座位时吹奏；《烧纸》在祭祀烧纸钱时吹奏；《花婆》在打子孙钉（钉棺盖）时用；《起魂》则在起棺时吹；《五海》在出殡过河沟时吹奏；《走路》在送葬路途中吹奏。如果场面大，耗时长，乐师还会间杂演奏一些道家鼓手乐曲。

目前未见在喜事场合演奏"永福阴笛乐",现在的乐师们对喜丧法事及 72 神曲牌中"喜"字所指也不知所云。

三、"永福阴笛乐"的历史考证

"永福阴笛乐"起源于何时目前无考。据现在及 20 世纪 80 年代调查得知,目前堡里镇几位传承人追溯师承只能上溯到 1871 年出生,1943 年去世的师傅韦香渺。作为口传身授的民间技艺,地方文献及相关史料尚无记载,但在乐师使用的阴鼓腰部上有"同治七年"字样,可见在清代永福民间不仅有阴笛乐演奏,还有窑口烧制阴鼓,从其形制特征看,与柳州、来宾、贵港、钦州所见壮族蜂鼓相同[2],而且"永福阴笛乐"所表现音乐形式及特征,以道教的梅山教张天师为尊,拜祭 36 天罡、72 地煞,本质上与广西其他区域所见并无差异,属于傩文化的一部分,因此,"永福阴笛乐"中的瓷质腰鼓实际就是壮族蜂鼓,只是"永福阴笛乐"瓷腰鼓的腰部略细长,而其他区域所见腰鼓腰部略短。根据调查,长腰蜂鼓主要分布在桂林,以灵川和永福为主,临桂也有,只是实物已经不存;短腰鼓主要分布在桂中、桂南、桂西一带[3]。另外,有关蜂鼓的用途,各区域也不尽相同,但"永福阴笛乐"的腰鼓与邕宁百济的腰鼓在傩文化中,已明确定位使用场合,仅用于丧葬法事驱傩活动,二者具有一致性,其他区域则不限于丧葬法事,还用于重大节庆日。

广西现存可见的瓷质蜂鼓年代多在道光、同治年间,如金秀"清道光二十二年何姓瓦鼓"、象州"岁次道光二十一年蒋告作鼓一个"。永福现存腰鼓也不例外,可见壮族蜂鼓至少在清末期广泛在民间流行,表明现在壮族蜂鼓形制和表演风格至少从清末期已经形成定式，文献记载也证实，如清代道光年间《钦州志》："戴鬼脸壳，击两头鼓"，此两头鼓就是现在的壮族蜂鼓。但事实上，蜂鼓的形制可追溯至宋代，如周去非《岭外代答》记载"静江腰鼓，最有声，腔出于临桂职田乡，其土特宜乡人作窑烧腔"。广西考古发现也证明如此，如广西宋代窑址中，普遍见烧制瓷质腰鼓，其中又以永福窑田岭窑为代表[4]，其烧制瓷质腰鼓大小形制至少可分五种类型，其中一个类型与现存蜂鼓比较接近；广西宋代烧制腰鼓瓷窑中，以全州永岁江凹里窑最早烧制成功[5]，大致在北宋早期出现，之后在广西普遍烧造，但集中于桂东北青瓷窑场，而青白瓷窑场较少烧制；至元代，瓷腰鼓烧制在广西延续，永福三皇清水窑[6]依然烧造瓷腰鼓，可见广西瓷质腰鼓烧造的辉煌历史，也反映了宋元时期广西瓷质腰鼓的流行。从中判断，广西壮族蜂鼓，至少从宋代开始已经出现，之后经历代改进，方形成现今腰鼓形制。此外，我们注意到一个事实，现今整个岭南区域外，除广西外，广东雷州半岛也使用瓷腰鼓[7]，岭南外的贵州荔波也见[8]，三地瓷质腰鼓形制相同，仅是腰部存在差异，如细分，可分三大区域：桂东北区域、桂中区域、桂南区域，桂东北区域腰细长，鼓身平滑，腰腔无棱；桂中区域腰短，鼓身中部内凹，腰腔有棱；桂南区域腰短，鼓身平滑，腰腔有棱。从器乐搭配分析，"永福阴笛乐"为腰鼓、笛、扁鼓组合，而其他则是腰鼓、锣、扁鼓组合，从这种器乐搭配特征看，"永福阴笛乐"应该是广西目前所见最早的器乐模式，证据如下：

1.永福所见区域在宋代属于广南西路静江府（今桂林市），靠近行政中枢，是北方文化南下枢纽，且宋代桂林盛行与腰鼓活动密切相关的傩文化，有丰富的傩面具和大量腰鼓烧制，使桂林较早接受腰鼓成为可能。

2.以永福窑田岭为代表的桂东北区域青瓷窑场，大量烧造瓷腰鼓，从北宋早期至元代均有烧制，表明宋元时期桂林瓷腰鼓的流行。

3.现今"永福阴笛乐"的瓷质腰鼓和笛器乐搭配模式，早在宋代就已经出现,拍鼓、笛、板是宋代宫廷、官方、乐坊、民间比较固定的器乐搭配模式[9]，文献和考古资料证明如此，现今"永福阴笛乐"器乐搭配模式与宋代器乐存在相似性,二者应具有血缘关系。因此，宋代广西，特别是桂林作为广南西路行政中枢，极具把中原器乐用于傩文化的可能性。

4. 从"永福阴笛乐"曲目分析，有《李王》曲目5首，主要是永福民间开展"李王出游"巡祭活动传承下曲目，最早可追溯至北宋晚期，表明该活动具有强烈的历史文化传承属性，而同时，北宋晚期至南宋早期正好也是永福窑田岭烧造瓷质腰鼓顶峰期，其烧造量甚至达到中国瓷质腰鼓烧造之最：量最大，类型最多，装饰风格极其具有神秘性。

由此，可进一步推断，广西现今常见的傩文化中蜂鼓和铜锣器乐搭配模式在广西并非最原始模式，而蜂鼓和笛器乐搭配较之更早，因此"永福阴笛乐"可以称得上壮族蜂鼓文化创始之源，是广西壮族蜂鼓文化历史活化石。其他区域应当是瓷质腰鼓在广西流行后，经过多方改良，才形成现今壮族蜂鼓和锣搭配模式，具有派生性特征。"永福阴笛乐"蕴藏着广西多方面历史记忆信息，是解读壮族蜂鼓的发展历史、壮族傩文化发展历史乃至中原文化和壮族傩文化结合等历史的重要资源库。

四、几点认识

笔者在经过近10年的调研后，对"永福阴笛乐"有以下认识：

（一）"永福阴笛乐"是富含原生态音乐元素的民间艺术形式

作为民间音乐，"永福阴笛乐"演奏所用乐器是独一无二的、原生态的、保持历史传统的民间制造乐器，其有根可追，有源可溯。乐器用材具有地域性形成了唯一性；乐器的渊源性形成了传统性；乐器制作的师承性形成了原生态性。在演奏曲目的使用上严格的规矩化、指向化、程式化则固化了其音符、节奏的原生态性；演奏场合的特殊性，世俗眼光的偏见性导致传承者自我封闭，从另一方面也强化了其原生态性。所以，"永福阴笛乐"是一种饱含地域文化特色和原生态音乐元素的民间艺术形式，是广西壮族蜂鼓文化历史活化石。

（二）"永福阴笛乐"是研究地方史和文化史的实物例证

永福县地处桂东北，北接桂林下达柳州，有中原文化中转站的称誉，唐代开凿的古运河相思埭沟通漓江、柳江后，永福就是这条黄金水道上的一颗珍珠。但历史上明代以前记录永福地方历史、地方文化史的史料非常稀少，故永福明代以前的社会、经济、文化记载尚处于碎片状，如窑田岭宋代窑址是分布在永福县城南郊的一个宋代窑群遗址，出土有可称开中国全红铜红釉器先河的全红釉碗，出土有数量非常巨大的瓷腰鼓，但史籍上却无任何记载。宋人周去非《岭外代答》中虽有腰鼓记录，却写的是"出自临桂职田乡"。窑田岭窑址的发掘成果，印证了宋代永福经济社会的发展和傩文化的繁荣，同样，"永福阴笛乐"相关器具和内容，也展示了永福文化经济的传承和沿袭，是研究地方史和文化史的活化石。

（三）"永福阴笛乐"是研究民族学和民俗学的实物例证

"永福阴笛乐"的乐师对阴笛乐自称"壮教南乐"，乐师们也多为壮族。因历史原因，永福的壮族长期与汉族杂居，生产生活习俗及文化习俗相互交融，但阴笛乐的演奏、祭祀李王、调神等民俗并未因民族交融而废弃，而是以顽强的生命力传承延续至今。再者，"永福阴笛乐"的演奏过程和内容，既反映了民众崇祀先贤的庄重心态，也反映了民众对超自然现象不解时用意识的"神"来化解迷惑的一种愿景和祈求；丧葬法事中使用阴笛乐，则反映了民众对生命的尊重和一厢情愿的自我慰藉。

（四）"永福阴笛乐"是濒临失传的民间文化活化石

"永福阴笛乐"在社会发展进程中失掉了它依托生存的两块"高大上"的土壤——傩舞（调神）演艺和李王出游，仅剩下丧葬法事一项可供乐师们从事演奏的场所，再加上丧葬场合为大多数人都认为不吉利、晦气，而吹手属"下九流"，愿学习传承的人极少，目前乐师不足 10 人，且年龄都是 50 岁以上，其气力有限，吹奏阴笛所发出的音韵已很难展示阴笛的独特魅力。自 2010 年"永福阴笛乐"列为自治区级非物质文化遗产名录后，永福县文化部门前后多次鼓励性地抽调乐师们到市县舞台展示阴笛乐中积极雄壮的曲目，社会对"永福阴笛乐"的认识态度稍有好转，但仅发展了一名 40 岁左右的传承人学习阴笛吹奏，在传统曲目方面，随着老艺人的去世，留传的曲目也就是这近 50 首。如不采取积极的措施，如在桂林旅游圈内设置百姓傩表演项目，让阴笛乐作现场伴奏以展示它积极向上的一面，"永福阴笛乐"最终会失传或沦落为民间鼓手的分支。

以上所述，仅为笔者一家之言。传统文化的存在，一定有它存在的土壤和理由，也一定有它的精华和糟粕，需要我们慎重对待，去芜存精。

参考文献

[1] 永福县人民政府编．永福县志，中国档案出版社，1996 年．

[2] 钱茀. 土鼓访真, 民族艺术 1993 年第 2 期.

[3] 高敏. 广西 "瓦鼓" 与民俗, 中国音乐 2008 年第 3 期.

[4] 广西文物保护与考古研究所等: 广西永福县窑田岭窑址 III 区宋代窑址 2010 年发掘简报, 考古 2014 年第 2 期.

[5] 何安益, 广西永福窑田岭窑址出土瓷器工艺技术探源, 中国古代制瓷技术的对外传播与影响学术论文集, 2014 年 10 月出版.

[6] 李铧等. 广西永福县清水古窑址调查, 广西博物馆文集第 7 集, 广西人民出版社, 2010 年.

[7] 洪山泰. 吴川春节民俗文化调查, 岭南文史 2011 年第 1 期.

[8] 王思民. 试论黔南少数民族鼓艺术, 民族艺术 1991 年第 4 期.

[9] 何安益. 唐宋时期中原瓷细腰鼓文化对岭南的影响, 景德镇南窑考古发掘成果与研究——2014 年南窑学术研讨会论文集, 江西文物考古研究、乐平市博物馆编, 科学出版社（2015 年）.

作者简介

唐丽娟　永福县文化馆, 馆员.

湘桂古道与古严关初探

杨迪忠

【摘要】 湘桂古道是中原地区与岭南地区各民族政治、经济、文化与生活交往的重要通道之一,而古严关就修建于此古道之要塞,与灵渠水关相邻,共扼楚粤之咽喉。战时,它是兵家必争之地;和时,它是交通与商贸要道,是政治、经济、文化交流与生活交往的重要驿站。其历史悠久,影响深远,波及广泛。因此,悠久湘桂古道与古严关的密切关系,具有重要的历史价值与现实意义。

【关键词】 湘桂古道;古严关;楚粤文化;广西交通;文物保护

本文所指的湘桂古道,是始于秦代以前,初建于秦汉之际,发展于唐宋,繁盛于明清两代的湘桂走廊交通陆路要道。在湘桂间民间商贸日渐昌盛,而湘桂水道年久失修之际,水运能力有限,大量的商品货物和人流来往需经由陆路转运。为此,官府组织开辟湘桂陆路官道与商道,从桂林经灵川、兴安、全州往湘南,其中商道鼎盛期达500多年,被后人誉为"南方丝绸之路"。

湘桂古道从古严关下穿过,古严关就建立在湘桂古道上。这是一条官道,同时也是商道,二者关系十分紧密,不可分割。下面简要论述,以就教于大方。

一、严关古道建于秦汉期间，是湘桂古道之要冲

位于广西兴安县严关镇仙桥村委严关口村的古严关，现存青石板路一段，历史走向比较清晰。一条青石土路南穿关门，旧民居沿路相向而建，形成一条狭长的街道。这条古道出村北延伸向梳子铺——霞云桥——三里陡——兴安县城，向南的走向则是窑上村——永兴街——大拱桥——塘堡村——白竹铺——莲塘——大溶江（老街）——灵川直到桂林。据村里老人介绍，这是一条官道，一般宽3米，用青石板或鹅卵石铺成，古代时官员可骑马、坐轿等通过，商人、行人也大多走此道。民国初开通了桂黄公路，然而到20世纪三四十年代，这条古道仍是民间小担人力货运的重要通道。至20世纪90年代末，这条路段还在使用。

严关古道历史悠久，应该建于秦汉期间。公元前214年，秦监御史禄开凿灵渠，为前线的秦军提供后勤补给建立一条水路的同时，湘桂走廊的陆路早已存在，但是狭窄崎岖。因此，在开凿灵渠的时候，对陆路也有所开辟。可以说，湘桂古道原始于秦时之前。汉武帝进攻岭南的汉军主力走的虽然是永贺线陆路，但另有一路水军从湘漓水道南下。汉武帝元鼎六年（前111）平定岭南，在今越城岭南北一带设置零陵郡，郡治在今全州附近；又设置始安县，县治即今桂林，属零陵郡。这时，桂北一带的人口逐渐增多，又有了一定意义上的行政管辖。从始安县治（今桂林）到零陵郡治（今全州附近）以致往北，除了靠灵渠相连的湘漓水路，在此时就有了一条贯穿南北的陆路。东汉时期加以整修，称为"零陵峤道"。严关古道即是其中重要的一段。南朝梁大同四年（538），在今桂林设置桂州的州治；唐武德四年（621），李靖平定岭南，在越城岭设置临源县（今兴安）。这时，从桂州（桂林）北上经严关至临源（兴安）、湘源（全

州）、永州连接荆楚的陆路成为重要的官道。至南宋，经济的发展和物资人员频繁交流，从荆楚南下经全州、兴安到桂林的陆路已是一条很像样的被称为大道的"官道"，并且已经替代永贺线成为南下广西的主要道路。南宋乾道九年（1173）元月，著名的文学家、诗人范成大从老家苏州出发，过浙江、江西进入湖南株洲，再泛舟湘江到衡阳转陆路，经祁阳、永州，过全州，进入"广南西路"，即广西地界，然后经过兴安"严关古道"至桂林。据范成大南下日记，从衡阳至永州"道径粗恶"，一路颠簸苦不堪言，而进入桂林地界，是"夹道高枫古柳，道途大逵（路）"。"中原来南者，久不行贺州岭路，但取道于此"。他进入兴安，通过险要的严关，看见了秦城，最后经灵川抵达桂林。范成大由北南来桂林穿过严关的古道，是一条由荆楚南下广西的官道，相当于今日之国道。

据明代《徐霞客游记》记载："予先西趋严关，共二里而出隘口，东西两石山骈峙，路出其下，若门中辟。傍裂穴如圭；梯崖入其中，不甚敞，空合如莲瓣。坐观行旅，纷纷沓沓。"徐霞客看到的严关古道，人来人往，非常热闹。

严关古道是广西通往中原的要冲，楚越之咽喉。它是中原文化南传广西必经的中转站；是百越文化与中原文化交流的重要纽带；是中原文化与广西文化交汇点；是楚文化分布的重要南界；是赣文化西渐的西陲；是黔文化东渐的东界。严关古道，在广西和中国交通历史文化上具有十分重要的意义。向东面，严关南下到大溶江、小溶江，然后进入漓江通桂林，到兴坪（熙平）、平乐、贺县、梧州，通广州，通南海郡各县。向南面，溯相思江、相思埭，通苏桥，到永福洛清江到柳江，可达南边各郡各县，通东南亚，连柳江以上溯红水河，牂牁江到贵州。向西面，严关到桂林，往永福到百寿城，然后通向宜州、金城江，通贵州、云南、四川。向北面，经过兴安往北，可至湖南、湖北，接通中原交通大动脉。

二、建于湘桂古道上的古严关,是桂北和广西第一关

古严关是中国有名的古代隘口,为广西四大名关之一,并凭借它险要的地理位置和悠久的历史,被誉为"桂北第一雄关"和"广西第一关",1963年公布为广西壮族自治区重点文物保护单位。

(一)古严关地理位置十分险要,为楚粤之咽喉,南北之要道

古严关建于绿树葱葱峻峭艰险的凤凰山和狮子岭之间,后有水岭山、黄茅岭、刺木楂子山和锣鼓地,左前有碎米山,前有陡军山、马仔山和狮子岭,右有马头山,群山错落,气势连绵,巍峨峭壁,险不可攀,中间仅一条古道从城隘的关门中通过,历来是从中原进入岭南,或从岭南进入中原必经的咽喉要地,有"一夫当关,万夫莫开"之势。故严关被称为"桂北第一雄关"。宋代周去非《岭外代答》载:"(秦城)北二十里有险曰严关,群山环之,鸟道微通,不可方轨。"清代乾隆年间黄海《兴安县志》:"马头山在县西严关口外,平地特起,高峰拔翠擎天,形如马头,昂立江畔。""灵川兴安之间,两山蹲踞,中容一马,谓之严关。""严关在县西南十七里,两山夹立,中劈一路,为通省咽喉之区。前人于此设关守险。"清代道光十四年刊本《兴安县志》载:"严关,在县西南十七里,通衢要隘,设兵防守。两山对峙,中为通道,势极险隘。其南二十里即秦城,为楚粤之咽喉。"清道光二十五年苏宗经撰《广西通志辑要》又载:"严关,县西十七里,两山对峙,中为通道,其南二十里即秦城,为楚粤之咽喉。魏氏曰:严关北负峻岭,陂陀险阻,若守御严密,以逸待劳,敌师虽多无能为也。""小严关,距严关二里许。昔人于此筑城,亦守险之要地也。其地上下二岩中,一大坪宽约三四里,

可伏兵,与严关相犄角。""一失其险则会城单弱,势不能孤立矣。严关之安危,非即粤西之存亡哉!"这些历史记载,都非常明确而充分地说明了古严关的特殊地理位置和十分的重要性,它关系到广西的存亡与楚粤的交通!

现存的城墙为明代(1638)修筑,同时修有关楼,清代乾隆己未年间关楼破毁,五年黄海知县重建,道光年间又毁,后又重修,至抗日时期拟修炮楼而拆除。黄志:"严关建楼以守险"。关与楼历来是相互依存的。关门为清代 1851 年重建。外墙用方块料石砌成,灰浆浇灌,墙心夯实泥土,中留一拱门,两边拱顶石上各镌刻"古严关"三字,为清朝咸丰元年兴安知县商昌所题。

(二)古严关历史悠久,距今 2000 多年,堪称广西之最

据宋淳熙初年周去非《岭外代答》和清代《兴安县志》记载,严关始建于秦始皇三十三年(前 214)戍五岭时。黄海《严关口重建关楼记》曰:"关以严名,古称始皇所筑,以限交趾。自桂林、象郡一设,此间久属内地,关之名至今不改。""关南北并林立高峰,绵亘若垣,东南两山相距,中有一漕,秦人垒石为墙,厥名秦城,石率长五六尺,宽三四尺,上可走马。凡二里为小严关,有城有门,与严关相犄角,悉属险要,宋明末造。""关未念何人手创,何人命名。以凿渠推之,当亦史公所作。"这是一说。清代顾祖禹《读史方舆纪要》则说建于汉代,是归义侯越严所建。文曰:"关为楚粤之咽喉,其地两山壁立,中为通道,置关期(其)间,署曰严关。或曰汉归义侯越严出零陵、下滴水,定越建功,故以严为名。"这是二说。根据这两种说法,严关已有两千多年的历史。

严关名称的来历,还有第三种说法,宋代著名诗人范成大和刘克庄说严关原名"炎关",因关内多雪而极为寒冷,出关则是炎热之地,"人以为南北之限也"。范成大《桂海虞衡志》载:"南州多无雪霜,草木皆不改柯易叶,独桂林岁岁得雪或腊中三白,然终不及北州之多。灵川、兴安之间,两山蹲踞,中容一马,谓之严关,朔雪至关辄止,

大盛则度关至桂林城下，不复南矣。"刘克庄《炎关》诗云："关北关南气候分，雪飞不过古来云；若非曾发看山愿，老大何因入瘴云。"兴安谚语有"北雪南雨飞不过""飞雪不过严关口"等，也是此意。

（三）古严关历史文化内涵丰富，既有交通与人文价值，又有军事价值，是路与关的完美结合体

1. 作为湘桂古道的重要部分，严关古道是中国南北交通要道之一，历代名人经过此处，题咏甚多，现存摩崖题刻与碑刻20余方。

例如上马石题刻，在围径9.5米高3米的一方巨石上，刻有"古上马石"四个大字和一首七言绝句，落款为"道光丙午春，邑人文士铨题，兴祁邑唐一沛、彭紫炎记"。唐一沛是兴安县人，彭紫炎是湖南祁阳人。道光丙午年即道光二十六年（1846）。诗曰："山山山山山山山，峭壁巉岩步履艰；欲向此中求吉壤，难难难难难难难！"此石传说是当年杨八姐随狄青大将南征侬智高起义在此垫脚上马破关的石蹬。诗则写出了严关古道的异常艰险和严关的难攻。在凤凰山崖壁上，现存宋代以来摩崖石刻十余方，有三方宋代摩崖题刻是严关最重要的石刻。一是时任桂州知州兼广西经略安抚使程邻东归过严关时候题刻的"严关"巨制真书题榜，时间为北宋政和五年（1115），距今900余年，是严关现存最早的一块题刻。题字位于关外凤凰岭脚下山洞口前石壁上，"严关"二字为繁体真书，竖行巨制，字径达40多厘米，笔锋苍劲古朴，力透石壁，为十分珍贵的书法艺术作品。石刻斧削平坦，周围装饰有精巧花纹，呈"∩"形状。第二是广西转运使陈巩来桂任职时一行多人在严关的题名，为南宋开禧丙寅年间，即1206年，距今810年；第三是历任广西提点刑狱、广西转运判官的方信孺所题"严关"巨制题榜，为宋代嘉定九年（1216），距今800年历史。此题刻位于凤凰岭脚下临晒谷坪的一块黑水牛似的巨石上，繁体大字，遒劲有力。方信孺，南宋著名诗人，著有《南海百咏》等诗集，

曾任广州番禺县尉、韶州郡守、广西转运使等。自幼才华显露，能诗善文，性情豪爽，钟情山水，桂林西山、伏波山、隐山、广西宜州等地都有他的题刻，被后人称为"桂林石刻第一人"。

还有两方明代碑刻。一是重修严关的记录碑，嵌入关口券洞中央，它记录了明代崇祯戊寅年即1638年重修严关的时间和监造人姓名。"崇祯戊寅布政司详奉两院稽古建关，是年仲夏坞集己卯草春告成。监造灵川县知县程克武，监工灵川县典史陈正谊记石。"此石刻说明现存严关城墙是明代崇祯十一年至十二年修筑的，历时9个月。另一是《香田碑记》，刻于明代万历丁巳年，即公元1617年。内容为当时严关庵堂破旧不堪，神像毁损严重，兴安县知县陈大礼和都指挥使、守备、灌阳哨、德安哨、衡州哨、永州哨、全州哨五个哨所负责人等捐助俸禄，维修庵堂，并划拨一块荒地给庵堂作香田，供香灯费用。知县陈大礼，福建省嘉乐县人，明朝万历四十三年即任兴安县知县。之所以如此重视这个庵堂的修葺，一是因为它处于"西粤要道，南北咽喉最重要地"的古严关，二是为了安抚、教化瑶壮等少数民族，"为民造福"。在碑记中，还表彰了一位名寂的修道者，她为南来北往的行人提供方便，寄居庵堂14年，"至善至美"，声震湖广诸州。

一方清朝雍正年间的《万古沾恩碑记》，记载了严关沿途居民被征调当轿夫或挑夫的苦状。严关为楚越必经之咽喉要道，官员过往，都要征调村民当轿夫或挑夫等。一些大官或老板为了摆阔，耀武扬威，征夫日趋繁多，百姓苦不堪言，便向朝廷报告申述。于是，政府便下了公文，规定了各级官员的轿夫数额。百姓为了感谢政府，也为了让公文内容晓谕天下，长期执行，特合众建立了此碑。

最晚的是民国时期的摩崖诗歌，共5人7首。严关口村清末秀才、逸士廖达题《严关》诗二首，兴安县清末秀才、四勿居士罗鸿题《严关》诗一首，民国六年张鼎星题《古严关》诗一首，民国丁巳仲春岭南逸士罗崇点题《古严关诗二首》，民国丁巳秋季邦藩题《严关》诗一首。这些诗歌，或写景，或记事，或抒情，是研究严关的重要史料之一。

2. 严关作为南北交通要道，历代名人经过此处，吟咏诗词也甚多。初略统计，共有数十首。代表作例如：宋陶弼《题兴安石灰铺壁》云："马度严关口，生归喜复嗟，天文离卷舌。人影背含沙，江势一两曲，梅梢三四花。登高休问路，云际是吾家。"陶弼（1015-1078），字商翁，湖南永州人。此诗为任顺州知府召还过严关时歇石灰铺驿站所作。宋邹浩的《滑石泉》："马头今日度严关，十九年前去复还。惟有流泉声似旧，凭栏重听响潺潺。"此诗为邹浩被贬昭州19年，召还过严关时所作。宋李师中《过严关有感》："大抵孤忠报国难，古今共是一长叹。玉关还路春无绿，定远归来鬓已斑。四年岭外得生还，自顾无功但愧颜。欲识君恩至深处，严关便是玉门关。"李师中，字诚之，楚丘（今山东曹县）人。嘉祐三年（1058）提点广西刑狱，后摄广西帅事。后因与王安石政见不合，削职被贬。写严关的名人还有宋张栻《张子真杨政光吴德夫追路湘源赋此以别》："驱车出严关，触热归路长。一雨群物苏，吾行亦清凉。漓水自南去，湘流正洋洋。眷言二三友，跋马勤送将。萧然短长亭，每语夜未央。张子名家驹，千里方腾骧。杨郎岭中彦，而能剑锋芒。延陵旧所熟，气味固难忘。向来幕府游，三秀丽斋房。居然出别语，分袂楚粤乡。人生会有别，勿悲参与商。独有赠言意，临岐更平章。风俗易移人，宦途剧羊肠。千钧有不守，决去飞鸟翔。要当勉自持，读书作金汤。他年相会处，刮目看增光。为谢桂父老，无泽留一方。惟余石间字，时与洗苔苍。"张栻，字敬夫，是南宋理学家，曾官知静江府、广南西路经略安抚使等职。范成大《施进兴追路出严关为余写真试题其上》云："唤渡牂牁瘴水滨，严关关外不逢春。神仙富贵俱何在？且作全家出岭人。"范成大，南宋杰出诗人，曾任静江知府兼广南西路经略安抚使。宋张孝祥、刘克庄，明代韩雍，以及清代蒋肇、李时沛、张祥河、彭昱尧、彭榕等，都写过严关。

3. 严关地势十分险要，作为桂林城的第一道防线，自古以来为兵家必争之地。"岭南战事，尝系于此"。

据有关史书记载，西汉元鼎五年（前112），南越丞相吕嘉反叛，杀死南越王赵兴、王太后和汉朝廷使者，并派兵扼守五岭各要隘，妄图分裂。汉武帝即派遣路博德为伏波将军，率领江淮以南 10 万楼船之师，出击吕嘉。当时桂林归南越管辖，地处岭南西北要塞。汉军有一位叫越严的将领，本是百越族人，因归附汉廷，受封为"归义侯"。是时，归义侯为平吕嘉戈船将军，他挥师由零陵出发，溯湘江，穿灵渠，与南越叛军鏖战于严关。夺下天险严关后，挥师下漓水，于公元前 111 年会师番禺（今广州），平定吕嘉之乱，重新统一了岭南。平定南越后，重划行政区域，今日的兴安、灵川、临桂、桂林市、阳朔、永福等地划为始安县，归楚境荆州零陵郡管辖，开始了桂林史上的始安县时期，治所在今市区，桂林城的建立由此开始。

南宋末，元军将领阿里海牙率兵南征，从湖南向广西进攻，由湘桂走廊向严关压来。当时的静江府（今桂林）守将马塈积极抗战，一方面固守府城，一方面亲率了三千精兵坐镇严关，在大小严关布阵，"凿马坑，断岭道"。两军于德祐二年（1276）十一月浴血奋战到翌年五月，元军屡攻不下，被拒之关北。元军只得改变战略，以偏师攻龙虎关，经平乐攻城，最后两军决战桂林城，守军甚为壮烈。

明末清初，严关连连鏖战。南明永历二年（1648）广西巡抚瞿式耜率兵坚守严关，使南侵清军望关生畏。但到永历四年十一月，清军定南王孔有德以重兵合围桂林，南明将领张同敞率军再守严关，后因兵力过于悬殊，严关遂破，孔率清军直驱省城桂林，杀害了瞿、张二公，并占领靖江王府为定南王府。

永历六年（1652）六月，大西农民军领袖李定国从云贵东进，率农民军援助南明，在严关部署了一场著名的大战。他指挥东路军 10 万大军、战象 50 匹，攻入桂北，占领全州，诱敌北上。李定国凭着严关的天险，将孔有德的心腹部将孙龙、李养性截留在关南至大溶江的 20 里山谷中。八月三日，首战告捷，斩杀孙龙、李养性。第二天，孔有德"再挑精锐"，督战关南。李定国则指挥象队冲阵，步、骑掩杀，打得孔军"弃甲断骼，遍于溪谷"，退守桂林。李定国则追杀至省城，孔走投无路，遂"手刃爱姬"，自焚于王府之中。

三、依托千年古关而形成的古村落严关口，是严关古道和古关的见证者和守望者

严关口自然村位于兴安县严关镇东北部，属仙桥村委辖，因处于两千多年前修建的严关当口而得名。据乾隆《兴安县志》载，严关古属取士乡，并曰修德里，清代为西乡，设严关口塘，为兴安22塘之一，有"外把总兵防守"。同时，清廉堡乾隆年间移至严关口，为兴安十大营堡之一。

严关口村现有215户，人口680余人。村民主要收入以种植、办厂经商、外出务工为主，2016年人均纯收入8800余元。它是一个杂姓村，共有廖、曹、杨、刘、张、彭、唐、周、李、石、韦、黄、文、王、万、易、曾、陈等20余个姓氏，这说明在严关建造时这里没有居民，是建造后的相当长的时期里从各地陆续迁入聚集成村。居民大部分来自北方和中原，祖籍有陕西、山东、江西、湖南、四川等，也有一些祖籍是本地的少数民族。他们的祖先要么是历代战争留守关隘的军队后代，要么是战争后期从北方和中原迁移到这里，或者是来此经商久了而定居下来的。

在村子边，原有一些外省商人的墓，其墓碑记载了来此经商的历史，现在墓与墓志大多毁灭无存。在村里的羊岩山，现存清代江西吉安县一裴姓商人墓，记载了他在往来经商的途中不幸患病客死异乡，葬在了这里的情况。这也是一个佐证。而易家则是灵渠陡军的后代。村子附近有多个陡门，其中易姓负责守青石陡，后来搬到了严关口村。村边有明清时期墓葬20多座。据村里碑刻和墓志铭记载，严关口村的形成，大约在明代初期，至今有600年以上的历史。

严关口村过去整个街道都是青石板路与钉子巷道，老房子或青砖或泥墙或木板或石头，古关古桥古井古树古庙古石雕，真的是古色古香；村边田地青山，清澈藕塘，

高耸草堆，鸡犬鹅鸭，全村人去挑水吃的莲花井，村民洗澡游泳的大江（灵渠），还有冬暖夏凉的龙岩，鸟凼坪宽广的松树林，锣鼓地茂密的杉树林与灌木丛等等，构成了严关口美好的生态家园。人们日出而作，日落而息，民风古朴，人与自然协调而生，是湘桂古道上典型的桂北老家。

严关口以汉族为主，传承着兴安汉民族的传统生活生产方式与习俗，非物质文化遗产丰富而多样，是典型的农耕文明村落。同时，受历代商业文明、工业文明的深刻影响，从事商业与工业的村民亦不少。在宋代，严关窑瓷生产繁盛，在百余年间，先后建立了数百座瓷窑，被称为"岭南景德镇"，产品畅销国内和出口东南亚地区，创造了广西文化长河中令人骄傲的史诗传奇。明清时代，依托严关和灵渠而聚集了八方来客，关口内外商铺林立，贸易昌盛，逐步形成了关口商业文化。如今，村民大办矿粉企业与商业，成为严关镇工业与贸易的知名村屯，即是传统工业与商业文明的基因表现。

在非物质文化遗产方面，婚丧唱贺郎歌与孝歌，建房上梁抛粑粑，祝寿和乔迁进火用大松糕，以及过春节、闹元宵、六月六尝新谷、七月半鬼节、九月九重阳节等习俗，还有米花糖、十大碗、甜酒、粑粑、腊肉等美食制作技艺与众多的民间传统娱乐方式等等。

严关口有众多的传说故事，如《严关晓雪》讲述宋朝末年静江府守将马墍与元将阿里海牙在严关激战的故事；《上马石》讲述杨八姐飞马过严关的故事；《牯牛陡》讲述"牯牛石"与"牯牛陡"是如何来的传说。《杨八姐的传说》则讲述了梳子铺、上马石、古严关、石马坪、戴花铺、马头山等地名来源的故事。

上述情况都充分说明，严关口村的形成与发展都跟湘桂古道和古严关息息相关。可以说，依托千年古关而形成的古村落严关口，是严关古道和古关的见证者和守望者，了解和研究它，对研究古道与古关具有重要的意义。

参考文献

[1] 杨迪忠主编.楚粤咽喉 古韵严关,中国出版集团现代出版社2014年6月版.

[2] 徐霞客桂林山水游记,徐霞客著,许凌云等注译,广西人民出版社1982年8月版.

[3] 清乾隆刊本和道光刊本.兴安县志.

[4] 宋范成大.桂海虞衡志,广西人民出版社1986年3月版.

[5] 宋周去非.岭外代答,中华书局,1999年9月版.

[6] 清顾祖禹.读史方舆志要,上海书店出版社,1998年1月版.

[7] 清代道光二十五年苏宗经.广西通志辑要,光绪十五年刊本.

[8] 兴安县志.2002年版.

作者简介

杨迪忠　兴安县文化旅游广播电视体育局

浅谈湘江战役
——学习习近平总书记讲话，结合湘江战役浅谈长征精神

陈兴华

【摘要】湘江战役在中国革命史中，是一场特殊而神奇的战役。这场战役是中国工农红军在长征途中，战争规模最大、最为激烈的一仗，是中国工农红军损失最多、关系到中央红军生死存亡的一场战役，是中央红军长征的悲壮史诗；无数为伟大理想、伟大信念而战斗的红军指战员血染湘江。这场战役的神奇在于中国工农红军在伟大理想、伟大信念、伟大的红军精神的支撑下，损失惨重而胜利过江，成为中国革命从胜利走向胜利的伟大转折，长征精神在湘江战役得到了充分的体现。

【关键词】湘江战役；中国革命；转折；长征精神

一、特殊的战役

1. 湘江战役前的情况

湘江战役，是中国工农红军长征中的一部分。1934年10月，第五次反围剿失败后，中央主力红军八万余人为摆脱国民党军队的包围追击，退出根据地开始了战略大转移（长征）。在湘江战役前，突破了国民党军的三道封锁线，人员减少到6万余人。然而

错误的王明路线一味退却，消极避战，使红军处于不利地位。蒋介石在湘江又布置了第四道封锁线，企图将中央红军消灭于湘江以东。中央军委决定从敌人防线较为薄弱的兴安、全州之间抢渡湘江。湘江战役就是在这样的背景下爆发的。

2. 国民党军布置的第四道封锁线

湘江战役前，蒋介石安排湘军刘建绪的第一纵队，开往广西北部的全州县，与广西第15军夏威部队联系，正面拦截红军；吴奇伟部的中央军第3纵队沿湘桂公路进行侧击，防止中央红军北上与红二、六军团会合；中央军周浑元的第3纵队、湘军李云杰的第4纵队、湘军李韫珩的第5纵队从东面将中央红军压向湘江防线。中央红军与国民党军的人数比例是1:8左右；国民党军还拥有大炮、飞机等等装备上的优势，企图全歼中央红军于湘江东岸。中央红军处于极其危险的境地。

3. 中央红军还处在错误路线领导之下

中国工农红军在王明错误路线的领导下，一味退却，消极避战，大搬家式的行军，舍不得辎重，缓慢前行，完全处于一种被动的状态。

4. 蒋介石国民党军内部勾心斗角

蒋介石布置的第四道封锁线，主要目的是要将中央红军消灭在湘江东岸；同时，有一石三鸟的想法，在消灭红军的同时，削弱两广军阀的力量，将自己的部队进入广东、广西腹地。两广军阀也不是省油的灯，特别是桂系号称小诸葛的白崇禧，目的非常明确：一是不让红军进入广西腹地，二是通过与红军打仗向蒋介石要军饷。白崇禧打自己的小算盘，将兴安、全州的兵力调到灌阳、恭城一带；当蒋介石指责他时，他说："职部仅兵力十八九个团，而指定之防线千余公里，实已超过职等负荷能力"。国民党军内部勾心斗角，给红军突破湘江赢得了时间。

二、神奇的战役

1. 湘江战役是中央红军在损失重大情况下的胜利之战

对于湘江战役，在过去的众多研究结论中，都以回避的方式不谈其胜利与失败。大家都清楚地知道，红军面对敌我力量巨大的悬殊，面对恶劣的自然环境，还面临同党内错误思想的激烈斗争，红军损失过半。对此，我们不能简单地用人员损失的多少来定性。其实，对于这个问题，当年湘江战役的领袖是最有发言权的。毛泽东主席在总结长征时讲道："以我们的胜利，敌人的失败而告终"。1934年12月1日3时30分，中央局、军委、总政给一、三军团的指令中特别讲到过江的性质："一日战斗，关系我野战军全部西进。胜利，可开辟今后的发展前途；退，则我野战军将被层层切断"。作战的意义是："我们不为胜利者，即为战败者"。红军过江了，理所当然地成了胜利者。李德讲："是一支完整的军队，突破了敌人的封锁"。国民党的总指挥蒋介石在给白崇禧的电文中讲："开放黔、川要道，无异纵虎归山；数年努力，功败垂成"。综上所述，不难看出，湘江战役是中央红军在损失重大情况下的胜利之战。

2. 长征精神是湘江战役红军胜利的主要原因

湘江战役，是中央红军在错误路线指引，敌我力量悬殊巨大的情况下，付出巨大的牺牲取得的胜利。胜利来之不易，胜利的主要原因是有伟大的红军精神，这种精神在湘江战役得到了充分的表现。

（1）习近平总书记说："长征是一次理想信念的伟大远征"。湘江战役，中央红军面对强敌，展开了激战，湘江的水被红军的鲜血所染红，民间流传着这样一句话："三年不饮湘江水，十年莫食湘江鱼"。湘江战役中，全体红军指战员，为伟大理想和信念，不惜抛头颅、洒热血，前赴后继，勇往直前。红三十四师是光辉的典范，战斗间歇他们宣誓:"为苏维埃新中国流尽最后一滴血"。师政委程翠林等一批指战员战死沙场;师长陈树湘腹部受伤晕倒过去后被国民党军所俘,当他苏醒过来时,发现是在敌人的担架上;于是从腹部的伤口中抽出肠子用牙咬断肠子而英勇牺牲。肝肠寸断,这是何等的无畏;革命理想高于天,他与他的战友们为伟大理想和信念,实现了自己的誓言"为苏维埃新中国流尽最后一滴血",他用这样的方式结束了年仅29岁的年轻生命。这样的军队还有什么样的困难不能克服,这样的军队是战无不胜的,中国共产党人的理想信念是坚不可摧的。正如习近平总书记说:"长征的胜利,是中国共产党人理想的胜利,是中国共产党人信念的胜利"。

(2)习近平总书记说:"长征的胜利,宣传了我们党的主张,播撒下革命的火种,扩大了党和红军的影响,巩固了党同人民群众的血肉联系,使党牢牢扎根在人民之中"。湘江战役中,红军所到之处,少不了宣传我们党的主张。在湘江战役渡江指挥部旁边的关公庙内,红军唱"文明戏",宣传革命的思想;在墙上用石灰水写标语"收富填贫、打倒土豪劣绅"。

华江瑶族乡的吊脚楼留下了满墙的红军标语,内容非常丰富,每一条标语的内容都不一样。这里有对共产党和红军的中心任务进行宣传的标语:"拥护中国共产党";针对国民党对中国共产党、中国工农红军的恶意宣传,通过标语的形式告诉民众:红军是工农自己的军队。工农大众的共同敌人是国民党,要"打倒国民党"等等;有红军老区宣传的内容,如:"当红军有田分!";又有进入广西的内容,如:"打倒国民匪党",标语画旁边写上一条小小的文字"这个是李宗仁"。标语不拘形式,注意的是民众关心的问题;标语将红军思想与广西的内容相结合,与地方实际相结合。

陆定一的回忆文章《老山界》一文中记载:"部队今天夜里非行军不可,她的房子和篱笆都是枯竹编成的,我们生怕有人拆下来当火把点,就写下了几条标语,用米汤贴在外面显眼的地方,告诉我们的部队不准拆篱笆当火把"。这火把的主要材料就是竹子。老山界脚下这户瑶民家的篱笆是制作火把最好的材料。宣传队员为保护瑶民家的利益，写出标语告诉后面的队伍，事情虽小却大得民心。

人民是天，人民是地；中国共产党的天是人民，中央红军的地是人民。有了这样的"天"和"地"，就有了根本，就能无往而不胜。

（3）习近平总书记说："长征是一次唤醒民众的伟大远征。"长征是宣言书，长征是宣传队，长征是播种机。中国共产党的根是人民，一个代表人民利益的党，一支为人民谋利益的军队；他们以自己的模范行动，赢得人民群众的真心拥护和支持。如今健在的百岁老人资义清，每当讲到红军，他就会告诉你：红军是好人，那一年的天气特别的冷，接连打了三天的大白霜；不少的红军为了不打扰老百姓，晚上在湘江边的堤埂睡觉，从此再也没有醒过来。

文甲洞村，位于兴安县的金石乡，村里流传着这样的故事——那年，土豪劣绅到村里散布消息：说要来共匪了，他们就是共产党的红军，要共产共妻。

瑶族赵金万大爷与妻子盘中玉一家单独居住在叫做仑江的山腰。红军的先头部队进入竹林界，刘连长带领先遣队到达了赵金万家。这时候，天色已经黑了下来。饥饿的红军战士衣裳已经被初冬时节的细雨所浸透。饥寒交迫的战士们，原以为可以进屋，看到的却是赵金万家紧紧关闭着的大门。因为前些日子土豪劣绅的宣传与恐吓，害怕红军才紧闭大门呀。

屋外的红军见老乡没有开门，就沿着屋檐下站着。夜深了，赵金万夫妻见没有了动静。轻轻地走到门前侧耳向外听去。静静黑夜中，听到的只是那雨水的滴答声。于是，以为红军已经离去的赵大爷开门向外看去，只见红军一个个都在自家的屋檐下站着呢。

赵大爷被感动了，红军被请进了堂屋，赵金万让妻子盘东玉在家煮姜汤水给红军喝，烧大火给红军烘烤。家中能吃的都已经被山霸搞光了。自己带上年轻的儿子上山背回藏在地窖的苞谷，煮了一大锅苞谷稀饭给红军充饥。这个晚上，红军战士们围着火背靠背地睡着了。赵大爷听刘连长讲革命的道理到天亮。

天亮后，先遣队要马上出发。刘连长掏出两块光洋给赵大爷。听说部队要过财喜界，不禁想到：前些日子，桂军反动派来人，要瑶民组织民团到财喜界隘口阻击红军，那里地势险要、易守难攻。说是这样可以保护瑶民的利益，还会得到奖赏。红军的到来，桂军那几个人已经闻风丧胆，逃得无影无踪。隘口上只是一些被蒙蔽的瑶民兄弟在留守。一旦红军从那里经过，就会使双方造成不必要的伤亡。想到这些，赵大爷坐不住了，主动提出要为红军当向导，带上猎狗与红军一起上路。

临近财喜界，山上传来了警告的枪声。赵大爷挺身站了出来。这时，没有文化的他用瑶话把昨晚刘连长讲述的革命道理像竹筒倒豆子一样，全都倒了出来：红军是保护穷人利益的，我们应该联合起来打土豪，不要自己人打自己人。还以身说教地喊道：红军不但不抢，煮了点苞谷给他们吃，还给了我两块光洋呢。你们不要守界了，快回家看看吧。听了赵大爷的话，这些守界的瑶民放下手中的枪，跑下界来，除去原来埋在路旁的带毒竹签；有了民众的支持，红军不费一枪一弹，就顺利通过了财喜界。

为纪念红军，当年，红军驻扎过的周氏宗祠，被村民改称为红军堂。红军首长宣传革命过道理的石桥，被村民改称为红军桥；红军做饭用过的水井称之为红军井；红军离开村子北上抗日的道路称之为红军路。在陈云关于湘江的文章中，我们看见有这样一句话："红军之所以能突破重围，不仅在于有军事力量，而且在于深得民心"。

至今，华江瑶族乡的瑶民还在感恩中国共产党，感恩中国共产党领导下的人民军队，在她们的瑶绣中我们还可以看见镰刀锤子的图案，表达出瑶民对中央红军的深情。

今年，是广西壮族自治区成立 60 周年，党的民族政策在不断实践的过程中完善，而在湘江战役打响后的 11 月 29 日，红军政治部发布了《关于瑶苗民族中工作的原则指示》，中国现有民族政策就源于长征途中。

（4）习近平总书记说："长征途中，我们党高举全民族团结抗战的大旗，推动了抗日民族统一战线的形成"。湘江战役，虽然非常惨烈，但是，中国共产党领导下的人民军队，始终把民族大义放在重要的位置。所到之处，宣传抗日；并让民众了解到，中国共产党领导下的军队是人民的军队，是为广大人民谋利益的，是抗日的真正力量。

在兴安县金石乡的红军堂内,至今保存有当年的红军标语,内容是:"红军是民众抗日斗争的主力军"。这是以爱国主义为核心的民族精神的具体表现,是伟大的历史见证。全民族团结抗战的思想在兴安这片土地上得以传播,兴安出现了众多的抗日义士,比如说空军飞行员蒋盛祐,单机追击三架日军飞机,后英勇牺牲,在广西乃至全国引起轰动。

结语

  习近平总书记说:"长征是一次开创新局的伟大远征""我党表现出无所畏惧的伟大实践精神,表现出浴火重生的伟大创造精神,在血与火中趟出了一条走向新生、走向胜利的革命道路"。湘江战役就是习近平总书记所说的实践。湘江战役可谓浴火重生,虽然红军损失过半;但是,这支过江的是具有伟大精神的人民军队,是经过战争与意志锻炼的革命队伍。湘江战役前是困难重重;湘江战役后,如同《聂荣臻回忆录》所说:"促使人们从根本上考虑党的路线问题,领导问题",为遵义会议的召开奠定了基础。湘江战役成为中国革命的伟大转折,湘江战役后中国革命一步一步地从胜利走向胜利;是中国共产党领导下的军队与民众开启实现中华民族伟大复兴的新起点。

  习近平总书记在讲话中说道:"弘扬伟大长征精神,走好今天的长征路。""历史是不断前进的,要达到理想的彼岸,就要沿着我们确定的道路不断前进。每一代人有每一代人的长征路,每一代人都要走好自己的长征路"。作为中国人,我们要有自己的担当,要走好自己的长征路。在湘江战役中,中央红军面对强大的敌人,面对险恶的环境;凭着伟大的红军精神,战胜了一个又一个的困难,打退了敌人一次又一次的进攻;最终突破湘江,达到胜利的彼岸。如今,只有大家都走好了新的长征,我们才能尽快实现中华民族伟大复兴的中国梦,梦想的成功需要大家共同努力。我们研究湘江战役,重点是研究长征精神,长征精神在湘江战役得到了全面的体现,这是一笔伟大的精神财富。走好新的长征路,不可能一帆风顺,也会有许多新的困难与问题,我们要用伟大的长征精神去战胜它;早在几十年前就有这么一句话:"苦不苦,想想长征二万五;累不累,想想红军老前辈"。长征精神在我们心中,没有克服不了的困难;让我们在长征精神的感召下,共同建设好伟大的祖国,为中华民族伟大复兴而努力奋斗。

参考文献

[1] 近平总书记纪念红军长征胜利八十周年讲话。

[2] 红军政治部,1934 年 11 月 29 日,《关于瑶苗民族中工作的原则指示》。

[3] 中央局、军委、总政,1934 年 12 月 1 日 3 时 30 分,发《一、三军团的指令》。

[4] 中国工农红军总政治部政治指令,1934 年 10 月 9 日。

[5] 《随军西行见闻录》,陈云。

[6] 《聂荣臻回忆录》。

[7] 《长征中的红一师》,李聚奎。

[8] 《把敌人挡在湘水面前》,李天佑。

[9] 《老山界》,陆定一。

[10] 《长征路上》,奥托·布劳恩(李德)。

[11] 《南昌行营鱼亥行战电令》。

[12]《广西文史资料》第 17 辑。

[13] 采访老红军、湘江战役见证者的谈话记录。

作者简介

陈兴华，1955 年出生，壮族，上海复旦大学历史系文物与博物馆专业毕业；兴安县博物馆原副馆长。兴安县红色文化研究会常务副会长，中国水利史研究会委员，中国博物馆协会会员，广西桂学研究会会员。

全州"无量寿佛"
——佛教中国化的一个案例

廖汉星

【摘要】 本文以"佛教中国化"视角,从三个方面对全州"无量寿佛"信仰进行了解读。认为全州"无量寿佛"信仰形态,为佛教中国化理论提供了一个完整的观察个案。

【关键词】 全州;"无量寿佛";佛教中国化

广西桂林全州的"无量寿佛"信仰,迄今已有一千多年历史。2015年,南宋端平年间蒋擢编撰、明代正德年间觉净法师重刊的《湘山事状全集》残本九卷得以整理出版,两宋时期当地"无量寿佛"信仰的相关史料于是乎备。兹根据该书及清代谢允复本《湘山志》、清代张淡烟重编《纂集通览湘山志》中的内容,并参考《广西通志》《大清一统志》《粤西诗载》《粤西文载》中的相关记载,从"佛教中国化"的视角来对全州"无量寿佛"信仰进行解读。

全真禅师(约735—867),牛头禅第八世传人,曾在湘源县(今广西全州)湘山寺驻锡百余年。生前寂后,全真禅师被民众广泛认可是无量寿佛(阿弥陀佛)化现至此而尊称之为"寿佛",其原因大概有三:一是全真禅师世寿132岁,古代社会,人的平均寿命不过四五十岁,全真禅师驻世至这个寿数,无疑极其惊人。有学者甚至认为,全真禅师有可能是历代僧人中最长寿者,所以人们很自然将之和"无量寿佛"联系在一起;二是全真禅师生前寂后有诸多灵应事迹,如"掷锡降雨""晏坐祈雨""救助柴侯""应邀赴斋分身四门""涌现舍利""救灾降怪""示寂后肉身不坏"等，当地人因此更乐于相信这位神通广大的禅师有着非同凡响的来历；三是全真禅师示寂前曾说偈云："无量寿身无生死，出入娑婆如梦里"，"无量寿身"当然还可以有其他解释，但人们更愿意相信这是全真禅师示寂前的某种暗示。

唐末五代时期，全州湘山寺无量寿佛信仰文化的影响力还主要局限于桂北湘南地区，因此乃有楚王马希范借用全真禅师之名讳改湘源县为"全州"之事。宋朝自靖国元年（1101）至绍定二年（1229），朝廷先后敕全真禅师为"寂照慈佑妙应普惠大师"号，自此全州无量寿佛信仰的影响力才逐渐波及至福建、四川乃至江西等地。南宋以湘山寺作为祭祀徽宗之道场，又使湘山寺跻身于南宋皇家"报恩光孝禅寺"之列，当时湘山寺建筑规模宏大，据说有48院108房，占地面积500多亩，建筑面积两万多平方米。明人禹守中所写《湘山寺图记》中甚至称之堪与全国"三大道场"相媲美。从这一时期起，"湘山全真禅师是阿弥陀佛化身"已是不言自明的中国佛教文化常识。如被贬官全州的王巩于北宋建中靖国元年（1101）冬所作《湘山无量寿佛记》一文中说，"师尝自号无量寿主人，以'会昌志之难'，以佛为讳，识者知其弥陀之化身也"；又说"是故无量寿，示此湘山尊"。唐时写于绍兴二十三年（1154）的《湘山正路记》中亦云，"无量寿主人即梵语阿弥陀佛是也，在李唐为引导众生，以法身、化身、报身出现世间"；大慧宗杲禅师则将"湘山祖师"与华严初祖杜顺和尚（文殊菩萨化身）相提并论；南宋端平年间（1234—1236），全州本地人蒋擢所写《无量寿佛化生以来事迹》一文开头即云，"今湘山无量寿佛，即西方阿弥陀佛之化现也。"南宋咸淳年间（1265—1274）志磐所撰《佛祖统记》"圣贤出化"则以无可置疑的口气说"湘山全真禅师，阿弥陀佛化身"。

从历史文献资料来看，全州"无量寿佛"的名气之所以越来越大，其中一个十分重要的原因在于全真禅师圆寂后留下的那尊神秘的"肉身佛"（肉身舍利）上。据《湘山事状全集》记载，唐咸通八年（867），全真禅师圆寂；三年之后，宰相刘瞻回京经过湘源，因见山中有光炳耀，前来礼拜，发心捐助修建一座佛塔，乾符三年（877）建成，信众奉禅师真身入塔，这座塔即是"无量寿佛塔"，李知玄为作《古塔记》，这是有关湘山寺和寿佛的最早文献资料。二百多年后，北宋哲宗元祐七年（1093），原来的古塔可能损坏了，全州民众又建成一座新塔，将"肉身佛"供奉其中。元符三年（1100），新塔塔座下长出异花灵草，如锦绣然；加上前年全州军营大火，主僧智允持佛像疾呼而火灭，于是全州官员、士绅、百姓首次为"寿佛"申请封号。靖国元年（1101）十二月，朝廷下牒文，加"寂照大师"号；绍兴五年（1135）七月，朝廷给赐"妙明"塔号。从此，供藏"肉身佛"的宝塔就叫"妙明塔"。

南宋孝宗淳熙十五年（1188）之后，每年二月初十，全州民庶都要举办"香花会"，预期请全真禅师肉身舍利出塔，用佛辇抬着，到全州各地去禳灾，晚上就停宿在迎供人家，到三月初八再送回塔内。其间，远近州府的善男信女皆来朝礼。《湘山事状全集》中关于《湘山灵异》故事有46则，其中有20多则都发生在妙明塔或香花会的迎供过程中。例如有一条说，"嘉定间，水南疫，龙汝宗迎佛禳祷。夜乃放大光明，当坊遂全活。"有时候，临近州县如武岗军、邵州等地的人也来迎请，全州人称之为"出队"。例如，南宋端平元年（1234）"出队"武岗军，停宿萧官人家，弟弟回家很晚，到佛真身前礼拜，"才起头，见一金光横过，合家惊敬"。

全州无量寿佛在历史上产生越来越重要的影响力，主要是在南宋时期。南宋偏安一隅，这就使得连接湖湘与南粤的全州水路成为南北交通主干道，湘山寺又恰好在此枢纽关键位置上，可以说，南宋时期，沿着湘水从潭州（长沙）到桂林南来北往，全州湘山寺是必经之地，所以我们在《湘山事状全集》中看到，当时的"省、部"级大员纷至沓来，如龙图阁学士折彦质、太宰李邦彦、尚书右丞王安中、前后任的广西经略安抚使张孝祥、黄景说、邹应龙等，湖南转运使陈从古、广西转运使颜熙仲等皆留宿湘山寺，留下赞美寿佛的诗偈，尤其是陈从古，祈祷寿佛，居然获得十颗舍利；邹应龙祈雨神奇有应，为舍田四十一亩。至于历届全州知州到访湘山寺者更是不胜枚举。

这种影响力一直延续到清代。如清顺治八年（1651）孔友德《重修湘山寺志》云：

"湘山为无量寿佛修真宴坐道场……宏起法界，续光大乘，福地洞天，直甲寰海，不独横绝湖州已也"；清康熙五十二年（1713），皇帝六十岁大寿，广西巡抚陈元龙在湘山寺东侧建万寿宫，作为全省官员为皇帝祝寿所在，并恭请皇帝御书"寿世慈荫"匾额挂在无量寿佛大殿，他在奏疏中云，"（全州湘山寺）自唐迄今，历数千年，每年二月初八日，值无量寿佛诞辰，通省及邻省汉土百姓，不远二三千里，皆来进香。盖以祈福寿得福寿，祈丰年得丰年，灵感福庇，其来已久。"康熙为之欣然御书"寿世慈荫"四字，后来刻在后山石壁上，现在尚存；乾隆十五年（1750），广西巡抚舒辂为皇帝四十岁大寿等庆典，重修万寿宫，率全省官员在此"共祝华封"，舒辂《万寿宫碑记》中云，"全州湘山寺，为无量寿佛道场……无量寿佛之梵宇亦与万寿行宫亘古不朽矣"。

按《湘山事状全集》中的说法，无量寿佛不起于座而化现十方，化身为全真禅师来至此土，示灭后留下真身作为信仰凭据，且"罔祷不应"。由此，《佛说无量寿经》中"十万亿刹"之外的西方无量寿佛，变成为"天鉴不远"的中国无量寿佛。全州的无量寿佛可称之为中国的无量寿佛。这句话有以下两层含义：

其一，如上文所说，全州无量寿佛的知名度非常高。因为其他地方，更多的是观音菩萨道场，例如全国各地称为香山的地方不下六十多处；四大名山也有菩萨道场。历史上，号称弥陀（无量寿佛）化现者仅有唐代国清寺的丰干禅师，且仅仅限于历史传说，并未有历史影响力，完全无法与全州无量寿佛相比。在这层意义上说，全州无量寿佛称为中国的无量寿佛当然没有任何问题。

其二，中国无量寿佛，是中国化了的无量寿佛。这和印度经典中的阿弥陀佛有渊源传承，但又有根本不同。如《湘山事状全集》一书中记录的无量寿佛信仰形态的确有些"另类"，和人们熟悉的念诵弥陀圣号以求往生的无量寿佛信仰有所不同。

《佛说无量寿经》等佛经中，释迦佛介绍的典型无量寿佛信仰模式为："发菩提心，专念无量寿佛，修诸功德，愿生彼国"，这样，人临终前，无量寿佛就会前来接引往生。《湘山事状全集》中则有《香花会》一文，说每年二月十日为佛"示寂之辰"，"合郡士民兴建水陆，至淳熙戊申（1188），陈珪始创香花会，预期请佛真身出塔，遍郡禳灾，远近州府善男信女朝礼辐辏。至（三月）初八日，合众迎引回山。"可见，这一曾广泛流行于湘南、桂北乃至粤闽部分地区的无量寿佛信仰形态，是以对湘山全真祖师真身崇拜为核心，民众"念佛"祈祷，不是为了往生，而是为了让佛施法力禳灾降福，以满足现世福祉。

由此，传译自印度佛经中的"十万亿刹"之外的西方阿弥陀佛，变成了"天鉴不远"的全州中国无量寿佛。对于这一变化，古人自有其合理化的解释。

一是化用佛教自身理论。如王巩《湘山无量寿佛记》中云，"如来以方便之智，开广大之慈护，念有情甚于赤子，虽证涅槃，成就佛土，而不舍众生，出见于世。"按释迦牟尼佛所介绍的无量寿佛信仰，弥陀是在净土等待众生"过去"，并未说他会"过来"；不过从佛教自身理论来说，弥陀化生到这个世界来救度众生，也不能说会有什么问题与障碍。这可说是古人对佛教理论的一种化用。

二是借用儒家"天人感应"理论。明洪武五年（1372），全州夏旱，六月知府祈祷寿佛有应，大雨连下3天；七月再去祈祷，又获大雨。蒋楫为之作《祈雨感应碑记》中有云，"天人无二理，感应同一机，侯（全州知府）以秉心正，祷无愧辞，应亦如响，理势然耳。"这是从儒家"天人感应"思想角度来进行解读的，作为一种神圣性存在，佛教之"佛"与儒家之"天"，其实并无二致，人只要心正，且精诚祈祷，就会有感应。

三是活用"三教合一"心性理论。明万历十四年（1586），寿佛真身突然自焚。次年广西金书都司军政李同春用香木重塑祖师真像，后委托广西兵备副使郭棐撰《无量寿佛真身记》。文中有云，"万佛一教万教一性，万性一心"，西方无量寿佛之心性，与孔子、老子、慧能同出一源，人、圣、佛心性无二。无量寿佛化现至此，百姓祈祷之而得感应，也就不是什么奇怪的事了。

如果从"佛教中国化"理论视角来审视这一有些"另类"的全州无量寿佛信仰，我们会发现其发生的时间节点恰与佛教中国化的进程基本合拍，即肇始于隋唐，完成于宋代。"佛教中国化"一个极为重要的特征是佛教的民俗化,即中国百姓按自己的信仰、崇祀习惯改造并接纳了来自印度佛教的神祇、教义、仪式等。在这一变革中,佛教自身的超越成分逐渐淡化,世俗的实用色彩逐渐浓重,佛教神祇的职能亦从佛经中倡导的引导、救度众生脱离苦海,追求涅槃,变为以救济现世疾苦为主业、劝化行善为副业。因此,与民众现实生活的关系越来越密切,乃至完全融入中国的社会生活。

历史上,湘南、桂北流行的这一有些"另类"的中国无量寿佛信仰形态,为"佛教中国化"理论提供了一个完整的观察个案,尤其是相对于观音、弥勒等菩萨信仰以及天王、罗汉等信仰,民俗化的无量寿佛信仰形态是比较少见的。

作者简介

廖汉星,全州县委统战部副部长兼宗教局局长

全州忠雅堂及其乡贤文化

蒋咸喜

【摘要】概述了全州蒋姓忠雅堂的历史渊源，科甲传芳，累朝荣荫，乡贤灿若群星。挖掘其厚重的传统乡贤文化资源，让社会主义核心价值观在乡村落地生根，促进乡村治理，重塑乡风，有着重大的现实意义。

【关键词】全州；忠雅堂；乡贤文化

蒋姓是全州的大姓，占全县人口的近四分之一。其分布于全州十八个乡镇大小村落八百余处，人口二十余万。全州蒋姓大多数是三国蜀相蒋琬的后裔，少部分从外地迁入。旧时，全州蒋姓在全州县城西门建有琬公祠，又称全州蒋氏宗祠。琬公宗祠正中家龛的牌位上供奉着三国蜀相安阳侯蒋琬公和成国夫人毛氏。全州蒋氏家族给琬公祠取了一个"堂号"叫做"忠雅堂"。其目的就是让子孙们每提起自家的堂号，就会知道本族的来源，记起祖先琬公的"忠雅"功德。

一、忠雅堂历史渊源

忠雅堂，其"忠雅"二字源于诸葛亮对蒋琬的称赞"公琰托志忠雅，当与吾共赞王业者也。"其意是忠孝雅诚。据晋陈寿所著《安阳侯传》记载："蒋琬字公琰，零陵湘乡人也。弱冠与外弟泉陵刘敏俱知名。"蒋琬少以才闻名于郡县，随刘备入蜀。刘备称汉中王时为尚书郎。后主时，诸葛亮辟为东曹掾，举茂才，迁参军，又迁长史，加扶军将军。蒋琬为诸葛亮所器重，诸葛亮称"蒋琬为政以安民为本，乃社稷之器。"诸葛亮对外连年用兵，但蒋琬都能够足食足兵，保障供给。诸葛亮每称："公琰托志忠雅，当与吾共赞王业者也。"诸葛亮去世后，蒋琬以出类拔萃、神色自若使得众望所归，建兴十二年进尚书令，正式成为诸葛亮的继承者。不久升职为大司马。后封为安阳亭侯。另据《梅潭蒋氏世谱》：蒋琬"生于东汉献帝初平四年（公元193年）癸酉岁，卒于后汉帝延熙九年（公元246年）丙寅岁，寿54，谥曰恭，葬四川涪县。配周文库公女，继配毛氏，皆封成国夫人。生子三，长名斌、次名显、三名贯。斌公，字其昌。仕蜀汉为绥武将军、汉城护军。显公，蜀汉时为太子仆射。公元263年，魏将邓艾同钟会分军灭蜀，斌、显兄弟同死蜀难。贯公，字执玉。"蒋琬作为一品高官蜀相，毛氏被汉封为"安阳侯一品夫人"，毛氏夫人在两个儿子斌和显同死蜀难国破家亡的情况下，为保住琬公的这支血脉，临危不惧，毅然决然偕季子贯与斌子珩，历经艰难险阻，千辛万苦还居零陵湘乡（注：明大学士、文定公蒋冕的《蒋氏受姓之地并吾宗所自出考》一文考证：全州"湘源零陵，汉永建三年更名湘乡"），依其叔阳羡侯瑜公抚育成人。由于蒋琬曾在全州置有产业，晋武帝咸宁元年（公元275年），贯公偕母毛氏夫人徙居零陵洮阳县北之石龙潭，即今全州梅潭。蒋琬的季子贯为全州梅潭蒋氏的开基祖，蒋琬之配毛氏夫人则为全州蒋氏开基的太始祖母。

全州蒋氏自梅潭开基，从五十九世起，流分斌公、贯公两系；从六十世起，流分珩公、炳公、炽公三派。除唐以后从他方迁入者外，均系"忠雅堂"安阳侯琬公后裔。

二、科甲传芳，累朝荣荫

全州蒋氏受荆楚文化熏陶时间较长，崇尚科举，文化积淀厚重，人才辈出，世多显达，代有英豪。自宋至清在全州取进士143人，其中蒋氏中进士43人，占全县进士的30%。在全县1570名举人中，蒋姓有483人（其中：石冈69人、大冈59人、竹塘42人、龙水46人、大路下40人），占全县举人的30.76%。明清时期，蒋姓尤以仕途显贵为最。对于全州蒋氏之隆，原《广西日报》编委吕朝晖主任在《全州蒋氏名人传略》序中给予了恰如其分的评价，"蒋氏既为大族，自有其传统风范。我看这传统就是耕读传家，入仕做官。……全州成进士者又以蒋氏居多，官位之显，声名之著也多出其间。蒋氏之隆甲于岭外，历来为遐迩所称。"

旧时，以能进"储相"之地的翰林院为人才优秀的标准。据《清代翰林名录》记载：全国蒋姓翰林共有54名，其中全州蒋姓占有7名（蒋肇、蒋纲、蒋洽秀、蒋林、蒋良骐、蒋琦龄、蒋英元），约占八分之一强。琬公后裔蒋昇、蒋冕是明代广西唯一的兄弟尚书。嘉靖三年，蒋冕为首辅，成为有史以来广西籍的第一个宰相。《明史·蒋冕传》称"冕清谨有器识，雅负时望""有古大臣风"。歌陂村的蒋遵箴一家祖孙三代就出了四个进士。石冈的蒋淦，正德年间官顺天府尹、工部右侍郎；嘉靖年间蒋焯、蒋敦以及万历年间蒋贵，均官御史；蒋赍官云南、四川按察金事。因此，万历年间首辅内阁大学士叶向高为石冈燕窝楼蒋氏祠堂题联一副："累朝荣荫家声远，历代科名世泽长"，横额为"科甲传芳"。明朝中叶，大西江村的蒋信福一家是"一知府、四大夫、五知县"，也曾在当地显赫一时。龙水村在清代有10名进士。其中蒋启敩一家，自康熙二十三年（1684年）其高祖蒋尚翊中举始，往下顺延七代，有11位举人，其中4位成为进士。蒋琦龄由翰林院编修累官至顺天府尹。大冈村一支中举人59人之多，可谓大出锋芒。清朝著名的宫廷史家蒋良骐伯叔兄弟子侄等先后有１０人中举人，４人成进士，他一家是"一门四进士、三代三翰林"，传为佳话。

明初全州离湘入桂，蒋氏大户、富户曾大批南迁，掺和"僮人"文治，开垦田地，复苏经济，夯实南疆。明末清初"湖广填四川"时，曾有全州蒋姓入川，融入当地。

三、乡贤忠雅，灿若群星

全州蒋氏素重敦宗睦族，教化族众。旧时，全州蒋氏宗祠设有董事会，立有《祭祀义节》和《祠规十八条》，每逢春秋两祭，分发祭牌到各村，集中举行公祠祭祀活动。春祭定于每年的二月二十七日，秋祭定于每年的八月二十七日。公祠祭祀后蒋氏族人还要到毛氏夫人墓进行祭祀。全州蒋氏家族除有全族合祀的族祠琬公祠外，族内各房、各支房，还有各自的支祠、房祠，奉祀各直系祖先。兴旺的村族如石冈村、歌陂村、龙水村、竹塘村、大冈村、大石江村等在各村内又建有众多的祠堂。如念九郎一支在石冈村建有燕窝楼等十八座祠堂。旧时，可以说在全州凡有蒋姓聚住的老村子，几乎村村都立有祠堂。清时全州蒋氏先贤大石江村的蒋成瑚，为倡导修建宗祠祭祀先祖，他登高而呼"祖庙者，致顺致孝之地也！君子将营宫，宗室宗庙为先，非侈乎。其辞也，物本乎天，人本乎祖，厥子若孙，幸有阁庐以避风雨；而此身所自出之。人转无以为妥其灵，栖其神为？问此心安乎？即有以妥其灵栖其神，必俟其身既安，始为之妥焉栖焉。究于此心安乎？此则先之之说也。是故庙者，貌也，言先祖之形貌所在也。形貌在是，则灵以是妥，神以是栖，而祖庙之立，其容缓哉！或者曰：'魂气归于天，形魄归于地，我祖在往矣。庙与貌何涉焉？'曰：以是为孝子顺孙言之也。孝子之事亲也，眷以观顺，祭以观敬。于是霜濡露降，必有怵惕悽怆之心，如将见之，故入室则俨然有睹乎其位，出户则忾然有闻乎其声。思其居处，思其笑神之来，思享兹洁衷夫！是以祀事明而孝悌之心可以油然而生矣。"其字气势如虹，其声振聋发聩，他由此而写出了敬祖致孝脍炙人口的《祖庙说》。

蒋氏族人在宗祠内通过祭祀祖先以敦宗睦族。同时还以宗祠为"公堂"来处理宗族内部事务。他们通过祠规和族规的制定、执行，宣传伦纲，激励科第进取，弘扬节烈家范，以教化族众。如《梅潭蒋氏世谱》中就收录了大量弘扬全州蒋氏家范的诰敕、科名、忠臣、孝子、荐辟、列传、墓记、志、表、碑、事略、节烈、赠言、杂录等乡贤的正能量事例。

全州蒋姓先贤还为后人立有家规，内容有："勤登先垄、厚储祀费、恪守规章、谨遵公脉、择立族长、慎别婚姻、禁弄邪术、预正蒙养、严敕流亡、敦促族谊、傅变再识、节妇当保、幼孤宜恤、承继宜清。"以上家规不仅"孕育"了蒋氏家族的辉煌，而且在家庭伦理、道德修养方面对今天有着重要的借鉴作用。如明朝时发生的全州蒋女丧亲，弟幼且病，矢志守贞，保胤拒聘，这个《蒋女保弟》的故事，至今仍在全国作为古今道德楷模进行广泛颂传。故事讲述的是："明，蒋希敏女，全州人。年十七，父母俱亡，二弟均年幼，且患病，女乃立誓不嫁。母族欲为之媒，往告以意。女曰：'已从夫而致二弟失所，父嗣以危，而谓我忍乎哉？愿以一身保吾父百年之血食。我计已决，其勿多言。'母族乃止议。女守父遗业，善抚二弟，弟疾渐瘳。及长，各为娶妇，家业日饶。二弟感其恩，终身敬事之如母。"该事迹在民国时就被选入以"孝、悌、忠、信、礼、义、廉、耻"传统八德为主题而编辑的《德育课本》第一册的悌篇。近年《蒋女保弟》的故事还入选了《中华德育故事》，并改编为中国首部华夏典故类童蒙养正动漫片，在中央电视台少儿频道和电影频道反复进行播放，剧情内容感人至深。如在清朝时期，大石江村的蒋芳友伟略经纪，勤俭兼至，性笃孝友，被赞有"娄公唾面自干"之德。他生前曾现身说法，教育少年子弟辈"恒规以勤俭""男儿当有自强耳！"其夫人王老孺人出身于四世青缃的书香世家，通文墨，精诗赋，才貌双全，相夫治内，懿范于家，心慈雍和，汎爱乐施，励子勉学，被赞为"三径贤孃"，有"陶母之德"。芳友公与夫人王老孺人曾接济贫苦人家百余家，还对那些确实困难的欠债人家，当着他们的面就烧毁借据欠条，放弃债权。就是打家劫舍的匪寇也因受这户大善人隐德所感，曾毁全州富户房屋无数，唯独不损其居庐。以道德文章称道，满腹经纶的蒋励常，不肯行贿蠹吏愤而辞去融县训导一职，回归故里全州龙水，后入主清湘书院，从此以教书终老一生。蒋励常专注于子孙的教养，其子蒋启㪟、蒋启敫、孙蒋琦龄、蒋珣、曾孙蒋实英等均享有功名，多有建树。他告诫儿孙，"学者读书取功名，非图温饱，欲为朝廷添一好官，为地方行无数好事。"又说："知县为亲民之官，造福易，造孽亦易。事事检点，时时觉察，则地方受福；稍一疏忽，内外即因缘为奸。吏役之贪婪、亲友之弊贿，豪右地棍之鱼肉善良，种种罪恶，皆坐于本官一人。"因子孙显达蒋励常享有众多封赠头衔。此外还有学者所学为忠孝的蒋举、割肉救亲孝感天地的蒋瑞可、以死全节的隐士蒋发春、留下"絮箸堂"美称的蒋易春、善有善报终会有报的蒋贞坤、小小细节显家风的蒋尚翊、知县惹不起丫鬟的蒋颈秀、武艺高强退无赖的蒋顾秀、钱财须从牙缝中来的蒋振凯、贱价粜谷以济贫的蒋叶晋、少年立场终生践行的蒋文柱、说服武员外让地建棚的蒋誉、遗训祝子孙吃亏的蒋荣达、慷慨出米救灾民的蒋孔升、一生一死两帮忙的蒋尚玉、割股肉作糜疗母病的蒋达升、"三代孝烈"非偶然的蒋达。

在人文史上全州蒋姓文人留下了很多著作名篇。蒋肇著有《杜诗集解》《近光集》《蛰鸣集》《归真集》《退食琐谈》《书法指南》《林下闲谈》等著作。龙水村就有19位作者，留下《岳麓文集》等著作46种。蒋良骐，清朝著名史学，他编纂的《东华录》至今仍成为史学界研究前清历史的必读之书。如此等等，不胜枚举。蒋氏先贤给后人留下了大量珍贵的文化遗产。《中国地域文化通览·广西卷》载："全州蒋家……名门望族书香传代，人才济济。其中就有兄弟尚书兼诗人蒋昪、蒋冕。全州历史文化名人还有史学家蒋良骐、文学家蒋琦龄，其成就和影响均超出广西地域。"

明代理学名臣蒋冕关注社会、关注民生，他尚有600多首诗存世。他的诗表达了忠君爱民、正直守责、孝亲睦友、怀乡重教、励志上进、慕隐思退等思想内容，时人对其评价很高。《中国地域文化通览·广西卷》说蒋冕"这种关注社会、关注民生的优良传统，为后来的词家……所继承并发扬光大。"

蒋氏文人在史上为官为人曾多有赞许。蒋冕在朝和致仕期间，为家乡做过很多有益的事。如他在明正德三年丁忧回家时，见全州灌阳灾荒严重，就为全灌灾民向两广总督写有请赈书，使得"饥民赖以全活者甚众"。蒋曙（明弘治丙辰进士）任天津兵备，他忧国忧民，对"军民困苦颇加详悉"，留下了《兴革利弊疏·天津事宜》。蒋焞（明嘉靖三十二年进士）在御史任上不惧奸臣严嵩，敢救忠臣杨继盛，凛然浩气后世称颂。蒋淦（正德六年进士），嘉靖三年（1524）以兵部郎中出知浙江严州府。兴利除弊，受士民称道。后以母丧归。起补广东惠州知府。嘉靖十二年擢河南布政司参政，设法赈济灾民。嘉靖十五年任广东按察使。辨冤狱，除贪暴。嘉靖十七年升江西布政使。历任浙江布政使、顺天府（治今北京）尹、工部侍郎等职。曾向朝廷建议均徭役、省民力、抚恤贫民。他在母丧丁忧期间，曾在全州梅潭建有梅潭书院，乡人称他为"笃行君子"。蒋献祯（万历癸丑进士）在云南归化县令任上多善政卓异，后升任南京工部主事，曾督理江南七省粮饷。后为父守孝，照顾老母，"只字不入公门"。家乡大灾，他捐谷赈饥，地方三疏嘉彰其"忠孝"。蒋秉绥（明天启甲子举人）授灵丘县令，律己清廉。当时李自成与张献忠的农民军犯境，他曰"吾当以死卫百姓"。他招募义旅，凭城拒守。城破，他骂贼而死，全家殉之。蒋苇（康熙丁卯举人），初任魏县县令，滨河水患，治理事关元、魏二县互相扯皮推诿，并有上游广元人阻挠。蒋苇到任后，劝谕里民，均其役于各县，"躬负畚锸，资其糗粮"，筑宽十丈高六丈的长堤四十里，两县民众取名曰"蒋堤"。并建一室纪其事，匾其上曰"功高西史"，把蒋苇比之古代治水的西门豹。蒋苇到任五年，治水、立义学、清俭、革陋规、清积弊、严赌博、禁娼妓，为当地办了不少好事。当地百姓在官署前为其建标，以示纪念，"民为建标者十一处，又建祠于署左。"后以病解授辞官回家敬孝老母，临行时，百姓舍不得这位清官，当地"父老扳辕不绝"。蒋实英为云南补用知府,清政府派他到滇越边境,协助地方长官监督滇越边界事务,与法国使者杜尔业力争数月,不畏强御,结果争回失地一千多平方公里。后丁忧回家,卖掉遗产,在桂林创办广西富强工艺局。先后任过桂全铁路总局会办、广西通省农务总会总理、工业总会总理、桂林蚕业讲习所名誉监督、桂林豫大官米行总理、广西农林试验场总理。他为了民生办实业,毁家急公,八年不懈,积劳成疾。官至广西省参议长的蒋继伊一生政绩卓越。他筹建了广西银行,在广东严厉禁赌,投身辛亥革命,主政粤海道,立广东课吏馆,居官之要"以忠事国,以孝事亲,以廉为吏,以致为学,以能主身,以信处人。"后来他出任桂全路总办,官员合办全桂路,调停兴全灌瑶汉之争。为突破日军封锁沿海,他临危受命赶筑湘桂铁路,开展减灾救灾,为民请命,同情学生爱国行动,为和平奔走而不遗余力。此外还有著《济急八策》为救民的蒋元杰、民众仰之如泰山北斗的蒋彬、借居村落的县令蒋恩、赏罚分明的通判蒋时极、明末殉难的珍庑将军蒋公、首辅题诗赞政绩的蒋季炯、敢举报藩王谋反的蒋维芬、当官处事以情理的蒋柱、为兄谋划有能声的蒋光昌、慎于理狱民称父母的蒋振闾、寒丁寺苦读终成才的蒋时行、康熙赐"第一民牧"的蒋元度、抗日保境的豪绅蒋余荪。如此德扬遐迩,受士民称道的乡贤灿若群星。

为官清廉者,如明嘉靖户部尚书蒋昇有"廉明清介"之称,他"历官三十余年,操履清白,始终一致。"(《明世宗实录》)蒋林(进士),于康熙十六年以翰林入值康熙皇帝原读书处——南书房,秉承皇帝意旨,起草诏令,他甘居淡泊,不附权贵,勤政爱民。任杭州知府时,朝廷修筑海滨堤岸,他力谏蛮干,冒雨抚循。当地人誉蒋林为当年治堤有功的苏东坡和白居易。乾隆皇帝即位,以蒋林"治最有闻,召赴阙入对",大加常识,即日升为长芦盐运使。任上四年,他"不私一文""洗手奉公,廉隅凛凛。"自奉俭素,卧帷布衾。后以亲老乞养为由,辞职回乡。乾隆皇帝对不恋肥缺的盐运使蒋林大为惊讶:"世乃有不愿为长芦盐运使耶?"清史稿称其为"循吏"。蒋洽秀(康熙五十二恩科进士)曾点翰林,当过监察御史,他为官不贪一文,两袖清风,不置私产。

后以劳卒于任。蒋启敆（道光二年进士），历任江西德兴、会昌知县、永丰知州、南昌同知、江西盐法道。在任知县、知州、道员期间有政绩，后擢升河南彰（德）、卫（辉）、怀（庆）兵备道。辖区正临黄河北岸。他秉承为官不贪家风，以"治谱家风余两袖，爪痕泥雪印三生"明心志，只想在任上给百姓留下好印象。他"服官40年无私产，置义仓济族人。"（民国《全州志》）河道总督任上他终因治河奔忙，积劳成疾，殁于黄河工地。他为官任上"收诗辞金"，两袖清风，一心为民，一生践行着"万家忧乐自关心"的初心。蒋启敆之子蒋琦龄（道光二十年进士），由翰林院编修累官至顺天府尹，"洁己防弊"，时呈朝廷《中兴十二策》，忠勤有声。蒋成瑮（道光甲午科举人）历任丰顺、龙川知县，任上镇恶除匪，《全县志》（民国版）对其有赞"刚直廉洁，所至有声。"此外还有薪俸外丝毫不取的蒋蕴善、居官以清勤称的蒋如升。如此清廉之官，枚不胜数。

忠雅堂乡贤灿若群星，"生于其乡而众共称贤"（大学士蒋冕语）。他们根植、立足于乡土社会，以其士大夫的文化精神"立功、立德、立言"，影响、作用于乡土社会，贴近性强，蕴含着见贤思齐、崇德向善的力量。他们积极参与地方事务，维护乡村秩序，施行乡民教化，对基层治理做出了巨大贡献。他们所留下的忠雅堂乡贤文化这笔宝贵遗产，已成为全州地域的精神文化标记。当前随着市场经济和城乡一体化的逐步推进，在农村物质文明不断丰盈的同时却出现了乡村精神文明的畸形发展，原有的乡村和谐正在不断地消失。乡村教育凋敝，礼俗秩序崩塌。面对新的形势，党中央对乡贤文化建设引起了高度重视。中央一号文件两次将"乡贤文化"列入农村思想道德建设中，指出："创新乡贤文化，弘扬善行义举，以乡情乡愁为纽带吸引和凝聚各方人士支持家乡建设，传承乡村文明。"今天我们研究和挖掘忠雅堂传统乡贤文化资源，让社会主义核心价值观在乡村落地生根，促进乡村治理，教化乡民、重塑乡风，实现基层管理的和谐发展，无疑有着重大的现实意义。

参考文献

[1] 全州蒋氏源流编纂委员会. 全州蒋氏源流. 出版地全州印刷厂. 出版时间1995年12月.

[2] 蒋钦挥. 寻觅全州先贤. 出版地广西人民出版社. 出版时间2012年8月. 起止页61~377

[3] 蒋励常. 梅潭蒋氏世谱. 出版地不详. 再版时间光绪五年

作者简介

蒋咸喜，桂林肉联厂工会主席，会计师

恭城周姓族谱辨析

徐 平

【摘要】 周姓是迄今为止所知道有文字记载最早落居恭城的外来人口，也是恭城平地瑶的主要群体之一。通过研究县外志书、族谱中有关周姓内容，对县内周姓族谱进行辨析，既是对恭城周姓源流的考证，又对其他地方周姓源流考证提供参考。

【关键词】 恭城；瑶族；姓氏；源流

周姓是迄今为止所知道有文字记载最早落居恭城的外来人口，也是恭城平地瑶的主要群体之一。由于年代久远、迁徙频繁，恭城周姓所修谱书大多成书于清代以后，其间表述或来源于祖辈口传，或来源于同族不同支系谱书，相互间表述略存差异。本文旨在通过研究县外志书、族谱中有关周姓内容，对县内周姓族谱进行辨析，既是对恭城周姓源流的考证，又对其他地方周姓源流考证提供参考。

一、周如鍉、周如锡兄弟进士及第时间辨析

周如鍉、周如锡兄弟是周归仁的五世孙，是多地周姓认可的先祖。关于周如鍉进士及第时间，据《汝南郡周氏归仁公总谱》（以下称《总谱》）："如鍉公⋯光宅间进士"，

这与《道州志》(光绪三年刊本)(以下称《道州志》)所载吻合,但《宁远县志》(光绪元年刊本)(以下称《宁远县志》):"(周如锡)谪道州司马,时兄永淳进士如锃亦刺史道州",永淳年间是公元682—683年,与光宅年间(684)相差1—2年,总的来说误差不是很大。

周如锡进士及第时间则有多种说法。据《道县豹岩村周氏族谱》载:"如锡公,唐武德元年(618)进士";又据《庐邑乌东庆远堂周氏族谱》记载:"归仁公中武德元年(618)武进士";《总谱》亦载:"归仁公…唐武德年间以进士诏于都中"。按《湖南长沙周氏族谱(汝南堂)》记载:"(周归仁)隋皇八年戊申七月十三日生,唐武德元年以进士应入都中选授襄阳刺史",周归仁生于公元588年,30岁中武进士,比较符合常理。因此《道县豹岩村周氏族谱》有可能是将周归仁中进士时间误为周如锡中进士的时间。

按《栗木上宅村东村周氏谱》(乾隆二十二年修)(以下简称《东村周谱》)"时遇太宗即位(626),如锡以金紫光禄大夫左揩骑",依此,周如锡进士及第时间应早于公元626年,与其五世祖周归仁中进士仅迟8年甚至更短,不符合常理,也与兄长周如锃公元682-684年中进士的时间相差太大。

据江永《甘棠村周氏族谱》记载:"垂拱间进士周如锡的第十五子周弘本移居于此",认定周如锡为垂拱间(685-689)进士,这与《道州志》记载相同。

据《湖南长沙周氏族谱(汝南堂)》记载:"(周如锡)唐咸亨二年辛未(671)六月初六午时生,圣历(698—700)登进士";《宁远县志》也记载周如锡为"圣历间登武进士"。

综上,周如锡可能是双进士,垂拱间中文进士,圣历间中武进士。

二、周如锡的官职辨析

据湖南省宁远大阳周家屋地遗址周如锡墓碑文"唐金紫光禄大夫、左金吾上将军、散骑常侍周如锡墓",当为比较权威的讲法。《宁远县志》载"(周如锡)累官粤东高州刺史,曾番贼警边,奉诏为征南大元帅、水陆马步都统、左金吾卫上将,平广西钦、横、廉、白、贵、郁六州,加金紫光禄大夫、左骑常侍",其中的"征南大元帅""水陆马步都统"都是战时指挥官名,战事一结束就取消了。《道州志》"唐周如锡由朝散郎除高州刺史,时南番梁海、梁护蹂躏两粤钦、廉、郁、林等州,奉勅征南水陆马步都统使、左金吾卫上将军……进阶金紫光禄大夫","都统"自唐肃宗乾元元年(758)始置,总诸道军事,名称可能无定式,所以也可能称"都统使"。《东村周谱》载"金紫光禄大夫左措骑",遍查唐代官制,并无"左措骑"这一职事官,很有可能是修谱时将"散"误为"措"。据《上灌周氏族谱》:"如锡公亦以明经进士,因贼犯界,奉诏征南水陆马步都统大元帅,策封金吴上将军",则应是将"金吾"误为了"金吴"。

所以周如锡的官职应该是金紫光禄大夫、左散骑常侍,曾奉诏为征南大元帅、水陆马步都统、左金吾卫上将军。

三、周如锡加金紫光禄大夫时间辨析

《东村周谱》记载,"太宗即位,如锡以金紫光禄大夫左措骑"。上宅东村周氏认为"李世民即位"时(626),周如锡被授"金紫光禄大夫、左措骑"之职,这与《道州志》记载"两粤平,明皇录勋,赐玉带,进阶金紫光禄大夫、左散骑常侍"相矛盾。"明皇"即"唐明皇李隆基",从"明皇录勋"可知周如锡的"金紫光禄大夫、左散骑常侍"应为唐明皇李隆基所赐,而唐明皇于公元712年即位。据查,濂溪世家古谱上录有唐睿宗景云元年(710年)命大将军周如锡征南番的诏书。从受唐睿宗诏于公元710年出征,到"明皇录勋",经过两年征战,周如锡获加金紫光禄大夫、左散骑常侍。

据《上灌周氏族谱》："时（649）值唐太宗崩，高宗即位，加金紫光禄大夫"，认为周如锡"加金紫光禄大夫"的时间为公元649年，这与《湖南长沙周氏族谱（汝南堂）》所载的"周如锡生于唐享二年（671）"的出生时间早22年，明显存在矛盾；与《道州志》所载周如锡公元750年被贬道州早101年，不符合常理。

四、周如锃、周如锡卜居湖南道州宁远时间辨析

按《湖南周氏族谱》记载："唐太宗即位，（周如锡）任左骑常侍。贞观元年（627）因事贬营道散参军，于是兄弟卜居宁远大阳洞江口"，"贞观元年卜居"是受"太宗即位"误导，犯"如锡公，唐武德元年进士"同样的错误。

据《道州志》"天宝九载（750）八月，五星聚于尾、箕、燕分野也，上问锡，锡曰：'有德则昌，无德则殃'，因言事不合，左迁道州司马。周子六世祖也。时兄如锃为道州刺史,遂与同居卜宅道州之宁远大阳村。"也就是说周如锡被贬道州已79岁高龄了，兄长是刺史，自己做司马，明显是唐玄宗照顾他高龄问题。

故周如锡卜居道州宁远大阳村应是公元750年。

据《周氏宗谱》（贺州），"文颖公由明经进士，官宏农太守，因祖父墓在宁远，卜居于大阳洞"，周文颖是周如锃、周如锡的祖父，周文颖的祖父是周归仁，如此说来便是周归仁葬宁远，周文颖就已卜居大阳洞了。但据公认的周归仁资料："（周归仁）贞观十三年己亥九月十一日卒于任所寿五十一岁赠光禄大夫加太保次年二月二十二日奉勒葬襄阳城南二十里"，襄阳至宁远相距800多公里，周归仁葬宁远之说不足为据，周文颖卜居大阳洞之说也无从查证。

五、周姓"二十四弘"排行辨析

周如锽、周如锡兄弟共生24子,史称"二十四弘"。据《宁远县志》记载,周如锡"子十八,皆通显",但所记载的周如锡18子的官职有10个都在唐代不存在,有的官职更是历史上没有。

据《宁远县志》《周氏宗谱》(贺州)、《濂溪大宗支裔永州周氏四续谱》《周氏宗谱》(刻本)、《汝南周氏祖先家谱画像》,"二十四弘"的字辈为"弘";仅《汝南郡周氏宗谱归仁公派下总谱序》为"宏"。

据《周氏宗谱》(刻本)、《汝南周氏祖先家谱画像》,"二十四弘"排行为"弘初、弘明、弘惮、弘立、弘欢、弘本、弘颂、弘悯、弘道、弘正、弘怜、弘章、弘休、弘恻、弘德、弘谦、弘忆、弘量、弘度、弘顺、弘慎、弘颁、弘亮、弘交。

据《周氏宗谱》(贺州),"宏立又名宏利",《栗木上宅周姓族谱》所载"我弘利公乃归仁公之昆孙,金紫光禄大夫如锡公之十六子也",认为周弘利(宏立)在周如锡18子中排行第16,与县外谱书、县志所载"排行第3"不符。《栗木上灌周姓族谱》认为"弘明公为如锡公第十一子",与县外谱书、县志所载"排行第2"不符。

《豸游周姓族谱》所载"如锡公第五子讳弘怜",但按《周氏宗谱》(贺州)、《濂溪周氏族谱》,周弘怜并非周如锡之子,而是其兄周如锽之子,排行第4。

西岭村乾隆二十八年修《汝南周氏家乘》所载"知吾辈为弘意之后…如锡十八子之一宗派耳",但从县外谱书、县志所载来看,周如锡并无一个名"弘意"的儿子,倒是其兄周如锽第6子名"弘忆"。

六、"二十四弘"徙居辨析

据《濂溪周氏族谱》记载,"至唐天宝年间(742—756),各宏族人分散各地",也就是说周如锟、周如锡兄弟的24个儿子在公元756年以前基本外迁。

据江永县周姓族谱记载:"弘亮居石枧邦鳌岗,分脉晶咏、思棠,至十七世次耀兄弟于宋元丰年间(1078—1085),由思棠徙居上林(今上洞村)分脉城下"。如果周弘亮17世孙约1080年由思棠徙居上林,每世按20年计,17世计340年,周弘亮则可能是在公元745年前后"居石枧邦鳌岗,分脉晶咏、思棠",与《濂溪周氏族谱》所载各宏外迁时间相符合。

《东村周谱》所载"(周弘利)在唐世开元(713—742)由春陵(宁远)徙居黄土田御福塘",认定周弘利是在公元713—742年间徙居,基本上与《濂溪周氏族谱》所记载时间不矛盾。

比较特殊的是《甘棠村周氏族谱》,其记载"唐大和二年(828),垂拱间进士周如锡的第十五子周弘本移居于此",认为周弘本是在公元828年移居甘棠。据《周氏宗谱》(刻本)、《汝南周氏祖先家谱画像》,周弘本生于唐景龙元年(707),如唐大和二年移居甘棠,则时年121岁,不合常理。

据《豸游周姓族谱》,"(周弘怜)由湖广襄阳宁远县大阳洞,迁居恭城白面下福塘";又据西岭村乾隆二十八年修《汝南周氏家乘》,"亦但知由宁远大阳迁恭城小寨",俱认为周弘怜、周弘意(忆)是从宁远县大阳洞迁入恭城。如周弘怜、周弘意(忆)父亲周如锟是与周如锡一起于公元750年卜居大阳洞的话,周如锟已80多岁,周弘怜、周弘意(忆)也亦古稀,在这种情况下大兴土木,也有点不合常理。又据《湖南长沙周氏族谱(汝南堂)》,只明确指出"弘道、弘正、弘休、弘谦、弘惮、弘怜、弘忆"7兄弟"居大阳洞",极可能是,周如锃早已卜居大阳洞,周如锡被贬后同居大阳洞,而"二十四弘"大部分都宦居后人所称的徙居之处,也就可以解释周弘利可能在任昭州太守或离任后于公元 713—742 年时"徙居黄土田御福塘"。

七、"二十四弘"进入恭城时间辨析

(一)周弘立(利)派下进入恭城时间

据《湖南长沙周氏族谱(汝南堂)》"弘立迁居广东韶州府龙渚县御史塘,土名江东村";据《濂溪大宗支裔永州周氏四续谱》,"弘利徙龙渚圩御史塘",与《东村周谱》所载"(周弘利)在唐世开元(713—742)由春陵(宁远)徙居黄土田御福塘"一致,这支周弘立派下的周姓是最早进入恭城居住的"二十四弘",于公元 740 年左右到上宅村居住的,稍后分居上宅东村及马路桥等地。

(二)周弘怜派下进入恭城时间

据《周氏宗谱》(刻本),"弘怜公居宁远大阳洞,迁居广东韶州府白面下福塘";据《豸游周姓族谱》,"弘怜公由湖广襄阳宁远县大阳洞,迁居恭城白面下福塘",两谱书记载一致,这支周弘怜派下的周姓是在公元 750 年前后到上岩居住的。《豸游周姓族谱》还载"由千哲公始迁豸游村,被元兵掳去,不知所终。公生用中、维中,维中立村修舍亦被元掳去",也就是说,周弘怜派下的周姓是在元兵进入昭州时(约 1300)迁居豸游。据调查,莲花镇高塘、蛟鱼口和对面屯周姓为元代从豸游分居出来的。豸游周姓还分居到西岭村；平安乡北洞源村、土陂村、巨塘村、下山源村、大江村。

（三）周弘明派下进入恭城时间

据《上灌凤凰村周氏族谱》，"弘明……卜居于昭州……生三子，长台甫次召甫三吉甫。召甫弟兄告老归田……于大中年间（847-860）始迁广西平乐府茶城县北乡车头碛…又移居上灌牛屋畔"。《湖南长沙周氏族谱（汝南堂）》《濂溪大宗支裔永州周氏四续谱》也有"弘明分居广西平乐府恭城县车头村""弘明徙恭城县车头村"的记载。

（四）周弘颂派下进入恭城时间

据《湖南长沙周氏族谱（汝南堂）》，"弘颂公迁居粤西平乐府恭城县平南村"；据《濂溪大宗支裔永州周氏四续谱》，"宏颂迁平乐府恭城县"。据调查，莲花镇门等、镇东堡、周家湾、蛟鱼口部分周姓自称周弘颂，但有记载辈数在25代左右，这支周弘颂的周姓可能是宋末元初徙居恭城的。值得注意的是，部分明初随莫祥才从宜州进入恭城的壮族周姓也杂居于此。

（五）周弘德派下进入恭城时间

据《湖南长沙周氏族谱（汝南堂）》，"弘德公迁居广西平乐府恭城县炉口村，又分居凤阳府太和县"。又据《濂溪大宗支裔永州周氏四续谱》，"宏德徙江西泰和县"。据《宋史》，"周渭……诏下而卒……其子建中为乘氏主簿"，巨野县和太和县都属菏泽市，相距不远"，周渭后人移居太和县还是合理的，因此这支周弘德的周姓应该是唐初徙居恭城炉口村，公元999年左右举族迁居山东。

（六）周弘谦派下进入恭城时间

据《周氏宗谱》（贺州），"周应发，在恭城"，又载"（周）兴思生有子，失考""政卿生一子洵""洵，恭城县儒学""兴思之孙二应斗世居濂溪，生二子智孙仁孙"；据《总谱》，"（周）应斗……字志高，洵公仲子也……公以开禧三年丁卯（1207）十月生，德佑二年丙子（1276）某月卒……生子三，仁孙、义孙、智孙。应高公：乏嗣，抚义孙为子"。两谱记载虽有差异，但可相互印证，周应发、周应斗同是周敦颐六世孙，从周应斗生卒推算，周应发可能是在公元1200年前后到恭城居住。故周弘谦的一支后裔可能是在从湖南宁远大阳洞移居营道楼田后徙居贺州，于公元1200年前后迁居恭城，可惜目前未考具体落籍村名。栗木上枧、苔塘、上灌部分恭城周姓族人自称从灌阳迁入恭城的周弘谦后人，其中上灌部分周姓迁居平安乡北洞源马塘厂屯。

（七）周弘忆（意）派下进入恭城时间

西岭村乾隆二十八年修《汝南周氏家乘》载"惟我意公以周之苗裔由宁远而卜居西岭"，认为周弘忆（意）是唐初由宁远迁居西岭。但据《周氏宗谱》（刻本），"弘忆公居大阳洞福地，葬宁远城北七十里"，因此，西岭是周弘忆（意）唐初迁居而来，还是其后人落居于此，还待进一步研究。莲花镇朗山村、笔山村部分周姓自称从西岭村迁居而来，时间在清代顺治年间（1638—1661）。

（八）周弘颁派下进入恭城时间

据《湖南长沙周氏族谱（汝南堂）》，"弘颁公居粤西平乐府贺州富川县"，而观音乡水滨村周姓自称周弘颁后裔，为朝廷募征镇压瑶民起事而后落居于此。因此，这支周弘颁的周姓可能是明洪武元年（1368）以后到水滨居住的。

（九）周弘亮派下进入恭城时间

据《湖南长沙周氏族谱（汝南堂）》，"弘亮居石枧鳌头"；又据《湖南省江永县周姓族谱》记载："弘亮居石枧邦鳌岗，分脉晶咏、思棠，至十七世次耀兄弟于宋元丰年间（1078—1085），由思棠徙居上林（今上洞村）分脉城下"。西岭村的部分周姓自称始祖周子义，于清顺治年间与伙计朱仕贵到西岭做生意而定居下来，也就是说，这支周弘亮的周姓应该是清代顺治年间（1638—1661）到西岭居住的。

作者简介

徐平，恭城瑶族自治县人民政府办公室

恭城长寿文化及其产业发展研究

莫模林　刘先春　李振杰

【摘要】 恭城是贵广高铁线上唯一的瑶族自治县，民族风情浓郁，承袭了源远流长的瑶族文化，又与汉族、壮族文化相融合，形成了独特的民族文化。2014年，经评审，恭城成为"中国长寿之乡"。本文对恭城的长寿文化进行了溯源，对县内长寿文化及产业的研究及发展现状进行了分析，对其发展存在的问题进行了剖析，在此基础上，对利用长寿文化推动恭城养生产业、生态旅游产业的发展提出了可行的对策建议。

【主题词】 恭城；长寿；文化；产业；发展

2013年底，恭城瑶族自治县60岁以上老年人有5.6万，占总人口的18.72%；90岁以上老人1205人，占总人口的4.03‰；百岁及以上老人有33人，超出中国长寿之乡评比标准。2010年第六次全国人口普查时统计，全县人口平均寿命已达77.09岁，比2010年全国人均寿命74.76岁超出2.33岁。2014年，恭城瑶族自治县荣获"中国长寿之乡"称号，其源远流长的长寿文化受到众人的瞩目，长寿文化成为恭城又一道亮丽的风景线。

一、恭城长寿文化溯源

（一）良好的自然环境和生态环境

恭城瑶族自治县地处广西东北部，桂林市东南部，西起东经110°36′、东至东经111°10′、南起北纬24°37′、北至北纬25°17′之间。东西最长横距56公里，南北最长纵距75公里。东与富川及湖南省江永县交界，南与钟山、平乐县毗邻，西接阳朔、灵川县，北临灌阳县。

县内气候温和，属亚热带季风气候区，特点是：夏湿冬干，四季分明，冬短无严寒，夏长有酷暑；气候温暖湿润，雨热同期，日照充足，无霜期长，积温高，雨量充沛。年均气温19.7℃，年平均日照1592小时，年均无霜期319天。年均降雨量1437.7毫米，多集中于5—7月，占全年降水量的70%。

近年农村人居环境极大改善，农村生活垃圾无害化处理率达91%。优越的地理环境和生态环境非常适宜人类居住。

（二）社会风气和谐有序

着重体现在社会和谐、邻里和谐、家庭和谐。恭城在明代时就建有文庙、武庙，清代以后建有周渭祠、湖南会馆、广东会馆、福建会馆、江西会馆，这些古建筑文化体现了恭城人历来就有崇文尚礼、习武重义的传统。现在县委、县政府更加重视物质文明、精神文明、生态文明一起抓，通过评比先进，树立典型，打击邪恶势力，有力地促进了社会的公平正义。恭城民风淳朴，人民辛勤劳作、勇于开拓、家庭和睦、尊老爱幼、子孙孝顺、夫妻恩爱、兄弟姐妹如朋友、姑嫂妯娌互敬互谅，尤以"家有一老、如同一宝"彰显家庭生活和美。当家庭内部及家庭之间出现矛盾和纠纷时，他们先会去请娘舅或族上有文化或有威望的长辈进行调解，由于长辈们德高望重、有文化、识礼数、见识广，年轻晚辈们都很听他们的话，矛盾自然就很容易化解，使人精神愉快。瑶族是个能歌善舞的民族，每当瑶寨中有婚嫁喜事，老人做寿时，瑶寨中人们就会聚集起来，进行对歌起舞，常通宵达旦，人们在愉悦的歌舞中放松心情，增强体质。瑶族人民终身勤劳，古稀之年的老人们早睡早起，到山林田间地头劳作，在辛勤劳动中期盼那份收获，并意外收获到健康的体魄及乐观的性情。

（三）饮食文化有益健康

恭城人民十分注重饮食养生。肉类以猪肉为主，鸡、鸭、鱼次之。猪肉除了炒、焖、烫之外，还是做馅心的主要原料，配上木耳、香菇、葱花等原料，营养更为丰富，恭城的酿菜口味各异，老少皆宜，有瑶家十八酿之说。恭城人喜欢喝粥，除了日常白米粥之外，不时还熬上黄鳝粥、黄刺骨鱼粥、萝卜三鲜粥等滋补粥。恭城居民在日常饮食中常根据时令加入一些瑶药进入膳食中，以调节人体盈亏。例如：产后用黄花倒水莲煮自养的鸡鸭起补虚、恢复身体的作用；用黄芪、党参、杞子、红枣、陈皮蒸鸡，全家食用，起到补虚健体的作用。清明节用艾叶做艾粑，颜色青绿，增强感观食欲，起到温胃除湿之功效。端午节用黄茅叶包粽子，用草木灰水久煮，叶的清香浸入糯米中，起芳香祛湿作用，解糯米滋腻等等。

最值得一提的是恭城油茶，恭城人爱喝油茶，那是出了名的。恭城油茶的原料茶叶、生姜、花生米、蒜米，营养丰富，利于养生。据科学测定，茶叶含有蛋白质、脂肪、茶多酚、咖啡碱和脂多糖及10多种维生素等60多种保健功能和20多种药用功效物质，还有硒、锌等400多种化学成分，具有调节生理功能，解毒、提神、祛瘴等多方面的保健和药理作用。生姜有解表散寒、温中止呕、化痰止咳、缓解疲劳等功能，再加上花生米及蒜米的功效，概括起来就是扶正补益、健脾和胃、润肺化痰、行气消瘀、排毒清肠、杀虫解毒等等。"长寿密码，恭城油茶"是瑶乡人民的共识。恭城还有许多送油茶的糕点，如大肚粑、水浸粑、灯盏粑、羊角扭、船上粑、萝卜粑、艾叶粑、肉糕粑、莲花粉、炒米麻旦与排散为恭城十大名小吃。

（四）药物养生多种多样

恭城过去的交通非常不便，特别身处大山深处的瑶民，缺医少药，于是很多瑶民不断探索，结合祖传下来的一些偏方，找一些草药自己治病。很多群众都懂一些药浴法、药灸法、食疗法、熏蒸法、刮痧、拔罐等简便的治疗方法。另如药浴，有点感冒吃药无效的情况，一些人就用艾叶、石菖蒲、姜叶或生姜加大葱一同熬水，用草席围好先熏后洗，感冒就会很快好了。药灸法此较特别，用植物的枝、藤如灯草、苎麻、艾绒、扁骨风、白龙木等在灯火下点着或烤热在穴位或痛处直接或隔药灸灼。具有祛寒除湿、疏通筋脉、调和气血、汇盈补亏的功效。瑶族民间还有用"谷雨茶"防治发痧（四时感冒）的方法。谷雨茶是在谷雨前后三天，采集多种植物的嫩叶如青茶、淡竹叶、五皮金、藤茶、杉树尖、松树尖、观音茶、山桑树叶等，这种茶治疗感冒便捷快当。在农村，老百姓十分重视对小儿的养育保健，出生后即喂服"开口茶"3-5天，常用黄连、淡竹叶、蝉蜕等药，以清肠热、排胎毒、祛黄疸，保证婴儿肠胃健康便于营养吸收。小儿1岁半至6岁时期，很多小儿易偏食、拒食致出现体弱、瘦小、多病等状况，瑶民常用淮山、莲仁磨糕喂养小儿以加强小儿脾胃的消化吸收功能。已形成疳积的小儿，瑶医们均会刺四缝穴治疗，此外，还用瑶药独脚金、饿蚂蟥、狗肝菜等水煎或煮瘦肉喂服小儿，亦能治疗及预防小儿疳积。用芳香避秽功能的瑶药制成药佩挂于小儿颈脖或手腕，使小儿常闻药气以祛病强身，避瘟防病。用这些方法，确保了瑶族儿童的健康成长。

在恭城瑶族先民流传下很多饮茶的传统，这些传统至今保持并得到发扬。除了打油茶之外，在炎热的天气，特别是夏秋季节，恭城居民常用单味瑶药用清水煮开作为全天的清凉解渴饮品。常用药物有：山楂叶、绞股蓝、淡竹叶、笔筒草、路边筋（六月雪）、甜藤茶、观音茶等，这些茶有的有健脾消食作用，有的有清热、养阴、利尿、除湿作用，长期饮用可预防暑湿及秋燥引起的一些疾病。

（五）节庆歌舞等文化

1. 丰富的民间节庆。它使恭城文化同时包含了丰富多彩的民俗文化，在生产、生活、人生礼仪、信仰、岁时、娱乐等方面都有一整套独特的民俗体系，并保留了一大批非物质文化遗产。县内的盘王节、花炮节等节庆以及吹笙挞鼓、羊角舞等，这些非物质文化遗产或列入自治区、桂林市的保护名录，或为群众所喜爱而盛行不衰，至今仍在乡间原汁原味地演绎，展示了恭城多元传统文化的无穷魅力。目前在全县形成了"月月有节庆，村村有奇俗"的氛围。这些节庆的沿袭，体现了恭城群众热爱生活、热爱民族的感情和良好奔放的心态。这些节庆，其实从心态方面有助于恭城人民的长寿。

2. 养生谚语。经过千百年的积累传承，恭城流传下来许多有关养生的谚语，反映了恭城人民的养生经验和智慧。在恭城教育局工作的莫先生就搜集了恭城养生谚语100多条。如关于食物养生的有：粗粮杂粮营养全，既保身体又省钱；冬吃萝卜夏吃姜，不找医生开药方；到了三月三，芥菜可以当灵丹；吃得马齿苋，一年无病害；关于良好的行为和饮食习惯的有：勿贪意外财，不饮过量酒；每餐留一口，活到九十九；吃饭慢慢吞，赛过吃人参；臭鱼烂虾，送命冤家；关于良好保健习惯的有：睡前洗脚，胜吃补药；能吃能睡，长命百岁；吃药不忌嘴，跑断大夫腿；关于良好的家庭关系的有：家中有老少，强于有财宝；关于心态的有：不气不愁，活到白头；饭养人，歌养心；房宽地宽，不如心宽；关于季节养生的有：夏不坐石，冬不睡板。这些都符合《黄帝内经》

等养生经典里的理念。

二、恭城长寿文化及其产业发展现状

（一）恭城长寿文化研究现状

1.2015 年，列入 2015 年自治区文化精品工程重点项目，由自治区党委机关刊物《当代广西》负责筹划组稿的《广西长寿文化集萃（丛书）》一书，恭城篇章由恭城县委宣传部、县社科联牵头，走访了县内四大班子领导、各方面专家以及县农业局、卫计局、食药监局、县瑶学会等对恭城长寿文化有专门研究者，开展了一次全面深入的调查研究，从恭城的地理、生态、环境、饮食、卫生、传统医药等方面，撰写了比较系统的文章，与自治区内的其他"中国长寿之乡"进行了一些比对。

2.2015 年，《桂林晚报》开辟"百年好活"栏目，对桂林市内的部分百岁老人进行采访报道，并计划将其编辑成书。当年，对恭城的 10 位老人进行了走访，力求从居住环境、生活习惯、心理心态、邻里关系等方面对老人长寿原因进行探究。

3.2016 年，全国"瑶医药高峰论坛"在恭城举办，全国各地有志瑶医药事业的专家学者荟萃恭城，对瑶族传统的医疗、药物研究、养生等方面进行了交流。当年，恭城瑶医药研究会成立，并对县内从事瑶族医药事业的人员进行了走访，对一些民间验方进行了收集。2017 年 8 月，县内第一期瑶医培训班开班，参与培训的瑶医 200 多人。

4.2017 年，恭城为贯彻落实中共中央办公厅、国务院办公厅印发的《关于实施中华优秀传统文化传承发展工程的意见》，以及习近平总书记关于弘扬中华优秀传统文化系列重要讲话精神，出台传承发展优秀传统文化精神的方案，开展系列活动，每周五定期举办健康传习讲堂，邀请国内资深学者前来传授健康养生之道。至今已开展9期，培训6000多人。

（二）长寿产业的发展现状

近年来，恭城加快长寿养生产业的发展，与之相关的产业发展取得进步。

1. 油茶产业发展项目情况。2016年，恭城成立"恭城福茂生油茶文化产业发展有限公司"，注册资金为3000万元。公司旨在整合油茶餐饮、食品加工、茶叶种植等方面的龙头企业，联合县油茶协会，按照自治区质监局出台的恭城油茶制作标准，规范各类产业的生产、销售和服务，有计划地指导、协助各类产业发展。同时，在县内打造油茶文化产业基地。

目前，公司正在建设恭城油茶文化产业园区，打造万亩茶园及万亩配套农产品基地。项目计划总投资20000万元，建设期限为2017—2020年，其中2017年投资3500万元，完成浓缩油茶生产基地建设，完成古樟林环境治理和茶叶等农产品种植2000亩。乐湾油茶文化产业园项目计划投资3500万元，流转古樟林林地202亩、流转土地480亩，主要实施农科产品示范区、养生庄园区、油茶种植区、农产品种植区、花海种植区、古樟林保护游览区、游客服务中心等项目建设。现已完成了古樟林林地流转202亩，基本完成古樟林场地平整及环境整治工作。完成了土地流转面积397亩。

2. 相关长寿养生产业发展情况。恭城高铁经济产业园位于平安乡辖区内的高铁站附近，距县城5公里，计划用地2500多亩。园区建设是恭城县多彩瑶乡·文化特色小镇建设的内容之一，也是恭城县借助高铁路网，落实"大旅游、大养生、大文化、大流通"工作思路，实施"文化旅游突破战略"的主战场。园区内规划实施健康文化村、瑶族文化村、瑶汉养寿城等多个项目，着力打造恭城未来经济增长的新引擎。这些项目将引进瑶族传统医药、养生、保健等方法，辅以一些现代手段，集民族医疗保健为一体，以民族特色吸引各地游客前来保健养生。目前产业园基础设施建设项目已开工，项目总投资7.11亿元，是经济产业园的配套工程。项目的开工标志着高铁经济产业园建设正式拉开了序幕。

此前，恭城浓缩油茶产业，年产值达到了6000万元以上。

三、恭城长寿文化及产业发展存在的问题

（一）宣传氛围不浓，社会知晓度低

恭城是2014年被中国老年学会授予"中国长寿之乡"称号的，除了当年做了一定的宣传之外，这几年鲜有报道。广场、公园、街道、车站、出入城路口等公众场所展现长寿文化元素的载体较少。例如大型的永久性标语、宣传画在县城及乡镇所在地基本没有，更不要说在广大农村了。没有以长寿文化打造的主题广场、主题公园、主题雕塑。由县文化馆编写的《恭城百岁老人》、原来申报"中国长寿之乡"的影音资料没有公开发行。导致很多老百姓还不知晓恭城已经是"中国长寿之乡"，也不懂何为"中国长寿之乡"。

（二）机构制度不全，研究人员匮乏

"中国长寿之乡"是一张亮丽的品牌，在全国也仅有70多个县获得这一称号。当人们在物质方面获得极大丰富以后，就会追求精神享受、身体健康。健康长寿、生命百年是人类追求的最美好愿望。因此，很多地方就利用人们的这种心理，打造自己的

长寿文化品牌，发展长寿养生旅游，养老、健康、服务产业在逐步崛起。纷纷成立了长寿办公室，研究自己区域的长寿文化。但在恭城，这样的机构还没有，研究人员也是各行其是。对于怎么挖掘长寿文化，利用长寿文化，进行资源整合，做好旅游文章，还是远远不够。

（三）资源整合不足，产业开发滞后

恭城的养生资源十分丰富，长寿文化源远流长，环境养生、饮食养生、草药养生早已深入人心。怎么利用好这些优质资源，加快发展健康养生长寿产业，促进恭城旅游产业的快速发展和转型升级，是值得我们深思的问题。目前我们的资源整合不足，产业开发滞后，没有形成产业链。

四、恭城做好长寿文章的思路和对策

随着人们生活水平的不断提高，在物质生活极大丰富的同时，他们有着更高的精神生活追求。旅行中简单的风光欣赏已经不能满足游客的心理需要，游客更希望从旅游中能获得特别的体验。因此，我们要充分利用恭城的长寿文化、养生资源和桂林大旅游圈得天独厚的优势，发展恭城生态旅游。我们的思路和对策是：

（一）寻求高端研发

1. 成立机构，科学开发长寿文化产业。长寿文化建设是一项长期的社会系统工程，

是发展恭城生态旅游的重要方面。必须加强领导，多方协作，合理规划，依托良好的自然生态环境和丰富的人文资源塑造城市的风格，在经济发展中注入长寿元素，形成以长寿健康产业为主的发展模式，培育壮大旅游观光产业、服务业、生态农业，从经济发展、生态环境、社会保障体系等方面打造可持续的长寿环境，为区域科学发展提供源源不断的动力。因此，很有必要成立一个专门的办公室，合理开发恭城的长寿文化，这样可以避免一哄而上，无序开发。同时，要成立长寿文化研究会，建立百岁老人数据库，通过录像、录音、采写等方式，记录、分析和研究百岁老人的生活习惯、饮食习惯和养生理念。

2. 与科研院所对接，研究恭城长寿原因。恭城人为什么普遍长寿？恭城相较其他地区有何不同之处？这些，都有必要与高校及相关的科研机构联合，揭示其科学因素及内涵，提供有说服力的佐证。如恭城油茶，据桂林医学院非正式统计，近十年来各县在该院住院的心脑血管病人人数最少，有专家认为这与恭城人普遍爱喝油茶有关。这二者之间是否有必然的因果关系，这有待与医学院联合，专门进行一个课题研究，把油茶的保健功能科学地诠释出来，以科研成果的形式，巩固人们对油茶保健功效的信服，从理论上把"长寿密码，恭城油茶"做实。还有许多民间行之有效的治疗方法、保健方法，施治者、施术者虽然懂得方法，却无法解释其中有条理，亦可就千百年来沿袭下来的一二种，从药理、医理甚至心理方面，邀请专家进行深入探究，证明其科学原理，并以"恭城"地域为其命名。

3. 走平民化道路开发旅游产品。十八大以来，随着反"四风"的深入，各方面管理、运营的常态化，在旅游产品、服务行业走高端路子已然不行，必须走高端研究，平民化开发旅游产品。如根据盘王图腾、瑶族生产生活器物设计既精美又实用的纪念品；设计适合大众消费的油茶食品套餐等。

（二）示范带动，大力开发长寿养生特色产业

恭城能够荣获"中国长寿之乡"称号，得益于良好的生态环境，和谐的社会氛围，丰富的饮食文化和随手拈来的瑶医瑶药。我们要利用它发展长寿养生特色产业。

1.进一步开发养生食品。当前恭城的养生食品最响亮的是恭城油茶，一句"长寿密码，恭城油茶"响彻八桂大地，使恭城油茶馆（店）如雨后春笋般遍布广西，仅恭城就有以油茶为主的餐饮店60多家。另外，恭城还开发出浓缩油茶产品，它包装精美，方便游客携带，很受顾客青睐，产品远销全国各地。

目前，那些打着"恭城油茶"品牌的餐馆普遍是个体从业，还没有像"肯德基""麦当劳""北京烤鸭"等餐饮食品龙头企业形成集约化经营，我们虽然制定了恭城油茶餐饮业的从业标准，但要整治恭城油茶餐饮业的从业乱象，规范经营，形成产业链，还要下大力气。而我们的浓缩油茶有四五家，因规模较小，影响力有限，对县里的财政贡献不大。因此，我们要整合资源，重点扶持一两家龙头企业，形成产业支柱。

很多的养生食材，还藏在深闺无人识。其实恭城的很多家常菜，就是我们的养生食品。像黄鳝粥、冬瓜排骨汤、荷叶粉蒸肉等就非常适合老人食用。恭城的养生食品开发前景十分广阔。

2.进一步挖掘养生资源。恭城人之所以长寿，除了良好的生态环境、丰富的各种食材、和谐的邻里关系这些因素外，我们还有很多的养生资源。例如我们的瑶医瑶药，老百姓实实在在地在用，而我们却没有很好地开发利用。按现行的医生评价体系，我们的瑶医很难拿到执业资格证。瑶医手头的一些偏方，能够治疗一些疑难杂症，与西医形成互补。很多家庭都会一些食疗、药浴，既简单又没有副作用，这些医疗产品如果能够开发上市，其前景不可估量。

3.长寿文化与旅游开发紧密结合。在健康养生服务产业配套基础设施建设方面，

要融合环境资源、旅游资源、医疗资源、养生资源及社区服务资源，按照"一核多区"的发展格局，以县城中心城区规划建设为核心，以莲花、栗木、平安、嘉会、西岭等乡镇为重点片区，突出恭城民族文化特色，精心策划和重点推进一批休闲旅游、养生养老、养生地产、社区服务等现代服务业项目，形成一批高品质的休闲养生度假中心、康体保健中心、异地养老中心，在延长旅游产业链的同时，提升健康养生产业的规模和层次，有效提高健康养生服务产业在旅游消费中的比重。我们要利用山区优势，多开发几处森林公园。同时，我们要加强旅游宣传促销和旅游市场管理，适应旅游市场需求，推出一批在全区乃至全国有影响的长寿文化、旅游节庆产品，提高恭城作为长寿健康养生旅游目的地的影响力。

4.打造一个大旅游景区。我县自然环境优越，如银殿山、燕子山天仙草原等。银殿山是华南第二高峰，境内森林植被保存完好，景点众多，游客在游玩中就能够体验森林氧吧的妙处。目前，已有不少各地的登山爱好者、徒步爱好者纷纷慕名前来。可借鉴贵州小七孔，巴马县百魔洞，金秀莲花山、圣堂山，贺州姑婆山等景区的成功做法，设计一个大型景区。路线由平安乡下山源入口，至黄茅坪，左走可欣赏燕子山天仙草原景色，下山后游龙虎关；从黄茅坪右走，可登上我县最高峰银殿山，一览包括县城在内的景色，从三江乡境内下山。途中可观赏到诸多不同景色，看高山"风车"，感受天然氧吧的益处，体验一览众山小的快乐，听流传千年的神奇传说，也可留宿山间，其乐无穷。

（三）宣传造势，营造长寿文化浓厚氛围

通过宣传的手段,让更多的人了解优良的生态环境和丰富的长寿文化内涵,推进"长寿之乡"建设，是凝聚人心、提振信心、提升居民幸福指数的关键之举，是切实推动民生工作的一个重要途径。因此我们要充分利用广播、电视、报刊、微信、板报、广

告牌等各种宣传手段，加大宣传力度。

1. 组建一个写作班子。通过深入基层，不断挖掘长寿文化内涵，创作不同题材的作品，不定期给各级宣传机构投稿。在广播、电视、报刊上开辟长寿文化专题、专栏等。编辑一本《恭城长寿文化集萃》公开发行，研究收集整理长寿养生食谱在餐饮业推广。

2. 全方位立体宣传。在动车站、汽车站、广场等人群密集的地方设立大型公益宣传广告，通过乡镇文化站不定期出版长寿文化宣传专栏，利用《恭城报》开辟科学养生、健康长寿专栏，恭城广播电视台要开辟专题讲座，在全县中小学生开展征文比赛，向群众广泛征求宣传广告用语等。通过各种宣传途径营造科学养生、健康长寿的大氛围，强化大众的长寿养生意识。

3. 在城市建设中融入长寿文化元素。借此提升城市品位，突出长寿特色。尤其是正在规划建设中的火车站新区，设立了瑶汉健康养寿城和桥头健康文化村两个功能新区，在城市公共设施建设上一定要融入长寿文化元素。选择适当的位置，塑一座长寿元素的大型雕塑，让长寿文化无时不在老百姓身边。

作者简介

莫模林，恭城瑶族自治县教育局主任科员，恭城瑶学会秘书长；

刘先春，恭城瑶族自治县委宣传部副部长，县社科联主席；

李振杰，恭城瑶族自治县社科联秘书长。

执笔人：莫模林

八路军桂林办事处对新四军发展的作用

唐军富

【摘要】抗战时期,作为中共中央南方局秘密派出机关兼新四军驻桂通讯处的八路军桂林办事处,利用自身所处的优越地理位置和相对宽松的政治环境,全力为新四军筹集转运各种军需物质,护送海外侨胞参加新四军,加强对新四军的宣传报道等,在新四军发展壮大的过程中,发挥了独特的作用。

【关键词】八路军桂林办事处;新四军发展;作用

抗战进入相持阶段后,桂林成为大后方重要的军事重镇,也是中国共产党联络华东、华南及海外的重要交通枢纽。为此,中共中央南方局决定在桂林建立办事处,作为八路军设在广西桂系统治区的一个公开合法的通讯联络办事机构,对内则是中共中央南方局秘密派出机关,同时兼新四军驻桂通讯处。因此,办事处负有联络新四军、为新四军服务的职能。办事处从1938年11月成立到1941年1月"皖南事变"爆发时奉命撤销,虽仅存在两年多的时间,但它为支援新四军坚持敌后抗战及发展壮大发挥了重要作用。

一、为新四军筹集、转运各种军需物资

国共两党实现第二次合作后,中国工农红军长征时留在江西、福建、安徽等南方八省的红军游击队编成新四军,向华中敌后挺进,成为插向华中侵华日军背后的一把尖刀,威胁到日伪军的后方,日伪军集中力量对新四军进行大扫荡,实现经济封锁。同时抗战进入相持阶段后,随着中国共产党威望的提高及领导的八路军、新四军等抗日武装的不断壮大,使国民党顽固派感到恐慌,开始把限制中共力量进一步扩展作为其重要目标。于是制造反共摩擦,恶意拖欠、克扣甚至停发八路军、新四军的军费和军需物资等就成了国民党顽固派惯用的伎俩。1939年冬,国民党停发新四军军饷,使新四军"全军上下陷入挨冻受饥的困境。"后新四军军部"特派泰国华侨巨商之子陈子谷去泰国募捐得数十万元,方解燃眉之急。"[1]而且新四军在敌后发展迅速,物资、军费需求成倍增加,但国民政府对新四军新增加人员不予理睬,仍按原编制人数发给,这就无法满足新四军的供给需要。日军、伪军和国民党顽固派的封锁和限制,使新四军面临严重的军费和物资困难,许多战士冬天没棉衣和被毯,通信设备、汽车、汽油等军需物质奇缺,伤病员缺医少药。为克服困难,支持新四军在敌后的持久抗战,八路军桂林办事处遵照中共中央指示,通过统战工作,运用各种方式筹运军需物资、军费到新四军。

中国的东南沿海地区沦陷后,大后方沟通海外的运输线,主要是从越南海防,经镇南关进入广西,经桂林转运到其他地方。为做好军需物质的筹运工作,八路军桂林办事处专门设立交通运输科,还在桂林北郊的路莫村设立军需物资转运站及仓库。交通运输科配备精兵和10多辆大卡车,经常满载物资来往于皖南新四军军部等地。办事处开辟了两条主要的运输通道,一条是运往中共中央所在地延安和八路军总部,一条是输送到新四军地区。运往新四军地区的线路是:从越南的海防出发,经镇南关、凭

祥，到达桂林。然后再从桂林北向，经衡阳——吉安——南丰——鸿坛——上饶——常山——太平——茅岭——章家渡——云岭，到达新四军军部。八路军桂林办事处运输车队将在海外筹集、采购、接收的华侨捐赠的各类物资，如汽车、药品、通信器材等，转运到新四军军部驻地——皖南。这些运输护送活动主要有：1938年冬，国际友人、海外华侨、港澳同胞捐赠的药品、医疗器械等物品共130多箱，由八路军驻港办事处和宋庆龄领导的"保卫中国同盟"接收后，先用船运至惠州、老隆，再由桂林办事处派人押运回桂林，再转往八路军、新四军部队。1939年初，加拿大华侨捐赠的卡车底盘，在香港装上车身，再装满海外捐赠的物资，也经桂林办事处运往华北、华中抗日前线。1939年5月，因新四军伤病员缺乏毛毯，"保卫中国同盟"在海外发起募捐倡议，得到海外华侨和国际友人的热烈响应，半年时间，就募集到两万多条毛毯，然后由桂林办事处护送至新四军驻地。

除从海外筹运军需物资外，办事处还采取统战与斗争相结合的手段从国民政府获得相关的军需物资。1939年秋，国民党顽固派掀起一股投降反共逆流，借故扣下拟发给新四军官兵御寒用的毛毯。为解决新四军将士的过冬问题，李克农通过情报，了解到桂林郊区的国民党军需仓库运到大批军毯，就派出办事处秘书科长龙潜去仓库领取毛毯。由于国民党军政部密令不准发给新四军使用，军需仓库人员开始不承认有毛毯。后来经过耐心的统战工作，龙潜最终从仓库里领到两万条军用毛毯。当毛毯运抵桂林时，国民党军需司不让开车，要求将毛毯运回仓库。李克农得知后，一面派出办事处警卫战士武装守住车子，一面进行交涉，最后如期将这批毛毯运到了新四军前线。另外，李克农还派邱南章到临桂二塘的国民党军需仓库，通过关系弄到一批电讯器材和几吨重铅丝，将其运到新四军前线用于通讯和架设电话线路。

此外，中国共产党及其领导下的新四军等抗日部队经费十分紧张。八路军香港办事处和"保卫中国同盟"在海外华侨中筹集了大批经费。然后以个人名义通过香港银行设法辗转汇至桂林交通银行，再由在桂林交通银行担任存款部课长的中共地下党员施振，利用工作之便，分批将款项提出交办事处，再由桂林办事处分发给新四军等抗日武装和进步救亡文化团体。

桂林办事处通过各种努力，部分解决了新四军等抗日武装急需的各种军需物资及军费，这对条件艰苦、财力缺乏的敌后抗日根据地来说犹如雪中送炭。

二、护送海外华侨到新四军，为新四军培训抗日骨干

新四军深入敌后，在长江下游的广大地区为民族危亡而浴血奋战，创建了苏南、皖南、皖中和豫东等抗日根据地。新四军的发展壮大和抗日民主政权的建立，迫切需要大批的干部和专业技术人才。而新四军的发展壮大，和中国共产党领导的其他抗日武装一起，日益成为抗日救国的中流砥柱，是抗战的前途和希望所在，越来越吸引爱国侨胞回国参军抗战。当时新四军的兵员来源有五种类型，其中一种类型就是"热心抗战，在别处寻不着抗战机会。"因为有"朋友在新四军"，遂"投奔到来，这一类青年以华侨为多。"[2]八路军桂林办事处充分利用自身特殊的地理优势和统战关系，护送华侨青年到新四军。同时利用国民党广西当局开办的广西地方建设干部学校，为新四军培训了抗日骨干。

抗战时期，华侨对中国抗战的胜利作出了巨大的贡献和牺牲。对新四军而言，海外华侨是新四军宝贵的具有专业技术的兵源。而海外华侨加入新四军抗战，也为新四军增添了新的生机和活力。当时的桂林是海外华侨前往新四军各部队的交通要道，因此，护送海外华侨到新四军活动地区是八路军桂林办事处的一个重要任务。1939年5月，王西雄、沈尔七率领的"菲律宾华侨各劳工团体联合会回国慰问团"一行24人回国慰问，在八路军桂林办事处的护送下，于1939年秋抵达皖南新四军军部慰问新四军，后全部

加入新四军。1939 年，由泰国、缅甸华侨联合组成的"军乐队，随桂林办事处交通科长邱南章的运输车队回国，到桂林后再送他们去到新四军驻地"。

广西地方建设干部学校是国民党广西当局为巩固和扩充地方实力，培养地方基层骨干而创建的。历史学者、著名教育家杨东莼被聘为地干校教育长。杨东莼是直接受八路军桂林办事处处长李克农单线联系领导的中共秘密党员。办事处选派了一批共产党员、进步文化人士，到该校担任各级领导职务，主持政工、教学等工作，掌握了学校的校务实权。并在干校成立了两个中共秘密党支部，一个是省外党员支部，书记为周钢鸣。一个是广西地方党员支部，书记为张海鳌、陆伟良。为了把干校办成延安抗日军政大学式的学校，杨东莼曾向徐特立（当时路过桂林，住在办事处）请教延安抗日军政大学和陕北公学的办学经验。地干校办得非常有特色，时有"北有抗大，南有地干"之评语，被誉为"南方的抗大"。从 1939 年 2 月至 1940 年 12 月，广西地方建设干校共举办了 4 期培训班，培训抗日骨干约 5400 人。地干校停办后，根据办事处的安排，地干校的一部分中共党员和进步分子转移到新四军所创建的抗日根据地。

三、通过《救亡日报》宣传报道新四军的抗战功绩，扩大新四军的影响

《救亡日报》是 1937 年 8 月上海文化界救亡协会创办的具有统一战线性质的报纸。社长郭沫若，总编辑夏衍。名义上，《救亡日报》是国共双方联合创办，实际上是在中国共产党的领导之下。1939 年 1 月，《救亡日报》在桂林复刊后，由八路军桂林办事处直接领导。在桂林期间，《救亡日报》以团结文化人士、进行抗战救亡工作为己任，深受国内外广大读者喜爱，影响及于西南、华南各省与海外，成为中国共产党宣传抗日

民族统一战线的重要舆论阵地之一。在办事处的指导下，《救亡日报》根据形势的变化，力所能及地报道新四军的抗战活动，在国民党当局实现新闻封锁、不准宣传八路军、新四军英勇抗战的环境下，使读者和社会大众能够了解新四军在敌后坚持抗战的英勇事迹。

《救亡日报》（桂林版）对新四军的宣传报道不多，且主要集中在1939年10月以前，但这为数不多的报道，却对在国统区和海外宣传新四军起到了相当大的作用。1939年10月以后，关于新四军的新闻不再见诸报道。这主要与国共关系的演变有关。1939年冬，国民党顽固派对中国共产党领导的八路军、新四军等抗日武装实现打压政策，不允许在国民党统治区出版发行的报纸编发有关八路军、新四军抗战的相关消息。而《救亡日报》虽然是中共领导下的报纸，但它的定位是以统战工作为主，争取中间阶层，故其宣传报道有别于中国共产党的机关报刊，如《新华日报》等，只有这样才能获得生存的境地。《救亡日报》（桂林版）对新四军的宣传报道主要有：1939年1月27日，《新四军活跃皖中，各线迭有胜利——新四军叶军长项副军长自前线来电报告》；1939年2月17日，《积小胜为大胜，新四军又告捷，叶项前线电称》；1939年3月1日、25日、26日刊登通讯《活跃在江南的新四军》；1939年5月18日、19日两天，连载王坪写的《铁人访问记——纵谈新四军战绩》等。1939年9月，新四军军长叶挺从皖南来到桂林，住在桂林乐群社。李克农特地派《救亡日报》记者华嘉对叶挺专门进行采访。叶挺将军在对记者谈话时，介绍了新四军一年来的光辉战绩："我们新四军的活动范围，目前已成一个包围南京的形势，芜湖、广德、宜兴、常州、丹阳一带，都是我们的游击区域。"[3] 同时认为国民政府军委会对新四军活动区域的划分似乎太机械和呆板，缺乏回旋余地，造成新四军在对日军作战时面临诸多困难。从而揭露了国民党顽固派积极反共、借刀杀人的卑鄙目的。这篇采访报道以"本报特稿"的方式于1939年9月5日在《救亡日报》刊出后，使大后方的广大民众认清了国民党顽固派反共、防共，消极抗日的真面目，新四军得到了国内外舆论的广泛同情和支持。1941年1月，"皖南事变"后，国民党广西新闻检查所指令在桂各报必须刊登国民政府军事委员会宣布新四军"叛变"及取消新四军番号的命令。第二天，桂林各报均在一版头条位置刊登中央社播发的有关"皖南事变"的歪曲报道。只有《救亡日报》拒绝刊登，表达了对国民党顽固派倒行逆施的无声抗议。

《救亡日报》对新四军的宣传报道，把新四军坚持华中敌后抗日的信息大量介绍到大后方和海外，扩大了新四军的影响，使新四军得到了广大民众和海外广大华侨的赞扬、声援和捐助，增强了中国民众抗战必胜的信心，也为"皖南事变"后中共中央重建新四军军部创造了良好的社会舆论氛围。

参考文献

[1] 马洪武:《新四军与抗日战争》[M].南京：南京大学出版社，1995：517.

[2] 林植夫:《在新四军亲历记》[G].广州:《广东文史资料》第22辑，1978：102.

[3] 华嘉:《活跃江南的游击军——访叶挺将军》[N].《救亡日报》(桂林版)，1939年9月5日.

内迁文化精英中的共产党员群体
在桂林抗战文化运动中的作用

刘春燕

【摘要】内迁文化精英中的共产党员群体在桂林抗战文化运动中的领导骨干作用，直接涉及"广辟阵地""政治上支持""生活上救济""危急时刻疏散抢救"，"八办"的帮扶措施及其影响。回顾、研究、总结、升华内迁文化精英中的共产党员们在桂林抗战文化运动的骨干作用，科学地、历史地、客观地、辩证地描述20世纪抗日民族解放战争时期桂林的抗战文化运动，在习近平新时代中国特色社会主义思想指引下，不忘初心，继续前进！

【关键词】内迁文化精英；共产党员群体；桂林抗战文化

有老同志以亲身经历记述了内迁文化精英中的共产党员群体在桂林抗战文化运动中的领导骨干作用，其中直接涉及"广辟阵地""政治上支持""生活上救济""危急时刻疏散抢救"，"八办"的帮扶措施及其影响。

一、内迁文化精英中的共产党员群体在桂林抗战文化运动中的领导骨干作用

桂林抗战文化活动之所以能够迅速开展,离不开中共南方局领导内迁文化精英中的共产党员群体在国统区的文化斗争基础。抗战初期,中共组建的文化队伍、抗日文化统一战线,其成员在广州、武汉失守后大部分转移桂林,为桂林文化队伍的扩大和工作的开展,奠定了坚实的基础。

国统区文化使命到底是什么,工作重点在哪里?对此,中共中央只是在少数指示文件中强调过国统区文化工作的重要性、紧迫性以及就全国范围而言文化运动的总的指导原则,至于对民族矛盾与阶级矛盾错综交织、斗争形势异常复杂的国统区来说,文化工作何去何从,中央并没有给出明确的界定。不少老文化人以亲身经历记述了内迁文化精英中的共产党员群体,在桂林抗战文化运动中的领导骨干作用,这些作用直接涉及"广辟阵地""政治上支持""生活上救济""危急时刻疏散抢救","八办"的帮扶措施及其影响。首先,中共南方局在国统区抗战文化运动中的伟大作用:1938年10月,武汉、广州失守以后大批文化人云集桂林,中国共产党洞悉蒋桂矛盾,巧妙对桂系上层人物做统战工作,使桂系对进步文化采取了宽容的政策。其次,广西地方实力派政治倾向的演进。

以前有学者认为"抗日战争时期,日本是中共与国民政府共同的主要敌人,但是在中共运作抗日民族统一战线的过程中,打击的顺序逐渐倒置过来,中共处心积虑想的是如何从次要敌人国民政府手中取得中国政权的领导。"这一观点无疑歪曲了历史事实。出现这种偏见的原因,在于史料掌握的片面性、盲目地依赖主观倾向较强的回忆录。

以自传作为主要史料依据，往往导致立论的偏颇。《广西抗战文化史》以已经整理出版的史料集为基础，大力发掘《新华日报》《群众》《救亡日报》《大公报》《抗战文艺》《广西日报》《中苏文化》《时事新报》《扫荡报》等抗战报刊史料，再结合国共的档案文件及相关史料，透视桂林抗战文化，资料的多元化不仅没有片面性、盲目性，而且达成史实的准确性和立论的科学性，就是内迁文化精英中的共产党员群体在桂林抗战文化运动中的领导骨干作用。

二、内迁文化精英中的共产党员群体在桂林传播马列主义毛泽东思想

抗战时期，桂林的出版部门和图书发行部门除做好马、恩、列、斯著作的翻译出版宣传发行外，不少学校和单位的地下党员和进步老师纷纷成立读书会或读书小组，传播马列主义和培养进步青年。

1938年春，内迁文化精英中的共产党员群体中的李达应广西大学校长白鹏飞之聘，任广西大学文法学院经济学系教授兼系主任，讲授马克思主义哲学和经济学。《救亡日报》和《国民公论》多次刊发毛泽东的文章和言论，《文化杂志》《自由中国》等刊物则通过作者文章间接地传播毛泽东思想。1939年至1940年期间，《共产党宣言》《哲学的贫困》《马恩通信集》，列宁的《"左派"幼稚病》《唯物论与经验批判论》《社会民主党在民主革命中的两个策略》《论国家》及《列宁选集》等著作得到广泛的传播。

内迁文化精英中的共产党员们在出版领域非常活跃，新知书店以"中国出版社"名义出版了《列宁主义问题》《共产国际纲领》《共产党宣言》《社会主义从空想到科学的发展》《国家与革命》《马恩论中国》《列宁论中国》等；生活书店出版了马克思的《雇

佣劳动与资本》《政治经济学论丛》《拿破仑第三政变记》，恩格斯的《德国农民战争》《家庭私有财产和国家的起源》《费尔巴哈论》《恩格斯论〈资本论〉》，列宁的《二月革命到十月革命》《帝国主义——资本主义的最高阶段》，斯大林的《列宁主义问题》《辩证唯物主义与历史唯物主义》《论民族问题》等；读书生活出版社出版《资本论》（共三卷，郭大力、王亚南译），1938年11月初在上海法租界秘密出版2000套，由海路运了1000套来桂林公开发行，一半供应西南大后方。

由于内迁文化精英中的共产党员们在出版领域巧发奇中，毛泽东称赞李达的《社会学大纲》是"中国人自己写的第一本马克思主义哲学教科书"，首先在广西省会桂林出版部发行。1938年5月毛泽东的《论持久战》发表不久，即由三户印刷厂在桂林排印，通过生活书店桂林分店在大后方发行，还向重庆等地提供纸型，使《论持久战》在大后方广为传播。1939年5月新华日报馆印行毛泽东著作的单行本和汇编本，如《中国革命与中国共产党》《论新阶段》《目前国际形势与中国抗战》。《毛泽东救国言论选集》收入《中国抗日民族统一战线在目前阶段的任务》《反对日本帝国主义进攻方针办法与前途》《国共两党统一战线成立后中国革命的迫切任务》《抗日游击战争的战略问题》《论持久战》《论新阶段》《与英国记者贝兰特谈话》《与合众社记者的谈话》《在纪念孙中山先生逝世十三周年及追悼抗敌阵亡将士大会上的演说》《与世界学联代表团的谈话》等谈话演讲，共11篇，10多万字。1940年2月，毛泽东的《新民主主义论》在延安发表后，《中国文化》创刊号和《解放》杂志第98、99期合刊通过《新华日报》桂林分馆发行。1942年5月，毛泽东在延安文艺座谈会上的重要讲话没有公开发表，为便于党的干部学习，秦记西南印刷厂的党组织排印50本《在延安文艺座谈会上的讲话》。

当然，内迁文化精英中的共产党员们在桂林传播马列主义、毛泽东思想不是一帆风顺，而是在斗争中传播的。"皖南事变"后国民党顽固派对进步文化实行严格控制，中国共产党领导进步文化工作者，针锋相对地进行了反控制、反迫害的斗争。

三、内迁文化精英中的共产党员们在桂林高举爱国主义旗帜

毛泽东在《中国共产党在民族战争中的地位》里指出:"我们是国际主义者,我们又是爱国主义者,我们的口号是为保卫祖国反对侵略者而战。""爱国主义就是国际主义在民族解放战争中的实施。"中国人民的根本任务是打败日本帝国主义,爱国主义的集中表现就是抗日救国。爱国主义不仅表现在抗日,同时,还要反对国际法西斯战争。广西省会桂林,既是爱国主义者的集结地,也是爱国主义作品的诞生地,又是爱国主义思想的传播地。广大文化工作者高举爱国主义旗帜,不负历史使命,创作和传播爱国主义诗篇,借以激发人民的抗战斗志。团结人民、打击敌人,成为夺取抗战胜利的有力武器。

作家司马文森说"哪个地方有抗战歌声,哪个地方就可以看出民众的动员情形",桂林抗战文化运动"筑成我们新的长城",建设起民族的"心防"。

毛泽东在《中国革命和中国共产党》里指出:"中国革命终极的前途,不是资本主义的,而是社会主义和共产主义的。""民主主义革命是社会主义革命的必要准备,社会主义革命是民主主义革命的必然趋势。"毛泽东在《新民主主义论》进一步指出:"所谓新民主主义的文化,就是人民大众反帝反封建的文化;在今日,就是抗日统一战线的文化。这种文化,只能由无产阶级的文化思想即共产主义思想去领导,任何别的阶级的文化思想都是不能领导了的。""当作国民文化的方针来说,居于指导地位的是共产主义的思想,并且我们应当努力在工人阶级中宣传社会主义和共产主义,并适当地有步骤地用社会主义教育农民及其他群众。但整个国民文化,现在也不是社会主义的。""在现时,毫无疑义,应该扩大共产主义思想的宣传,加紧马克思列宁主义的学习,没有

这种宣传和学习，不但不能引导中国革命到将来的社会主义阶段上去，而且也不能指导现时的民主革命达到胜利。"

社会主义思想的宣传是内迁文化精英中的共产党员们在桂林抗战文化运动的亮点。内迁文化精英中的共产党员们从理论上广泛深入地进行宣传，多角度介绍第一个社会主义国家苏联。出版《联共（布）党史简明教程》《二十年的苏联》《今日的苏联》《苏联概况》《苏联印象记》《苏联的国家与人民》《苏联的经济建设》《苏联的民主》《社会主义国家中的劳动》《苏联工人的生活》《苏联妇女的地位》《苏联青年的生活和斗争》《苏联的文学》以及《社会主义理论与实践》等。中苏文化协会桂林分会开展图片展览、座谈会、纪念会、讲座等一系列活动介绍社会主义苏联，加深民众对社会主义的认识和了解。

四、内迁文化精英中的共产党员们在桂林灌输科学世界观和革命人生观，培育艰苦奋斗的高尚品德

桂林文化城出版艾思奇的《大众哲学》和《思想方法论》，胡绳的《思想方法论初步》《辩证法唯物论入门》和《新哲学的人生观》，李仲融的《唯物论与唯心论》和《辩证法与唯物论》，柏寒的《青年修养问题》，沈志远的《新人生观讲话》等，阐明科学世界观和革命人生观的普及读物，宣传辩证唯物主义和历史唯物主义，进行无产阶级革命人生观和世界观的教育，帮助青年用唯物主义观察世界、认识世界，把个人的苦乐、荣辱、生死，与国家、民族的前途和人民的利益紧密地联系在一起，广大青年接受后走向进步、革命道路。

艰苦奋斗，是桂林抗战文化运动的精神支柱。没有艰苦奋斗，就没有桂林抗战文化。日本帝国主义的侵略，国土沦丧，文化工作者颠沛流离，连生活都极不安定，文化工作者在物质条件十分简陋的情况下，坚持抗日救亡运动，开展各项文化活动，靠的是艰苦奋斗。著名演员石联星在文章中说："建社初期，一无钱，二无房子，三无饭吃，艰苦非常。我们在东江的一条街上租了两幢没竣工的木头小楼，非常简陋。就在那儿住宿、排戏。我们不仅房租交不起，而且常常是一边排戏，一边由杜宣同志去设法借钱回来才能买米下锅。在相当长的一段时间里，往往是一天只能吃一顿饭。"曾敏之在《桂林作家群》里说：王鲁彦"一年多的病床生活把他折磨得只剩下一把瘦骨。""千元编辑费养活不了一家五口，医药费没有着落，他的太太虽然在松坡中学教书，但无法解脱饥饿的厄境。"艾芜"家中有几个小孩在闹着要东西吃，每天，他右手携着布袋，穿着破旧的蓝布长衫，佝偻着腰，进城向朋友借钱买米。""田汉的笔尖挑不起一家八口的生活重担，他家一桌人吃饭，每天的菜钱是三十九元，一片辣子，一碗酸汤。"胡仲持"在仅能维持最低水平生活的条件下，不忘记自己的工作。……仍在为译一部文学理论的书，不分昼夜地伏案工作着。"聂绀弩"在贫困中还给疟疾缠绕着，他为生活陷入欲眠不得的窘境，然而，他有一种韧性，这韧性支持了他的文学事业"。作家们的"生活虽然潦倒，但创作却不放松"，都在默默地奉献。

艰苦奋斗精神，就是桂林抗战文化的精神。西南第一届戏剧展览会没有固定经费，剧展会场入口处悬挂着一条醒目的横标："艰苦忠勤的戏剧工作同志到这里来！"西南剧展《会歌》唱道："忍着饥，耐着寒，倍历创伤；流过汗，流过血，还有死亡！为的是：团结！奋起！为的是：自由解放！""这种精神，来自对自己祖国的一种最深厚的感情——爱国主义，也来自革命的人生观，来自一种崇高的理想和信念。"靠艰苦奋斗成功举办的西南第一届戏剧展览会，成为"抗日进步演剧的空前大检阅"。

结束语

作为一场坚决彻底反抗侵略战争的桂林抗战文化运动，得力于爱国、不折不挠、英勇善战的伟大精神。伟大的桂林抗战文化运动，是中华民族百折不挠、自强不息的民族精神的生动写照，是抵御外侮、赢得民族独立和民族解放的强大精神支柱，是激励中国人民为实现中华民族伟大复兴而团结奋斗的宝贵精神财富。我们处在奋发有为的伟大时代，回顾、研究、总结、升华内迁文化精英中的共产党员们在桂林抗战文化运动的骨干作用，科学地、历史地、客观地、辩证地描述 20 世纪抗日民族解放战争时期桂林的抗战文化运动，在习近平新时代中国特色社会主义思想指引下，不忘初心，继续前进！

作者简介

刘春燕，桂林抗战文化研究会原副会长兼秘书长，副研究员

中国共产党自始至终对桂林抗战文化运动的领导和引导

盘福东

【摘要】中国共产党自始至终对桂林抗战文化运动的领导和引导，是历史、客观的事实。研究桂林抗战文化，弘扬桂林抗战文化，理所当然地要充分肯定中国共产党自始至终对桂林抗战文化运动的领导和引导，为中华民族伟大复兴，积极地释放桂林抗战文化的正能量。

【关键词】中国共产党；桂林抗战文化；领导和引导

1937年7月7日，全面抗战爆发后桂林的抗日救亡运动迅速掀起，特别是1938年10月广州、武汉等地沦陷后，桂林成为西南大后方，省会桂林成为连接西南、华东、华南的交通枢纽，军事战略地位凸现。省会桂林城成为沦陷区人员疏散的主要地区之一，文化团体云集，"文人荟萃，书店林立，新作迭出，好戏连台"，"繁花竞秀，盛极一时"。许多重要的剧作在这里首次上演和发表；省会桂林出版和发行的书刊，在全国堪称第一。1944年2—5月举办的西南戏剧展览会，聚集了南方数省千名戏剧工作者和文化工作者参加，演出剧目126个，创造了中国现代戏剧史上的空前盛举，影响深远。研究桂林抗战文化，弘扬桂林抗战文化必须十分清楚中国共产党自始至终对桂林抗战文化运动的领导和引导是历史、客观的必然。

一、中国共产党对桂林抗战文化运动的背景扫描

20个世纪的抗日战争时期，由于蒋（介石）桂（广西地方实力派）之间存在矛盾这一特殊政治环境，当时的广西省会桂林文化名人云集，书店、出版社林立，图书报刊琳琅满目，文化团体如雨后春笋，文化活动蓬蓬勃勃，时事讲座接连不断，戏剧演出争奇斗艳，马列主义毛泽东思想传播有声有色，社会科学研究硕果累累，写下了中国新民主主义文化史光辉的一页。而这一空前的独特的文化城现实，曾有人说是得自国民党桂系的开宗明义。这种认识是片面而不准确的。空前的独特的文化城文化经典及其形成，必须从全面分析桂林抗战文化大背景，以历史唯物主义和辩证唯物主义对桂林抗战和抗战文化历史进行总结。桂林抗战文化研究需要深化、提炼为《广西抗战文化史》，为学术界共识。《桂林抗战文化研究文集》《桂林文化城大全》《桂林抗战文学史》《抗战文化研究》《桂林抗战文化史》《中国共产党与广西抗战》《中国共产党与广西抗战——政治交往理性实践》《中国共产党在桂林抗战文化城的地位和作用》等有关著作，给著述《广西抗战文化史》奠定了扎实的基础，为《广西抗战文化史》用来辉映中国抗战文化的璀璨夺目提供宝贵经验。而所有这些煌煌著论都充分肯定中国共产党自始至终对桂林抗战文化运动的领导和引导，中国共产党自始至终对桂林抗战文化运动的领导和引导是历史、客观形成的。

阅读历史和阅读现实，是个相得益彰、相辅相成、互为点拨的过程。历史上的藏书家，大都以收藏某方面的典籍或珍稀版本为主，不少藏书家也是学者，但又大都因浸淫于独特的收藏而得以成为某方面的专家学者。桂林抗战文化发挥它的特殊作用，就在它或多或少、程度不同地帮助读书人、写书人自觉地完成这一双向互补的阅读过程。读书人、写书人应当了解中国共产党在抗战文化城形成的三个时期，自始至终对桂林抗战文化运动的领导和引导。

第一个时期，从1937年7月抗战全面爆发到1941年2月28日《救亡日报》被迫停刊。这一时期，中共主要以《救亡日报》、国新社、文化供应社等为主要舆论阵地，郭沫若、田汉、胡愈之、范长江、邹韬奋等在广西省会桂林开展了卓有成效的抗日救亡文化运动，领导和引导进步文化团体纷纷成立。

第二个时期，从1941年《救亡日报》停刊到1942年1月沪港抗日进步文化人到桂之前。这个时期抗日救亡文化运动在低潮中坚持和发展，中国共产党人贯彻中央制定的"隐蔽精干，长期埋伏，积蓄力量，以待时机，反对性急和暴露"政策，利用各种机会，又创办了《文艺生活》《诗创作》《文艺新哨》等文艺刊物，扩大了文艺阵容，领导和引导文化人继续开展抗日救亡文化运动。

第三个时期，从1942年2月5日夏衍等著名文化人士到桂，到1944年9月12日桂林大疏散。中国共产党领导和引导，李济深任军事委员会桂林办公厅主任期间"决不用这些文化人的血来染红自己的顶子"，保护进步文化人为"皖南事变"后的桂林文化城，提供了一个较好的政治环境和文化环境。

2012年8月20日，魏华龄《桂林抗战文化史》学术座谈会在桂林举行，40多位专家学者就《桂林抗战文化史》的出版意义与学术价值、弘扬抗战文化精神与发展地方文化的关系以及广西抗战文化研究如何延伸扩展等话题展开讨论，从宏观视角审视中国共产党与桂林抗战文化的背景，概括了桂林抗战文化的特质、内涵和历史地位，并以微观视角全面细致地论述了广西省会桂林文化城的各种文化活动及成就。时年92岁的魏华龄老先生是抗战时期桂林文化城的亲历者，学生时代受抗战文化的熏陶与哺育，他在20世纪60年代开始收集文化城史料，最早关注桂林抗战文化的研究，他语重心长地说：读书人、写书人应当了解中国共产党在抗战文化城形成的三个时期，自始至终对桂林抗战文化运动的领导和引导。继承和发扬桂林抗战文化精神，用抗战文化精神来激励桂林抗战文化研究，研究工作要旗帜鲜明地肯定中国共产党在抗战文化城形成的三个时期，自始至终对桂林抗战文化运动的领导和引导。

桂林抗战文化反映了那段已逝去70多年的悲壮历史，展示了中华民族的智慧、力量和意志，是一座座凝聚中华民族精神的丰碑，对抗日战争史研究、文化遗产保护与开发、爱国主义宣传教育等，均具有十分重要的理论价值和应用价值。我们应该在思想观念上高度重视抗战这段历史，印刻在中华民族发展史上的抗日战争和留存于中国广袤土地上的抗战文化遗产，绝不是一段平凡的时空和一些普通的物像。它隐藏着中华民族在"涅槃"中成长的密码，与我们民族发展进程紧密相连。任何忽视、漠视、轻视中国共产党在抗战文化城形成的三个时期，自始至终对桂林抗战文化运动的领导和引导的言行，都是对中国历史的亵渎，都会对中国当代发展构成阻碍。因此，在思想观念上高度重视桂林抗战文化历史的产物，在大发展、大繁荣、实现中国复兴梦的大背景下，肯定和颂扬中国共产党在抗战文化城形成的三个时期，自始至终对桂林抗战文化运动的领导和引导，有益不忘初心，提升人的精神境界，促进社会理性发展。

在实现中华民族伟大复兴强国梦的当今，应当"有一种与我们民族全面振兴相适应的文化姿态和文化行为"。20世纪30年代，广西的内外环境都很恶劣，干戈连年，省内贫瘠需要休养生息，而且面临着生存危机。广西地方实力派领袖们提出了"建设广西，复兴中国"的口号。这个口号的出发点虽然有一种自保自存的因素，但是与据地自雄，或者是关起门来做皇帝的地方势力派是不一样的。广西地方实力派领袖们着眼于国家的发展。他们意识到靠军事胜利容易被别人误为一种地方势力，所以借助中国共产党的影响力，让广西成为三民主义建设的样本，制定"三自"政策，出台一系列的相应措施，也是结合他们自序建构的这个理念进行的。比如"行新政，用新人"，当时行政效力普遍低下，广西地方实力派聘请中国共产党人帮助他们创办广西地方建设干部学校。

以往学界比较关注这种史实层面的考量，而在回应当时的时代命题跟社会问题的时候，一个是民族危机，一个是秩序危机，广西做得相当不错。面对民族危机，他们武化广西，兵民合一，既御外又治内；面对失控、失序、失范的这样一种秩序危机，广西地方实力派搞了"三自""三寓""三位一体"。这种以乡村为主的社会形态的整合，应该说做得相当成功。桂林抗战文化研究当然要客观性地讲广西地方实力派做了些什么,没做什么,评价广西地方实力派,但必须讲清楚这是中国共产党统一战线促成的。

二、中共中央南方局对延续桂林抗战文化运动的领导

1942年和1943年,桂林新知书店经理沈静芷受广西地下党的委托,到重庆向南方局书记周恩来汇报抗战文化运动。在重庆曾家岩五十号二楼,周恩来同志听取汇报,对留在桂林干部的安全情况,白区(国民党统治区)出版工作;对桂林出版机构如何部署撤退,作了周详的指示。周恩来既严肃又风趣地说:"撤退,军队是家常便饭,临到你们搞书店的,就不那么简单了。你们都是有家当的,是舍不得瓶瓶罐罐的。当然,这些确是党的资产,不能随便丢,但主要的是人,是干部、是群众,安全转移,保存了他们,一切就好办了。依我看,你们是不是兵分两路,到时候,一路从陆路向西撤,到重庆来赶热闹,要配备主力;另一路,从水路向桂东撤,那边是山地,地势很好,是打游击的好地方,也要配备主力,必要时,组织当地人民,干它一家伙。告诉三家书店的同志,撤,就是要大家去撒革命的文化火种!"

1944年夏天,"南方局派李亚群从重庆来到柳州,向张兆汉传达党中央的指示。张兆汉及时把党中央的指示告诉庄炎林:当前抗战形势有了较大的变化,日本侵略军为了打通大陆交通线,从湖南直下广西、贵州、广东,过越南,通南洋,准备把那里的军队撤回大陆。国民党在日军的进攻面前,势必张皇失措,逃跑退却,广西即将沦为敌后,你们要放手发动群众,大力宣传和组织抗日武装斗争。庄炎林将中央这一指示精神,迅速向广西省工委书记钱兴做了汇报。立即传达到广西各地党组织中去,全力以赴发动和组织群众,投入抗日游击战争。"

1944年后中国共产党对桂林抗战文化运动继续的具体部署:(一)预见到湘桂一战,国民党必然节节溃退,桂柳终将落入敌手,广西即将沦为敌后,是打游击的好地方,

要放手发动群众，大力宣传和组织抗日武装斗争。（二）早在桂林沦陷之前就作了周详的部署，在军事方面，对李济深提出了具体建议，在文化战线也作了明确指示，要求撤退时兵分两路，一路从陆路向西撤去重庆，另一路从水路向桂东撤，同时指出：撤，就是要大家去撒革命的文化火种，必要时，还须组织和发动群众，打游击。周恩来同志作了明确而周详的指示，为桂林文化城抗战文化活动的延伸指明了方向，共产党人以及广大文化工作者、知识青年、其他进步人士走向农村，转入敌后，使桂林文化城抗战文化活动得以巧妙延续，革命文化的火种燃遍了八桂大地。

小　结

世人皆知，桂林山水是世界的中国名片，桂林抗战文化是国际反法西斯战争的中国名片。中国共产党在抗战文化城形成的三个时期，自始至终对桂林抗战文化运动的领导，即是说桂林抗战文化的本质决定了桂林抗战文化史不可能以"复制"的模式来弘扬，只能不忘初心，继续推出桂林抗战文化成果，为中华民族伟大复兴积极地释放桂林抗战文化的正能量。

作者简介

盘福东，桂林抗战文化研究会原副会长，研究员

论抗战时期八路军桂林办事处的情报工作

万玉琴

【摘要】 八路军桂林办事处是我党我军设在南方国民党统治区的合法办事机构、情报收集站和转移中心。它利用公开合法的身份和桂林优越的地理条件,肩负着重要的情报工作任务。其主要是通过机要通讯、秘密电台、秘密交通、单线联系等灵活多样的方式进行情报工作。

【关键词】 八路军桂林办事处;情报;机要通讯;电台;秘密交通

八路军桂林办事处,1938年11月建立,是中国共产党为坚决贯彻抗日民族统一战线在国民党统治区设立的公开办事机构,在党内则是中国共产党南方局的秘密派出机关。它集八路军桂林办事处、南方局桂林办事处、新四军驻桂通讯处职能于一身,代表党中央联络和领导南方各省、敌占区、沦陷区、海外南洋一带中共地下党组织的秘密活动。它作为我党我军设在南方国民党统治区唯一的合法办事机构,利用公开合法的身份和桂林优越的地理条件,肩负着重要的情报工作任务,事实上它是我党我军在国民党统治区设立的一个情报收集站和转移中心。当时八路军桂林办事处的情报工作主要通过单线联系、机要通讯、秘密电台联络以及秘密交通等灵活多变的形式,加强对各地党组织的及时联系与领导。[1]

一、加强机要通信建设，积极从事情报工作

南方局的机要通讯和机要交通由周恩来等主要领导人亲自负责、组织领导和管理。周恩来为机要通讯制定了"迅速、准确、保密"的通讯工作总方针。在周恩来的领导下，1938年11月，八路军桂林办事处成立后设立了机要科。

1938年12月初，童小鹏调任八路军桂林办事处任机要科科长。机要科是办事处的情报核心部门，主要保管重要电文、情报和机要文件。童小鹏带领着机要科准确而迅速地将重要情报、工作状况、事态发展、各界人士的反映及社会动态等译成电文向党中央、南方局汇报，同时抄收党中央、南方局的电报指示。

当时八路军桂林办事处机要科科长先后为童小鹏、李金德，机要员有彭健、朱轩、袁开伦、邱松、张德碧、张剑虹、易浦、王云、陈宁、苏东等。

机要科的全体同志工作紧张而认真，科长童小鹏在和自己的同志谈心时聊到："不管在什么情况下，一切来往电报都要及时译发，做到随到、随译、随送，一分一秒也不能耽误，这是我们机要工作人员必须做到的。"童小鹏看电报非常细致，一般要看两遍，连一个标点符号也不放过，遇到错字，就把密码本拿来进行仔细地核对，直到准确无误后才把电报发走。有一次，童小鹏与机要科和电台室的工作成员一起谈论时事时说："搞我们这样的工作，要特别地认真，许多机密大事，要经过我们的手，译进来发出去。这要求大家绝对保守党的机密，守口如瓶，不能泄露半点。更不能马虎，搞错一个字，就会差之千里，就会给全党全军造成不可挽回的巨大损失，所以我们一定要特别认真和小心。"

保密是机要工作的生命，尤其在国民党统治区，保密纪律就更加严格了。全体机要人员自觉严格地遵守保密制度，无事不外出。在八路军桂林办事处处长李克农的领

导下，机要科的战士团结一致，埋头苦干，忘我工作。他们怀着对党无限忠诚和高度负责的精神，一面工作，一面学习，钻研技术，不断提高政治、文化和业务水平。

机要科工作人员分工明确，各负其责，各守岗位，在八路军桂林办事处楼上的机要科和电台室平时就备有火盆或火炉，遇有紧急情况，便可迅速销毁电文和密码。机要人员在八路军桂林办事处同敌人进行了侦听与反侦听、干扰与反干扰的斗争，确保了党的机要通讯工作的畅通和安全。

二、加强电台建设，发挥桥梁作用

八路军桂林办事处作为中共南方局的秘密派出机关，根据党中央和南方局的指示，负责联络湘、粤、赣、桂、香港、海外各地中共党组织的任务，主要方法是通过电台秘密通讯联络。桂林办事处的电台是我党在南方国统区的中心指挥台和枢纽台。主要联络党中央、南方局、八路军和新四军指挥部、中共南方工作委员会、南岳游击队干部训练班、东江纵队、韶关八路军通讯处、海南省琼崖纵队、南方各省的省委（广西、江西、湖南、广东）、香港、东南亚、南洋一带中共地下党组织等。此外，还单独与广东东江纵队林平、广东省委张文彬、湖南省委高文华、江西省委曾山、贵阳交通站袁超峻、平江通讯处等保持着特殊的单线联系。在当时交通极不方便、抗战形势十分复杂的条件下，八路军桂林办事处的电台就是一种最迅速、最便捷的通信手段。它为延安党中央和抗日前线收集和传递了大量的敌占区、国统区的各种重要的政治、经济、军事等情报，确保了党中央对南方各地抗日斗争的绝对领导。[2]

（一）八路军桂林办事处电台的建立

在白色恐怖条件下，根据长江以南各省市党的发展和武装斗争的需要，南方局先后在桂林、重庆、湖南、香港等15个地区建立了约69部电台，其中秘密电台30多部，公开电台20多部，基本上形成了中共在国统区和香港地区的无线电台通讯网。[3]八路军桂林办事处建立的电台，是南方局电台通讯网中的一个重要组成部分，发挥过极为显著的历史作用。

鉴于八路军桂林办事处所处的特殊环境和地位，根据当时政治局势和敌对斗争的需要，在周恩来的直接领导和关心下，八路军桂林办事处的电台由处长李克农和机要科长童小鹏具体负责建立。电台是在国民党桂林行营登记手册上登记的公开电台，设在路莫村（现在的路西村）军需物资转运站，电台发射功率为15瓦，手摇马达供电，后改为50瓦汽油充电电机供电的哈特莱式。1938年底，八路军桂林办事处的公开电台正式建立并进行紧张的工作。

1938年12月至1941年期间，电台室作为八路军桂林办事处极其重要的科室，为了做好情报工作，南方局安排了大量的电台工作人员。申光是电台负责人，台长先后由王清生、郑执中、刘澄清、刘建辉等人担任，并配备了众多的报务员、译电员，专设摇机发电班（当时城外没有交流电，收发报靠手摇发电完成）。当时所有从事与情报工作有关的人员几乎占了办事处人数的大半以上，多达五六十人。这些工作人员，因工作需要有的先后被派遣到其他地方的党组织中，协助或负责当地的秘密电台工作，以确保地方党组织的电台顺利工作。

在特殊的政治背景下，为保证在任何情况下保持同南方局及延安党中央的通讯不间断，防备国民党反动派的突然袭击，八路军桂林办事处在建立公开电台之外设立了秘密电台。1940年下半年，海外爱国华侨捐献给桂林办事处一台发电机，于是增设了

第二部电台——在桂林办事处二楼的秘密 5 瓦电台。按李克农要求，这部电台由电台负责人申光设计，台长刘澄清安装，能与延安直接取得联系。为避开国民党突击检查的麻烦，设计者巧妙地将电线和发射天线都埋藏在板壁的墙缝里，即便这样，电台发报人员在电台秘密发报时，门口必须派人望风，一旦发现情况立刻发出信号，以便及时将电台藏好。为应付局势发展，八路军桂林办事处还在建干路"龙正泉公馆"秘密活动点以及伏波山还珠洞内设有两套备用电台。

（二）装配电台设备，培训输送电台人员

桂林的电台作为党中央设在桂林联系南方各地下党组织的枢纽指挥台，为更有力地加强党中央、南方局对各地党组织的密切联系与领导，八路军桂林办事处电台人员除完成本职工作外，为解决南方局和各电台人员及设备奇缺问题，根据南方局指示，经常到敌占区、国统区为中共地下党组织如香港、韶关、海南岛、南岳等地布置、组建公开或秘密电台，指导安装无线电收发报机，提供电台设备，培训输送电台人员。

1938 年 8 月，申光按照周恩来的指示去香港解决电台问题，用 3 万元购买电台相关材料。申光以去香港购买通信器材为掩护，在香港建立了一个预备电台。如此一来我党在香港便有了两个地下电台。

1939 年，为服务于中共广东地下省委，八路军桂林办事处派赖仰高到广东韶关八路军通讯处组建秘密电台。1940 年，因广东形势日渐恶化，电台转移到粤赣交界的大庾岭，这部电台成为中共广东省的秘密电台。

1939 年 3 月 8 日，湖南南岳游击干部培训班开班，桂林办事处根据上级指示，先后派王清生、刘澄清带着电台跟随叶剑英一道前往南岳建立电台，电台设在叶公馆内，第一期和第二期的电台工作都由他们完成。

1940 年 3 月至 5 月，桂林办事处相继派出王清生、申光、钟尚清等同志到广东梅

县建立电台，它是第一部输出功率为 5 瓦，用干电池供电的电台，地点设在梅县雁洋南福村陈卜人家，这部电台就是后来的中共南方工作委员会电台（称和平台）。王清生一行从桂林启程在曾宪植同志的掩护下，以护送曾宪植同志回广东探亲为名来到广东。当时，环境非常艰苦，电台先后由闽粤交界的沿田村转移到福建平和县长乐乡下村大窠里（鸟旗山）的大森林中，住在草房里，粮食不足就以野菜、蘑菇、田鼠充饥，斗争环境十分恶劣。在面对随时都会遭到敌人袭击的情况下，必须保证电台的安全，电台人员高度警惕做好了随时转移电台的准备。1940 年秋天，王清生、袁开伦和肖敏把电台工作的地点设在了拖竹林。他们把桂林大部分联络点转移过去，增加了游击点。

1940 年底，党中央指示，在国民党掀起第二次反共高潮的紧张时局，电台是我们在国民党统治区与敌后一切工作的生命线，我们必须准备在最坏最严峻的条件下，最秘密的环境中继续保持电台工作——建立南方地下电台的后勤基地。经李克农报请周恩来批准，申光被委派从桂林赶赴香港购买器材建立了南方地下电台的后勤基地。到 1941 年 12 月日军占领香港前后，我党在香港共建立 4 部电台，八路军桂林办事处电台人员做出了积极的贡献。

三、加强地下交通队伍建设，建立秘密交通

秘密交通线是隐蔽战线的重要方面，有的是以公开的交通站为掩护，担负着传递文件、领导机关指示精神、下级向南方局的工作汇报和请示，以及护送干部等重要任务。南方局对地下交通线和地下交通队伍建设十分重视，在常委会上多次进行研究。在组织领导方面，南方局除指定叶剑英分管秘密交通外，周恩来、博古、董必武都抓秘密交通建设。在南方局常委领导下，组织部分管秘密交通工作，部内设交通处，具体管

理这项工作。南方局的秘密交通，以南北交通线为主，以重庆、桂林、香港、上海为基本网点，建立上与延安党中央、下与特委及各省相联系，与敌后根据地、各解放区、海外都能相通的全国性秘密交通网，主要有五大线路：以重庆、桂林、香港三地为中心的秘密交通，上海秘密交通以及南方局与各省、特委的秘密交通。[4]

当时桂林是广西省的省会，以李克农为首的八路军桂林办事处在完成公开合法交通任务的同时，还特别重视秘密交通建设。在城内、城外设置了秘密交通站，与办事处分开，秘密交通员与公开工作人员分开。在五大线路中，以桂林为中心的秘密交通派出李沛群、王华生、曾昌明等一批精干的秘密交通员，或以生意人的面目出现，或以老师身份掩护，或以亲戚朋友的身份相称，常年往来于香港、重庆、华东、华南等地，为传递党的秘密情报和重要文件，为护送秘密过往人员和部分归国华侨等做出了积极卓越的贡献。

当时从桂林中转到南方局的秘密交通新老线有四条：

（1）从香港坐轮船到湛江，经遂溪、廉江进入广西陆川，经玉林、贵县再乘长途汽车经宾阳、柳州到达桂林，返程是由漓江至梧州转广东、香港；

（2）从香港坐轮船到汕头、潮安转大浦、三河坝，坐小气垫轮到松口、梅县，再坐汽车到兴宁经老隆、连平、忠信、马坜至韶关，经云广英同志转交省委，再派交通员坐火车到衡阳送达桂林；

（3）从九龙坐船到灵沙鱼涌，步行经淡水到达惠州（惠阳），乘木船到老隆，再坐汽车到韶关转火车经衡阳到达桂林；

（4）1939年在原有香港至越南老交通线上又开辟了从香港至越南海防、河内、同登经镇南关（现睦南关）、凭祥、宁明、上思到南宁经宾阳、柳州到达桂林；也可由海防经镇南关、凭祥至九州坐船步行到南宁至柳州转达桂林。

1939年6月，南方局常委会讨论桂林工作时，周恩来特别强调桂林交通工作的重要性，肯定了已经取得的成绩，指示今后桂林的交通工作，主要是保持同香港和南委的关系，内部训练一批交通员。桂林八路军办事处根据南方局的决定，抓紧时机，进行了卓有成效的工作。1941年1月办事处撤销，在桂林办事处受训和工作的交通人员先后撤退到香港、上海等地，隐蔽在城内和城外的秘密交通人员坚持到1942年才撤退。

以桂林为中心的秘密交通，还包括南委、广西省工委、湖南省委的秘密交通。南委在桂林设特别交通站，由张海萍任特别交通员，负责上与南方局、下与广西省工委的联系，广西省工委在桂林设有多处交通站，有外交通和内交通。湖南省委在桂林设有两处联络点，一处是通讯、交通处，另一处是省委成员往来处，负责沟通情况。此外，南委所辖的粤北省委、潮梅特委等组织也在桂林设有联络机关。

许多秘密党员和情报人员打入国民党党政军机关内部之后，搜集国民党统治区政治、经济、军事、文化等方面的情报，这些情报，大都是由秘密交通员传递的。西南各省、特委获得的情报，一般都是由秘密交通员送到桂林，再由桂林的电台转报给中共中央南方局、八路军总部、延安党中央以及新四军军部。八路军桂林办事处从1938年11月成立至1941年1月，历时两年多。在这段时间内，在八路军桂林办事处的领导下，以桂林为中心的秘密交通在宣传中国共产党的全面抗战路线、运输军需物资、进行统战工作、输送情报、转送人员干部、青年工作、家属工作、支持和配合中共地方党组织的工作等多方面都做出了卓越的成绩，很好地完成了南方局交给的任务。

八路军桂林办事处通过机要通讯、电台和派出秘密交通员多种方法，互相配合、交互使用，在特殊的战争环境中，保证了党中央与南方各地的地下党组织联系的不间断，始终保持着情报往来的通畅，为抗日斗争的胜利和党的事业作出了重要的贡献。

参考文献

[1] 主编：左超英，八路军桂林办事处纪念馆研究文集，桂林"八办"历史，广西师范大学出版社，1998年版，第三页至第四页。

[2] 魏华龄，中国共产党与桂林抗战文化，传承，2015年9期，页码：P4—P8。

[3] 互联网：http：//www.sohu.com/a/168457678_733247，抗战时期的中共地下情报工作，搜狐历史，搜狐网。

[4] 中共湖南省委党史研究室陈清林、夏远生、王文珍：中国中央南方局的党建工作，中共党史出版社，2009年版，第205页。

作者简介

万玉琴，八路军桂林办事处纪念馆，副研究员

重视文化发掘是创新城市建设新理念

文丰义

【摘要】桂林有独特的山水文化与历史文化资源,同时又具有独特的地理优势和良好的国际声誉,更有较好的文化基础设施和人才优势。市委、市政府发掘文化价值,寻找文化力量,以此提升桂林城市新形象,注入城市新内涵的文化建设战略与决策,就是要继承桂林历史上优秀的传统精神和文化精髓,以文化提升城市新形象,是创新城市建设的一种新理念。

【关键词】文化资源;优势;文化发掘;创新建设理念

历代的文人墨客曾这样称道:"仙姿神态桂林山","如情似梦漓江水";"千峰环野立,一水抱城流";"桂山之奇,宜为天下第一";"水作青罗带,山如碧玉簪";"五岭皆炎热,易居独桂林"。尤其近现代更有陈毅元帅的"愿做桂林人,不愿做神仙"的诗句盛赞桂林的绚丽风光。"桂林山水甲天下"的美名早就享誉全国,影响世界,桂林也一直为古今中外游人向往和迷恋。

其实,桂林的山水文化或者说山水旅游,自从唐代李勃、元晦开辟隐山和南溪山第一批旅游景点以来,桂林的山水旅游无不透示着文化的气息,桂林的山水文化与历史文化始终是一脉相承,息息相关的。如今的桂林山水旅游已经成为一张世界名片,旅游中的国际品牌。但桂林作为国家公布的第一批24个历史文化名城之一,其历史文化内涵虽然丰富,历史文化遗存也保存了不少,可历史文化这张名片却一直体现不出分量，不被世人所知晓，甚至连桂林人自己，特别是后生之辈更是知之甚少。当今桂林市委、市政府高瞻远瞩，高屋建瓴，创新桂林城市建设与发展的新思路，实施发掘桂林文化、提升桂林城市内涵的新战略决策，就显得十分的有创意。

既然已经实施了发掘桂林文化，提升城市新形象等工作，注入新内涵的文化建设战略决策，那么，桂林实施文化建设新战略又有哪些优势与条件？其目标又是什么？

一、桂林具有独特的山水文化和历史文化资源

桂林是第一批被国务院公布的 24 个历史文化名城之一，又是举世闻名的风景旅游城市。早在三万年以前，就曾有人类在这块山川秀丽、物产富饶的土地上劳动、生息和繁衍。她不仅有悠久的历史和灿烂的文化遗产，而且大量的文物古迹为桂林的旅游提供了极为重要的条件。

自唐代李勃、元晦开发桂林第一个旅游风景点以来，历代名流墨客旅桂观光者和客居桂林者数不胜数。翻开历史的第一页，可以看到古代有史禄、米芾、袁枚、颜延之、余靖、黄廷坚、范成大、周去非、柳宗元、李秉绶、朱晞颜、徐霞客等；近代有孙中山、康有为、唐景崧、龙启瑞、蔡锷等；现代有周恩来、柳亚子、郭沫若、茅盾、夏衍、巴金、何香凝、马君武、陈嘉庚、蒋介石等。这些历代名人墨客不仅为桂林写史、补传，传播文化，推动了桂林文明的不断发展，而且也为桂林本身增添了历史文化价值和旅游价值。

尤其 20 世纪抗击日本侵略战争进入相持阶段后的桂林，她不仅是全国仅有的几座未被日军占领的后方城市之一，而且位居交通枢纽线上，成为抗战时期西南地区的重要后方城市，是广西的省会、政治、经济、文化中心。加上共产党对桂系的统战作用，

为桂林形成全国性文化中心创造了适宜的政治环境。所以短期内，全国大批文化人集聚桂林，各种社会团体及文化机构纷至沓来，各类宣传抗日救亡的进步书刊和书店、出版社像雨后春笋般地蓬勃发展起来，形成了一个高亢激昂的兴盛局面，出现了前所未有的全面抗战初期的文化救亡热潮。使"山明水秀的桂林，本来是文化的沙漠，不到几个月竟成为国民党统治下的大后方唯一的抗日文化中心了"。

当时有名的文化人聚集桂林，已远胜过武汉时的国民政府第三厅的"名流内阁"，仅知名文化人士就达1000余人，较著名的作家、文学家、戏剧家、学者、科学家如茅盾、巴金、柳亚子、何香凝、郭沫若、田汉、夏衍、欧阳予倩、李四光、徐悲鸿等等；多达200多人。桂林的城市人口也从抗战前的六七万人猛然增至1939年初的30多万人，小小的桂林山城几乎会聚了全国各地的文化人。

由于桂林抗战文化具有全国范围和国际性特点，知名度高，影响大，特别是有那么多文化名人在桂林生活、战斗过，他们的生活轶事，传奇经历，鲜为人知。他们每一段经历的背后，都是一个一个生动感人的故事。比如，在观音山下，何香凝怒斥蒋介石以100万元支票诱惑拒绝去重庆，而宁愿"闲来写画营生活，不用人间造孽钱。"的故事在当时桂林山城传为佳话；柳亚子穷困潦倒，却傲骨风霜，坚持正义，在丽君路租住屋为自己写下的诙谐自嘲的对联，让人感慨万千；茅盾在一个别人让出的简易厨房里，一头放置油盐酱醋，一头做写作用的破桌子上经历他一生从未有过的创作激情；李克农领导八路军战士智斗特务的破坏与捣乱，巧妙摆脱敌特的跟踪与盯梢，确保各种情报信息畅通无阻的神奇故事，等等。这些都是人们感兴趣的桂林红色旅游的亮点与焦点。加上桂林抗日活动、抗战文化对抗日战争和世界反法西斯斗争具有特殊作用，所以桂林的抗战文化与文化遗存又具有世界文化遗产的保护意义，有较高的历史地位和巨大的社会影响，蕴藏着极为丰富的社会教育资源。这些都是桂林实施城市发展与建设新战略的深厚文化底蕴和重要文化资源。

二、桂林具有特殊的地理优势和国际声誉的影响力

桂林地处中原文化与岭南文化交汇的地域空间，本身具有很大的包容性。其特有的人文精神与广阔胸怀为容纳更多的外来文化提供了天然的条件。桂林特有的历史文化造就了其独有的人文精神品格。因为从公元前的 217 年秦始皇开凿灵渠，广袤的中原文化途经这里向岭南各地传播开始，这里就已经广泛吸纳各地流传来的各种文化精华，包容各种人文因素。历史上桂林就是人与人、人与自然和谐相处，其乐融融，是最适合人类居住的理想地方。桂林 2300 多年的厚重历史文化培养了一代又一代胸襟开阔的桂林人，和兼容四海的人文品格。20 多年前，自治区党委宣传部门就组织有关专家学者对桂林市及部分县乡进行文化调研，在完成的社会调研报告中曾这样描述道："几千年的桂北大自然灵秀之气的熏陶，历史上中原文化多层积淀的影响，以及长期与百越民族文化的反复交融……使桂北文化形成了厚实、多蕴、善于吸纳的内在机制和灵秀、祥和、稳健的外在气质。"生活在桂林这片土地上的各民族人民，多数既有南方人的精明细腻，同时又具有北方人豪爽大气的性格特征。

桂林素有"山水甲天下"的美誉，大自然的鬼斧神工造就了桂林的奇山秀水。如果说把自然的美与桂林的历史文化和名胜古迹有机地结合起来，集景点与名胜，传名流话旅游，因地制宜，充分利用地方优势改造现有文化设施或筹建一个类似桂林旅游博物馆的文化展示场所，使观光旅游者既可"游山如读史"，又可利用参观旅游博物馆的文化信息来了解历代桂林旅游盛况，得知旅游中的历史，了解究竟有哪个时代的名人、有哪个国家的重要人物来过桂林，这不啻会给桂林的旅游增添许多活力，也可激发旅游者的兴趣。从而推动桂林旅游事业的发展，同时也宣传了桂林的历史文化，更进一步促进旅游与文化设施的同步建设，加大文化事业的发展步伐。

桂林的奇山秀水也赋予了桂林旅游开发的天然条件。由秀丽的山峰、奇特的岩洞、清澈的江河、晶莹的湖池所组成的美丽风光，无不被古今中外游人向往和迷恋。南宋著名诗人范成大曾盛赞桂林绚丽的风光为"桂山之奇，宜为天下第一"。老一辈革命家董必武则以"几程漓水曲，万点桂山尖"，陈毅又以"愿做桂林人，不愿做神仙"的绝妙诗句称赞桂林的山山水水。而且美国前总统尼克松在访问桂林时也曾兴奋地说"我访问过世界上80多个国家，100多个城市，桂林最美丽。"这些来自不同时期不同地区的赞美之词，无不说明重视桂林文化的发掘，提升城市新形象，注入城市新内涵有着优越的地方优势和国际声誉的影响力。

三、桂林有良好的文化基础设施和人才优势

自古以来，桂林就以开放文明而著称。桂林特有的致中协和的人文精神，建构了桂林人能够广联四方，博纳百家学说，各族人民和平相处，同心协力构筑祥和社会的良好风尚。桂林的城市实际是一座移民城市，本地居民不仅能和睦相处，还能广纳四海宾朋，所以桂林特有的文化精髓就是糅合南北文化精华提炼而成的，它既有中原文明的源远流长，也有百越文明的独特内涵。桂林人待人接物多能以诚相待，讲信修睦；行事决策也大多求真务实，力戒浮夸。桂林包容性极强最明显的特点就是，以讲流通性好的普通话为荣，只要你不会说桂林本地话，不管标准与否，都能自觉地改说普通话，以方便外来人员的语言交流与沟通，很少有对外排斥的现象。

从桂林旅游业发展情况来看，随着桂林大规模城市改造与提升，以及各种自然、历史、人文景观环境的整治，又赋予了大自然更多的人文情怀。桂林旅游产业发展蒸蒸日上，各种与旅游相关的文化产业项目的建设，以及建成后的效益释放，相关文化与

旅游接待设施的日趋完备和改造提升等，旅游与文化的从业人员达到数万人。仅2002年一年，旅桂人数就达到1095.8万人次，国外游客也增至98.43万人次。桂林市统计局资料显示，桂林2004年全年旅游接待总人数为1111.43万人，其中国内游客为1030.66万人，海外游客为80.77万人，分别比2003年同期增长30.10%、27.28%和81.26%，与2002年同期相比增长1.43%、3.34%和下降17.94%，旅游总收入为50.1428亿元，同比2003年增长44.66%。在相隔12年之后，2016年桂林的旅游总接待量为5385.87万人，旅游总收入为637.31亿元，收入占到地区生产总值比重的30.7%。同时接待入境游客也超过了233.32万人次，实现入境收入11.82亿元。在全国仍旧保持领先地位。而最近两年，仅每年的一个小长假，桂林各旅游景区的接待量就达上百万人次，每年实现旅游接待人数与旅游收入几乎是十多年前的几倍或十多倍。逐年急增的旅游人数和旅游经济收入，为桂林发展红色与绿色旅游产业相结合的特色旅游提供了特有的契机。可以说发展桂林的文化旅游或者旅游产业前景十分广阔。

另一方面，桂林的历史文化发掘与文物博物馆建设事业更是蒸蒸日上，人才济济。除原有的八路军桂林办事处纪念馆、桂海碑林石刻博物馆、甑皮岩古人类遗址博物馆、桂林博物馆、靖江王陵博物馆、李宗仁文物陈列馆的不断提升改造，以适应现代社会文明发展和建设桂林全国旅游示范城市、国际旅游胜地的需要，现在又重点建成或准备建设一批新的、上规模、有档次的文化设施。如两馆一院（桂林大剧院、桂林博物馆、桂林图书馆）；桂林抗战历史文化博物馆；桂林抗战文化活动旧址红色旅游景区；靖江王陵大遗址保护公园；甑皮岩古人类遗址国家考古公园；桂林抗战历史文化风貌一条街等。同时进行了正阳路东西巷历史文化街区改造和靖江王城历史文化区的规划与保护建设，等等。这些都是传承桂林历史文明的载体，是实施桂林城市新内涵，树立桂林城市新形象，打造桂林城市新品牌战略的具体行动。以前，桂林虽然文物、博物馆所较多，与全区其他地市相比，文化设施所占人口比重已经很大，且全自治区有代表性的历史文化内容也基本集中在桂林，历史文化研究和文博人才比较集中，尤其高级人才占了全自治区60%以上。但以前桂林多数历史文化的展示设施规模偏小，不上档次，设备陈旧，建筑结构没有特色，接待能力滞后。而且人才资源的人尽其才、整合利用、充分利用的优势也没有很好地发挥，这些都是实施城市发展新内涵战略中值得关注的问题。其实，抗战时期的桂林在文学创作、新闻、戏剧、音乐、美术、出版、教育、科技等许多方面的做法，尤其在人才利用和出版业、印刷业等方面的产业示范与借鉴作用，都是当代桂林实施城市发展新内涵战略的一面很好的镜子。

四、以文化提升城市新形象必须有精神内核做支撑

我们知道，在重庆有"红岩革命精神"；在井冈山有"井冈山革命精神"；在延安有"延安革命精神"。这些正是吸引中外游客络绎不绝地前往游览观光、开发、发展的主要动力，这些人文因素和历史文化内涵也正是这些省市、地方为自己树立的一块取之不尽用之不竭的永不褪色的精神品牌。那么，桂林丰富的抗战内涵、翔实的革命史实、丰硕的抗战文化成果，在当时就具有震撼全国，影响世界的作用，当然就有桂林抗战精神的存在。

今天，我们实施发掘桂林文化价值，提升城市发展新内涵战略，其目标是什么？还有待作更多的、深入的探讨。说实话，实施提升城市发展新内涵战略也并不是建几个文化设施，改造几处历史文化街区，拍几部大戏，上几个文化企业项目，或者搞几次文化活动等，就算是达到目标了，它应当有更深层次的内在含义。那就是，提升城市发展新内涵战略，必须要有精神的内核做支撑，才能达到提升城市新形象、注入城市新内涵、产生城市新品牌的具体效应。所以，我们同样可以以历史文化为根基，以特殊的历史精神内涵为依据，提出"弘扬桂林抗战精神，塑造城市精神品牌"这样的

目标。那么,桂林的抗战精神是什么呢?它包含着哪些内容?如何弘扬桂林的抗战精神,并结合当今我市提出"发掘文化价值,提升城市内涵"的战略,利用这些优秀的传统精神与文化内涵服务于现代社会文明建设,塑造城市新形象,塑立桂林现代城市精神品牌呢?

桂林作为国际旅游城市和国家历史文化名城,充分利用自身丰富的抗战史实和生动感人的抗日活动内容,以及抗战时期形成的独特、和谐的人文精神与社会文化,深入挖掘其历史内涵,并进行爱国主义教育和城市文明教育,深刻展示桂林深厚的历史文化底蕴,以及桂林人民英雄、爱国的人文精神,并将这种奇特的人文精神和特殊的社会文化提炼成一种特色城市精神品牌,将无形的历史文化和特有的人文精神提升为一种有形的极具开放性、包容性、进取性的地方城市精神形象,将对塑造桂林高度社会文明,市民高素质,城市环境好、档次高的和谐国际旅游名城,吸引更多的中外游客,形成更好的旅游与投资环境,使这种独特的城市人文精神品牌成为带动旅游产业及地方经济建设的发动机,应当说是一种重要的资源和宝贵的财富。

当今,桂林市委、市政府实施发掘桂林文化价值,寻找桂林文化力量,提升桂林城市新形象,注入城市新内涵的文化建设战略与决策,就是要继承桂林历史上优秀的传统精神和文化精髓,就是要普遍提高桂林人民的精神素质和文化修养,就是要塑造桂林特有的城市精神品牌,为桂林营造一个既文明又和谐,又最适合人居,最具投资价值的地方。

市委、市政府很早就提出要让桂林城市靓起来,让桂林人民雅起来的目标。说好桂林话,讲好桂林自己的故事,就是要宣传桂林悠久与独有的文化特色,树立起一种特有的城市精神风貌,在软环境建设上下功夫。树立桂林城市精神品牌,就应当充分发掘桂林特有的历史文化内涵,继承桂林优秀的抗战精神等,同时又要大力弘扬当代的改革与创新精神。所以,树立桂林时代城市精神品牌和城市新形象,就应当包含:以国家、民族利益为重,艰苦奋斗,共克时艰,团结向上的传统精神;和谐共处,胸襟宽阔，互助大爱，牺牲自我，以诚相待的人文精神；以广纳四海宾朋，遍吸天下经验，博众长之彩，虚怀若谷，为我所用的当代进取精神，等等。

作者简介

文丰义，八路军桂林办事处纪念馆副馆长，研究员；广西抗战文化研究会副会长。

广西临时军用铜元券实物及其价值初探

阳小军

【摘要】 本文通过对民国时期广西临时军用铜元贰拾枚券纸币实物的征集，较详细地分析和解读了此券的票面内容，查阅了相关的历史文献记载，基本确认了实物与文献内容的吻合，并对此券的历史背景和史料价值进行了探究，初步梳理了广西铜元券的发行流通史。

【关键词】 广西临时军用铜元券；票券内容；文献记载；历史背景考述

近期，桂林钱币学会在广西临桂五通一个农户家中征集到一枚首次出现的民国时期广西临时军用铜元贰拾枚券纸币实物。通过对广西地方铜元券实物资料的分析探讨，有助于补充广西铜元券货币史和广西军用票货币史研究的空白。现就该铜元券分析探讨如下：

一、广西临时军用铜元券的票券内容介绍

（一）票券名称：广西临时军用铜元券

（二）券别面额：贰拾枚

（三）发行时间：中华民国十一年（1922）

（四）票券尺寸：137×82（毫米）

（五）荧光反应：无荧光

（六）水印设置：无水印

（七）纸张类型：单层手工纸

（八）印刷方式：木刻单色油墨印刷

（九）正面图案：长方形横版格式，采用左右花草纹对称固定的四边框规格。正面主景左为山川河流，右为亭台楼阁。正面主色为浅绿。票券号码为对称双号码10975，黑体字样，位于框内左右上端。正中央上部从右往左印制"广西临时军用铜元券"繁体字样。正中央花符内印制"铜元 贰拾枚"，其中"贰拾枚"为空心体字样。正中央下部双加盖"沈鸿英印"红色篆体小方章。边框四角处印制"贰拾"黑体字样。下边框内从右往左标注"中华民国十一年发行"字样。其中票券双号码数字、中央"铜元"二字、边框四角内"贰拾"二字和"沈鸿英印"红色方章均为印刷后加盖或加印。票券实物正面图案如下：

广西临时军用铜元贰拾枚券（正面）

（一）背面图案：长方形横版格式，采用左右波浪纹对称固定的四边框规格。背面主景为广西临时军用铜元券条例，包括标题、正文和落款，行文采用竖式排列，正文共5段，全文共138个字，具体内容是"广西临时军用铜元券条例 ｜ 此项票券系因本省军费起见暂时发行故名为广西临时军用券 ｜ 此项票券在本省境内凡完纳钱粮关税及一切正杂税捐与各项买卖交易均一律通用 ｜ 此项票券每张贰拾枚不折不扣 ｜ 此项票券不得阻碍流通并禁止伪造违者按法重究 ｜ 此项票券俟本省大局平定即拨现金一律收回 沈鸿英发行 中华民国十一年 月 日"。背面主色为蓝黑。边框四角处印制"20"空心体字样。背面中央处加盖"协威将军"黑色篆体方章，该方章为印刷后加盖。票券实物背面图案如下：

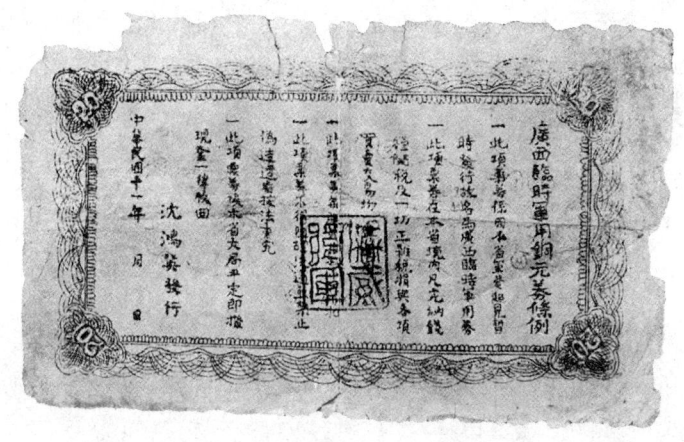

广西临时军用铜元贰拾枚券（背面）

二、广西临时军用铜元券的钱币文献记载

截至目前尚未发现广西临时军用铜元券实物图录记载，只有部分历史钱币专著中

涉及广西临时军用铜元券相关文字内容记载，现摘录如下：

（一）《广西近白年货币史》（郑家度编著，广西人民出版社出版）：该专著第五章第五节形形色色的军用券有关文字记载有"……当时旧桂系军阀残余势力中力量最强的沈鸿英，也效法陆荣廷的纸币政策，粗制滥造，大量印刷，随军行使。1922年在桂林发行面额1元的军用券，初期尚可抵作银毫3角或铜元36枚。同年在柳州除发行面额1元军用券外，还印发铜元券，面额有10枚、20枚、50枚、100枚等4种。从目前保留的资料中查出，1923年2月在柳州发行面额1元军用券5万张计5万元，其余发行情况包括印刷次数、张数及总金额，均无法查考。这批纸币，在沈军溃退时，自然一文不值。"（详见该书中第96页第二自然段）

（二）《广西金融史稿（上）》（郑家度编著，广西民族出版社出版）：该专著第五章第一节（一）旧桂系崩溃后的金融市场有关文字记载有"……当时与陆荣廷、林俊廷并列为旧桂系三大领袖之一的沈鸿英发行的纸币，远远超过《广西大事记》的记载。他效法陆荣廷的纸币政策，粗制滥造，大量印刷，随军行使。首先于1922年在桂林发行面额1元的军用券，……随后于同年在柳州除发行面额1元军用券外，还印发铜元券，面额有铜元十枚券、二十枚券、五十枚券、一百枚券等4种。……其余发行情况包括印刷次数、张数及总金额，均无法查考。"（详见该书中第203页第二自然段）

（三）《中国近代纸币》（戴建兵著，中国金融出版社出版）：该专著下篇部分第十九章广西省的地方金融机构及纸币第三节广西省银行中有关文字记载有"1921—1926年间，广西内战不休，许多人自称"广西省长"或他名目，滥发"广西银行"各种票券，繁杂不一，较著名的有：……沈鸿英也在柳州发行过1元和铜元10枚、20枚、50枚、100枚铜元票。……"（详见该书中第384至385页第一、二自然段）

（四）《广西历史货币》（广西钱币学会主编，广西人民出版社出版）：该专著文中有两处提及广西临时军用铜元券，其一，该书中第四章清末民国广西发行的纸币和机制币第三节自治军时期印发的纸币第三个方面广西军政势力所发行的军用票、银行券文中提及"（五）广西临时军用票　长方形横版，沈鸿英印制。民国十一年十一月沈鸿英部何才杰师占领柳州一带，沈又打出协威将军头衔，在柳州印制发行广西临时军用票以维持其两万余人部队的军费开支。……沈鸿英在柳州发行了铜元十枚券、二十枚券、五十枚券、一百枚券4种铜元券，但迄今未见样品，尚待发现证实。"（详见该书中第128页倒数第二自然段）；其二，该书附录第二部分广西历史货币大事记中文字记载有"公元1922年……11月 沈鸿英以协威将军头衔和个人名义在柳州发行面值10元、5元、1元、5角、2角、壹角的广西临时军用票，据说又在柳州发行面额为10枚、20枚、50枚、100枚4种铜元票。"（详见该书中第164页）

从以上钱币专著的有关论述中，清晰地表明了民国十一年（1922）沈鸿英在广西柳州曾发行过广西临时军用铜元券，面额有铜元壹拾枚、贰拾枚、伍拾枚和壹佰枚共四种，具体发行数量、批次、金额等具体内容资料不详。

三、广西临时军用铜元券的历史背景考述

（一）广西临时军用铜元券条例内容符合军用票的性质

所谓军用票是专为应对战时或军事紧急状况的需要，在一定地区和时期内，由军政府和军队发行的带有强制流通性质的纸币。它不需要准备金或财政资金作保证，而是由军政机构或其首领，凭借其军事势力或政治号召力进行印制，一般情况下，军用票规定一定时间后可以兑现，或等军事平定后陆续收回，如军事失败或军政统治被推翻，所发行的军用票等同于废纸，一文不值，对使用它的老百姓来说，无异于空头支票，拥有它等同于烫手的山芋。

《中国军用票图录》（丁张弓良　张永发著，浙江大学出版社出版）中第四章军阀各派系割据和混战时期发行的军用钞票第20节关于广西临时军用票中文字记载有"广西

临时军用票，由沈鸿英加盖私章两枚，完全由他个人负责，既没有基本保证，也没有兑现时期。沈军在民国十年即被李宗仁、白崇禧、黄绍竑等军队驱逐出境，临时军用票随之变成废纸。……"（详见该书中第 87 页最后一个自然段）。

对照广西临时军用铜元券条例内容，正文第一条款内容显示此项票券系因本省军费起见暂时发行故名为广西临时军用券，说明广西临时军用铜元券也是广西临时军用券的范畴之内，结合广西临时军用券发行流通情况来看，完全符合军用票强制流通、毫无保障的性质。

（二）广西临时军用铜元券发行和使用时间与广西民国自治军时期的纸币特点相吻合

1921 年粤桂战争中，桂军战败，陆荣廷同年 7 月 19 日通电下野，结束了旧桂系治广西的局面，从民国十年到民国十四年，整个广西处于各地方军阀分据和混乱的自治军时期。

在自治军时期广西境内势力，除孙中山任命的广西省长马君武发行的广西军用钞票外，先后出现了广西护军使陈炳焜发行的广西银行券、占据柳州自称广西自治军总司令林俊廷发行的广西银行通用券、在南宁自称自治军旅长兼广西省长蒙仁潜发行的广西银行通用券以及先后占据过桂林、梧州、柳州的自称救桂军沈鸿英发行的广西银行券和广西临时军用票、占据桂林自称广西公民自治军临时总司令梁华堂发行的桂林地方银行券、北洋政府委任广西省长张其煌发行的广西省银行券、任广西边防督办陆荣廷发行的边防票等，此外，广西境外其他势力利用占据的地盘还发行流通过粤军陈炯明的广东省银行兑换券、滇黔赣援桂联军总司令李烈钧的滇黔赣援桂联军兑换券、孙中山督师北伐期间在桂林发行的中华民国银行券等构成了形形色色的广西地方军用票。

自治军时期纸币特点表现在境内外军阀势力各自为政，为扩充势力，凭借权势和军队强行粗制滥发纸币，具有典型的军用票性质，通过搜刮民财，随军使用，互不通用，币值严重贬值，而且由于政局变化快，注定纸币使用时间长则一二年，短则数月，老百姓苦不堪言。

《中国历代货币大系》第九卷民国时期国家银行地方银行纸币（吴筹中、郭彦岗、张继凤主编，上海辞书出版社出版）该专著下册民国时期军用票考述中第二章讨伐袁世凯以及讨伐北洋军阀时期（1915–1925）第10节关于广西临时军用票中文字记载有"1921年，陈炯明率师驱逐陆荣廷的桂军，平定两广。……11月，被驱逐出广西的桂军沈鸿英部，乘革命军无暇顾及之机，返回广西，占据桂林、平乐、柳州一带。后又附随其他滇桂军进入广东，为直系军阀所赏识，被任为广东军务督理。沈鸿英军为了解决军饷，于1922年发行广西临时军用票，……沈鸿英于1923年4月公开叛乱，被革命军讨伐，退往南雄。该军用票在广西使用，前后仅八个月。"（详见该书中第1518页）

广西临时军用铜元券从发行票券名称上来看，明白无误地表明了临时军用票的性质和目的，根据相关文献记载可大致判断出广西临时军用铜元券发行时间为民国十一年（1922）11月，流通时间至民国十二年（1923）4月，共半年左右时间，比广西临时军用票流通使用时间略短。

（三）广西临时军用铜元券征集地点与沈鸿英当年占据地盘范围发行纸币相吻合

1921年粤桂战争中，按照陆荣廷攻粤命令，6月作为广西边防军第二路总司令沈鸿英率部由怀集进入粤境向广东四会北江进攻。据《广西通史》（钟文典主编，广西人民出版社出版）第三卷记载："……桂军左翼沈鸿英被粤军击败于阳山。沈败退贺县后，于7月10日宣布自治，所部改称救桂军，并声明脱离陆氏关系，……8月3日又改称广西陆军第二军，后进据桂林一带。……沈鸿英在桂东北被击溃，沈率余部逃往全县，赣军紧追不舍，被迫离桂入湘，投靠赵恒惕湘军。后又脱离赵，转而投靠吴佩孚，在湘赣边界流窜……"

1922年6月，吴佩孚想以武力统一南北，利用沈鸿英部为前锋，进攻广东，乃向北京黎元洪总统、颜惠庆国务总理推荐，任沈鸿英为陆军第十七师师长，并授沈鸿英为协威将军。

10月，自称广西临时总司令的沈鸿英率部从江西回来，占据了桂林、平乐、贺县一带，在桂林发行了面额壹毫、壹圆、贰圆、伍圆的广西银行券。11月，沈鸿英以协威将军头衔和个人名义在柳州发行了面额壹角、贰角、伍角、壹圆、伍圆、拾圆的广西临时军用票，以及面额壹拾枚、贰拾枚、伍拾枚、壹佰枚的广西临时军用铜元券。此外，民国十一年（1922）12月沈鸿英还发行了壹仙面额的广西临时军用票铜元券。

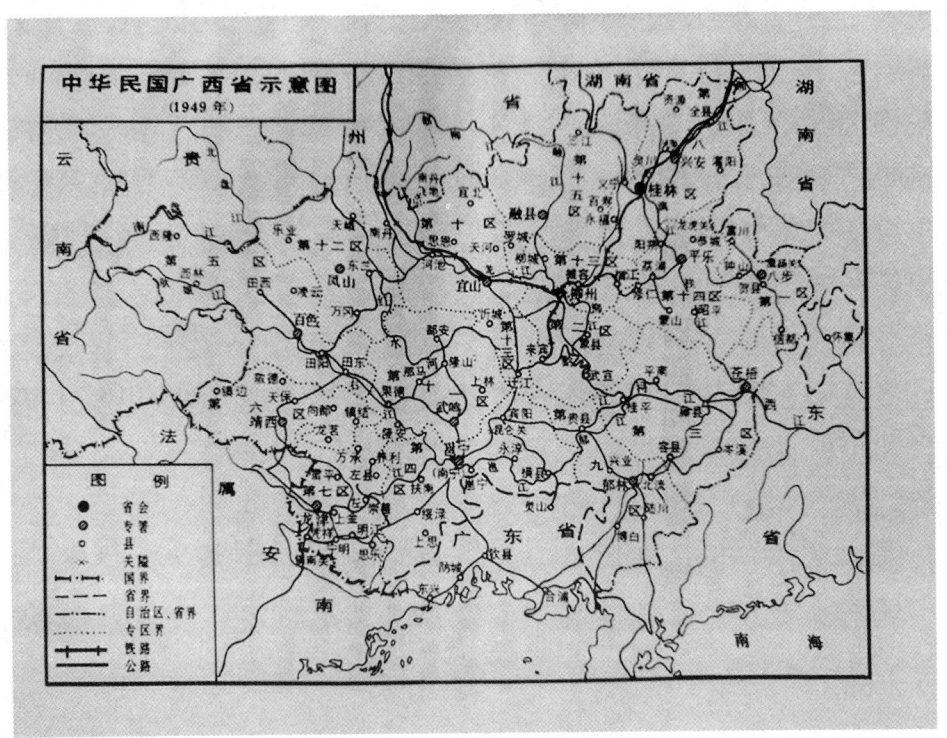

中华民国广西省示意图（资料来源：《广西通史》第三卷第1页）

广西临时军用铜元贰拾枚券征集地点在广西临桂五通镇一带，包括今临桂区的宛田、黄沙、中庸、五通等乡镇，这一地区民国时期归桂林管辖的义宁县地域范围（详见中华民国广西省示意图）。当时义宁地区处于柳州和桂林交界地带，桂柳运河水系发达，交通便利，为贸易交易集散之地。在民国时期的广西省内，由于纸币贬值严重和银毫兑换比率严重下降，当地农民往往只收铜元，因此铜元遍及当地农村地区，可以说铜元在农村的货币市场份额中占比最大，成为最主要的使用货币。虽然广西本地铸造的铜元较少，但广东铸造的当十铜元流入广西境内流通使用普遍，特别是接近湖南省的桂林、兴安、全县、灌阳、灵川、义宁、永福等县境内还允许湖南省铸造的当二十铜元流通使用，并与广东铸造的当十铜元等价使用，这种现象在当时广西所有地区中绝无仅有。

从沈鸿英被授予为协威将军的史料时间来看，广西临时军用铜元券背面加盖协威将军印章进一步证实了广西临时军用铜元券发行时间及范围。鉴于当时义宁所在桂林地区铜元的普遍使用群众基础，正是沈鸿英为筹措军饷，满足拥有当时广西最庞大的军队正常开支，提供了充足的财源保证。沈鸿英除发行广西临时军用票外，还增加发行了广西临时军用铜元券，这也与沈鸿英、陆荣廷、李宗仁在民国广西自治军时期三雄鼎立的局面密切相关。因此广西临时军用铜元券出现在铜元使用地区，具有非常充分的合理性。

（四）广西临时军用铜元券钱币实物的发现，填补了广西铜元券货币史和广西军用票货币史研究的空白，具有较高的广西地方货币史料研究价值

本人通过对现有相关钱币学术文献资料的研究，初步梳理清楚了广西铜元券货币发行的三个阶段，第一阶段是光绪三十一年（1905）广西巡抚李经羲奏请设局开铸铜元。光绪三十二年（1906）清廷为解决全国铜元铸额过多问题，将广西机制铜元局并入广东，

广西境内流通的铜元大部分由广东、湖北、湖南等地输入。成立于光绪二十九年（1903）总号设在桂林的广西官银钱号，先后发行过银元票和制钱票这样的兑换券，随后为解决元两以下的尾零问题，发行过小额钱票，其中包括光绪三十二年发行的铜元票3千文，现尚未发现铜元票券实物，具体面额等情况不详。第二阶段是在民国广西自治军时期，民国十年（1921）7月，桂林被滇黔赣联军总司令李烈钧率部占领后，为缓解市场找零需求，民国十年9月以桂林广西银行的名义印发面额为壹仙的铜仙纸币券。随后占据桂林、柳州、贺县等地军阀沈鸿英于民国十一年（1922）11月在柳州发行过面额壹拾枚、贰拾枚、伍拾枚、壹佰枚的广西临时军用铜元券。民国十一年（1922）12月沈鸿英还发行了壹仙面额的广西临时军用票铜元券。第三阶段是新桂系李宗仁统一广西后，发行金库券、广西省银行券、广西银行辅币券和广西省辅币流通券后，仍无法满足地方财政支出需要，新桂系政府于民国二十三年（1934年）发布《广西各县地方金库发行铜元券暂行章程》规定各县根据经济状况需要，经报请核准发行铜元券，每张以铜元100枚为限，发行权属于各县金库，发行总额最高不超过该库全年收入的30%，并须分次签发，每次不得超过总额的25%，县内流通随时兑现，并可完纳该县地方一切税捐，全省99个县中有22个县发行过铜元券，随后迫于南京中央政府货币管理压力，新桂系政府于民国二十七年（1938）8月发布通令，中央和地方辅币已满足需要，铜元券无发行必要，限期两个月内一律收回，逾期作废，兑换回收较为顺利，提前结束。新桂系各县发行铜元券实物曾经出现过，目前在个别收藏家手中，尚未见图录记载。

广西军用票货币史目前研究比较清晰，在此不再赘述。广西历史上曾发行过光绪元宝十文飞龙铜元样币，非本省铸造，直到民国七年（1918）广西都督陆荣廷下令在南宁设局铸造"广西民国八年壹仙铜元"，且铸造时间不到两个月，铸量在27万枚左右，数量较少，因此，利用广西临时军用铜元券实物，结合广西铜元、军用票和铜元券发行历史，为从货币视角分析自治军时期广西政治、经济、军事和文化等史实方面提供了珍贵的实物资料，具有较高的史料研究价值。

四、结束语

本文通过对征集到尚属首次面世的广西临时军用铜元贰拾枚券实物，从票券内容、文献记载和历史背景等方面入手进行分析研究，借助有限的史料文献，初步梳理清楚了广西临时军用铜元券的性质、发行和流通时间、铜元券流通地域、铜元券史料价值等方面问题。由于广西临时军用铜元券发行时间仓促和当时政局动荡，加上数量品种较多，就地取材，当地印制，从而导致票券质量低劣。此券的新发现，印证了钱币实物与史料的相互吻合，弥补了广西历史货币铜元券实物资料的空白，有助于填补广西铜元券货币史和广西军用票货币史研究的空白，具有较高的广西地方货币史料研究价值。

参考文献

[1] 郑家度编著.广西近百年货币史，广西人民出版社出版，1981年10月第1版第1次印刷。

[2] 郑家度编著.广西金融史稿（上）.广西民族出版社出版，1984年10月第1版第1次印刷.

[3] 戴建兵著.中国近代纸币.中国金融出版社出版，1993年2月第1版第1次印刷）

[4] 吴筹中、郭彦岗、张继凤主编. 中国历代货币大系. 第九卷民国时期国家银行地方银行纸币. 上海辞书出版社出版, 2001年10月第1版第1次印刷.

[5] 丁张弓良 张永发著. 中国军用票图录. 浙江大学出版社出版, 2003年5月第1版第1次印刷.

[6] 广西钱币学会主编. 广西历史货币. 广西人民出版社出版, 1998年6月第1版第1次印刷）

[7] 钟文典主编. 广西通史. 广西人民出版社出版, 1999年8月第1版第1次印刷）

[8] 孟国华、孟妍君著. 八桂钱景——广西历史货币赏识. 漓江出版社出版, 2013年7月第1版第1次印刷）

[9] 戴晓波著. 中国铜元版式收藏图录（第一部）. 中国书店出版, 2014年8月第1版第1次印刷.

作者简介

阳小军 桂林钱币学会副秘书长 。

对文化软实力竞争与提升我国文化软实力的思考

唐 鑫

【摘要】 在当代,国家和地区之间的竞争逐渐从硬实力竞争转向软实力竞争。而作为软实力的重要组成部分、第一要素——文化,越来越受到世界各国和地区的高度重视。中国应努力抓住新一轮软实力竞争的历史机遇,加快文化创新和文化产业发展,不断提升文化软实力,立足我国文化创新发展的现实基础以及面临的机遇与挑战,从五个方面提出推动我国文化创新、提升我国文化软实力的思考。

【关键词】 文化软实力;文化创新;思考;中国

在当代,国家和地区之间竞争的焦点逐渐从硬实力转向了软实力,即从政治、经济、军事、科技等领域转向了制度、文化、政策等领域。在硬实力竞争中,发达国家已经把发展中国家远远地抛在后面;在新一轮的文化软实力竞争中,发达国家也已抢得先机,并占据绝对优势。面对发达国家咄咄逼人的竞争势头,发展中国家应如何应对?作为发展中国家中的大国,中国应怎样把握新一轮软实力竞争的历史性机遇,加快文化创新和文化产业发展,不断提升文化软实力,最终实现建设社会主义文化强国的伟大目标?这是值得探讨的问题。

一、文化软实力竞争：当代国际竞争的新焦点

文化软实力对于一个国家或民族的重要性不言而喻，并已得到广泛公认。文化承载着一个国家或民族的历史、信仰、核心价值乃至性格气质，是一个国家或民族精神的符号记忆，因此，文化的传承与繁荣昭示着一个国家或民族的延续与兴盛，反之，文化的式微与消亡意味着这个国家或民族的衰落与终结。同时，文化软实力也折射出一个国家或民族在国际社会的地位和形象。

历史上，一些国家为了实现其经济利益，长期依靠战争手段对他国实行殖民掠夺，战争殖民的模式终结于二十世纪中叶，取而代之的是经济殖民和文化殖民。文化殖民，究其实质，不过是经济殖民的一种改头换面的形式。"二战"以来尤其是冷战结束之后，发达国家凭借其在高科技上的绝对优势，利用广播、卫星、互联网等现代高科技手段，以及强大的物流配送体系，不遗余力地向其他国家尤其是发展中国家输出其意识形态、价值观、生活方式以及海量的文化产品，企图建立全球性的文化殖民地和文化霸权。

很显然，这场看不见硝烟的"文化战争"在当代呈愈演愈烈之势，并正向全球蔓延。在这场全球性的文化竞争中，发达国家无疑是最大的赢家。在世界文化市场上，美国占43%；欧盟占34%；亚太地区占19%：其中，日本占10%，澳大利亚占5%，其余4%才属于包括中国在内的其他亚太地区国家。[1] 在发达国家的阵营里，美国显然是风头最盛，实力超强，其文化殖民的手段亦是千变万化、多种多样，有人将之高度概括为"三片"：让世界人民用它的芯片，吃它的薯片，看它的大片。从它的"芯片"来看，全世界92%的电脑都是装备美国公司生产的CPU，微软公司的windows系统几乎成为了全球所有个人用户的操作系统。从它的"薯片"来看，肯德基、麦当劳、必胜客等美式快餐充

斥着许多国家和地区的城市的大街小巷，在一些发展中国家，人们竟以吃这些被美国本土人视为"垃圾食品"的洋快餐为高档消费，并以进入这些洋餐馆而倍感身份尊贵！就其"大片"而言，《泰坦尼克号》《阿凡达》几乎家喻户晓，人尽皆知。

除美国之外，其他发达国家也不甘人后，纷纷向世界各地输出它们的优势文化，如英国的创意文化、日本的动漫文化、德国的会展文化、法国的时尚文化、意大利的艺术文化、韩国的"韩流"，等等，它们都在世界文化市场上占有重要的一席之地。在这些国家，文化产业产值占其GDP的比重均超过10%，业已成为国民经济的支柱产业。文化产业的兴起和文化软实力的提升，不仅为这些国家创造了十分可观的经济效益，而且大大增强了其影响力、竞争力和综合实力。恰如比尔·盖茨所言："在因特网时代，谁买下了文化，谁就控制了时代。"正因为文化软实力在一个国家或地区的发展中处于如此重要的地位，发挥着如此重要的作用，因此文化软实力竞争就理所当然地成了当代国际竞争的新焦点。

二、文化创新：提升文化软实力的必由之路

一个国家或地区参与国际文化竞争的结果不仅与其文化发展战略、文化竞争意识和竞争策略紧密相关，而且在更大程度上取决于其文化创新和传播的能力。文化发展成功的国家或地区的经验表明，只有把握住时代发展的脉搏，不断地创造出新的文化内容、文化形式和文化传播方式，引领世界文化消费的潮流，才能在这场激烈的文化竞争中立于不败之地。

美国是世界文化软实力最雄厚的国家，其文化产业的产值占到GDP的25%，在世界文化市场上占到将近一半的份额，绝对掌握了国际文化领域的主导权。毋庸置疑，

美国独占鳌头的文化软实力主要得益于其强大的文化创新能力。首先是体现在文化内容的创新上。一方面，美国充分挖掘和利用其本土文化特有的元素，如美国的流行时尚、快餐消费、体育风尚、科幻思维、幽默个性、自由主义、创新精神，等等，然后进行嫁接、整合、包装，形成美国本土文化对外强大的辐射力和冲击力，如上述几大影片即是有力证据。另一方面，美国擅长以自己的"新瓶"装入其他民族文化的"旧酒"，即利用其强大的资源转换能力，借用他国的文化资源打造出新的文化产品，再返销到对方市场而大获其利。其次是体现在文化表现形式的创新上。在文化表现形式的创新上，美国也是挖空心思、求新求变，以多种多样的形式来展现、宣扬其文化。例如，美国以矗立在纽约附近的自由岛的"自由女神像"向世人传达美国人所追求的价值观，如今"自由女神像"也成为了美国的象征；从总统到普通公众都为之痴狂的橄榄球、篮球、赛车等体育运动，展示了美国体育文化的独特魅力；迪斯尼乐园里妇孺皆知的米老鼠、唐老鸭、白雪公主等动画形象，以及让无数女性为之心仪的玩偶王后芭比娃娃，表现了美国娱乐文化中活泼可爱的一面。还有无以数计的图书、音乐、动画、游戏及其他衍生品，以及电影里虚构虚拟的角色和场景，西部的牛仔意象，硅谷的创新创业精神，等等，或以具象或以抽象的形式演绎着美国文化。最后是体现在文化传播方式的创新上。在文化传播方式的创新上，美国也是不拘形式、变化多端，甚至可以说是无所不用其极。海陆空、声光电，吃穿用、影视剧，广告、印刷、包装、游戏、体育运动、总统竞选，乃至于战争，等等，都成为美国传播其文化的手段和方式。其中，功能强大的国际互联网，覆盖全球的卫星电视，频段密集的广播网，风靡全球的好莱坞电影，各种先进的电脑软件，五花八门的产品包装，目不暇接的电子广告，以及无处不在、无孔不入的美国文化传媒机构，等等，就是美国文化传播方式多样化的具体体现。传播方式的多管齐下，使得美国几乎垄断了世界文化传播的巨大市场。综上所述，美国在文化内容、表现形式和传播方式上的不断创新，造就了其强大的文化软实力。

法国也是世界文化大国和文化强国。"二战"后，法国政府在复兴和弘扬法国文化方面采取了一系列政策措施，如确保文化自由、加大文化投入、维护文化安全等，还通过建立一大批法国文化中心，来推广法语和传播法国文化。这些政策措施的实施，使法国文化在得到复兴的同时，不断创新发展，走向世界，享誉全球，如法国的博物馆、文化遗产、文化创意、顶级品牌、时尚潮流等就在世界上独领风骚。对于法国文化，我们中国民众并不感到陌生，只要一提到法国文化，我们就会不由自主地想到其文学、历史、音乐、绘画、雕塑、建筑、箱包、时装、香水、化妆品、葡萄酒等。以建筑为例，法国许多的名建筑有着浓厚的历史文化底蕴，如香榭丽舍、凯旋门、枫丹白露、凡尔赛、爱丽舍，等等，均传达了法国文化的特有魅力，在中国许多城市不难见到以这些名建筑和街道命名的小区、建筑和道路。人们普遍认为浪漫主义是法国文化的最大特点，因此，以浓郁的笔调渲染其浪漫主义气息，是法国文化创新的主题和特征，也是法国文化创新一直奉行的基本原则和坚持的基本方向。

日本是亚洲文化产业最发达的国家，也是世界文化大国和文化强国，文化产业的产值占到其 GDP 的 20%。众所周知，日本原属于"汉字文化圈"或"中华文化圈"，二战后日本实行"脱亚入欧"政策，一步一步地冲破亚洲传统融入欧美西方世界。"日本文化以一种罕见的开放态度，在其历史活动中，先是吸收了中国的汉文化特别是先秦孔儒的实践理性精神，后来又消融了西方欧美文化，铸成了其自身的开放机制。"[2] 所以，在日本"混合型"的文化体系里，既保留着儒家文化的厚重基底，也充满了灵活多变的欧美风格。日本文化的创新不仅体现在将东西文化融合的这种趋势里，而且体现在它能将东西方文化元素相融合从而打造出众多世界知名的文化品牌或先进的文化理念，包括日本先进的企业管理制度，汽车品牌，企业经营文化，动漫、电子游戏等娱乐文化，饮食文化，拥有众多专利的科技文化，以及节能环保领域的先进意识等，这些也反映出日本在文化产业发展上追求卓越、精益求精的创新精神。1996 年，日本文化厅提出《21世纪文化立国方案》，正式确立了"文化立国"的国家战略。2004 年，日本提出了"酷日本"（Cool Japan）发展战略，提出要倾力打造电影、音乐、动漫、游戏软件等在世界上已有很高声誉和人气的内容产业，通过这些内容产业的发展塑造日本的新形象。2010年，日本政府明确提出要把时尚、美食、内容、地域产品、住宅、观光等作为发展"酷日本"、开发文化软实力的六大重点领域。[3]这些战略的提出和实施为日本文化在新世纪的创新发展确立了目标和方向，也提供了有力的政策支撑。

韩国文化与中华文化有着深厚的历史渊源和较大的交集，总体上来看也属于"中华文化圈"。韩国充分利用其谙熟中国文化的优势，通过融合创新，打造出一大批既具有韩国特色又适合中国消费者口味的文化产品，倾销到中国市场。近几年，包括影视、动漫、旅游、美容、保健、料理等等在内的"韩流"的强势来袭，就是韩国文化冲击中国文化市场的力证。2010年，韩国文化产业的产值占到其GDP的15%。目前，韩国正通过出台各种政策措施强化其国家文化创新、发展和传播战略，并将其国家战略和意志尽可能地贯彻到文化产品的生产和输出之中。

综上可以认为，一个国家文化软实力的崛起，要么要以其厚重的文化历史底蕴为基础，在此基础上实现创新发展；要么要善于吸收外来文化的元素，进行融合、创新和发展。因此，一个文化根基并不怎么深厚的国家或民族，如果善于吸收和利用其他国家或民族文化中的优秀成果，不断吐故纳新，融合创造，形成自身鲜明特色，并大胆地走出国门参与竞争，那么它将在国际文化竞争中取得一席之地，从而不断提升自身的文化软实力，扩大其国际影响力和竞争力；相反，一个有着深厚文化底蕴的国家或民族，如果一味地固步自封，抱残守缺，不思创新，惧怕竞争，那么其在世界文化竞争中迟早将被边缘化甚至淘汰出局。"创新是一个民族进步的灵魂，是国家兴旺发达的不竭动力"，也是一个国家或民族发展繁荣其文化事业和文化产业，提升文化软实力，跻身世界文化大国和文化强国的必由之路。

三、对推动文化创新、提升我国文化软实力的思考

中华文化源远流长，博大精深。如果仅从文化存量或历史积累量来看，我国是毋庸置疑的文化大国，但从文化产业的规模和经济效益、文化软实力的影响力来看，我国不是文化大国，更不是文化强国。而且，在当代国际文化软实力的激烈竞争中，发达国家正集中"优势兵力"，对包括中国在内的发展中国家步步进逼，妄图实行全面的"文化围剿"，以实现其称霸全球的目的。在这样的背景下，我们要有危机感、紧迫感，当然更要有责任感、使命感。我们亟须挖掘、整合、利用我国丰富的文化资源，在此基础上实现文化的大创新大发展大繁荣，发挥文化在中国特色社会主义建设中应有的作用，使中华文化在世界文化竞争格局中取得它应有的位置，最终实现建设社会主义文化强国的伟大目标。

鉴于此，党的十七大提出要加强文化创新，建设社会主义先进文化，增强我国的文化软实力。十七届六中全会提出要加快发展文化产业，推动文化产业成为国民经济支柱性产业。十八大强化了该发展目标，提出要加快发展文化产业，增强文化整体实力和竞争力，扎实推进社会主义文化强国建设。[4] 十九大着重指出"培育和践行社会主义核心价值观，要深入挖掘中华优秀传统文化内涵"。综上，从党的十七大提出推动"文化大发展大繁荣"到十八大明确"建设文化强国"，再到十九大强调要"坚定文化自信"，说明文化在国民经济与社会发展中的重要性日益提升，文化建设被提到中国特色社会主义建设全局前所未有的高度。建设社会主义先进文化，加快文化产业发展，增强我国的文化软实力，关键在于提升我国的文化创新和传播能力，走有中国特色的文化创新发展之路。具体而言，要从以下五个方面着手。

（一）进一步深化文化体制改革，加快文化产业转型升级，遵循市场规律，发挥市场机制在文化创新资源配置中的积极作用

当前，我国文化产业发展之所以落后，文化创新能力之所以不强，文化软实力之所以没有得到大幅提升，在很大程度上是由于受到文化体制的制约。加快文化体制机制改革创新，才能在文化事业建设和文化产业发展上取得新进展，不深化改革，就无法加快文化发展方式转变，无法推动文化内在活力进一步迸发。因此，深化文化体制改革是推动我国文化创新发展、提升我国文化软实力的当务之急。要在加快文化体制改革、加强政府对文化事业发展的统筹规划、政策激励和监督管理的基础上，遵循市场规律，加快发展文化产业，打造合格的文化市场主体，要充分发挥市场机制的调节作用，让市场来调配文化创新资源，选择文化创新方向，充分调动全社会各方在文化创新投入、文化创新实施、文化创新成果应用推广、文化产品消费等文化创新全过程中的力量的主动性和积极性，营造有利于文化创新的浓厚社会氛围，全面激发全社会推动文化创新和文化发展的动力和活力。

（二）继承与创新并举，大力发展文化技术，提升我国文化创新能力

在推动我国文化创新的过程中，一是应大力发挥传统文化技术的作用，对具有民族、地区特色的民间文化艺术应进行充分地挖掘、保护和提升，大力培养其接班人，在传承优秀传统文化及技艺的基础上，通过加强传统文化技术创新，丰富传统文化内涵，提升传统文化品位；二是应充分开发、创新和利用现代文化技术，尤其是包括计算机技术、网络技术、通信技术等的现代信息文化技术，加快推进我国文化产品的研发，形成新的文化业态，加强文化的交流传播；三是应加强文化产业与其他产业间的技术协作，构建文化产业技术联盟，促进各领域不同文化技术之间的融合，增强文化技术集成创新能力，以多样化的崭新形式更好地展现、传播和发展繁荣我国社会主义先进文化。[5]

（三）坚持"走出去"与"引进来"相结合，以开放的机制推动我国文化创新发展

从总体上看，改革开放以来，我国在引进国外文化方面的力度还是比较大的，但引进后缺少消化、吸收、创新，在把自身文化推向世界即"走出去"方面也做得很不够。国家和地方可通过出台相关政策或加大相关政策激励力度，以及创造其他各种条件，建立推动文化开放的长效机制，鼓励官方和民间文化机构以全球视野和开放意识，通过各种方式、各种途径，积极主动地与国外文化机构进行多领域的交流和合作，努力创新中国文化，宣传中国文化，推介中国文化，为推动人类的和平与发展提供有价值的思想资源。同时，要通过引入异质文化中的合理内核与先进成分，学习和借鉴多样化的表现形式，与国外文化在内容、形式上进行融合创新，包括用中国的形式去表现国外文化的内容，创造出更多更好的让国外消费者易于接受的新的文化内容和文化形式，让中华文化在世界各个角落生根发芽，开花结果，长盛不衰。

（四）实现民族性与世界性、传统性与现代性统一，创造中国特色社会主义先进文化

一是把"民族性"与"世界性"结合起来。文化创新首先要突出中华民族的特色，同时又须放眼全球，把中华文化的创新发展放在世界文化发展的大背景里进行考量、谋划。二是把"传统性"与"现代性"统一起来。我国的文化创新要在立足传统的基础上，树立现代意识和现代思维，以现代来诠释、丰富、展现传统，将我国现代文化

尤其是当代文化中的优秀成果以现代的形式进行表现、传播。

（五）推进多领域的改革创新，多方位展示中华文化的形象，增强中华文化的吸引力和影响力

文化作为软实力系统中的一部分，不是孤立存在并起作用的，它必须和系统中其他要素相互依赖、相互影响、相互制约而存在并发挥作用。为了更好地对外展示中华文化的形象，增强中华文化的吸引力和影响力，要坚持推进政治体制、意识形态、对外政策等多个领域的改革创新。

一是要推进政治体制改革，进一步提升我国政治大国的形象。要努力推进依法治国方略，着力打造一个职能科学、结构优化、廉洁高效、人民满意的法治、服务型政府，构建稳定而又清明的政治环境，大力建设社会主义政治文明。政治体制的不断改革和完善，必将进一步提升我国在国际社会的政治形象，以较为间接的形式增强中华文化的亲和力和感召力。二是要解放思想，转变观念，在意识形态领域进行创新。要在坚持我国主流意识形态的基础上，吸收、包容一些具有时代特点的先进理念和价值诉求，进一步丰富和完善我国的意识形态内容。当前，要着重对外广泛宣传"富强、民主、文明、和谐，自由、平等、公正、法治，爱国、敬业、诚信、友善"的社会主义核心价值观，让世界人民认识到，中国人民与他们既具有一些不同的价值目标，但也存在一些共同的价值追求从而让他们更能够认可我国的社会主义核心价值观，在心理和感情上更能够接受中华民族的文化。三是在对外政策上，要更加主动、更加灵活、更加自信。在对外交往中，要进一步发挥我们的主动性，进一步展示我们的外交策略、外交风格和外交魅力，坚持既要"韬光养晦"又要"有所作为"的原则，坚定地维护中华民族的利益和世界人民的共同利益，维护世界的和平与安宁。

参考文献

[1] 张红. 用好华侨华人文化传播体系 [N]. 人民日报海外版.2011-12-02.

[2] 韩景学. 日本对外来文化的吸收与创新 [J]. 黑龙江教育学院学报.2008（2）：94-95.

[3] 于振冲. 浅析日本文化软实力开发 [D]. 辽宁大学硕士论文，2013.11-12.

[4] 王岳川. 大国文化创新与国家文化安全 [J]. 社会科学战线.2008（2）：214-230.

[5] 谭文华. 技术进步与文化创新——基于技术进步视野的社会主义文化创新探析 [J]. 理论月刊.2013（12）：76-79，108.

作者简介

唐　鑫　《社会科学家》杂志社副主编。

灵渠生态效应探讨

李伟其

【摘要】 本文依据生态效应的理念，从自然规律、人居环境、动植物情况和社会形态、经济发展、文化生态等要素方面，对我国古代伟大的水利工程灵渠的自然生态效应和社会生态效应进行分析，并作出了相应的生态效应评价，提出了相关的建设性意见。

【关键词】 灵渠；水利工程；生态效应

灵渠是我国伟大的古代水利工程，迄今已有 2200 余年的历史，它不仅是"世界古代水利建筑明珠"，也是我国著名的文化遗产保护重点，已经列入申报世界文化遗产预备名单。灵渠的修建以及在历史中不断地完善与改进，在时间和空间上对灵渠流域的生态系统产生了一系列的影响。总的看来，不仅对当地自然与社会生态的变化发挥了积极作用，而且对其联系起来的中国长江和珠江两大水系流域的自然与社会生态的变化与发展产生了深远的影响。

一、灵渠生态效应分析因素

对于水利工程的生态效应分析，国内外的研究学者一直没有给出明确的定义。我国有学者认为:"水利工程生态效应是指水利工程兴建后对自然界的生态破坏和对生态修复两种效应的综合结果,其效应的分析是建立在生态基础之上,分析水利工程对人类、自然、江河动植物、投资环境、经济社会等方面的效应和影响。"[1]笔者以为,任何水利工程都是人类改造自然环境的结果,因此必然带来一定的自然生态和社会生态的变化。灵渠工程的建造最初目的在于军事与政治,后来的建设使它主要兼备了交通与灌溉、供水功能,对流域的自然生态与社会生态的改变产生了重大影响,形成了人与自然和谐平衡条件下可持续发展的生态效应。由此,可从自然生态与社会生态两个方面来分析灵渠的生态效应。其中自然因素包括自然规律、人居环境、动植物情况,社会生态包括社会形态、经济发展、文化生态等。

二、灵渠的自然生态效应

(一)自然规律

1. 水文情势

灵渠是在海阳河上兴建的水利工程,水系由北南两渠组成。在分水塘之铧嘴工程即分水坝与大、小天平控制下,海阳河水约三分之一流量入南渠,约三分之二流量引入灵渠的北渠。从大、小天平坝溢流下泄之余水流入湘江故道,续向东北流至界首,出县境进入全州。坝址以上集水面积为592平方公里,河源长57.7公里。北渠由人工开凿而成,大致与湘江故道略成平行,全长3.25公里,宽8米至15米。水深0.5米至1.5米,最大引水流量12立方米每秒。

南渠是灵渠的主干,全长约33.15公里。第一段自南陡起经泄水天平由水街穿过县城至大湾陡,全长3.15公里,水面宽8米至15米,水深1米至1.8米。第二段自大湾陡起至与始安水汇集,长0.95公里,水面宽6米至13.5米,水深0.7米至1.5米。第三段自始安水起沿天然小河道而下至赵家坝附近清水河,长6.25公里,这段渠道是利用天然河道扩宽而成。水面宽8米至15米,水深0.4米至1.3米。第四段通称灵河,从清水河汇合口起直到灵河口与大溶江汇合处止,长22.8公里,水面宽15米至50米,水深0.5米至3米。为了船只行驶,南渠沿途修建了32个陡门(如今称为船闸);沿途还有堰坝、水涵等附属建筑。南渠最大引水流量为6立方米每秒。

海阳河多年平均流量0.82立方米每秒,多年平均径流量0.26亿立方米。湘江在兴安境内多年平均流量36.60立方米每秒,多年平均径流量11.5亿立方米。漓江在兴安县境内多年平均流量40.96立方米每秒,多年平均流径量20.25亿立方米。灵渠多年平均流量11.39立方米每秒,多年平均最大流量343.38立方米每秒,多年平均最小流量1.26立方米每秒。(以上水文资料主要引自《兴安县志》)[2]

2. 泥沙冲淤与河道变化

灵渠水源为山泉溪流,流程不长,河床多为砂卵石和泥沙,流水含沙量不高。从上游至下游,河道变化总体上呈现出有冲有淤,冲大于淤的现象。河道的冲刷主要是雨季洪水,灵渠虽有5个泄水天平和溢流堰保护,但如上游洪水过大及沿途各支流汇入,仍有冲刷岸坡及毁堤现象。另外,由于工程的维修改建不当或人为损坏,造成渠体与河道的改变。如明洪武二十九年(1396年),监察御史严震直主持修灵渠,由于加高了大、小天平,两座溢洪水涵泄水量较小,遇洪水时则冲毁堤岸,洪水尽流向北渠,南渠水浅,既不能通航,又影响农田灌溉。淤积的现象除了洪水因素外,主要是人的因素。以前灵渠全段因为生活和生产废弃物的污染,且居民与渠争地,渠道遭不同程度破坏,部分渠段崩坏乃至改道、变窄,最窄处仅2米;有的河道沙石裸露,污泥沉积,水草丛生,甚至出现少量沙洲或滩涂。灵渠清淤疏浚和生态恢复工作任重道远。

3. 水土流失与保护

灵渠的修建是人工开凿与利用天然河道扩宽而成，基本上没有水土的流失，还由于利用它来进行灌溉，沿渠以水涵和引水沟渠配合使用，使得灵渠流域的可耕水田得以保护并增加。历史上灵渠时有水涵24处，基本上能进行自流灌溉；且全渠修建了53处堰坝来抬高水位，引水入沟或激水转动筒车，提水灌田。中华人民共和国成立后，在灵渠失掉航运功能的情况下，政府对整个工程进行了全面的修复，对灵渠的灌溉发展作出了全面规划。至1958年，实际灌溉面积达到34423亩。灵渠至今仍灌溉着两岸4万多亩农田，而实际每年流入漓江的水量超过1亿立方米。[3] 近年来政府加大了对灵渠的保护，主要保持措施有生物防治措施（如种树植草、建设文化旅游景点、修建灵渠步道等）和工程防治措施（如清淤挖泥、护坡修堤、恢复陡坝等），生态环境得到了恢复和保护。

4. 河流地貌

灵渠的修建对于河流地貌的改变产生了一定的影响。北渠是人工开凿，改变了湘江的水流分布格局，南渠的开凿与扩展，也形成了河流新的走向与汇集。同时由于运输与灌溉的需要，凿去了河中礁石，河道或改直为弯，或去弯取直，设置了陡门、堰坝、水涵、码头、桥梁等，使河流状况有所改变。南北渠灌溉功能的日益完善和发展，使流域的一些坡地成为农田或耕地，形成更多的池塘与湿地，其地貌发生了变化。

（二）人居环境

1. 居住条件

人逐水而居，灵渠的开通，应当说使当地的人类居住条件有了较大的改善。秦代就有移民兴安："以谪徙民五十万戍五岭，与越杂居。"（《资治通鉴》卷七，秦纪二）随着历代经济的发展，沿灵渠一带的人居条件日益改善，环境状态良好，周边的居住人口数量不断增加。

2. 水质与水环境

灵渠水质清澈透明，水中的悬浮物少。对灵渠水质影响的主要因素在历史上是生活污水排放和农业与养殖业排污以及运输排污，近现代产生的主要污染是工业排污水和旅游带来的污染。工业污染源主要是现代建立的县农药厂、化肥厂、造纸厂等，现已全部关停；影响灵渠水质的生活污水以前大部分未经处理直接排放，依靠河流的稀释与自净化能力解决问题，现在基本上已经集中处理。农业与养殖业带来的主要是农药残留和畜禽排泄物以及水产养殖对水体的污染，随着"美丽乡村"战略的实施，已经基本得到控制。运输与旅游的污染物主要是漂浮物、生活垃圾，运输污染是历史的现象，随着灵渠运输功能的退化已基本消除；旅游污染是灵渠的旅游功能越来越显著带来的结果，近年来随着居民和旅游者文明素质的提升以及环境卫生监管力度的加大而逐步得以控制。从环保与卫生部门监测结果可知，灵渠水质十分优良，常年清澈，物理性属无味、透明，pH 值在 6.5 — 7.5 之间，属中性水。水质全年基本能保持在 Ⅱ 类水标准，适宜于作生活饮用水以及食品生产用水、无污染灌溉用水的水源地。

3. 人群健康和疾病

灵渠的建成，带来了沿河水量和水质的变化，人居环境有所改善，某些疾病源得到消除。但也可能因为水灾的影响和人物流通的相互作用，带来一些致病因素增加和各种疾病的流行。总体上来说，灵渠的建成对于直接和间接地加强居住人群体质，提高健康水平是有作用的。

（三）野生动植物

灵渠流域古代为百越之地，秦构建灵渠，进军岭南实现统一，其中一个原因就是"又利越之犀角、象齿、翡翠、珠玑，乃使尉屠睢发卒五十万为五军"。[4] 可见古代灵渠所在地具有很好的生物多样性。

1. 水生动植物

灵渠水域可观察到的浮游植物种类繁多，估计有百种以上，显示生物多样性指数较高。其中水草和藻类最多。浮萍和马来叶子菜、亚洲苦草较多，沿岸农民以往常捞来作饲料喂猪。[5] 据调查灵渠水域浮游动物主要是原生动物、桡足类、枝角类等，有数十种之多。[6] 从上游至下游，随着汇入支流的增多水量增大，可观察到的域内水生动植物的种类与数量也逐渐增加，但丰水期的水生物丰度比枯水期要高。

2. 江河鱼类

灵渠流域雨量充沛，气候温和，有大量的浮游微生物和水草等供鱼类采食。境内野生鱼类共有100多种，有鲫鱼、鲤鱼、鳗鱼、斑鱼、骨鱼、黄尾鱼等，家鱼主要有青、草、鲢、鳙和传统优良品种禾花鱼。灵渠的建设与运行对江河鱼类的影响不大。

3. 野生动植物

域内植物包括用材类、药用类、油脂类、纤维类、水果类、饲料类、薪炭类、观赏类，共752种。常见的动物包括哺乳类、鸟类、鱼类、两栖类、爬行类、昆虫类，共127种。[7] 灵渠的修建和利用，促进了人与物的交流和经济的发展。但是，千百年来人类活动的广度与深度不断扩张，强度不断增大，为了满足自己的需求而过度地索取与掠夺当地的原生动植物资源，使原始生态遭受破坏。昔日茂密的原始森林几乎消失殆尽，代之以田园、村舍、集镇、道路及栽培果木等；豺狼虎豹已经绝迹，其他幸存的一些野生飞禽走兽也逃往猫儿山深处，与残留的野生珍稀植物共避祸害。在对原始生态系统的破坏中，人类带着他们豢养的猪马牛羊、鸡兔猫狗开拓占据了新的领地，并构造了新的生态系统，灵渠的建成不是主要的因素，但却加速了这一进程。

三、灵渠的社会生态效应

毫无疑问,灵渠的建成促进了域内人类社会生态的改变,包括社会形态、经济发展、文化生态等。

(一)社会形态

灵渠的修建具有明确的政治目的和达成这个目的的军事用途,为秦始皇开拓岭南统一中国的政治变革发挥了重要作用。统一后岭南实施郡县制,进入中央集权的中国大统一社会,经汉、唐、宋、元、明、清各朝代的治理,社会结构与政治制度逐步与中原地区相一致。虽然中间还出现了一些地方势力反叛或割据的情况,例如秦时的南越王割据,汉时的交趾反叛,唐宋及以后的各代割据,但终究是以全国集中统一的社会形态为结果。同时,中国南北之间的民族融合过程也随之加快,社会形态趋于稳定。

(二)经济发展

除了军事用途,灵渠在历史上的主要功能是航运和灌溉供水,也因此推动了域内经济生态的变动。唐、宋、元期间,已大量利用灵渠进行军需、赈灾物资运输,就是鱼梦威所说的"引馈运"(见灵渠碑文《桂洲重修灵渠记》)。明清代更是运用灵渠行师馈粮,商贾百货,人物流通,作用巨大。近代灵渠的运输功能依然重要,至抗战时期的 1938 年，因军运需要还由中央经济部拨款修理灵渠。[8] 灵渠的航运功能不仅使长江与珠江两大流域的货物交易更为便利，更为重要的是南北两方的生产技术、优良物种、先进工具等相互交流，产业结构也发生了变化，从而也极大地推动了灵渠域内经济水平的提升。在历史上经济以农业为主的我国，灵渠的灌溉供水功能提高了土地的可耕性和产出能力，为经济的发展提供了更好的条件。

近代以来，灵渠的名气大增，旅游价值逐步凸显。其所在地兴安县旅游业日显发达，成为国家全域旅游示范区创建单位。仅 2017 年全年旅游总人数达 650.13 万人，同比增长 47.7%；旅游总收入 74.63 亿元，同比增长 40.3%。[9]

（三）文化生态

灵渠是中原文化与百越文化融合的一个关键节点。灵渠的修建形成了连接中原与岭南的交通网络，加速了文化的交流和民族的融合，促进了中华民族文化的形成与发展。文化生态是某地文化在历史发展演变中与外部环境的相互适应过程，灵渠域内当地民族文化不断与外来文化融合，产生变化并衍生与发展，同时主导文化生态要素也在不断发展和进化，构建出新的文化生态。例如，灵渠工程所体现的建筑文化就是中原治水技术与岭南用水智慧的巧妙结合，桂林米粉则是南北饮食文化的有机统一。而建造在灵渠边的漓江书院，有中国古代南北各地的文人雅儒在此讲学，为当地培养了众多人才，形成了源远流长，具有丰富意蕴和价值的灵渠文化生态，其中包含了群族文化、村落文化、山水文化、建筑文化、民俗文化、田园文化及书院文化等等。

四、灵渠生态效应的评价与启示

（一）效应简单评价

1. 正面效应

（1）自然生态方面。灵渠的修建总体上对自然规律的影响有积极的作用，生态环境有所恢复，域内的水体流量和水质有所改善，水生物种类组成和数量、密度变化不大，生物多样性概率增大。

（2）社会生态方面。历史上航运事业的发展为社会的统一稳定作出了重要贡献，促进了经济发展、民族融合及文化交流。域内居民生活、生产环境和居住条件有所改善，生活水平逐步提高。近代旅游观光业得以发展而获得较好的经济效益。

2. 负面效应

（1）自然生态方面。原生的生态环境受到破坏，野生动植物数量减少甚至部分灭绝。

（2）社会生态方面。历史上原住民主要是少数民族受到压迫被迫迁徙。

总体上来讲，灵渠的修建对生态的影响是正面效应大于负面效应的，对其域内的自然生态与社会生态的变化发挥了积极的作用，可以说这是我国水利工程中人与自然和谐、生态平衡的典范。

（二）几点启示

1. 习近平总书记在党的十九大报告指出："生态文明建设功在当代、利在千秋。"灵渠在建造和运用过程中体现出来的"天人合一"的自然与社会和谐理念，维护生态、顺其自然进行合理开发的准则，是我们今天在建设社会主义生态文明，进行经济发展和项目实施中值得借鉴和遵循的。

2. 灵渠的历史证明了，工程项目对于自然生态和社会生态的影响是可以通过科学的规划、合理的运用而消除、减少负面效应，增强正面效应，最终发挥积极作用的。良好的自然生态有利于社会生态的稳定发展，而社会生态的稳定向好也有利于自然生态的优化。

3. 应进一步加强灵渠遗产区域的生态基础建设，有效地构建防洪安全、动植物保护、文化遗产保护和旅游安全设施，强化生态保护法规的执行，落实河长制的实施。比如对于灵渠流域旅游的开发，就必须明确其生态承受能力的限度，采取一系列的防护办法和恢复生态措施，避免生态因受破坏而失衡，从而利于保护完整和真实的遗产价值。

4. 对灵渠历史遗产的研究，过去可能比较多地注重于工程技术、经济社会、文化考古方面，今后也应当从生态学方面加强投入。

参考文献

[1] 蔡旭东. 飞来峡水利枢纽的工程生态效应 [J]. 甘肃水利水电技术, 2006, 03（25）: 59.

[2] 兴安地方志编纂委员会. 兴安县志 [M]. 广西人民出版社, 2002. 548-554.

[3] 兴安地方志编纂委员会. 兴安县志 [M]. 广西人民出版社, 2002.293.

[4]（西汉）刘安, 何宁. 淮南子集释 [M]. 中华书局, 1998.1289-1290.

[5] 覃勇荣. 漓江水生高等植物调查及其对环保关系与经济利用初探 [J]. 河池学院学报, 1987（1）: 86-95.

[6] 龚竹林, 杨奕祥, 雷建军. 漓江浮游动物调查 [J]. 广西水产科技, 2007（02）: 35-46.

[7] 兴安地方志编纂委员会. 兴安县志 [M]. 广西人民出版社, 200.101-103.

[8] 李伟萁, 王艳梅. 灵渠文化线路的构成要素与基本特征探析 [J]. 桂林航天工业学院学报 [J].2016（04）: 505-509.

[9] 兴安县文化旅游广播电视体育局.2017年工作总结 [EB/OL]. 兴安县人民政府门户网, www.xazf.gov.cn.

作者简介

李伟萁　桂林航天工业学院讲师

文学·艺术·教育

桂林市社区教育需求变化新趋势
——基于 2017 年桂林市居民社区教育需求调查的研究分析

胡祖光　黄必泉

【摘要】通过对桂林市居民社区教育需求调查结果的研究和分析，深刻理解了十九大报告关于我国社会的主要矛盾已经转化为人民日益增长的美好生活需要和不平衡不充分的发展之间的矛盾的正确论断，为市政府怎样更好的贴近群众对社区教育的需求，如何提高政府供给的满足度，提供有价值的策略与参考依据。

【关键词】社区教育；需求调查；参考依据

党的十八大将"完善终身教育体系，建设学习型社会"作为实现全面建成小康社会重大战略任务的根本保障。党的十九大报告提出："办好继续教育，加快建设学习型社会，大力提高国民素质。"[1]这是在新的历史条件下，我们党和政府高瞻远瞩，适应时代发展提出的战略决策，也是《国家中长期教育改革和发展规划纲要（2010—2020 年）》确定的到 2020 年我国教育改革发展的三大战略目标之一。无论是提高国家综合国力，参与激烈的国际竞争，还是高质量发展经济，促进经济社会可持续发展，建设和谐社会，都离不开国民整体素质的提高，世界各国政府也将建设学习型社会作为应对知识社会挑战的重大战略。而提高国民素质的关键，则在于学习与教育。社区教育，作为构建终身教育体系和建设学习型社会的重要组成部分和基石，也是创新社会治理的有效载体，在提高全社会成员整体素质和生活品质，服务区域经济建设与社会和谐发展方面发挥重要作用。

正是为了推动桂林市社区教育工作更加深入务实地发展,更好地服务社区、造福居民,桂林市社区教育指导委员会通过其各城区下属的办公室,对全桂林市所辖的秀峰、叠彩、象山、七星、雁山、临桂6个区的居民的社区教育参与及需求状况开展了问卷调查和座谈研讨,调查内容分20个大项目含50个小项目,方法采用随机抽样的方法,共回收有效问卷1099份,并分别按城区进行了座谈调查。调查有效样本中,男性405人,占36.85%,女性694人,占63.14%;年龄结构合理,覆盖各个年龄段;文化程度高、中、低分布合理,大专以上文化程度占有效样本的40.9%。

统计数据类别较多,数据量大,从几个大项目分类统计数据的初步研究分析结果可看出,市民对社区教育需求变化的一些趋势:

一、对社区教育的需求度高

十九大报告提出,经过长期努力,随着中国特色社会主义进入新时代,我国社会的主要矛盾发生了变化,已经转化为人民日益增长的美好生活需要和不平衡不充分的发展之间的矛盾。随着社会的不断发展和进步,人的整个社会生活中,接受各类形式的教育逐渐成为现代人生活的重要组成部分,全民学习、终身学习的观念已经被越来越多的人所认同。随着新型社区建设的不断推进,社区越来越成为社区居民工作、学习、生活以及休闲娱乐的重要场所,人们的社区教育意识在不断提升,体现出对社区教育需求度的提升。据调查统计,有75%以上的被调查居民表示需要社区教育来满足自己日益增长的美好生活需求,这也是居民主动、持续参加社区教育学习活动的内在动因和根本因素(见图1)。

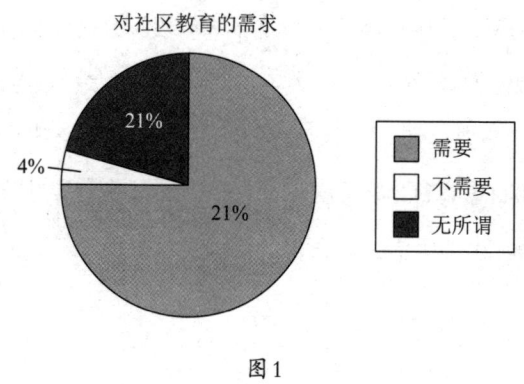

图 1

二、对政府提供免费学习或技能培训的参与度高

为了加快形成学习型社会的目标,服务全面建成小康社会的战略要求,教育部等九部门制定了《关于进一步推进社区教育发展的意见》,发展社区教育,创建学习型社区,已成为建设学习型社会的主要举措之一;将社区教育作为教育社会化和构建终身教育体系的重要载体和平台,政府主导、资源整合、主动服务,为社区教育发展提供必要的保障。目前,最普遍的社区教育模式就是政府主导型的社区教育模式。其内涵为:政府作为所辖行政区域的社区教育的组织者和实施者,以社区服务和社区文化为着眼

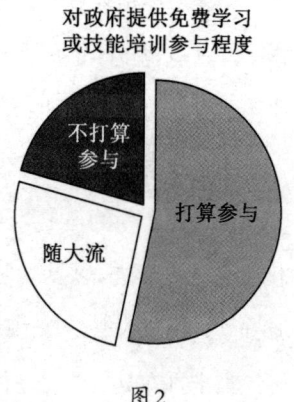

图 2

点进行的各种知识传播、文化传承、技能培训、活动实施的社区教育所构成的一整套教育网络。[1] 随着政府资金使用的进一步规范,政府购买社区教育服务项目为和谐社会建设提供有效抓手,越来越多的特色培训项目、活动宣讲项目开始面向市场进行政

府购买。以北京市为例，据统计显示 2015 年的 500 项服务项目中，有 378 项与社区教育相关，约占整个比例的 75.6%（见图 2）。这些项目的开展，一方面提升了社会组织承担政府购买服务的能力，另一方面，也提升了社会服务的整体专业化水平，[2] 这也是社区居民对政府社区教育行为认可度高的原因。而传播终身学习思想、落实教育公平、实现教育惠民、提高社区教育群众满意度，建设学习型社会更是政府义不容辞的责任和义务。

三、最希望开展的社区教育内容：
文艺、体育、保健、家教类居前

从需求类别来看，居民想要学习的内容种类丰富，不同群体对学习内容的需求倾向不同，这也正印证了十九大报告中，新时代下"人民日益增长的美好生活需要和不平衡不充分的发展之间的矛盾已经转变成我国社会发展的主要矛盾"的论断（见图 3）。

社区教育需求排在首位的，是文艺类的各项教育。随着主要矛盾的转变，人们对文化生活有了新的追求。美好生活主要由两个方面组成，一是物质生活，二是精神文化生活，两者缺一不可。随着物质生活水平的不断提高，对精神文化生活的需求也更加强烈，调查数据充分反映了新时代人们对美好生活的精神追求。

需求排在其次的，是体育和生活保健类。幸福与健康是人类永恒不变的追求，而体育活动，是培养健康体魄、塑造健全人格、促进人的全面发展的重要途径，人们对美好生活的向往中，本身就包含健身需求，这也是全民健身与全民健康融合的最好表现。

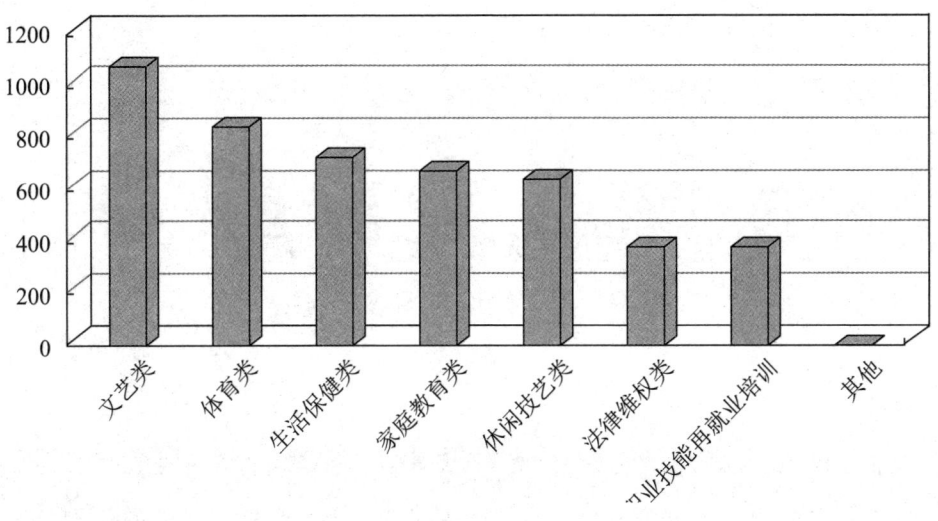

图3

再排在其后的，是家庭教育类的需求。家庭是孩子的第一个课堂，而父母又是孩子的第一任老师，良好的家庭教育是培养高素质人才的必要条件。越来越多的家长开始意识到家庭教育的重要性，他们不光注重孩子综合素质的培养和提高，也开始注意提升自身的修养和素质，进而使整个家庭的教育素养得以提高，促进家庭的和谐与幸福；对孩子自身综合素质提高的各类教育需求，社会的满足率比较高，但作为家长，对孩子怎么教育，如何教育，家庭教育出现哪些新的内涵与理念，仍是众多父母所困惑的，调查数据充分反映了这种需求。

另外，生活与休闲技艺类、法律维权类、职业技能、再就业培训等也有相当的需求。由于社区居民的构成人员的不同，不同群体对学习内容的需求倾向也不同，存在着多样性、个性化的学习需求，在我们的细分调查项目中，也反映出这种现象。许多居民共同关心的，例如，法律服务、法制宣传、预防青少年违法犯罪、社区治理的问题，以及如民间借贷、民事纠纷、诉讼维权等问题，都迫切需要专家给大家做出详细的分析和清楚的解答；各类休闲技艺类的学习，则丰富了居民的业余生活，提高了生活品质；

而一些待业、下岗、转岗再就业、在岗技能提升、外来务工人员，对各种职业技能的培训和深造有强烈的兴趣和愿望。

四、学习形式选择，偏重专家讲座和组织面授，网络学习参与度低

需求数据的统计结果，更多地反映了居民对社区教育学习内容提供方的权威性要求，更加强调学习过程的互动性。虽然社区教育是一个开放性、群众性的学习环境，但并不代表为其提供的教育内容可以平庸化，这也是长期以来我们社区教育许多学习活动开展起来，表面上看热热闹闹，实际效果并不理想的根本原因；在活动的组织和设计上，光注重了群众的参与和交互，把着重点放在了形式上，而忽略了学习内容的权威性，这也提醒了我们在今后的社区教育学习活动中，要注意整合和组织优秀的教育资源，提供有特色的、高质量的教育和服务内容，满足广大居民对优质学习资源的需求。

主动选择通过网络和移动互联网在线参加社区教育学习的人数比例只有16.8%，大大低于预期，也和北京、上海等发达城市的调查结果有较大差异。现在的居民对互联网都有着很强的依赖性，各种各样的网络社交平台、移动交流平台有着强大的功能，使用成本低，操作简便，能够充分满足网络社区教育的基本要求；这些平台都有很好的实施社区教育的条件，互联网与社区教育相结合是一种全新的教学形式，它能够为社区居民提供结合自身的学习兴趣与学习能力，合理、有效地安排恰当的课程类型和学习时间，实现个性化学习的需求（见图4）。可是，调查结果并没有反映出这些优势，真实的原因是什么呢？通过调查结果的分析和访谈，我们发现，由于现阶段本市的社

区教育受众主要是中老年人员和低龄的青少年儿童，这类人群对网络终端设备的熟练掌握和使用还存在差距，这也提示了我市在开展数字化社区教育过程中，要坚持从实际出发，结合电脑、手机、平板、互联网电视、数字广播等多种形式，做好移动互联网时代的数字化社区教育的普及和实践工作。

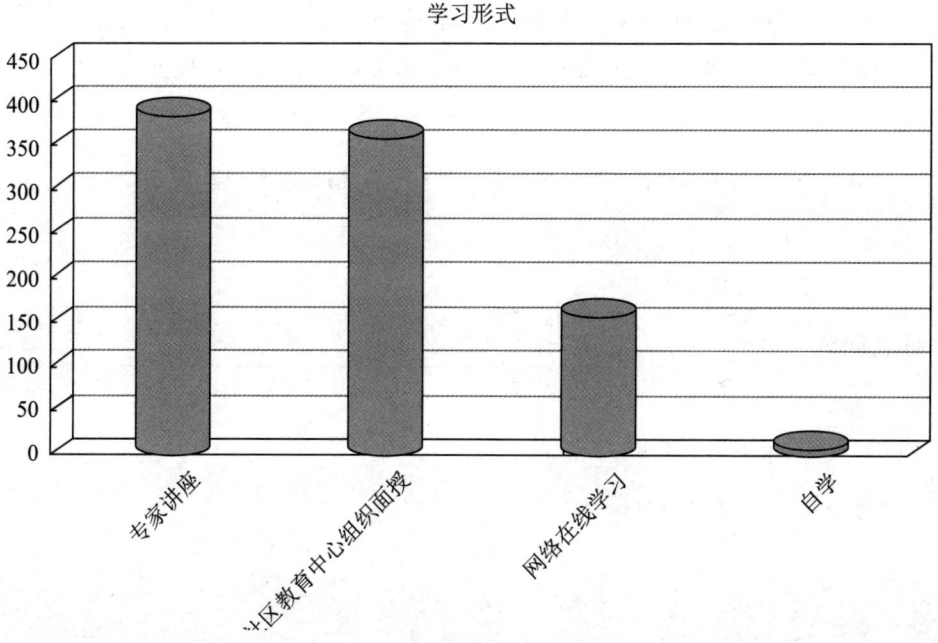

图 4

综上所述，本文通过对全市居民社区教育需求调查的初步分析（详细的各分类数据分析见另文），在贯彻落实党的十九大精神，加快构建我市终身教育体系，助推学习型城市建设的工作中，为我市社区教育指导委员会以及各城区政府社区教育办公室、各社区居委会怎样更好的贴近群众对社区教育的需求，如何提高政府供给的满足度，提供了有价值的策略与参考依据。

参考文献

[1] 习近平. 决胜全面建成小康社会 夺取新时代中国特色社会主义伟大胜利——在中国共产党第十九次全国代表大会上的报告 [EB/OL].

http://www.gov.cn/zhuanti/19thcpc/baogao.htm.

[2] 王其志. 浅析基层政府在社区教育中的作用发挥 [J]. 青年时代 2016（1）：43—44.

[3] 曹麟. 政府购买社区教育服务项目中的对策与建议 [J]. 价值工程 2017（5）.

作者简介

胡祖光　桂林市广播电视大学

黄必泉　桂林市广播电视大学

优化设计体育活动以培养幼儿体育兴趣的策略研究

蒋百艳　赵海利　刘劼

【摘要】体育活动的有效开展能够让学生增强体质，提高健康水平。在幼儿教育活动中，幼儿的安全保障和促进幼儿的健康是我们工作的首要目标。有特色的体育活动能激发幼儿的探索欲和求知欲，调动他们活动的积极性，从而培养幼儿对体育活动的兴趣，有利于促进幼儿能力的全面发展。

【关键词】幼儿；体育活动；兴趣培养

一、前言

幼儿阶段，绝大多数幼儿参加体育活动，首先是由于好奇心引起的。其目的是为了好玩，他们还不能自觉意识到体育最本质的东西。他们对练习内容的动作要领和方法很不注意，并且不感兴趣，他们往往只以追求运动过程中的各种新异刺激、浓烈的运动气氛和种种趣味情景为最大满足。因此，在教学过程中，教师首先要利用幼儿好玩好动的特点，注意选择新颖有趣的教学内容，采取多种多样的、适合幼儿年龄并有吸引力的方法和措施，为幼儿创造一个富有乐趣的运动环境，使之能完成教师安排的各种练习，从而达到由好玩转化为要玩、想玩、会玩的目的。其次，教师要通过各种形式，取得幼儿的好感，并满足他们的适当意愿，给他们适当的表演机会，这样，他们就会产生一种极大的满足，而这种满足的积累正是产生体育兴趣的动力。在体育教学中，教师要特别注意运用启发式教学，当好"导演"，珍惜幼儿乐于活动的美好情感，热情指导幼儿进行体育锻炼，耐心帮助他们克服困难，并尽可能以"孩子头"的身份参加到他们的活动中去，对体育内容要加强形象化的讲述，以达到良好的效果，吸引幼儿的注意力，创造良好的环境，促进幼儿体育兴趣的发展，从而共同分享成功的欢乐，总结失败的经验教训。通过学习，使我进一步懂得体育教学强调培养幼儿对运动的兴趣，在自主活动的基础上，积累运动经验，体验运动乐趣，强调幼儿体质的增强和综合运动能力的培养。在尊重个体差异的基础上，提高幼儿动作的协调性、灵活性以及平衡能力；强调充分利用自然环境中各种因素进行锻炼，开展各种富有情趣的运动；强调在运动中培养幼儿大胆、自信、勇敢的个性心理品质。因此，我更清楚地认识到良好的运动不仅能增强幼儿的体质，还能使幼儿的个性得到发展，让幼儿获得更多的成功的体验，并增强幼儿的信心，使幼儿变得更积极、主动。

　　如何才能更好地提高幼儿参加体育活动的积极性呢？培养幼儿的兴趣是关键。在体育活动过程中，慢慢地培养幼儿的习惯和锻炼兴趣，幼儿教师陪同幼儿做一些孩子感兴趣的体育活动有助于提高幼儿的协调性、灵活性。在体育活动中动作的要领要适合幼儿的年龄特点即可，难度不要太大。因为只有让幼儿多做他们自己本身感兴趣的动作，幼儿本身的精神风貌才会显得饱满，对事物也会饶有兴趣，但是，如果交给幼儿一些比较有难度的活动的话，他们往往比较很快的厌恶锻炼从而产生抵触心理，近而显示出疲倦的神态。所以，在选择幼儿参加的各类体育活动中，幼儿对体育活动的兴趣与最后幼儿锻炼所达到的效果有着很大关系。若一个活动并没有使幼儿产生很大的兴趣，那么最后的效果肯定不尽如人意，也不会显出通过锻炼能达到的目的。当然这里的兴趣指的是幼儿在接触新鲜事物过程中表现出一种积极性和进取性，对某一种事物产生强烈的求知欲，只有当幼儿本身产生兴趣时，才能在体育活动中保持着长久的、坚持的毅力。本文结合教学实践，着重谈谈培养幼儿体育活动兴趣的原则与方法。

二、培养幼儿体育活动兴趣的原则

在幼儿体育活动中，教师要开展一系列适合幼儿的心理和生理特点的体育活动，在活动中注意的原则主要有：

第一，运动适度原则。幼儿年龄小，身体比较弱，生理机能发育还不完全，加上幼儿在活动中的兴趣维持时间并不长以及对某件事物的注意力和持久度并不高，因此我们在幼儿体育活动中要把握好时间的分配，时间太长的话会不利于幼儿的身体健康，这样也就违背了体育运动的初衷，长期这样幼儿会失去对体育活动的爱好。

第二，发挥体育活动的激励原则。在幼儿体育活动中，体育老师要见机对幼儿在活动中的表现加以评价，如果幼儿表现不佳可以进行适当的鞭策或鼓励，如果幼儿的表现良好，可以对幼儿赞许、表扬，这样通过评价，幼儿才会得到激励，而且增强他们参加体育活动的动力，他们就会更愿意主动参与其中。

第三，体育活动的安全原则。安全是幼儿园工作的第一要务，在体育活动中要时时刻刻关注安全问题，必须杜绝安全事故的发生，在具体的体育活动中，幼儿老师要保证体育器材的安全性，幼儿活动中要做到相关安全防护到位，保护好幼儿不受伤害，还要注意清洁卫生，还要制定防止意外伤害的办法，有效防止幼儿因为受到挫伤而放弃运动爱好。

第四，体育活动的全面性原则。幼儿体育活动的开展具有系统性、全面性，从小班到大班的不同阶段，要全面开展与其年龄特点相符的体育活动，这样不仅有利于增强体质，也有利于幼儿健康心理的培养，促使幼儿全面发展。

三、合理设计体育活动

鉴于幼儿个体差异性,目前幼儿体育活动中还不能做到全员参与。下表是我园幼儿运动情况的统计,通过表中数据反映,还有部分幼儿体育运动量太少,这种情况不利于幼儿的身体成长。因此,幼儿体育活动必须保证所有幼儿参与其中,以保证每个幼儿在园一日活动中,能够得到应有的体育锻炼。要达到这个目标,我们的幼儿教师要合理设计体育活动,激发幼儿参与活动的兴趣(见表1)。

表1 我园幼儿运动情况的统计

程度	主要内容	比例
运动剧烈	各种活动以及各种体育锻炼	1.8%
运动一般	课间自由活动以及课外活动	25.2%
运动较低	课间自由活动	61.4%
运动低	几乎不运动	11.6%

(资料来源:本园调查统计)

(一)体育活动设计要符合幼儿的年龄特点

幼儿的身体和心理在0—6岁阶段的发展是极快的,所以体育活动要针对他们的年龄特点进行设计。小班的幼儿身体还较弱,难以适应较剧烈的活动,自我控制能力还不够,注意力也不集中,所以应针对这些特点设计一些难度较低的体育活动;中班的幼儿活动能力有所增加,能够适当增强活动的强度,并且设定一些简单的规则,还要注重培养他们的团队意识；大班幼儿的身体较好，活动能力较强，能适应难度稍大的体育活动，可以考虑在设计活动时增加动作，并注意在活动中培养他们的责任感和合作意识。例如：在幼儿体育活动教学中，走步是最自然、最容易和最省力的一种运动方式。因此，幼儿体育活动中经常采用走步的练习。但是在幼儿各年龄段练习的内容是不一样的。

小班可以在指定范围内四散走；模仿各种动物或人走路的姿势；短途远足等。

中班可以练习听信号有节奏地走；用脚尖走、蹲着走；高举手臂走；在物与物之间或平衡板上走；倒退步走、上下坡走等。

大班是"一对一"整齐地走；听信号变速或变换方向走；较长距离的远足等。

由此可见，设计体育活动时，只有遵循幼儿的身心发育规律，根据他们不同阶段的不同特点来安排和考虑，才能更好地培养他们对体育活动的兴趣。

（二）活动形式需丰富多样

因为幼儿对新鲜事物都有着强烈的好奇心，新鲜事物会激发他们探索的欲望和求知的兴趣。当我们在设计体育活动时，更加要学会利用这一点。例如，活动器械方面，采用色彩鲜艳并能够发出声音的大皮球来教会幼儿滚球的动作，比使用普通的球的效果更好，因为多彩的颜色和悦耳的声响对于他们是一种新鲜的刺激，能够使他们产生玩的兴趣。幼儿在玩的过程中，自然而然地学会了滚球走和跑等动作，锻炼了幼儿关节的灵活性和四肢的力量。关于球的后期体育活动设计，可以在他们熟练滚动皮球之后，为他们准备排球、足球等其他球类，教会他们不同的玩法，使活动从简单到复杂，循序渐进，在此过程中始终使幼儿保持对体育活动的兴趣。

（三）创造舒适的活动环境

为幼儿的体育活动创造一个舒适和谐的环境，不仅可以激发他们的活动兴趣，还对幼儿的身心发展有所帮助。例如，在园内铺设质地较软的运动塑胶跑道，在沙坑上铺设独木桥锻炼他们的平衡力，在场地内设置滑梯等。既要考虑到激发幼儿活动兴趣的功能，还要考虑到这些设施的安全性。除了建设园内的环境，还要善于利用其他教育资源，获得家庭或社区的支持也十分重要。这其中任何一方的支持都能对幼儿的健康教育起到十分积极的作用。

四、科学组织体育活动，激发幼儿参与活动的兴趣

教师课前设计好了体育活动，接下来就是要在体育教学中能够科学的组织活动。只有科学的组织体育活动，才能真正促进幼儿身体的健康发展。在教学实践中，我主要从以下几方面来实现科学的组织体育活动：

（一）在活动中注入故事情节

由于幼儿的年龄太小，他们对于抽象的事物认知还不够清楚，但对具体的事物却很容易感知，尤其爱听故事。在实施体育活动时，其中可加入角色和情节，比单纯的动作练习更能引起他们的兴趣。这种方式的体育活动，能有效集中幼儿的注意力，激发他们的好奇心，锻炼他们的具象思维。

（二）注意带动幼儿的情绪

充满趣味性的活动可以吸引幼儿的注意力，这就需要教师用具有感染力的行动和语言去带动他们，引导他们。如在进行竞赛时，教师可以和幼儿一同参加，一同游戏，这样可以提高幼儿参与活动的兴趣，也使他们在活动中获得更大的乐趣。此外，教师的语言同样对幼儿的情绪有着很大影响。比如，幼儿在胆怯不安、不敢尝试的时候，用充满鼓励的语言激励他，使他勇敢面对，当幼儿游戏或竞赛取得胜利时，要多说些称赞支持的话，这些行为都能够使幼儿对游戏继续保持浓厚的兴趣。

（三）尊重幼儿的个性特征

每个孩子都是不同的，他们之间无论是性格还是体质都有着明显的差异。所以我们在组织体育活动的过程中，需要了解每个幼儿的具体情况，根据不同的情况设定不同的方式来对待，针对幼儿的能力设定不同难度的活动，让他们自己选择，避免死板僵硬，忽略个性的方式，为每个孩子都提供表现自己的机会，让幼儿在活动中认识到自己的能力，从而增强自信心，促进个性的发展。

五、结束语

综上所述，要想让幼儿产生对体育活动的兴趣是一项长期的工作，要坚持不懈地抓好幼儿教学中体育活动的开展，教师要创造出一切有利的条件，引导幼儿乐于参加体育活动，激发幼儿的兴趣，让幼儿感受到体育运动的乐趣，从而使幼儿主动参与体育活动中去，促进幼儿的全面发展。当然，幼儿体育教学中还有许多其他让幼儿对体育活动感兴趣的因素等待着我们的探索和发掘。让每一个孩子都热爱体育活动，在体育活动中获得快乐和健康，是我们的目标和心愿。

参考文献

[1] 郑晓静. 浅谈幼儿体育活动兴趣的培养 [J]. 现代企业教育 2008（1）.

[2] 滕玲香. 如何提高幼儿体育活动的兴趣 [J]. 甘肃教育 2013（22）.

[3] 焦杨，杨晶. 浅谈幼儿体育活动兴趣的培养 [J]. 成功（教育）2011（23）.

[4] 许春. 提升幼儿体育兴趣的策略 [J]. 中学课程辅导（江苏教师）2014（12）.

[5] 潘久兰. 浅谈幼儿体育兴趣的培养 [J]. 好家长 2011（24）.

[6] 张毓丹. 浅谈幼儿体育游戏化的教育意义 [J]. 青春岁月 2015（01）.

作者简介

蒋百艳　全州县机关幼儿园园长，幼儿园高级教师

赵海利　全州县机关幼儿园教师

刘　劼　全州县机关幼儿园教师，小教高级教师

幼儿良好交往能力的培养

王婷　刘元莉　刘娜娜

【摘要】人际交往和社会适应是幼儿社会学习的主要内容，也是其社会性和个性发展的基本途径。交往在人一生的发展中占据重要的地位，因此，幼儿良好交往能力的培养是非常重要的。

【关键词】社会化；个性；交往能力

《3—6岁儿童学习与发展指南》中说道：幼儿社会领域学习与发展的实质在于社会化，即社会性不断发展并奠定健康个性的基础。[1]人际交往和社会适应是幼儿社会学习的主要内容，也是其社会性和个性发展的基本途径。从心理学角度看，人际交往有如下几个基本功能：交流信息；组织共同活动；形成和发展人与人之间的关系；增进人们之间的相互了解。人际交往的这些职能对幼儿来说更具有特殊的发展意义。

《中国独生子女教育百科》中，关于人际交往能力培养的内容和要求写道：生活在社会中的人们，不可避免地要和别人交往。[2]通过交往，人们可以交流信息、交流情感，认识他人也认识到自己。交往能力强的人，善于注意、识别和理解他人的情感或其他信号，会根据不同情况运用、调整自己的行为反应，影响他人的行为。积极的交往活动可以协调人们之间的关系，使人心情舒畅，合作友好，给事业和生活带来良好的效应。幼儿的生活圈子虽小，但也离不开和周围的人打交道。交往能力强的幼儿由于能和他人和谐相处，能学习到更多的东西，也更快乐。因此，幼儿交往能力发展的好坏，影响到当前的成长，从长远来看，无疑也影响日后人际关系的发展，父母应重视培养孩子的人际交往能力。随着孩子日渐长大，父母带孩子出外活动的机会增多了，幼儿的社会交往圈子在不断扩大，这正是培养交往能力的好时机。幼儿交往能力的培养，可以从两个方面进行：一方面是学习如何与成年人交往，另一方面是学习与同龄伙伴交往。

一、随着年龄的增长，与同伴之间的摩擦也会增多

随着年龄和社会经验的增长，加上幼儿天生具有和别人交流的兴趣，使得幼儿与同伴交往越来越多，这也会让孩子们之间的摩擦越来越多，当孩子们之间起冲突时，有的孩子会哇哇大哭，有的孩子会马上告诉老师，有的则会用武力解决问题，很少有幼儿在与同伴发生冲突时能够自己协商解决。

二、家园合作，共同培养幼儿良好的交往能力

现在的孩子大多数都是独生子女，在家里像个"小太阳"一样，每个人都捧着哄着，一旦融入另一个集体中，有些孩子就会表现出畏惧、自卑、孤僻甚至抗拒，多数孩子在交往的过程中都有特别明显的以自我为中心的表现，交往能力特别弱。因此，幼儿良好交往能力的培养是非常重要的。然而，良好交往能力的培养不仅仅只靠幼儿园就够了，还需要家庭的配合。

在幼儿园，幼儿良好交往能力的培养，应该贯穿于一日活动中，幼儿在与人交往的过程中，可亲身体验怎样与他人交往，而区域游戏作为幼儿一日活动中举足轻重的环节，是培养幼儿交往能力的有效途径。区域活动，是幼儿一种重要的自主活动形式。它是以快乐和满足为目的，以操作、摆弄为途径的自主性学习活动。它是幼儿主动地寻求解决问题的一种独特方式，其活动动机由内部动机支配而非来自外部的命令，表现为"我要游戏"，而不是"要我玩"自主性是幼儿游戏活动的内在特征。区域活动充分体现了幼儿身心发展的特点，可满足幼儿活动和游戏的需要，更好地促进幼儿自然、自由、快乐、健康地成长，实现在"玩中学""做中学"。在区域活动中，幼儿参与积极性高，能积极动脑、大胆创作。在区域中能为幼儿提供与同伴自由交往的场所与氛围，使幼儿在真实的情景中实践与周围人交往，逐渐发现和了解自我与他人，体验自己行为的结果以及他人对自己的反应，懂得自己作为集体成员需要相互适应，服从共同的行为规则，学习轮流、协商、合作等技能，使自己的行为能更好地被周围人接受。当幼儿不知道怎样加入到同伴中游戏或者被拒绝时，教师可以给予一点小提示，比如让幼儿扮演某一个小角色加入其中或者由老师适当地介入其中带领幼儿加入其中。分享是亲社会行为的一种表现,是指儿童与他人共同享用物品。它的对立面是"独占""独享""多占"。分享是幼儿德育的内容之一。当有幼儿愿意与别人分享东西时，这时候教师应该及时给予表扬或肯定，这不仅会让幼儿本身这一行为得到强化，也会让其他孩子模仿这一行为，从而减少幼儿交往过程中的争抢行为。冲突包含两个必要因素：1. 被双方感知。2. 存在意见的对立或不一致，并带有某种相互作用，以上因素决定了冲突过程的出发点。频繁发生冲突时幼儿交往的一个特点，它对幼儿交往能力的发展具有重要作用，在冲突中，幼儿通过诉说、申辩、反驳等各种方式来维护自己，这其中就会不知不觉地提高幼儿的交往能力，面对幼儿之间各种各样的冲突，教师应以平常心对待，当幼儿之间发生冲突时，教师应先分析冲突是否会伤害到幼儿，如果会应该马上制止，如果不会伤害幼儿，而且幼儿没有求助于老师，老师则可以在旁边继续观察，直到幼儿自己把冲突解决，即使幼儿自己独立把冲突解决了，教师也要看一看冲突解决得是否合理，这对于幼儿是非道德观念等方面的发展是非常重要的。而且在幼儿自己解决问题后当众给予及时的鼓励和表扬，这样会让其他孩子以后如果发生冲突时，也可以想着自己解决而不是马上求助于老师。在图书角，教师可以投放一些相关的图书，让幼儿自己在阅读中获得和别人正确交往的经验，还可以让幼儿之间互相交流自己所看的图书的内容，这样每个小朋友都可以学到不同的正确交往的方式。教师也可以创设更多集体才能完成的活动，这一类的活动需要幼儿通过交流、沟通、商量才能完成，比如集体搭积木，让幼儿通过和同伴一起完成任务，体会到合作的重要性，在完成任务的过程中也是学习交往的过程。幼儿的交往不仅仅局限在本班幼儿之间，还可以利用户外游戏的时间，打破班与班之间的界限，增加幼儿交往的机会和频率，让他们的交往范围扩大，交往对象增加。自由活动包括餐前和餐后的时间，睡前准备和睡后整理的时间，还有离园前的等待时间等，在组织好自由活动中，幼儿的情绪和表现都是最好的，最有利于交往能力的发展，因此应该保证幼儿有充足的自由活动时间。幼儿在交往过程中，如果可以用语言而不是大喊大叫、哭泣等来表达自己的想法意愿，这样则更容易被别人接受和理解，和别人交往起来也会更容易顺畅，比如在别人挡住了自己的时候，是用语言来提醒对方让一让，而不是推人或者打人。

三、良好的礼仪将有助于交往

交往中的礼貌礼仪也是非常重要的，尊重别人是友好交往的基础和前提，对幼儿来说，学会一些简单的交往规则，养成举止文明、礼貌待人的习惯，更有利于与同伴交往，也更有利于和不同年龄段的人交往。对别人的称呼、问候，对于别人帮助后的感谢，对于自己犯错后的道歉等，都是幼儿需要学习的，礼貌不仅仅是在说话内容上体现出来，而且说话的语气、语调和态度也很重要，因此在另一方面，教师还有引导幼儿在用文明用语的同时，还要注意说话的语气和态度，比如打招呼时眼睛要看着对方而且面带微笑。礼貌不仅是一种外在行为表现，也是一个人综合修养和素质的体现。

对于幼儿良好交往能力的培养，仅依靠幼儿园是远远不够的，家庭的力量不可小觑，我们应该鼓励家长利用并且创造各种机会为孩子创造与同伴或其他人的交往机会。例如可以利用假期带孩子多出去旅游，接触到不同的人文风俗，遇到各个地方的人，并且鼓励孩子主动和人交流，还可以利用就近原则，带孩子多去同一小区的家庭串门，和其他小伙伴组织角色游戏，也可以邀请其他人来家里做客。外出购物时，可以请孩子做一些力所能及的事，比如询问价钱、还价、付钱等。

社会学将人际关系定义为人们在生产或生活活动过程中所建立的一种社会关系。心理学将人际关系定义为人与人在交往中建立的直接的心理上的联系。中文常指人与人交往关系的总称，也被称为"人际交往"，包括亲属关系、朋友关系、同学关系、师生关系、雇佣关系、战友关系、同事及领导关系等。人是社会动物，每个个体均有其独特之思想、背景、个性、行为模式及价值观，然而人际关系对每个人的情绪、生活、工作有很大的影响，甚至对组织气氛、沟通、运作、效率及个人与组织的关系有极大的影响。交往在人一生的发展中占据重要地位，因此对于幼儿良好交往能力的培养是非常重要的。

参考文献

[1] 中国教育部.3—6岁儿童学习与发展指南[M].北京：首都师范大学出版社2012年版.

[2] 林崇德，余国良，李辉.中国独生子女教育百科[M].杭州：浙江人民出版社1999年版.

作者简介

刘娜娜　全州县机关幼儿园，中小学二级教师

王　婷　全州县机关幼儿园教师

刘元莉　全州县机关幼儿园教师

语文教学中的中华优秀传统文化传承应如春雨润物

张文燕

【摘要】习近平总书记在多个场合强调了传承中华优秀传统文化的重要意义。广西恭城民族中学全面开展传统文化进校园活动,语文课堂和语文教师成为这一活动的关键所在,如何把语文教学与优秀传统文化的传承结合在一起,也就成为语文教师迫切需要解决的问题。笔者围绕这一问题,从三个方面提出了自己的思考。

【关键词】语文教学;中华优秀传统文化;传承

习近平总书记在十九大报告中指出:深入挖掘中华优秀传统文化蕴含的思想观念、人文精神、道德规范,结合时代要求继承创新,让中华文化展现出永久魅力和时代风采。

中国上下五千年的历史长河中,优秀的传统文化犹如一颗璀璨的珍珠,闪耀着夺目的光彩。作为新时代的中学生,自当走在继承与弘扬优秀传统文化的前列。那么,作为语文教师,就更应该深入领会十九大精神,把语文教学与优秀传统文化的传承有机融合,让语文课堂展现出应有的文化魅力,让学生在感受到传统文化之美的同时,不自觉地树立正确的人生观、价值观,使语文教学达到"润物细无声"的效果。笔者认为,要做到这一点,应从如下几个方面入手:

一、提高人文素养，从教师自身做起

要发挥传统文化在语文教学中的作用，语文教师必须首先刻苦学习古典文学，提高自身的人文素养，所谓"欲给学生一滴水，教师须有一桶水"。

为了提高自身的人文素养，作为语文教师应该比学生先学一步。要求学生熟读的文章，教师必先熟读；推荐学生阅读的书籍，教师必先阅读；布置学生背诵的篇目，教师必先背诵……这样，语文教师才能在和学生交流的时候，有自己的见解和主张；在为学生传道解惑的时候，有问一答十的底蕴和学识。也只有这样，语文教师才能在学生的心目中树立见多识广的榜样，让学生切实感受到优秀传统文化的魅力，激发起学习和传承优秀传统文化的浓厚兴趣。

令人欣慰的是，在恭城民族中学，这一点不但语文老师在努力，其他科目的老师也在努力，整所学校有着这样一种学习优秀传统文化的氛围。我们学习《弟子规》，到了人人可熟读成诵的境界；我们读南怀瑾先生的《论语别裁》，达到人手一册；我们远赴广州学习传统文化，基本人人参与；我们举行各种方式的传统文化知识讲座，全校师生参与学习。正是教师的身体力行、言传身教，才能有对学生潜移默化的渗透。从这个意义上说，语文教师本身所具有的传统文化素养是语文课堂教学中深入开展传统文化教育的源泉，是语文教学中传统文化重要的课程资源。

二、展现文化魅力，从教材本身入手

统编教材语文课本中，选入了大量优秀的诗、词、文言文，丰富而深厚的中华民族的优秀传统文化就蕴含其中。作为语文教师，我们应该更新教学观念，在传授语言文字知识的同时，认真分析挖掘教材中的传统文化内涵，并通过恰当的方式传递给学生，让学生真正认识和理解传统文化的内涵与价值，从而自觉地接受它们，喜欢它们，进而受到它们的影响和熏陶，自觉成为优秀传统文化的传承者。

语文课本中，文天祥的"人生自古谁无死，留取丹心照汗青"的凛然正气、陆游的"位卑不敢忘忧国"的爱国情怀、范仲淹的"先天下之忧而忧，后天下之乐而乐"的广博胸襟、杜甫的忧国忧民、苏轼的乐观旷达、于谦的无私奉献……他们的精神品格都是优秀传统文化中的精髓，是中华民族屹立于世界民族之林的气韵与风骨，是最值得孩子们学习和传承的中华之魂！所以，我们在课堂学习中，一边教给学生诗词歌赋的知识，一边也让学生认真体会蕴含其中的民族精神，让优秀传统文化如春风化雨，润物无声，使学生在不知不觉间便受到这些思想的熏陶，在心中树立起做人的标杆，那么，作为语文教师的我们将无比欣慰地看到，语文知识和做人的道理渐渐融合在一起，达到了教书育人、齐头并进的境界。

从教材本身入手，挖掘文化内涵，总结起来，有这样几个方面：

首先，从课文注释、阅读提示、课后资料卡片等方面入手，挖掘有关的文学文化常识。比如学习《陈太丘与友期》，我们就能了解到敬辞与谦辞，明白礼俗之邦最基本的礼仪；学习古典诗词，我们就能了解对联的相关知识，明白什么叫仄起平收。

其次，从课文的相关故事情节入手，拓展挖掘整部著作的文化内涵。比如学习《孙权劝学》，我们就能拓展了解司马光和他的《资治通鉴》；学习《美猴王》《空城计》，我们就能拓展了解《西游记》和《三国演义》。

第三，从课文主题和人物形象入手，挖掘中华民族的传统美德。比如学习《花木兰》，我们就深入体会花木兰勤劳勇敢、不慕名利；学习《岳飞传》，我们就深入了解岳飞的精忠报国、用兵如神。

第四，从课文词句入手，挖掘相关的文化背景，见识古人的真知灼见。比如学习《卖油翁》，我们可以探索古人的"六艺"，能明白"熟能生巧"这个道理；学习《秋水》，我们可以明白什么是"望洋兴叹"，什么叫"贻笑大方"。

第五，从作者生平、写作背景等入手，挖掘文化意趣。比如介绍《卖油翁》的作者欧阳修，晚年号"六一居士"，数数哪六个"一"，让学生了解文人墨客的雅趣；学习《论语六章》，我们可以体味"浴乎沂，风乎舞雩，咏而归"的闲适。

就这样，在平时的课堂教学中，我们时刻不忘语文这门功课的语文本质，努力从各个方面入手挖掘教材的文化内涵。

在这个过程中，我们语文教师还要有价值观的引领，审慎、准确地把握传统文化教学内容的价值取向，把新时代的社会主义核心价值观贯穿于教学全过程。应该从对人的终身发展、对民族未来负责的高度，谨慎选择适合中学生的优秀传统文化来作为教学内容。帮助学生真正从优秀传统文化中汲取精神营养，形成积极的人生观，全面提升人文素养。只有全面而深刻地把握好传统文化之根，使学生受到圣哲前贤思想的滋养，让学生既学文化，又学做人，语文教学之舟才能在传统文化博大精深的海洋中，吮吸着鲜活的时代气息，扬帆远航！

三、拓展语文外延，由名著阅读展开

名著是文学经典，具有丰富的思想内涵，所以名著也是价值度极高的阅读教学资源。作为初中语文教师，要建立从名著阅读入手，以更好地传承优秀传统文化的意识，为学生精选名著阅读内容，优化名著阅读指导，升级名著训练体系，帮助学生更好地去展开名著的阅读，从而拓展语文外延，接受优秀传统文化的熏陶。

从笔者自身来说，本就是名著的铁杆粉丝，一直保持有读书的习惯，喜欢和学生一起读书，什么四大古典名著，大仲马小仲马，新课标必读篇目……一册在手，宠辱皆忘。平生最得意的，不是所教班级考试获得了好的名次，也非语文中考获得了几个A，而是又影响了几个学生爱上了阅读。包括学生家长问及"写作文有什么好的提高办法"，回答也是两个字："读书"。坚信读过成千上万的好文字以后，语文一定可以学好。

从学校的角度来说，恭城民族中学非常重视阅读。首先，我们设有每周一节的阅读课，让教师带领学生到阅览室进行阅读；其次，我们每个班级都设有读书角，有一百种以上的各类书籍供学生课余时间阅读；再次，学生每周一次撰写读后感，学校按期举办各类读书活动。可以这样说，学校把学生对课外名著的阅读，提到了一个非常重要的地位，给学生营造出阅读名著，传承文化的绝好氛围。

回溯源头，传承命脉，相互学习，开拓创新，是各国弘扬本民族优秀文化的明智选择。让我们共同以智慧和力量去推动人类文明的进步和发展，因为我们的成功将承继先贤，泽被后世。让我们依托积淀千年的华夏文化，以传承优秀传统文化和教育现代化为目标，进一步加强学校的校园文化建设，融中华优秀传统文化，推动语文教学改革，做好优秀传统文化的传承人。

教育部部长陈宝生就"优秀传统文化进校园"这一话题接受央视记者采访时表示，让优秀传统文化进校园，学校要做好三件事：第一，老师的培养很关键。第二，必须把教材建设这件事做好。第三，建设校园文化。

作为语文教师，如果真的能够从自身做起，提高自己的文化素养，从教材入手，为学生展现出文化的魅力，抓好名著阅读，拓展课堂的外延，那么，也就恰好契合了陈部长提倡的这三件事，正是把陈部长所说的三件事落实在了日常的教育教学之中。

优秀传统文化蕴含着丰厚的民族精神和道德理念，是我们在新时代进行青少年道德建设的重要思想养分，把中华优秀传统文化有机地融入到语文教学中，自然会起到"润物细无声"的效果，在潜移默化中，引导学生树立正确的人生观、价值观。正如复旦大学附属中学特级教师黄玉峰所说，"传统文化教育的最终目的就是人生教育——培养一个真正的人。"而我们，正是要把我们的语文教堂和优秀传统文化的传承结合起来，实现这样一个"培养真正的人"的目标。

作者简介

张文燕　恭城民族中学，中学高级教师

浅谈小学高年级学生积极参与手工课堂的策略

何 霜

【摘要】 针对小学高年级学生参与手工课堂积极性不高的现状，文章结合了笔者自己在多年手工课堂教学实践中积累的经验和方法，对有效调动高年级学生积极参与手工课堂的一些行之有效的策略性的解决方法和相关探讨，最终达到小学高年级学生动手、审美、创新等美术教学成效和艺术素质教育之目的。

【关键词】 小学高年级；积极参与；手工课堂；方法策略

目前，我国教育正在大力推行素质教育，特别是小学推进素质教育卓见成效，主要表现在小学生都积极参加校内外音乐、美术等特长学习班，有效提高了艺术素质。不过就小学阶段学习美术特长而言，包括绘画类和手工制作。笔者发现小学高年级学生报名学习美术动漫绘画类居多，很少有学生参加手工制作学习，越是到高年级，学生越是不喜欢上手工课，主要原因是由于学校专业教学条件有限，学生不愿意自带手工工具材料，或图省事。

笔者在小学高年级手工课的教学中，发现学生的课桌上零零碎碎地摆放着上手工课要用的材料，有的学生有，有的学生没有，有的学生还想依赖使用同桌的材料，问及学生准备手工课材料用具情况时，有的学生说忘记带了，有的学生则说找不到材料。对这样的课堂总感到有些力不从心，俗话说"巧妇难为无米之炊"，上手工制作教学内容，学生没有材料或准备不充分，再好的教学思路和设计也是"纸上谈兵"。这种情形已是屡见不鲜了，大部分美术老师都遇到过这样的情况。加上在美术手工课堂教学中，受学校教学条件以及教学时间、空间的限制，许多教师上美术手工课，只教学生进行一些简单的临摹，要求学生"仿制"得"像"，不仅限制了学生的思维发展，而且还忽视了手工课教学对学生各种能力的培养，扼杀了学生丰富的想象力、创造力。

手工课属于造型表现课型，具有直观性、形象性、灵活性特点，是手、脑、眼协调并用，也是感觉与思维相互渗透的活动，对于培养学生动手创作能力起着重要的作用。苏联教育家苏霍姆林斯基曾经说过："儿童的智慧在他的手指尖上。"特别是在小学高年级阶段，如果手工课堂教学得法，学生参与积极性高，更能使学生产生浓厚的兴趣，有效培养学生动手能力和提高创造能力，使他们从小学阶段具有爱思考、爱创造的良好品质，更有利于推进素质教育，提升小学生艺术素养。

因此，提高小学高年级学生参与手工课堂的积极性，是十分重要的。笔者在多年小学高年级手工课堂实践教学中，找到了能有效调动小学高年级学生积极参与手工课堂行之有效的策略性的解决方法，与大家探讨。

一、了解心理特点，培养兴趣，形成动手参与自觉

小学高年级阶段学龄的学生心理特点主要表现在情感发展快，思想活跃，教师想要拨响学生学习的"情弦"，首先要缩短师生距离，消除绝大部分学生对教师的一种畏惧心理，使用一些使人轻松愉快的幽默，与他们进行情感交流，这样逐渐喜欢上美术老师，也会喜欢上美术课了，为全体学生积极主动参与手工课堂创造做好铺垫。高年级学生还有一种猎奇心理，新奇的东西往往会激起他们探索事物的强烈欲望，这就要教师挖掘手工课教学内容的新意，使之有新鲜感。如课前布置预习，提前自学了解美术教材中手工内容制作步骤，赏析精美的手工作品图片，构思与教材不同的、使用其

他材料的制作方法等。还可以在课前让学生欣赏教师的手工示范成品，让学生产生对教师的敬佩之心，顺其自然燃起学生的学习手工制作兴趣。不过，在美术手工教材中，要因材施教，随机调节难度，应从充分挖掘学生的审美意识、审美需要、审美潜能的方面来提出预习要求，才能有效培养兴趣，形成积极动手参与手工课堂定势。

二、增强学习信心，指导技法，赋予动手参与能力

手工课堂教学既包含教师的示范指导，又包含学生的技法训练，以此培养学生动手创造能力。因此，在手工课堂教学中应有系统地把技法指导与学习过程联系起来，使学生有愿望也有能力动手动脑参与学习，有信心进行创造。

（一）收集各种材料，做好课前准备

如果制作材料，或制作工具准备不充分，手工课教学任务就难以完成，所以准备好制作的工具材料是上好手工课的前提条件。美术老师课前是最繁忙的，除了按要求进行的常规备课外，还要多方面考虑制作材料收集的问题，如学生需要自带哪些工具与材料，寻找这些材料有无困难等。只要教师在教学中多动脑筋，材料问题就迎刃而解。例如，在班上成立"环保材料集中箱"，充分利用集中箱里的相关材料，变废为宝，平时教师还要指导学生养成到生活中去寻找材料、发现材料、挑选材料、积累材料的习惯，通过这一方法准备材料就会解决很多困难。课前还可以通过确定策划组长、讨论构思、分配制作任务、合作完成作品，把独立操作改为小组合作，不仅解决了部分学生材料不足的问题，而且也解决了想象、构思的单一性问题，集思广益，取长补短。对于那些未带材料的学生，单靠批评是不能解决问题的，而是要鼓励参与小组的设计构思，

协助其他同学进行制作，不仅增强学生学习的自信心，提高学生的学习行为全面参与积极性，而且有效解决学生上手工课没有材料或准备不充分的问题。

（二）多种技法指导，加强技法训练

手工技法根据教学内容不同，要求也不一样，这也是学生正确制作对象，进行创造的基础。在小学高年级阶段手工技法训练包含的内容较多，如：泥塑的揉、搓、团、捏、盘等；纸工的折纸、裁剪、刻挖、粘贴等多种技法。有难度的手工制作技法教师要正确示范指导，还可以邀请个别学生一起师生合作，体验制作过程，积极发挥小组合作集体智慧，尝试多种不同的制作技法，赋予学生动手参与的能力。此外，手工课堂教学既要紧扣教学重点，又要帮助学生解决难点；既要着眼于学生整体，又要照顾个别手工能力较弱的学生；既要表扬鼓励，又要从中加强手工技法训练，有效增强学生参与手工制作的动手能力。

（三）绘画手工结合，培养审美情操

在教学实践中，绘画与手工制作相结合是方便可行的，不仅把学到的绘画知识运用到手工制作中去，而且使学生审美情操得到进一步的巩固和升华。小学高年级阶段手工制作的基本材料是纸与废旧物品，能起到废物利用的作用。比如，用废纸盒制作建筑模型，前提是要有绘画基础，先要在纸上绘画建筑图样，根据图样在纸盒上定好切口位置，才能开始制作穿插、刻挖、粘贴等组合完成建筑模型。又如，用旧挂历制作各种各样的服装，也是先在纸上设计绘画好服装款式效果图，根据效果图找到挂历纸上的所需色彩进行裁剪，在组合服装款式时还要做到色彩搭配合理，达到效果。从两个手工教学实例中说明，绘画是手工制作的基础，相辅相成，才能使完成的手工作品有构图美、造型美、色彩美，使学生感到赏心悦目。由感受美产生爱美的情怀，这样的美育是潜移默化的，学生是在不知不觉中受到教育，从而对学生的心灵起到"润物细无声"的作用，有效培养了小学高年级学生良好的审美情操。更为重要的是，让学生综合运用绘画知识和手工技能，不但能在模仿的基础上进行独立绘画创作设计，而且会使高年级学生全面参与手工课堂的积极性更高。

（四）运用多媒体，拓展想象空间

众所周知，世界上许多创造发明都是从想象开始的，所以"想象是创作的源泉"。如今多媒体教学手段普遍使用，教师可利用多媒体创造设计情境的方法来拓展学生的想象空间，对解决手工课堂中教学重点、难点很有帮助。例如，教学陶艺制作时，可利用视频短片让学生赏析了解我国现代陶艺及其文化，获得更多陶艺知识，有效拓展学生的想象空间。这一方法可视性强，吸引力大，能为学生创设广阔的思维空间，更有效提高了高年级学生情趣，自然就会产生参与手工创作的积极性。

三、创设环境氛围，创造条件，提供动手参与机会

学生有了动手参与的兴趣和能力，还必须有参与机会，否则一切都成了"无本之木"。教师要善于根据教材内容特点和学生实际创设环境氛围，因地制宜，创造条件，为学生提供更多的动手参与机会。

（一）设置充足的实践体验空间

在40分钟一堂课时间内，要想较好地完成手工课教学任务，教师首先要妥善安排

好每一个教学环节,让学生有足够的时间完成制作。在开课教学15分钟内,教师要精讲,力求浅显易懂,突出重点,突破难点。同时,要演示制作步骤方法,而且演示的可见程度要大,有效充分集中学生的注意力。在课堂有限的时间里,学生动手制作往往无法尽兴,可以利用延伸课堂的方法,如灵活调整两节美术课课时连着上课,或是延长课余时间,来弥补手工制作时间方面的不足。有条件的为学生创设美术手工制作专用教室,受条件限制的,可在班级教室里合理布局拼摆课桌椅,尽量创造便于手工课堂的活动空间,让学生有充足的实践体验环境。此外,教师还可以建立手工课常用工具箱,将剪刀、刻刀、胶水等用具放入其中,妥善使用、回收、保管,这样能有效避免因学生自带刀具进校园而产生的安全隐患。

(二)让学生在"看"中得到参与

在上课前,摆放优秀学生手工作品当范例展示,或是本班同学的优秀手工作品进行展示,请学生按小组分别欣赏,学生对同龄作品会比较感兴趣,看得仔细,学得认真,因为这时的"看"关系到自己的具体操作,对于学生手工创作素材的积累也有很大的益处。如果教师在此基础上介绍作品各方面的优点,学生就可以掌握得既快又全面,就会主动参与到学习中来。这在一定程度上,既满足了学生爱"看"的心理,又能激发他们看了之后自觉地相互学习其中的优点,也能有效提高学生的赏析审美能力。

(三)让学生在"教"中得到参与

心理研究成果早已提示:民主、平等的课堂氛围能使学生情绪积极,思维敏捷,想象丰富,能主动、积极地参与学习。在传统课堂教学中,多数是教师讲学生听。在这种课堂气氛中,学生往往感到沉闷、压抑,主动性不能发挥,甚至会产生厌学情绪。对于高年级学生而言,大部分已具备了当"小老师"的能力,教师要充分发挥学生的闪光点，激励学生走上讲台，参与"教学"，大胆说出自己学习手工制作的方法，共同交流，共同进步，在"教"中得到参与和锻炼。

（四）让他们在"说"中得到参与

美术教师在平常手工课堂评价教学环节中，多数采用教师点评法，但此举往往会挫伤学生的积极性，遏止学生的思维与个性发展，评价手工作品时可以采用师生互评、学生互评、学生自评等多种评价形式，并根据学生心理特点与能力循序渐进。到了小学高年级阶段，基本上要求学生对自己的作品能做出客观、公正的评价，强化优点。如果发现作品存在不足之处或有了新的创意，可以让学生把作品取回重新修改，完善作品。这样作品不论好坏，都不会受到师生们的批评与嘲笑，从而让学生获得成就感，使学生有了自信，这对学生无疑是一种自觉积极参与手工课堂的一大促进。

最后，多鼓励学生用自己制作的手工作品去美化生活、美化环境，把在课堂上学到的手工知识技能来进行课外制作和实践，这样可以天天看到自己的作品，既可欣赏，又增添了手工制作的实用性，最终达到小学高年级学生动手、审美、创新等美术教学成效和艺术素质教育之目的。

作者简介

何　霜　桂林市胜利小学中小学一级教师

法制建设

转型时期社会矛盾防范与化解之路径选择
——以临桂县检察院相关实践为样本

李 胤 唐晓萍

【摘要】基层检察院普遍面临着案多人少的矛盾,在办理大量刑事案件的同时,防范与化解刑事犯罪所带来的社会矛盾成为基层检察机关面临的又一重大任务。本文在深刻把握转型背景下社会特点的基础上,选取具有代表性的调研对象,总体把握转型社会矛盾的基本样态,探索并设计基层检察机关防范与化解社会矛盾的最优路径,建立以信访防控机制、民意畅通机制、案件评查机制、基础保障机制为核心的"四位一体"社会矛盾防范与化解工作机制。

【关键词】转型时期;基层检察院;社会矛盾;防范;化解

一、转型时期临桂县社会矛盾的基本样态

近年来,桂林市加大临桂新区建设力度,为临桂争取更大投资,改善基础条件,提升县域经济发展。特别是2012年,临桂县撤县改区后,市行政中心将迁移到此,临桂新区和桂林世界旅游城建设稳步推进。作为桂林市改革开放的前沿阵地,由一个典型的农业县向一个颇具现代化水平的城市转变。美国政治学家塞缪尔·P·亨廷顿曾指

出:"现代性孕育着稳定,而现代化过程则滋生着动乱"。[1] 他认为在现代化过程中充满着动荡和不稳定[2]。转型时期的临桂县社会正处在这个社会结构错动、社会矛盾增多、社会风险易发的时期,即社会矛盾凸显期。为此,挑选了在临桂县具有一定代表性的4个镇和某县检察院作为样本,向上述地区的综治维稳和信访部门调研近三年(2012—2014年)的信访工作情况,以期通过数据全面把握临桂县社会矛盾的总体特点。

(一)临桂县社会矛盾的总体特点及根源

1. 社会矛盾数量居高不下。当前,我国既处于发展的重要战略机遇期,又处于社会矛盾凸显期,社会管理领域存在的问题还不少。从近三年临桂县办理的信访案件情况看(见表1),矛盾数量始终高位运行,在经济较发达、大搞开发以及体制改革试点的地区,该问题表现得尤为明显。

表1 2012—2014年临桂县信访案件总体情况(件)

时间 镇	2012年	2013年	2014年	合计
A镇	29	35	41	105
B镇	34	36	37	107
C镇	19	29	37	85
D镇	42	56	71	169

2. 涉及民生民利的社会矛盾凸显。"由于社会结构的不协调,社会关系处于一种很强的张力之中。社会矛盾容易激化,社会问题和社会危机比较容易发生。"[3] 在4个镇区的信访案件类型上(见表2、表3),关于劳资纠纷、征地拆迁和治安问题、涉法涉诉的信访案件数量较多,分别位居前4位。相对而言,治安问题和劳资纠纷均属传统

和常见的信访类型。值得注意的是，该县完成新区征地3000多亩，拆除违法建筑6.8万平方米、完成投资近70亿元，"一院两馆"、建设大厦、传媒大厦等一批标志性建筑。相关的劳资纠纷、征地拆迁、工程欠款信访案件近年来呈现持续增长势头。

表2 2012—2014年相关镇信访案件类型情况（件）

类型 时间	治安	劳资纠纷	征地拆迁	工程质量及 工程欠款	涉法涉诉	其他
2012年	21	18	32	7	18	28
2013年	26	16	30	9	27	48
2014年	31	23	59	11	31	52

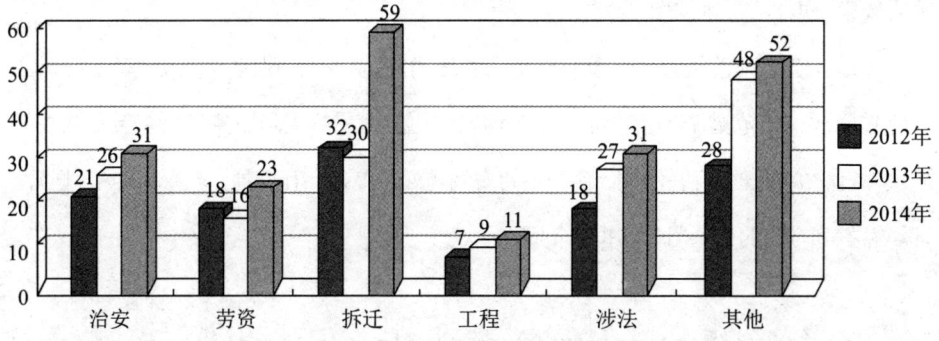

表3 2012—2014年相关乡镇信访案件类型情况比例图
（2012—20014年）

3. 群体性矛盾的对抗性明显升级。部分案件涉及的利益具有明显的群体性，如因征地拆迁、拖欠工资、环境保护等引发的矛盾纠纷，容易引发群体性事件。群众以期通过对政府施压寻求解决，部分群体性事件最初是小范围的摩擦，因种种原因，引起大范围群众的误解和不满，并经网络等媒体放大后，迅速升温和扩散，最终酿成群体性事件。

据前文的数据分析,目前,临桂县基层社会矛盾表现出数量居高不下、涉及民生民利的社会矛盾凸显、群体性矛盾对抗性明显升级三大特点,同时信访活动、民事纠纷和刑事犯罪所呈现的特点和趋势,也折射出当前临桂存在的各种社会根源性问题。当然,分析和评估根源性问题,除了要直视临桂在社会管理上的不足外,还应考虑社会转型的时代背景。

一是时代背景性根源。市委、市政府大力实施"城市化带动"战略,结合临桂新区建设,围绕交通枢纽、县城规划建设、旧城改造和城市管理,大力吸引外资,发展外向型经济,取得了令人瞩目的成绩。这一系列的改革举措,触动了既有的利益格局,与经济建设密切相关的劳资纠纷、征地拆迁、市场管理等问题引发的社会矛盾也愈演愈烈,且规模和处置难度也愈来愈大,给社会稳定造成的影响十分明显。各种社会群体承受改革与发展成本的比例,与获得改革与发展的成果不相适应,[4]最后只有寻求非法手段来获取自认为应得到的财富。

二是社会管理性根源。由于职能部门管理力度偏少,管理能力有限,基层基础工作比较薄弱,防范措施落实不够,在流动人口、出租屋、娱乐服务场所、废品收购等领域和行业的管理上存在漏洞,使一些治安问题滋生蔓延。在交通、教育、文化、医疗、环境保护等方面的公共服务的投入不足。

(二)基层检察机关面临的社会矛盾的类型化分析及特点

基层检察院在履行职责的过程中,经常涉及方方面面的矛盾,通过对近三年的刑事案件、信访案件进行系统分析,我们不难发现,当前基层检察院面临的社会矛盾具有四大典型特点。

1. 矛盾数量持续攀升。刑事犯罪案件数量和犯罪人数始终高位运行,暴力犯罪和侵财型犯罪案件频发，且外来人口犯罪占比较大（见表4）。犯罪活动尤其是暴力犯罪，是蔑视社会秩序最极端的表现形式，是一种严重的社会矛盾，对公共安全、公众人身财产安全造成严重威胁。

表4　2012—2014年临桂县检察院刑事案件情况

时间 \ 项目	批准逮捕	提起公诉
2012年	301件，376人	292件，348人
2013年	322件，393人	305件，351人
2014年	230件，308人	159件，216人

相关的信访量呈逐年上升趋势，且增幅较大。以临桂县检察院为例，近三年的信访案件总数（见表5、表6）分别为71件、104件、98件，呈上升趋势。案件中，犯罪行为发生的证据较难收集比较少，且无其他证据证实或民刑纠纷交叉的情形，定性存在争议，结果无法接受而不服不立案。这类矛盾的产生具有复杂性、综合性和多因性的特点。

表5　2012—2014年临桂县检察院信访件类型（件）

时间 \ 类型	举报	控告	刑事申诉	民事申诉	立案监督	咨询	合计
2012年	11	6	5	5	12	32	71
2013年	16	12	13	7	11	45	104
2014年	13	13	9	8	9	55	98

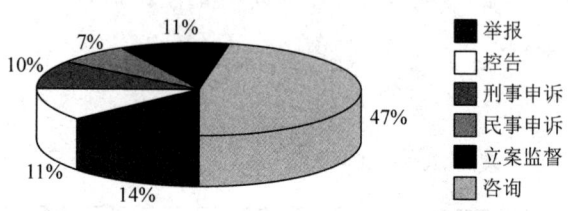

表6 2011—2013年临桂县信访类型案件分布图

2.基层干部违法乱纪引发的矛盾逐年递增。接到群众举报职务犯罪的数量,特别是村委两委干部数量大量提升,呈现成倍增长趋势。其中以反映基层劳动部门、村委干部在执法或管理过程中存在受贿、行政不作为和公安人员存在暴力执法、受贿、渎职的情况为主。从近年来查处的情况看也每年递增。

二、当前基层检察机关防范与化解社会矛盾实践述评

防范与化解社会矛盾,重点在基层,关键在基层,难点也在基层。为了增强矛盾防范和化解实效,临桂县检察院各部门以执法办案为中心,着重解决执法过程中隐藏和凸显的社会矛盾,分别探索出了一些适合部门检察职能定位、具有部门特色的工作机制。通过深入调研和比较鉴别,发现部分工作制度在特点、功能、程序设置等方面有一定的相似之处,可以进行特定的类型化、模式化评析。

(一)风险评估制度

侦监、公诉等业务部门分别建立了"执法办案风险评估制度",要求案件承办人在

办案过程中，通过走访当事人、审阅卷宗、提审犯罪嫌疑人、被告人、及时与公安机关联络沟通等方式，挖掘可能存在的矛盾隐患，对风险层级进行评估，并将重大隐患在承办人评估风险、科室集中讨论后上报主管领导，针对具体情况拟定化解措施。

（二）刑事和解制度

侦监、公诉等部门在办案过程中引导双方达成和解，并将双方关系的修复情况作为逮捕必要性审查的情节或作为酌定量刑情节向法院提出，争取对犯罪嫌疑人从宽处理。从实际情况来看，该制度取得了不错的效果。对于被害方而言，达成刑事和解后，犯罪嫌疑人更愿意积极主动地进行赔偿，可以避免被害方遭受"二次伤害"；对于犯罪嫌疑人而言，在被害方达成谅解的基础上，其可以在法律允许的幅度内获得从宽处理。坚持依法办案与调解优先相结合，积极开展轻微刑事案件和解、民事申诉案件和解、涉检信访和解工作，"确保'检调对接'过程的实体合法化、程序规范化和效益。"[5]特别是对其中检察机关难以自行化解的案件，引入社会调节力量促进化解。

（三）派驻乡镇检察室制度

针对辖区面积较大、人员复杂、矛盾多发的情况，依法延伸检察工作触角，在人口较多、社情复杂、司法诉求相对集中的乡镇，设立了派驻检察室，畅通基层群众表达诉求的渠道，以下沉检力促矛盾化解。

（四）部门联动接访制

各部门联动接访制是指各业务部门共同参与特定社会矛盾的化解工作，形成工作合力，在一定程度上克服了信息不对称和机械办案的思维缺点，提高了防范与化解社会矛盾的效果和效率。但尚未在全院形成矛盾防范于化解的统一意识，缺乏整体性、协调性，工作中内耗过多，实践起来效率不高，难以实现对社会矛盾的"全程监控"，尚不足以发挥基层检察机关在社会矛盾化解中的重要作用。

现行模式下，首当其冲的是矛盾防范与化解的主动性不足，就案办案的情况仍然存在，有的在办案中不评估风险，有的评估发现了风险但不主动做化解工作，从而导致一些小矛盾、小问题由于得不到及时处置或者被忽略，最终酿成大矛盾、大问题，有时甚至演变成影响力和破坏力较大的群体性事件。工作缺乏创新性、尚不能根据实际情况更新工作观念、调整工作思路、创新工作措施，矛盾化解的手段单一守旧、方式简单机械。检察机关在矛盾防范与化解中的另一个不足是矛盾防范与化解的辐射力不强，化解社会矛盾的触角尚未完全覆盖。

三、基层检察机关防范与化解社会矛盾工作机制之完善

（一）完善信访矛盾协调处置机制

1. 建立首办责任制。"处理涉检信访案件，首先要落实好首办责任制。"[6] 以"谁办理、谁负责"为原则，并将案件原承办人列为首次接访责任人。充分发挥原承办人对案情更加了解、对矛盾焦点的认识更加深刻的优势，提高接访针对性，将矛盾纠纷处理在最初环节。积累借助社会力量参与社会矛盾化解的司法实践经验，为有效化解各类衍生性矛盾提供典范。

2. 建立信访信息双向通报制度。与地方政府的政法委、信访办、人大办、维稳中心、

司法局搭建信息通报平台，定期对日常数据、工作信息、重大案件三类信息进行互相通报，通过动态了解辖区信访案件的总体情况、特点和趋势，掌握辖区社会矛盾的最新特点和新动向，增强相关单位和部门共同、彻底化解矛盾的敏感性、前瞻性。

3. 建立辖区公检法季度联席会议制度。专设涉检涉法信访工作通报环节，针对该季度中频发的信访问题、突发的重特大信访问题、以及信访工作中存在的衔接不到位或配合不积极等问题进行通报，并从减少信访的角度出发，讨论解决问题的有效举措，避免因沟通不及时、不彻底导致的"踢皮球"和重复信访。"行政机关的权限来源于法律规定，法律未规定的权力行政机关不能自己授权。"[7]检察机关应加强对违法拆迁、违法征地等工作的监管，必要时发出检察建议，以化解矛盾。

（二）拓宽司法救助渠道

规范刑事救助制度。有必要制定全国统一的刑事被害人救助的专门法律，构建合理的救助模式，确立救助审批程序、救助金发放等程序，完善救助后追偿机制，确保救助工作的规范化和高效化，促进涉检信访的化解。应设立监督矫治制度，如建立"和解保证人""刑事和解档案""志愿者帮教"等后续配套制度，明确检察机关对加害人反悔的应对处理以及加害人再犯罪的量刑标准，防止产生新的涉检信访矛盾。

（三）建立案件评查机制

"社会法的本质在于对公民社会权利的保障，侧重于对弱势群体利益的维护。"[8]重点加强对立案、侦查活动及审判活动的监督，及时发现并纠正侦查、审判以及执法活动中存在的问题。在监督方式上，要化单一监督为灵活监督。坚持严格依法、区别对待的原则。将息诉关口前移到侦监部门、公诉部门，树立息诉也是办案的理念，将息诉工作前移，要求办案人员在办理案件的每个环节都注意做好当事人的息诉工作，为彻底调解群众矛盾打好基础。如侦监部门在提前介入案件时证据不足的案件建议公安机关不提捕，或监督撤案的，评估存在信访风险的，必须建议公安做好释法说理工作。

（四）加强基础保障建设

通过构建执法办案风险评估预警机制提升检察工作人员防控涉检信访风险的能力。积极为干警搭建法律文书说理、再审抗诉模拟法庭、基层检察室接处访、涉检信访风险评估技巧等培训锻炼平台，切实提高发现违法犯罪、分析研判矛盾、适用法律政策等法律监督能力，着力加强服务群众工作能力、信息实战应用能力、突发事件处置能力、舆论应对引导能力建设，努力提高执法能力、执法公信力的层次和水平。[9]

参考文献

[1] 塞缪尔·亨廷顿著，王冠华等译. 变化社会中的政治秩序，三联书店出版社1989年版，第40—41页.

[2] 塞缪尔·亨廷顿著，王冠华等译. 变化社会中的政治秩序，三联书店出版社1989年版，第40—41页.

[3] 李强. "丁字型"社会结构与"结构紧张"，载社会学研究2005年第2期。

[4] 黎小艳. 东莞市构建和谐社会的思路和对策，载东莞理工学院学报第12卷第6期。

[5] 许同禄. 创建"检调对接"工作机制有效化解矛盾纠纷，载人民检察 2007 年第 24 期.

[6] 马晨清. 关于涉检信访中几个问题的思考，载法制与经济 2010 年第 12 期.

[7] 张峰主编. 行政强制法释论，中国法制出版社 2011 年版，第 53 页.

[8] 廖奕. 社会矛盾需要法治化解，载楚天主人 2013 年第 5 期.

[9] 曾学愚. 检察机关化解社会矛盾工作情况调查，载人民检察 2011 年第 1 期.

作者简介

李　胤　临桂县检察院人民监督员办公室主任

唐晓萍　临桂县检察院办公室主任

新时代推进依法行政存在问题及对策

林翠松

【摘要】 依法行政是依法治国的基础。文章着重从依法行政的必要性和现实意义,分析当前推行依法行政面临的困境和存在的问题,提出在中国特色社会主义新时代如何推进依法行政的建议。

【关键词】 新时代;依法行政;对策

党的十九大报告指出"建设法治政府,推进依法行政,严格规范公正文明执法",依法行政是依法治国的基础。在全面建成小康社会决胜阶段、中国特色社会主义进入新时代的关键时期,积极推进依法行政,不断提升依法行政水平,切实做好依法行政工作,建设法治和服务型政府,为桂林早日实现"两个建成"奋斗目标,促进桂林经济社会的全面发展起到保驾护航的作用。

一、什么是依法行政

依法行政,是国家机关及其工作人员依据法律规定行使行政权力,对国家的政治、经济、环境、文化、教育、卫生等各项社会事务依法进行管理的活动,也是对其行政行为的后果承担相应的责任的原则。具体而言包括两个方面，一方面政府行政机关要以法律为武器管理国家事务，通过行政管理，为经济和社会发展服务，为人民服务，要求公民或组织依据法律享受权利，履行义务，对不正当行使权力和不履行义务的追究法律责任。另一方面作为管理者，也必须依法管理，在行使权力时，必须以法律为准绳，必须在法律授予的职权范围内行使权力，依法依规管理国家事务，既不失职又不越权，更不能非法侵犯公民的合法权益。这两者是和谐统一的。管理者与被管理者都要严格遵守法律。因此，依法行政必须纳入社会主义法治的轨道，通过权力机关制定法律，严格依法行政，使行政管理不偏离航道，保持行政管理的严肃性、连续性、统一性和稳定性，提高政府的治理能力，促进社会的公平和公正。

二、依法行政的必要性和现实意义

（一）依法行政能加强施政者和老百姓的和谐相处

依法行政加强党风廉政建设，能保证管理者本质不变，防止管理者滥用权力和行政权力的缺失而对社会、对人民造成严重后果，依法行政能提高行政管理的水平，增强政府的权威，提高政府形象和工作的效率。政府机关以法律为依据管理各种事务，要求公民、法人或其他组织依法享受权利、履行义务。依法行政是在公平、公正、公开的情况下保护广大人民群众的最根本利益，是维护社会稳定，促进经济发展，国家长治久安的根本保证。

（二）依法行政是各项事业顺利开展的保证

依法行政对我们实现社会主义民主法治有着示范和带动作用。政府的行政行为涉及方方面面，影响巨大，直接关联着群众利益，对广大公民的行为有着深刻影响。依法行政意味着行政行为在法律框架内符合人民的意愿，直接为人民服务。在法律上公民与政府是处于相互平等地位的。地方政府如果不依法行政，公民则将不知所从，无法判断自己的行为是否违法，人为地造成社会不公。进而对政府或管理者失去信心和信任，造成社会道德价值和法律失去价值和应有社会地位，严重地影响了民主依法治理的建设进程。

（三）依法行政可以充分地发挥行政机关的管理职能作用，真正体现为人民服务的本质

依法行政的施行涉及立法、普法、执法以及法律监督等方面。行政机关责任重大，在全面推进小康社会建设进程中，必须贯彻依法治国的基本方针，带头学法用法。行政机关行使权力时坚持"人民权力人民用，人民权力为人民"的根本宗旨，坚决维护大多数人民的利益，切实保障人民群众的财产、安全和自由。人民群众则要依靠行政机关依法行政来实现自己的安全和利益保障，需要一个安定团结的社会。

（四）依法行政能带动全社会对法律的尊重、遵守和维护，推进和谐社会建设，促进经济发展，实现社会稳定，保障国家长治久安

当前，随着社会的发展和进步，司法的普及激发了人们的法律意识，人们更迫切

需要法律来维护和保障自身的合法权益。因此，能否依法行政，能较好地防止行政权力的缺失和滥用，直接关系到广大人民群众合法权益和利益的实现，关系到政府及其工作人员廉政建设，关系到提高行政管理水平和行政效率，增强政府的权威，提高政府形象的问题。

三、当前推行依法行政存在主要问题

（一）依法行政中有法不依、依法不严现象明显

首要突出的问题是行政执法人员综合素质和专业素质参差不一。他们来自不同行业和部门，甚至各知识层次。他们中许多人员都没有经过专门的系统的法律知识的学习和培训，掌握的专业知识十分有限，多数是靠自学靠边做边学，或只是每年按照要求象征性地进行过三五天进行笼统的法律知识培训，或者为开展工作需要就某法律相关知识进行短期突击性的培训，急功近利，现炒现卖，这样他们虽然了解了一定的法律知识，但很难保证他们对该法律立法精神、法律体系、相关法律的基本原理有一个全面的认识，从而在具体的行政管理和行政执法过程中执法错误或者有偏差。当前有法不依、执法不严、违法难究、大事化小、小事化了的现象仍较普遍存在，政出多门、多头管理、重复执法、越权执法的现象明显；职能交叉、分工不明、职责不清，甚至还有不具备执法主体资格的人员合同工、临时工等参与执法、办案等现象繁多。随意增减职责权限，不遵守法定程序，不严格按照法规、法律、规章的规定办事，乱收费、乱罚款、乱设卡、乱办案、乱规划、乱审批等各种违法问题普增；这些问题往往极易引发民怨，酿成矛盾纠纷。

（二）我国执法制度上的原因，致使一些行政部门追求行政执法最大利益化

1. 在财政体制方面，这是最根本的原因。由于我国实行的是中央、地方分级的财政管理体制，一些地方为减轻当地财政负担，默许部分执法单位不按照规定或编造名目收费，一些执法单位为鼓励工作人员的工作积极性，从收取上来的钱中抽出相当一部分奖励给职工（如聘有协警、临时工、协管等单位），个别实行体制内的自收自支管理体制单位甚至自立名目自定价钱收费，在社会造成极为恶劣的影响，损坏了自身的形象。

2. 在法律制度方面。一些地方或部门立足当地实际，从本地本部门的利益出发，立法时不以国家法律为依据，利用上级赋予的立法权片面地强化、扩大部门权力，甚至不顾国家法律规定，利用政策漏洞，制定地方实施方案和文件规定，自觉不自觉地增设一些给本地区、本部门带来实惠的审批权、发证权以及收费罚款权力。在行政管理的一些领域，缺乏明确的法律规定，以至于管理过程中有法不依或无法可依，随意行政；有的虽有法律规定，但执行过程中仍然保留着浓厚的地方色彩，致使那些个人决策、暗箱操作、内部行政行为等现象时有发生，给违法行为提供了理由和时机。

3. 在执法机构设置方面。过去我国实行立一部法，就设立一个机构，并授予相关的审批权、发证权、收费权、检验权、处罚权等。把许多权力集于一身。各行政机关权力很大，审批、监管、查处、检验，都是自己说了算，既自行执法又自我监督，权力和责任互相分离，导致受利益驱动，执法中随意性、无序性都时有发生。

4. 在行政管理方面。我国很早就形成了行政权力的监督制约的体系，其方式方法很多。由于权力交叉重叠、职责不清，以致推诿、扯皮、敷衍、塞责。监管部门"人治"多于"法治"，无利不愿管、事大不敢管、事小不愿管，有利可图则抢着管。致使行政

机关执法权力、责任监管、法律服务均不到位，导致执法过程中滥用职权、违法执法。

四、新时代如何推进依法行政

桂林目前正处于发展的关键时期，要早日实现"两个建成"奋斗目标，必须要科学看待新时代的全面推进依法行政的问题，建设廉洁、勤政、务实、为民、高效、负责的政府。做到：

（一）推进体制改革，规范行政立法

适应新时代的需要，建立健全低成本、高效率的行政管理体制。做到：一不越位，不该管绝对不管；二不缺位，本着负责任的态度，该管的就要管好；三不错位，摆正自己的位置；四不扰民，为老百姓办事手续越简便快捷越好。同时，正确处理好四个方面的关系，即是法律手段与其他社会调整手段、事前审批与事后监督、惩罚与引导、权力与权利的关系，更好的体现依法行政的精神和原则。当前，我国规范政府行为方面的法律很少，有的领域几乎是空白，从而导致政府行为的缺乏监管。行政许可、行政收费、行政合同、政府采购、公务员管理、行政征收征用等单项法规或行政强制、试行条例混乱，使政府在这些行政执法无法可依或有法难依。现在腐败现象层出不穷，就是因缺乏健全的行政制度，致使公开、公正、公平的宪法理念无法落到实处。因此，必须尽快建立健全行政程序和管理制度，实体控权和程序控权并举，实现效率与公平、现实与原则、规则与程序的兼顾。

（二）进一步转变政府的行政职能，抓好行政管理，建设服务型政府

政府职能的转换，应由单纯的直接管理干涉过渡到间接引导和服务，彻底改变过去官本位、权力本位、命令与服从的等级关系，简政放权，过渡到民本位、权利本位。政府集中精力搞好宏观经济调控和创造良好的市场环境，减少老百姓办事的门槛。使政府行政权力运行更加科学化、民主化、高效化，促进政府向服务型政府转变，提高行政透明度，明确执法主体资格，实行政府行政机关服务承诺制度。要深入贯彻落实党的十九大精神，进一步深化认识、突出重点、压实责任，提高政府治理能力，加快法治政府建设。

（三）监督检查行政执法要常态化，提高依法行政的效率

权力机关对行政机关的监督要制度化、规范化、常态化，加强对行政机关监督自控，明确权力机关与行政执法机关职权范围，实行执法与执法监督职能的分离，并赋予必要的独立性。多途径、多层面、全方位监督，不断加强行政人员的思想政治工作和遵纪守法教育，从根本上解决人生观、世界观、价值观存在的认识问题，增强防腐拒腐意识，用法律、法规和党纪、政纪规范行政行为。加大同级监督、人民群众监督、行政系统内部层级监督、财政、审计、政纪和舆论监督，进一步完善和维护政务公开制度、"窗口式办公办事"制度、重大行政处罚报告制度、规范性文件备案审查制度，认真做好行政复议工作，加强平时执法检查、考评力度，抓"苗头"堵"源头"，防微杜渐，不依法行政的机关及行政人员要按规章视情节给予党纪、政纪、国法处分，还必须承担责任后果，保证依法行政行为合法、公平、公正。

（四）加强行政执法人员素质教育，增强依法行政高效廉洁

"所有政府工作人员尤其是领导干部一定要学法、知法、懂法。不学法，不懂法，就谈不上依法行政。"（习近平语）行政执法是一项政策性、综合性都很强的工作，要做到依法行政廉洁高效，要求行政执法人员必须具有较高的法律知识素养，还须具备其他相关方面的专业知识，以及较高的政策水平，必须下大力气，加强行政执法队伍法纪教育，不断增强依法行政的观念，提高行政执法人员整体素质。建立起行政人员学习、培训、考核、岗位责任制、聘用与解聘、奖励与惩处机制，增强行政机关行政人依法行政的意识和能力。推进重点领域的信息公开，如行政权力、财政资金信息、公共资源配置信息、重大建设项目信息、公共服务信息等，全面深化政务公开，为公众提供便捷、高效的公共服务内容，拓宽政务公开渠道，提升政务公开水平，让政务公开成为新常态，促进依法行政的廉洁高效。

依法行政保护管理者和广大人民的根本利益，按照新形势新要求，要切实增强依法行政的自觉性、紧迫性。实行依法行政必须做到"有法可依，有法必依，执法必严，违法必究"，建立新常态法治政府和服务型政府，推进桂林实现"两个建成"奋斗目标。

参考文献

[1] 霍文娟.《推进基层政府依法行政研究》.2014-09-17.

[2] 郭道晖. 法治行政与行政权的发展 [J]. 现代法学 1999（1）-11-14.

[3] 文正邦. 法治政府建构论：依法行政理论与实践研究 [M]. 北京法律出版社 2002.

[4] 于志博. 辽宁省北镇市建设工程项目行政审批问题研究 [J]. 大连海事大学 2013.

[5] 《试论依法行政现状及其对策》.2013-11-04.

[6] 新华网. 安传香.《简政放权是打造法治政府的重要抓手》.2014-11-06.

[7] 张晓.《试论依法行政的理论与实践》.2013-02-05.

[8] 应松年.《依法行政理论与实践》，国家行政学院出版社 2011 年版.

作者简介

林翠松　平乐县档案馆讲师

农村法制建设实践与思考
——以平乐县为例

彭文梅

【摘要】 法制农村是全面推进依法治国的基础和重点。由于处于管理末梢,传统陋习的影响和多媒体时代思维的质变,农村法制建设尚存诸多问题。文章旨在分析农村法制建设现状,透视问题原因,探究有效规范经济秩序,破解法制农村建设的有效路径。

【关键词】 依法治国;民间法;法制农村

农村法制化是新常态的必然选择。习近平同志指出:全面推进依法治国,基础在基层,工作重点在基层[1]。作为组织管理末梢,农村是基层依法治理的特殊领域和关键环节,其和谐稳定是"三农"工作的重中之重。美丽乡村建设,伟大复兴中国梦,要求实施"法制农村"战略。本文立足桂林市实际,以平乐县为个案,探寻"四个全面"语境下农村法治实施的路径,期盼全面推进依法治村,将新农村经济秩序纳入法制化轨道。

一、原点与归宿：审视农村法制建设的现状及影响

（一）现状有了一定的改观

改革步入深水区，农村需要全面法制化。长期以来，通过普法宣传教育和依法治理，农村基本实现由"无序"到"有序"、由"人治"到"法治"的华丽转变。主要表现在几个方面：（1）法律有普及。新农村下各村基本建有文化室、图书室，一些村民主动阅读赠送的法制报治杂志、法律书籍。电视和网络的普及，能够看到法律节目、法制在线。处理纠纷中知道运用法律手段维权，如危险情况报派出所、拨打110，广大村民法律意识增强。（2）能力有提高。过去农村书记、村主任基本为大家族"强人"执政，为村民解决纠纷和问题，主要依赖"家长制"作风和宗族势力打压，有时帮"亲"帮"钱"不帮"理"。协商民主制度下，现在选举的是"威信型"执政，加之学习增多水平提高，能够通过法律知识调处纠纷，依法依规处理各种事务。（3）宣传有行动。相关组织机构利用圩日、集市，每年定期到乡镇、农村开展法制宣传，免费发送《身边的法律》资料，注重农村法律知识的普及和强化。（4）活动有开展。一些地方开展了"平安村""和谐村""民主法制村"等创建活动，农村法制工作的有效载体得到巩固和加强[2]。

（二）理性看待问题不容乐观。农村法治建设存在一定的困扰难题

1.农民法律意识淡薄。目前，农民法律意识的增强与经济发展水平的提高没有形成正相关关系，表现在农民对权力的崇拜、权利义务的模糊、主体意识的淡薄和法律知识的缺乏等。当自身权利被侵害时，要么以"法愚"的形态展现于社会；要么屈从于权威；要么置法律不顾"以暴制暴"。在乡土社会中，礼俗习俗、宗法族规、道德伦

理成了最重要的社会控制手段，人们对它们的推崇超越了法律。重礼、轻法占据人们的思维和意识，法律资源在农村社会几乎闲置。笔者对平乐县 134 个村委开展纠纷（宅基地、山场、土地、刑事）处置调查，解决方式超过 70% 的受访者选择"私了"，依据多为习俗、公理，极少选择认为"神秘"的法律；诉诸法院的不到 10%，基本为暴力伤人事件。源头镇古营村，有约 58% 的村民对法律一无所知，约 23% 的认为法律不如村规民约可信，12% 的认为在不得已才会求助法律。数据证明了农民法律知识与维权意识之淡薄。

2."民间法"处于主导地位。农村是有别于城市的经济和法治生态区域。由风俗习惯长期演变而来的逐渐制度化的规则，人们称之为"民间法"。乡土性的农村，是"差序格局"的"乡土社会"，实行"礼治秩序""长老统治"。费正清表达为："法律在公众活动范围内所占地位是比较小的，百姓尽量避免到县官堂上打官司……大部分纠纷是通过法律以外的调停以及根据风俗和地方上的意见来解决的"。[3] 改革开放农村发生了质的变化，但国家法律在农村的普及和利用率较低，"民间法"仍处于农村法律适用主导地位。部分村民遇到矛盾纠纷和侵权伤害，要么忍气吞声，要么拿钱找"强人"摆平，要么烧香拜佛求上天解决。以"聚嫁女"权益保护为例，分田到户后，"增人不增地，减人不减地"，由此引发流血和集体上访案件不少。村民（代表）会议通过制定村规民约，"民主"地将部分村民的利益排除，是典型的民间法主导农村法治的表现。

3. 两委干部法制意识缺乏。实现从"人治"到"法治"，没有根本性转变：(1) 县、乡两级对村委缺乏真正的管理，认为农村法制是软指标，一时半会儿难以抓出成效，放松对村党支部的法制教育；(2) 村委干部为当地人，低头不见抬头见，纠纷处理以息事宁人或不了了之为标准。多数认为村民法制意识太强，就会按照法律规定去约束政府的工作，从而降低行政效率，致使法制宣传重形式、看标语、轻落实。(3) 两委干部待遇低，2012 年平乐县村委干部的工资约 800—1000 元，得过且过，心思放在硬指标或有"捞钱"的项目；(4) 大多数两委干部是宗族势力大的人，有的靠贿选上来，搞"一言堂"独断专行，班子内部不民主不团结。政务、财务长年不依法公开。乱集资、乱摊派、乱罚款时有发生;(5)司法机关下乡办案,一般只找或单听村干部,时常发生有法不依、执法不公的不良现象,影响村民对法律的仰视和崇拜,给法制建设造成阻力。

二、问题与剖析：透视诸多问题的原因及分析

（一）法律宣传不到位

近年来,城乡一体化发展,人口流动频繁,留守农村为"386199部队"(妇女、儿童、老人),他们的科学文化水平普遍较低,接受能力不强。政府贴标语、拉横幅、发资料等,单一的普法方式不可能从根本上改变农村:(1)形式停留一般化。宣传时间专门选在特定的日子,如"全国法制宣传日""禁毒宣传日",这种偶然出现、短时期的宣传无法使法律入脑入心,也很难满足农民的常规法律需要,更不能真正增强其法律意识,因而不可能实现促进农村法制建设的初衷。(2)覆盖不深不广。宣传工作多侧重于法律知识点,而忽视了对学法后的用法途径和寻求法律服务的引导,农民遇到具体法律问题仍然感到求助无门。(3)手段落后呆板。法制宣传组织机构只停留在数据统计,要求农村建立统一模式的宣传栏、发放N份宣传资料、建立几支法律服务队伍。宣传活动喜欢搞1小时活动,追求热闹的场面,领导讲讲话、拍拍照就完事。闭门造车应付检查只求数据,导致农村法制宣传效果不佳。

（二）村级治理结构不合理

村级治理结构,主要指村级的权力结构,以及由权力结构引发出的各种与治理相关的结构性关系。[4]农民封建父母官思想根深蒂固,对政府的依赖性、对司法的陌生感

造成这样一个现实：农村除了村党支部和政府外，不会相信还会有其他权威力量能对农村产生实质影响。这种习惯正好证明了司法制度在农村的缺失，反过来又抑制了民间对国家法律的需求。村级两委干部以"国家"自居代表"政府"，如同万能的"七品官"处理日常事务。有的当"土皇帝"想干啥就干啥，依仗权势横行乡里。征地、拆迁、收费甚至喊出"谁敢跟政府对着干，我就叫他难看""谁影响政府一阵子，我就影响他一辈子"。村级管理"自我形象"的错误定位及损毁，这样的环境怎么谈法律进农村？又怎么谈法律在农村的实践？上文提到"聚嫁女"权益保护案例，是为铁的佐证。

（三）纠纷解决途径不规范

平乐县农村纠纷解决的途径有几种：一是私下和解；二是村委调解；三是移送乡镇司法所；四是上访；五是诉诸法院。其中选择最多的便是上访（非正规的上访），甚至是一种闹访。随着城镇化步伐加快，征地拆迁难免扩大化，因而"闹访"行为持续增多。县乡干部遇到群众闹访，只要能够息事宁人就给钱给物，怕激化矛盾引发更多问题。这无疑助长了无理上访、"闹访"者的气焰。农村的非自诉刑事案件出现当事双方掩盖下的和解，这无疑有损法律权威，有碍社会正常秩序。村委主持下的调解，一般是没有法律依据的"说和"，依照基本的价值判断，掺杂个人威望的成分，不能够完全体现公平、公正。受司法人员专业水平的限制，司法调解也不能完全达到"定纠止争"的效果。农村属于司法力量的边缘地带，受农民自身的价值思考影响，大多数人不会选择花钱诉诸法院。

（四）法制功能发挥不制衡

农村的"民间法"占据法制建设主导地位，有其深层次原因：（1）国家法律难以融入农村社会。农村是一个"熟人社会"，人员流动性小，生活在特定区域，在一定意义上是"社会共同体"。国家法律作为一种"外来的力量",很容易打破人与人之间的亲密联系,造成人们之间的疏远与陌生。如果人们遇到纠纷就诉诸法律,极有可能形成"1代官司3代仇"的阴影,选择法律难免会出现排斥心理。(2)农村注重对利害关系的权衡。解决纠纷是为了维护自身利益,如果投入的精力、时间超出结果所得,大多数人会选择放弃或其他渠道。司法力量只达到县一级,农村属于法律的边缘地带,遇到纠纷就付诸司法,农民基本不接受。(3)法律的功能无法取代乡规民约。农民的日常生活与国家法律相距遥远,"城镇化""市民化"的法律法规与农村的实际无法"亲密接触",国家法律在村民自治过程中遭到闲置和边缘。

三、目标与路径:检视几点可操作的对策及建议

运用法治思维和方式推进农村法制建设,平乐县的现实选择路径是:

(一)注重普法工作创新

要在传统法治宣传的基础上,加强多媒体新技术的运用:(1)创新普法理念。贴近实际、贴近农村生产,用"本地话"宣传喜闻乐见、通俗易懂的案例。坚持服务大局,紧紧围绕党和国家重点工作。坚持以人为本,宣传与农村密切相关的法律法规,引导群众依法表达诉求,维护权益。坚持"普治"并举,推进多层次、多领域依法治理和法治创建活动。(2)分类组织宣教队伍。善于抓住纠纷、城镇化、征地拆迁等重点,根据不同对象,分类施教,提高法治宣传教育针对性和实效性;进农村、进校园开展法治宣传教育主题活动,推进法治宣传教育向面上拓展、向基层深化。(3)多种技术增效果。注重应用网络、微博等媒体,将法律法规条文和典型案例贴上,为公众提供

全方位的学习平台。(4)组织群众性法治文化活动。利用集市和庙会,举办法律知识竞赛、法治文艺汇演等进行法治宣传。把身边的案例融入彩调、桂剧,寓教于乐,让农民在喜闻乐见的文化氛围中感受法治理念的熏陶。2013年以来,平乐县实施"五包"责任制,建设"法制村长",开通"12348法律服务"热线和"法治平乐"公共微信平台,见诸广西重点党报值得各地借鉴。

(二)突出信访工作规范化

要加强对《信访条例》的宣传,教育引导农村逐级上访。定期专题培训两委干部,利用农村自然领袖和"理事会",把信访矛盾解决在基层。促进信访工作规范化、程序化、公开化,提高群众满意度。按照原则和尊重民族习惯办事,解决信访有底线,防止上访无秩序。法制思维是"疏"而不是"堵",不是"不好办"而是依"程序办"[5]。把信访纳入法制化轨道,保障合理合法诉求,依照法律给予合理合法的答复。信访人员照片、电话信息上墙公开,农村农民的利益诉求,在规定时限内办结。2012—2013年,平乐县规范整治农村(1970年电站淹没区)用电秩序,每月10日设立县长信访接待日,涉及群众2.3万人,解决历史积压事件236件,群众满意度达96%,为广西水电挽回经济损失1250万元/年。

(三)提升司法能动作用

平乐县10个乡镇司法所均设置齐全,配备1—3名工作人员,但要定期培训专业知识,以案例带培训。建立司法机关党支部,重大事项向党委报告制度。凡新进人员实行"统一招录",完善法治队伍准入制度。要把懂法律会用法、基层工作经验丰富、对群众充满感情的两委干部,吸收到司法所队伍中,对他们实行30%浮动工资制。聘请法律爱好者,开展农村法律援助业务;强化乡村司法、人民调解员等基层建设,实现"一村一法制村长";探索整合基层法治力量的体制机制,与派出所、法庭相互配合、主动融入农村社区,服务农村农民,构建依法治理的神经末梢。实现办案质量终身负责和错案责任倒查制。2014年,平乐县10个乡镇开展巡回审判35次,将一些公开审理的案件,诸如土地承包、邻里纠纷和赡养老人等典型案件,作为教育村民的法律课堂,有计划地组织村民旁听。在办案的过程中,注重以案、说法以案释法。按照"谁执法谁普法"的要求,落实好普及法律进基层责任制。

(四)重塑政府依法行政水平

政府是执法者,具有极强的示范作用,依法行政的重点和难点在行政末梢—乡镇政府。为此:(1)做到诚信。群众看政府,政府自觉带头"律己",是示范效应也可产生负面效应。只有实现从人治转向法治、从法在手中向法在心中转变,才能取信于民。例如平乐镇政府正在探索—聘请政府法律顾问的模式,为重大决策提供法律咨询,避免违法行政行为,推动依法行政,值得各乡镇借鉴。(2)维护诚信。重大事项如污水处理厂、垃圾池建设等,在决策时要公示和听证;新农村建设规划,要召开群众会议,完善专家咨询制度;乡镇、农村城镇化,要实行论证制度和责任制;村级两委换届,候选人要公示;利用委派农村党支部"第一书记"制度,加强对村干部的管理和监督。(3)阳光运行。凡群众有权知晓的信息应及时公开,建立健全政府权力清单、责任清单和负面清单制度。低保补助、农机补贴、退耕还林等,要求村委真正上墙公示,防止干部"人情化"发放。(4)保障有力。建立完善的考评制度,在述职述廉中"述法",把法制建设成效计入乡、村干部的绩效档案,纳入政绩考核指标体系;行政人员执法持证上岗,综合治理一票否决;每年按照10%—15%比例,依程序把依法办事能力强的两委干部选拔为乡镇干部。

总之,立足新常态,对接新发展,全面依法治国才能实现伟大复兴。相信建党100周年,法制农村的辉煌画卷一定会呈现在世人面前!

参考文献

[1] 新华社. 中共中央关于全面推进依法治国若干重大问题的决定 [N]. 人民日报 2014-10-29（1）.

[2] 廖庆丽. 新形势下我国农村法制建设探讨 [J]. 桂中共桂林市委党校学报 2014（4）：55—57.

[3] [美] 费正清：美国与中国，张理京等译，商务印书馆 1987 年版，第 88 页．

[4] 彭向刚. 我国村民自治存在的问题与对策探讨 [J]. 吉林大学学报 2011（1）：13—15.

[5] 蒋熙辉. 推进依法治国实现民族复兴 [N]. 光明日报 2014-12-24（13）.

作者简介

彭文梅　　中共平乐县委党校、中学一级教师

零容忍语境下村干部职务犯罪与廉政建设透视

冯玉超

【摘要】 新时代微腐败重点在农村,关键在少数。城乡一体化融合快速发展,低保、危房改造等项目存有漏洞,村干部涉嫌职务犯罪案件日益增多。深层次透视犯罪原因,探索其遏制性路径对推进基层廉政建设尤为重要。

【关键词】 廉政建设;村干部;职务犯罪;路径

基层廉政生态建设关键在少数。习近平同志指出:乡村是我们党执政大厦的地基,乡村干部是地基中的钢筋,位子不高但责任很大[1]。城乡一体化融合快速发展,村干部直接参与低保、危房改造、征地拆迁等民生项目,涉嫌职务犯罪案件日益增多。手伸项目和资金,触及群众切身利益,极易点燃民愤,引发群体性事件。本文立足桂林文献数据,在调研的基础上,通过对村干部职务犯罪深层次原因透视,尝试探索广西复制性、遏制性、可操作性路径。

一、村干部职务犯罪案件面面观

资料表明,十八大以来的五年,纪检监察受理的涉村信访举报几乎占总案件的

50%。犯罪主体以书记、村主任为主，呈现几大特点：

（一）窝案较多

在农村，尤其是"山高皇帝远"的偏远山区，资金、资产、资源"三资"漏洞，往往是小官贪腐的重灾区。村干部涉腐触角伸向农村公共设施建设、集体资产、政策补贴、惠农资金等。在骗取征地补偿款、退耕还林补助款、民生补助吃回扣、农村基建项目受贿等案件中，往往是窝案、串案、共同作案，一旦查处基本涉及整个班子。或一人单干、或几人联合，或镇、村两级合作作案。例如，平乐县平乐镇江口村委会7名班子成员伪造村民签名，领取森林生态效益补偿基金。

（二）金额不小

利用职务之便，贪污受贿从盖一个公章收10元不等，到帮办危房改造收几千元，再到涉案金额上万过百万，或挪用巨额集体资金，"小官巨贪"案例不少。例如，桂林市秀峰区甲山街道办事处甲山村委党支部书记汤某某，任职期间不经集体讨论，自批自签将村集体资金417.64万元借给外单位和个人；用公款购进77.84万元丰田汽车1辆供家人使用，违纪数额巨大[2]，民愤极大，反响强烈。

（三）手法简单

村级公益事业和国家建设项目，都会涉及征地、拆迁补偿款；政策性项目如农田、林地、新农村建设、美丽乡村等补助款；惠民项目如低保户名额、危房改造安排、大病就医报销、精准扶贫精准脱贫款等，村干部有机会接触大额资金，难以抵挡金钱诱惑。特别是没有及时宣传的政策，贪婪者更想"神不知鬼不觉"占为己有。作案手段表现为截留侵吞、虚报冒领或是收受贿赂。例如，全州县永岁乡左江村委原支部书记李××，在2012—2013年共收农村危房改造20户补助对象的"感谢费"2000元至6000元不等，共计5.3万元。

（四）影响深远

村干部官虽小，却是连接群众与政府的桥梁，时时和群众朝夕相处、天天零距离接触，违法犯罪触及百姓的切身利益，水乳交融就会演变成水火不相容，甚至引发群体性上访事件。农民到手的补偿款被砍去一节、本应该领取的补贴被无端截留、国家发放的红利被放肆拦截、征地面积被肆意多报重报，不仅造成国家和集体财产损失，还会引起群众猜疑和不满，干群关系十分紧张。损公权害民利，破坏基层廉政生态，玷污良好政治风气[3]，动摇"党执政大厦的地基"。

二、村干部滋生职务犯罪的原因透视

在体制中，村干部干公务员的事身份却是农民，监管严重缺位，小村官大腐败现象国人震惊，但确有其内外方面的深层次原因。

（一）村干部职务犯罪的内在原因。

1.整体素质不齐。从理政角度来看，理论素养决定政策水平和工作方向。面对"386199

部队"留守并逐步"老"去的农村，村干部基本趋于老龄化、低文化、弱势化。他们绝大多数对文件不能透彻理解，靠经验凭威望干事，致使一些政策落实不到位；有的认为吃点拿点占点无所谓，把权力当成筹码，不惜以身试法；有的自持有发展功劳，后期冒险贪腐"理所当然"；有的基于自身和宗族利益，执行政策偏差走样。据调查，农村确定"低保户"名单，能不宣传就不张榜公布，符合条件的给 1/3，家族的给 1/3，关系好的给 1/3，群众知晓率低。

2. 法纪意识不强。少数村干部把自己等同于一般群众，律己不严，认为吃点贪点不算事不犯法，没有违纪违法"高压线"的意思；有的自认为是当地的"能人"，有群众基础又认识县乡领导，村里的事少了他不行，对党纪国法置若罔闻；有的存在侥幸心理，对纪律准则认识模糊，理解片面，错误认为侵吞钱物款项能蒙混过关；在职培训少，对行为犯罪、贪污罪、受贿罪、挪用公款罪不甚了解，甚至根本没有职务犯罪的概念。选举的非规范化带来的压力，村干部在政策实施"最后一公里"时，无奈于"潜规则"可能会选择性执行，最终"违纪""破法"。

3. 特权思想不轻。有的作风不民主，骄横跋扈，以个人为中心搞"一言堂"；有的认为是地方最高长官，见多识广比群众高一等，习惯于发号施令，为所欲为；有的嫌工资福利待遇偏低，事务烦琐、工作量大，心理不平衡，认为没有功劳也有苦劳"捞点好处当补偿"；党员老龄化严重，党组织生活不正常，缺少正常的民主气氛；村务不公开、财务管理混乱，把法律法规弃之一旁，给特权思想培植了温床。前文提到的汤某某，自己写借条自己批准，直接从出纳处取现金 50 万元来使用，思想上出了问题，"三观"发生了严重偏差，忘了初心，忘了有约束。

4. 为官动机不纯。随着振兴农村力度加大，政府扶持项目增多，加之工薪报酬制的推行，村干部岗位有含金量有吸引力。现实中，有的村干部是家族推举的，目的是光耀门庭，办事方便；有的是经济宽裕，想捞个村干部当当，图天天有吃喝有面子；有的在选举前承诺"帮你弄个低保户"，靠拉票贿赂；有的看到民生政策资金多，认为有油水捞，萌发"搞点钱来用用"的邪念，以为集体的钱想怎么拿就怎么拿。一旦当上"村官"，就会抱有"不捞白不捞"心理，目无法律，认为是农民老初，出现经济问题最多是撤职。这些扭曲的价值观，最终促使他们跌入违法犯罪的深渊。

（二）村干部职务犯罪的外在原因。

1. 选拔任用程序有待完善。村干部不是官员，却是乡村政治生态链条中极为重要环节。目前，县乡在推荐、考察和选拔时没有可操作的具体标准；选举往往会沦为人情选举、家族选举，在选前仍有请吃喝等现象；部分外出人员、甚至一些小混混加入竞选，增加了确定干部人选的复杂性。知识水平、政治素质低的人当选，必然会埋下违法犯罪隐患。

2. 权力运作方式有待健全。村干部大多数是大姓家族，如果他们处事圆滑，只要不太出格过分，群众一般会听之任之；村干部或多或少带有亲缘关系，低头不见抬头见，百姓会"多一事不如少一事"；上面千条线牵着村委一个点，大权集中在村主官手中，大小事情由其说了算，给腐败储备了必然因素；长期任职不撤换，会认为付出多回报少，给贪婪作案提供思想基础；钻专项补贴、惠农资金设计上的漏洞，经常性作案无人管，给逐步走向犯罪提供了支撑力量，没有监管的权力必然产生腐败。

3. 制约监督体系有待加强。虽然法律规定"1/5以上有选举权的村（居）民或者1/3以上的村（居）民代表联名，可以提出罢免村（居）民委员会成员"，但现实中几乎没有监督；形式上设立了"村民监督委员会"，但制衡作用甚微，仅靠道德良知来自我约束；受到许多非正式制度如家族制度的影响，弱势不敢挑战来自大家族村干部的权威，一般是敢怒不敢言；村级管理暗箱操作，而对民生资金的发放标准、条件等重点内容巧妙回避，规避监督制约；一系列规范和约束性村级管理制度，只有"虚"公开没有干货内容；没有诫勉性约谈机制，基层反腐传导弱化压力递减，无形纵容了不端村干部的私欲。

4. 财务混乱局面有待治理。由于重视不够,村级财务管理仍然停留在低级水平,很少有懂财务的专业人员;账目设置不规范,财务审批不严格,支出凭"一把手"个人说了算;书记伙同报账员,自批自支现象较为常见;财务有章不循、有法不依,致使财务管理缺乏透明度,基本无档案;会计出纳不分家,账钱由一人独揽,收支简单自由;一手收钱,一手花钱,"白条子""假凭据"成为习惯性财务科目;账钱不清、凭证不全,收入不入账、不按规定做账成为常态;对村级财务制度和公示制度监管不力、大额资金审查不严等,都给职务犯罪预留了空间。

三、遏制村干部职务犯罪的预防性对策

进入新时代,要保持高压态势,打好遏制性、预防性策略"组合拳"。

(一)培植"零容忍"的反腐理念

贯彻党的十九大精神,坚持"拍蝇"零容忍、无禁区。(1)定。把村干部纳入"参公"管理,借鉴公务员制度建设,顶层立法和设计行为准则,让其有职责、有规矩、有绩效。修订《刑法》对村干部犯罪的适用范围、界定侵占或挪用资金的性质、突破犯罪空白地带的限制性。(2)变。树立法治反腐的基本认知,强化抓早抓小的预防性思维。将信访举报升格为信访民情"直通车",采取集市摆摊、进村宣讲、入户走访等方式,将监督举报平台搬到群众家门口。(3)查。综合运用法律、组织、经济等处罚措施,以强化不敢腐的震慑,扎牢不能腐的笼子,增强不敢腐的自觉[4]。对线索准确的"微贪腐"

案件查处曝光、对"小官大贪"案件坚决查处公之于众、对违纪违规直查快办。

(二)谋划"系统性"的教育机制

配合2018年"不忘初心,牢记使命"主题教育,在农村党员开展党性警示活动。(1)经常性教育。借助党校"廉政教育基地"平台,把廉政纳入"主体班"课堂,提高拒腐"免疫力",把住思想"总开关"。(2)针对性培训。设立预算内专项经费,集中轮训专攻带富、治理和服务素质短板。每年分批次送到市委党校、马基地培训7—15天,从强化法治理念入手,把法律知识作为"必修课"[5]。(3)选择性警醒。建立"乡镇约谈"制度,由乡镇党政主官及时针对苗头性、倾向性问题进行诫勉谈话;县级电视台开辟"违纪教育"栏目,定期播放职务犯罪案例;每年1—2次到监狱参观,组织观看反面典型《忏悔录》,系好扣子扎牢"紧箍咒"。

(三)完善"规范化"的运行约束

从源头上防止有蜕变成"蚊子、苍蝇"的可能性,就必须让一切在规范中运行。(1)严格选拔任用。每到换届年份,把凡有污点的都剔除村干部预备人选;把现行全体村民选举村主任,改变为村小组代表选举,降低选举成本,防止大姓宗族控制选票;允许打破地域、单位、身份、资历等限制,选党性强、作风好、本领大的优秀人才担任支部书记[6];在退休乡小教师、回乡养老的干部中,选择担任村干部;设置硬性指标,村党支部每年必须发展1—3名党员,缓解老龄化态势。(2)把公开做真。要引入"第三方把关机制",开设"廉洁××"官方微信,让群众输入验证信息就可以查询所在村村务、党务和财务;实施"村账镇代记"做法,推进村财务信息化管理;推行"4+2制度",即大事必须经过党支部提议、支部村委商议、党员大会审议、村民代表决议4个决策，走决议公告、结果公示 2 个程序 [7]。（3）提供激励保障。把工作罗列成大小项指标纳入范畴，设置"百分制"打分，月月作记录，年底有考核；探索"基础工资＋岗位津贴＋村干龄补贴＋得分奖励＋年终绩效"稳定报酬体系，完善离职补贴、养老保险等社会保障体系；适当选拔符合条件的进入乡镇公务员队伍、事业单位；给予精神和物质奖励，如每年表彰十佳先进、发牌匾或证书、坐县域公交车免费等等。

（四）探索"预防性"的最严管控

要"着力解决一些基层党组织弱化、虚化、边缘化问题……让党员、干部知敬畏、存戒惧、守底线"。（1）建立村级巡察制度。通过村级党风廉政巡察惩戒"深度扫描"，县纪委牵头对财务全面审计"体检"，查找"三资"管理不规范、不公开、乱收费、收入不入账、侵占资源资产等违纪违法行为；继续推行下派"第一书记"机制，有效监管政策落实、权力运行。（2）把分权做实。建立"国家政策知晓网"，专门的电台讲解每个惠农项目的操作程序；借鉴一枚公章分八瓣分头保管原生态监管，探索"一柜多箱"即各种印章分别放进小铁箱、集中存放大铁柜里管用实用模式，钥匙由村务监督委员会保管，盖章时共同开启。（3）抓惩处强震慑。公开乡镇党政主官联系电话，方便群众举报；调查切口要小，严查严办铺张浪费、办事不公、优亲厚友等事件；出台村级廉政建设《"一票否决"办法》和《受纪律处分与绩效补贴挂钩办法》，把"廉"与考核、绩效、荣誉环环牵制；"讲、问、议、定"组织生活常态化，根据"百分制"得分，每年排名末尾的进入"褪色个人"案卷，结合"干部辞退"机制，正面引导反面倒逼，提高违纪成本，让更多的村干部彻底断绝"贪腐"的念头，提高"不敢腐"的正向效应，全面构筑农村风清气正的廉政生态。

参考文献

[1] 袁金辉. 实施乡村振兴战略的五大着力点 [N]. 学习时报 2017-10-23（1）.

[2] 阳艺. 桂林一村干"借"村集体资金给儿子买房 [N]. 桂林日报 2017-06-23（3）.

[3] 王珍. "窝案串案"群众身边大祸患 [N]. 中国纪检监察报 2015-05-28（4）.

[4] 吴建雄. 夺取压倒性胜利要培植法治反腐理念 [N]. 学习时报 2017-11-06（1）.

[5] 冯玉超. 法治视域下村干部法律素质的检视与优化 [J]. 中共桂林市委党校学报 2016（1）：41-44.

[6] 徐景颜. 加强农村党建 推进农村治理现代化 [N]. 学习时报 2017-09-27（1）.

[7] 吴学安. 遏制"村官"腐败靠制度 [N]. 人民日报 2017-05-17（17）.

作者简介

冯玉超　平乐县委党校、高级讲师

城镇化视域下农村留守群体生存现状的调查与思考
——以灌阳县农村留守群体为例

陆明忠

【摘要】 随着我国经济社会快速发展,大量农民进入城镇外出务工,使农村产生了大量的留守老人、妇女和儿童。这些留守人群,在生产生活、子女教育和身心健康等方面存在诸多困难和问题,这些困难和问题,势必影响地域经济社会健康发展。正视他们的生存现状,解决他们的困难和问题,有利于促进农村经济社会的稳定发展,有利于构建和谐社会,提升人民幸福感。

【关键词】 留守群体;现状;思考

随着我国经济社会快速发展,大量农村剩余劳动力纷纷进入城镇外出务工,以此增加经济收入,提高家庭生活幸福指数。随着剩余劳动力大规模外出,产生了农村大量的留守老人、妇女和儿童"三留守"群体。农村留守群体的子女、丈夫、父母长期外出、两地异居的现实,导致他们在生产生活、子女教育、安全保护及心理健康等方面存在着诸多困难和问题。这些困难和问题,已经严重地影响到我国经济社会的健康发展。因此正视他们的生存现状并解决他们存在的困难和问题,对于促进农村经济社会的稳定发展,构建和谐社会,提升人民幸福感,具有十分重要的意义。

一、农村留守群体的基本情况

农村留守群体问题，是农村劳动力为家庭生计、摆脱贫困而大规模流动、转移之后派生出的问题。据民政部 2015 年数据显示，我国农村留守妇女约有 4700 多万人，留守老人约有 5000 万人。又据民政部 2016 年底对全国留守儿童摸底排查数据显示，全国农村留守儿童有 902 万人，其中，东部省份农村留守儿童 87 万人，占全国总数的 9.65%；中部省份农村留守儿童有 463 万人，占全国总数的 51.33%；西部省份农村留守儿童 352 万，占全国总数的 39.02%。伴随人口老年化的加速和"二孩"政策的全面放开，农村留守群体数量将会越来越庞大，前景令人担忧。作为只有 29 万人的桂北山区县灌阳县，农村留守群体的数量达 8.3 万人，占全县总人口的 28.7%，情况十分严峻，不容乐观。据灌阳县民政、劳动人事保障等部门相关数据显示，全县 9 个乡镇，农村人口约有 25 万人，"三留守"群体约有 8.3 万人，占农村人口的 33.3% 左右，其中，留守妇女 22700 余人，占农村人口的 9.1%；留守老人 42500 余人，占农村人口的 17%；留守儿童 11700 余人，占农村人口的 4.7%。在对灌阳县黄关镇、新街镇、文市镇、新圩镇、西山瑶族乡五个乡镇 10 个村的调查中，平均每个村有 321.3 人外出务工，有 296.7 个留守人员。在经济较发达地区的 4 个村，有 1224 人外出务工，占户籍人口数的 13.72%，占劳动力人口数的 22.98%，平均每个村有 303.5 人外出务工，有留守人员 340.8 人。在经济欠发达的 10 个村，有 4417 人外出务工，占户籍人口数的 22.93%，占劳动力人口数的 44.27%，平均每个村有 441.7 人外出务工，有留守人员 350.5 人。少数民族地区的 1 个村，有 136 人外出务工，占户籍人口数的 4.65%，占劳动力人口数的 8.42%，有 200 个留守人员。随着时间的推移，留守群体数量将会有所增加。

二、农村留守群体的生存现状及问题

（一）留守老人的现状及问题

一是劳动负担重。一些青壮年夫妇外出务工后，家庭的生产劳动自然而然的由留守老人承担。年过六十仍然下田干活的老人占 90% 以上，特别是农忙时节，有 86% 以上的老人反映太累，吃不消，希望他们回来，在家有个照应。随着新型农村社会养老保险政策的实施，农村 60 岁以上老人每月虽然可以领取一定数额的养老金，但是由于生产、生活开支大，养老金根本不足以维持家庭生计，因此，大部分留守老人虽然年老体弱，但还要坚持劳动，承担子女外出务工后繁重的农活、细琐的家务活，还要照顾自己的孙子孙女，劳动强度极大，经济状况差。

二是抚养教育压力大。不少留守老人的子女外出打工后，仅留下年老的父母及未成年的孩子，组成独特的"隔代家庭"。留守老人自身没有得到自己子女的照料，还要照顾自己的孙辈。有的孙辈年龄较小，需要随身看管，给老人劳动生产及家庭事务带来极大不便。由于自身文化低，识字不多，方法简单，对孙辈的文化教育、行为教育，往往力不从心，老人极度担心却又无能为力。

三是心理担忧多。农村留守老人家庭主要以隔代家庭、夫妻家庭和独居家庭为主，导致留守老人的家庭结构呈现出明显的隔代化和空巢化趋势，给留守老人身心带来极大影响。子女外出务工，部分留守老人过着"出门一孤影、进门一盏灯"的寂寞生活，缺乏家庭温暖，使他们倍感孤独。随着年龄增长，留守老人行动越来越不方便，他们与外界的接触也越来越少，除了聊天、看电视，基本上没有其他的娱乐活动。有的独居老人有话没处说，有时间没处打发，缺乏精神慰藉。身体上的劳累和精神上的牵挂，使许多留守老人内心深感孤寂,普遍体弱多病,老人一旦有病,无人照顾,倍感凄凉。另外,留守老人除了自己的劳动所得、子女的贴补和政府补助外,没有退休金,也没有其他经济来源,收入少,自身供养困难。

(二)留守妇女的现状及问题

一是家庭负担沉重。丈夫外出后,就成了家中顶梁柱,不仅要担负繁重的农业生产劳动,还要担负家庭事务,照顾老人和监督教育小孩。有时甚至还需外出打零工贴补家用。繁重的劳动,养老育小,往往使她们身心憔悴。如新圩镇国豪村、龙塘村、潮立村三村中有留守妇女86人,既要承担家庭繁重的生产劳动,又要料理家中事务,有的还要照顾家中老人和未成年的小孩。沉重的家庭负担,致使大多数妇女身体状况差,在接受调查的妇女中,患有各种不同类型疾病的占20%,身体状况一般占80%。

二是婚姻生活缺失。由于长期两地分居,缺少与丈夫的正常交流,又承担着过重的生活负担,缺少休闲娱乐活动,往往感到生活枯燥,心神焦虑,精神压抑。既要担心丈夫在外有外遇而抛妻弃子,又要承受抵制自身心灵空虚的折磨、生理需求的吞噬和各种诱惑。婚姻生活的缺失,往往会导致家庭的破裂,给家庭成员带来身心伤害,给家庭、社会的稳定带来影响。近年来,农村"打工婚姻"离婚案不断上升,丈夫的忠诚度已成了留守妇女最大的心理负担。

三是缺乏安全感。丈夫外出后,部分留守妇女经常担心自身、家人会受到不公正待遇,被人欺压,家庭财产和利益安全感降低。此外,由于社会交际圈狭小、观念落后、知识更新缓慢,一些留守妇女无法有效地教育和监督子女,由此产生夫妻之间的差距越来越大,这直接影响到婚姻的质量和家庭的稳定。

(三)留守儿童的现状及问题

一是心理失衡,身心健康受影响。由于常年不见父母,缺乏温暖,一些留守儿童认为父母不爱自己,比不上有父母照料的孩子,心理失衡,产生自卑。尤其是一些父母把孩子"扔给"留守老人,极少过问孩子情况,不主动与孩子沟通、交流,父母在孩子心中是一个陌生人,没有亲情感。如西山乡中心校四年级 96 名学生中,有留守儿童 54 名,他们当中有 70% 的父母一年回家一次,有的两年回家一次。20% 的留守儿童一星期与父母通一次电话,45% 的一个月与父母通一次电话。二是行为失范,自控能力不强。由于缺少父母的督促和言传身教,自律能力比较差。监护人员(爷爷奶奶、外公外婆)大多对留守儿童管理松散,缺乏有效的教育和引导,有的甚至过于溺爱、放任自流,以"不出事"为目标,造成了相当一部分留守儿童或沉溺于网络游戏,或严重厌学,染上不良习气,产生不良行为。三是安全失保,伤亡事故频发。由于监管不到位,留守儿童在遭受不法侵害或安全威胁无法得到及时有效的保护,造成不必要的损害。

三、农村留守群体问题带来的社会影响

农村留守群体所存在的这些困难和问题,不仅对整个区域经济社会产生影响,而且对整个社会的经济协调发展、城乡协调发展、美丽乡村建设和和谐社会的构建会产生深远的影响。

（一）影响农村经济发展

城乡经济的差异，导致了农村剩余劳动力的单向外流，农村反而成了缺少劳动力的领域，给农村经济发展带来了极大的影响。一是农村缺少劳动力，致使劳动力市场成本增高；二是留守人员在家大多没有"拍板权"，一些需要群众商定的事项迟迟难以落实，农技推广、农村改革任务推进难；三是农村留守人员文化低，信息闭塞，接受新事物的能力不强，改革愿望不强。这些情况导致农村发展能力严重不足，直接影响到农村经济的发展。"空心村"、田地荒芜、有房无人住、劳力支出增加等现象已成了一些农村的普遍现象。

（二）影响家庭和谐稳定

随着农村务工人员大量外出，致使农村家庭出现家人长期不能团聚，老人长时间不见子女，儿童数年不见父母，家人之间缺少沟通、联系，亲情淡薄；老人赡养无着落，易使子女相互产生赡养纠纷；夫妻长期分居，感情出现裂痕而导致婚姻家庭解体等问题，这对相对保守和稳定的传统农村家庭结构产生了强烈冲击，影响着农村家庭的和谐稳定。

（三）影响农村文化传承

一方面，大量外出人员带回金钱的同时，也带回许多外来文化，对农村本地传统文化产生冲击。另一方面，农村人口的流失，使农村传统文化缺少了传承者，农村传统文化变得简单、直接，逐步消失。

（四）影响农村民主政治建设

在农村民主政治生活中，留守老人和留守妇女参与程度低。一是因为他们文化程度低、年迈体弱，在参与民主政治过程中受到排斥，履行不了应有的和权利义务。二是他们繁重的劳动，琐碎的生活，养老育小，没有更多精力参与村中事务。三是有的留守妇女、老人对投票、选举等政治活动，认为无意义，不感兴趣，不愿参加。此外，在外出进城务工人员中，有相当一部分是党员，他们应是参与政治活动的中坚力量，但由于长期在外，不能正常履行党员的权利和义务，难以发挥先锋模范作用，对农村民主政治建设也造成了一定的影响。

（五）衍生系列农村新问题

进城务工人员的长期外出，给农村留守群体带来了诸如留守老人的身体健康问题、留守妇女心理健康问题、留守儿童的教育问题等新问题。留守老人一旦生病，不敢看、不愿看，一则住院无人照料，二则医疗费用高，能不住院就不住院，能拖就拖。留守妇女少了丈夫的陪伴，孤独寂寞，人身缺乏安全感。留守儿童缺少了父母的陪同和呵护，易厌学、易叛逆、易生事，不能健康成长。

四、破解农村留守群体问题的思路和对策

（一）发展农村产业，壮大县域经济，促进农村剩余劳动力就地转移

要解决农村留守群体问题，关键在于要留住人，留住那些外出务工农民，在农村

有用武之地，能在家乡就业、创业，使他们生活有希望，有保障，有奔头。据调查，近90%的农民愿意在家门口打工就业，近70%外出务工农民愿意返乡就业。此种情形下，首先要抓住"美丽广西"乡村建设和乡村振兴战略机遇，大力发展农村产业，让农民在家乡就业和农民工返乡创业。加快推进农业现代化，培育现代农业的新型经营主体，创新农业经营体制，鼓励和支持承包土地向专业大户、家庭农场、农民合作社流转，发展多种形式的适度规模经营。如灌阳县的洞井瑶族乡大椅村、黄关镇龙吟村、新街镇龙练村、灌阳镇大仁村、新圩镇和睦村就充分利用本地土地、人才优势，种植罗汉果、香芋、百香果、雪梨、黑李等经济作物，发展家庭农场，促进了当地农村经济的发展，极大地减少了外出务工人员，实现了农民就地发展，就地就业，从而很好地解决农村留守群体问题。其次是依托当地资源优势，壮大县域经济，加大招商引资力度，大力发展第二、三产业，培育扶持民营企业，拓宽投资渠道，做大做强产业化龙头企业，为农民就业提供更多岗位。如灌阳县的文市镇就充分利用当地的石材资源，发展石材产业，既壮大了乡镇经济，又促进了农村剩余劳动力就近就业，从根本上解决劳动力大量外出的状况，既可促进当地的经济发展，又可解决县域内工业企业"招工难"的问题，这是解决留守群体实际困难的治本之策。

（二）加快推进城乡一体化，消除城乡二元结构

进一步完善户籍改革的各种配套措施，让进城务工农民实现身份、职业和地位的转变，降低农民工和家属进入城市和在城市居住、就学等的经济成本，实现农民工由个体转移转向家庭转移，由季节性转移转向永久性转移，减少农村留守人员的数量，让进城农民工有一个完整的家庭。一是进一步加快深化城乡居民户籍改革，按照分级承担原则，放宽城市落户条件，消除城乡差异，保护进城务工、经商的农村工的落户城市的权益。二是创新管理方式，建立起以常住人口为服务对象的管理体制，创建新

型社会资源配置方式,让落户城市的农民享有与城市人口平等的权利和相同的公共服务待遇。三是以户籍制度改革为中心,进一步推进社会保障、教育、医疗等制度的完善和创新,逐步缩小城乡差异,降低农民工及家属居住城市的经济成本,促进农民向城市居民转变。

(三)坚持以人为本,建立健全农村留守群体关爱服务体系

坚持以人民为中心的发展思想,建立健全农村留守群体关爱服务体系,以改善民生、凝聚人心作为出发点和落脚点,保障好农村留守人员的生产、生活,解决好农村留守人员最直接、最现实的利益问题。

补齐农村服务短板。补齐服务设施短板,提升农村综合服务设施覆盖率;补齐服务项目短板,推进城乡基本公共服务均等化;补齐服务机制短板,大力培育服务性、公益性、互助性农村社会组织,同时依托经济合作社、益农信息平台和企业提供企业社会化服务、积极推进多种形式的城乡对接、产销对接;补齐服务的手段短板,推动综合信息平台向农村延伸,推进信息进村入户。

建立服务组织,壮大服务队伍。加快建立以维护儿童、妇女、老年人合法权益为主题的各类社会服务组织,为留守人员服务。要加强以共青团、妇联等群团组织为主导、以社会服务组织为支撑、以志愿者为补充的关爱服务队伍建设,为农村留守人员提供亲情陪伴、生活照料、家政服务、精神慰藉、医疗康复、紧急救援、法律援助等专业化服务。

整合关爱服务资源,打造关爱服务平台。结合农村文化活动中心、农村幸福院、妇女儿童家园、妇女之家、农村书屋、村级组织活动场所等建设,有效整合公共服务设施,建立留守人员关爱服务中心,为农村留守儿童提供午餐和放学后的照料服务、为留守妇女提供临时庇护服务、为留守老年人提供日间照料服务。同时,要以农村幼

儿园、中小学校为主体，建立留守儿童活动站，对留守儿童开展学习辅导、特长培养、心理疏导、暑期护航等关爱教育。

（四）营造农村良好环境，提升留守群体幸福感

积极推进社会管理创新，建立村民事务理事会等村民自治组织，为留守人员提供多重服务，解决他们遇到的实际困难和问题，解除外出务工人员的后顾之忧。如村民事务理事会可为留守人员提供生产耕作服务、病人照料服务、操办红白喜事办理等；利用村级组织活动室、农家书屋、文化活动中心等场所，开展各种文化娱乐活动，满足留守人员精神文化需求。加快农村道路、饮用水、农村能源、水利灌溉等农村基础设施建设，改善农村生产条件和农民生活环境。加大对农村社会保障财政投入，着重加强农村卫生设施建设，配足配强村级卫生人员，大力推进农村公共卫生工作。鼓励社会资金投资建设农村留守人员服务机构，切实有效地提高留守人员生活质量，提升留守群体幸福感。

（五）加快构建农村医疗、养老体系网络，提高人们健康水平

建立农村贫困人口医疗救助制度，提高农村医保参保率，解决农村留守群体看病难问题，提高留守人员的健康水平。对留守老人的经济、生活状况进行普查，建立家庭档案，并纳入城乡一体化社会救助体系，进行统一管理，切实落实居民基本养老保险制度，提高农村养老保险覆盖率。同时，筹集农村社会养老保险基金，扎实做好农村养老保险工作，解决看病难问题。

（六）加快农村土地有序流转，促进土地有效利用

目前，由于大多数农村青壮年外出务工或经商，许多农村土地由留守妇女和老年人耕种，劳务繁重，不堪重负。在确保土地确权的基础上，实行土地租赁管理制度，实行土地的合理有序流转，保证土地的有效利用，增加留守群体的收入，有效减轻留守妇女、老人的劳动负担。对于那些没有能力经营土地的留守人员，不仅可以解决他们的基本生活，而且可以使他们摆脱土地的束缚。对于有能力经营土地而不愿意流转的留守人员，可使其以入股方式参加农村合作组织，摆脱生产风险，增加经济收入，有效改善生活，提高生活质量。

作者简介

陆明忠　中共灌阳县委党校